国家社会科学基金重点项目

国家出版基金项目

THE
GENRAL ANNALS OF CONFUCIANISM IN
THE 20TH CENTURY
ANNALS

20世纪
儒学通志

庞 朴 主编

纪 年 卷

ZHEJIANG UNIVERSITY PRESS
浙江大学出版社 | 全国百佳图书出版单位

凡　例

一、《20世纪儒学通志》分为《20世纪儒学通志·纪年卷》、《20世纪儒学通志·纪事卷》和《20世纪儒学通志·学案卷》三部分。《纪年卷》记录每年发生的与儒学有关的事情，包括与儒学有关的重要学者的生卒、重要论著的发表、重要组织的成立、政府层面对儒学的态度等。《纪事卷》记录对儒学发展有较大影响的重大事件，包括事件产生的原因、经过、结果及其对儒学发展的影响。《学案卷》分上、下两册，以学案体例选录儒学发展中重要人物的代表论著。其人物取舍原则是：政治人物基本不选，只选学者。学者分三个层次：一是以儒学为信仰的学者；二是研究儒学的学者；三是批判儒学的学者。前两个层次是选取的重点，后一个层次只选代表性人物及在当时颇有影响的论著。

二、《20世纪儒学通志》涵盖内容上起1900年，下迄1999年。

三、《20世纪儒学通志》均按时间顺序编排，其中《纪事卷》以事件发生的时间前后排列，《学案卷》以重要人物的出生年月前后排列。

四、《20世纪儒学通志》所收录的论著，因体例各异，故在编辑时作如下修改：

1.全部采用简体中文，横排格式。

2.所收文字，原则上不作更改，原文有明显错误或手民误植者，由编者径改，不另出注。繁体字、异体字均按最新版《现代汉语词典》作统一规范。

3.各文注释一律采用脚注形式。原文小字注文，一律改为单行注文加括号。后人所加校注、译注等,一律删除。

4. 各文一律改用新式标点。原文个别处有着重号者,或字体颜色变化及加粗者,一律删除。

5. 各文中用中文或阿拉伯数字表示的数据、时间(世纪、年代、年、月、日)、刊物(卷、期、号)等,统一用阿拉伯数字表示。

目　录

1900 年(清光绪二十六年)

　章太炎著《訄书》出版 ………………………………………… (1)

1902 年(清光绪二十八年)

　1. 梁启超发表《保教非所以尊孔论》 ……………………… (3)

　2. 梁启超发表《孔子讼冤》 ………………………………… (4)

1903 年(清光绪二十九年)

　徐复观生 …………………………………………………… (5)

1904 年(清光绪三十年)

　王国维发表《孔子之美育主义》………………………… (6)

1905 年(清光绪三十一年)

　1. 邓实、刘师培等成立"国学保存会" ………………… (7)

　2.《国粹学报》创刊 ……………………………………… (8)

　3. 陈天华卒 ………………………………………………… (8)

1906 年(清光绪三十二年)

　1. 马叙伦发表《孔氏政治学拾微》 ……………………… (9)

2. 刘师培发表《孔学真论》 ………………………………………（10）

3. 刘师培发表《论孔子无改制之事》 …………………………（10）

4. 学部奏准祭孔由中祀升为大祀 ………………………………（11）

1907 年（清光绪三十三年）

1. 俞樾卒 …………………………………………………………（12）

2.《东方杂志》发表《论中国儒学之误点》 ……………………（12）

3.《东方杂志》发表《保孔教说》 ………………………………（13）

4. 英文版《孔子语录》出版 ……………………………………（14）

5. 皮锡瑞著《经学通论》刊行 …………………………………（14）

1908 年（清光绪三十四年）

1. 皮锡瑞卒 ………………………………………………………（15）

2. 礼部奏准王夫之、黄宗羲、顾炎武从祀孔庙 ………………（16）

1909 年（清宣统元年）

1. 唐君毅生 ………………………………………………………（17）

2. 牟宗三生 ………………………………………………………（17）

3. 张之洞卒 ………………………………………………………（17）

1910 年（清宣统二年）

1.《尚贤堂纪事》创刊 …………………………………………（19）

2. 蔡元培著《中国伦理学史》出版 ……………………………（19）

3. 列夫·托尔斯泰卒 ……………………………………………（20）

4. 苏慧廉英译本《论语》出版 …………………………………（20）

1912 年（民国元年）

1. 内务部、教育部修订祭孔礼仪 ………………………………（22）

2. 王锡蕃等成立"孔道会" ……………………………………（22）

3. 赵戴文等成立"宗圣会" ……………………………………（23）

4. 四川国学院成立 ………………………………………………（23）

5. 教育部通电各省孔子诞辰日 …………………………… (24)

6. 袁世凯发布《崇孔伦常文》 …………………………… (24)

7. 陈焕章等成立"孔教会" …………………………… (25)

8. 陈焕章著《孔教论》发行 …………………………… (25)

1913 年(民国二年)

1.《不忍》杂志创刊 …………………………………… (27)

2. 康有为发表《中华救国论》 …………………………… (27)

3.《孔教会杂志》创刊 …………………………………… (28)

4. 康有为发表《孔教会序》 …………………………… (28)

5. "孔社"成立 …………………………………………… (29)

6. 李天怀发表《尊孔说》 ………………………………… (29)

7. 袁世凯发布《尊崇孔圣令》 …………………………… (30)

8. 张东荪发表《余之孔教观》 …………………………… (31)

9. 陈焕章等呈请教育部举行丁祭 ……………………… (31)

10. 陈焕章等上书请定孔教为国教 ……………………… (32)

11. 黎元洪致电支持"奉孔教为国教" …………………… (32)

12. 孔教会"全国孔教大会"举行 ………………………… (33)

13. 孔社"孔子诞日纪念会"举行 ………………………… (34)

14. 武昌"孔子诞辰祭典"举行 …………………………… (34)

15. "寰球尊孔总教会"成立 ……………………………… (34)

16.《天坛宪法草案》三读通过 …………………………… (34)

17. 袁世凯发布《尊孔典礼令》 …………………………… (35)

18. 章太炎发表《驳建立孔教议》 ………………………… (35)

19. 北京大学"孔子祭典会"成立 ………………………… (36)

1914 年(民国三年)

1. 袁世凯政府通过祀孔"政治会议" …………………… (37)

2. 袁世凯政府公布《崇圣典例》 ………………………… (37)

3. 袁世凯派代表代行"春丁祀孔"礼 …………………… (38)

4. 康有为发表《以孔教为国教配天议》 ………………… (38)

5. 袁世凯政府批准实施《祀孔典礼》…………………………（38）

6. 袁世凯发布《大总统亲临祀孔典礼令》，率官举行"秋丁祀孔"礼
………………………………………………………………（39）

1915 年（民国四年）

1. 教育部拟定《提倡忠孝节义施行办法》………………………（40）

2. 蓝公武发表《辟近日复古之谬》………………………………（40）

3. 叶德辉等成立"经学会"…………………………………………（41）

4.《新青年》创刊 …………………………………………………（41）

1916 年（民国五年）

1. 袁世凯加封"衍圣公"孔令贻"郡王"衔 ………………………（43）

2. 易白沙发表《孔子平议》………………………………………（43）

3. 袁世凯卒 …………………………………………………………（44）

4. 范源濂提倡"祭孔读经"遭反对 ………………………………（44）

5. 陈焕章等再次上书请定孔教为国教 …………………………（44）

6. 康有为发表《致总统总理书》…………………………………（45）

7. 陈独秀发表《驳康有为致总统总理书》………………………（45）

8. 陈独秀发表《宪法与孔教》……………………………………（46）

9."国教维持会"成立 ……………………………………………（46）

10. 陈独秀发表《孔子之道与现代生活》………………………（46）

1917 年（民国六年）

1. 陈独秀发表《再论孔教问题》…………………………………（48）

2. 李大钊发表《孔子与宪法》……………………………………（48）

3. 中国佛教会上书反对"定孔教为国教"………………………（49）

4. 吴虞发表《家族制度为专制主义之根据论》…………………（49）

5. 李大钊发表《自然的伦理观与孔子》…………………………（50）

6. 张勋等要求通过"定孔教为国教"……………………………（50）

7."全国公民尊孔联合会"成立 …………………………………（51）

8. 蒯晋德发表《非国教论》………………………………………（51）

9. 宪法审议会正式否决"定孔教为国教" ……………………（52）

10. 陈独秀发表《复辟与尊孔》 ……………………………（52）

11. 冯国璋公布《秋丁祀孔令》 ……………………………（53）

12.《经世报》创刊 …………………………………………（53）

1918 年（民国七年）

1. 钱玄同发表《中国今后之文字问题》 …………………（54）

2. 北京政府规定孔子诞辰为圣诞节 ………………………（54）

3. 日本"斯文会"成立 ………………………………………（55）

4. "孔子哲学研究会"成立 …………………………………（55）

1919 年（民国八年）

1. 北京政府下令以清儒颜元、李塨从祀孔庙 ……………（57）

2. 胡适著《中国哲学史大纲》（上卷）出版 ………………（57）

3. 五四运动爆发 ……………………………………………（58）

4. 陈独秀撰写《孔教研究》 …………………………………（58）

5. 徐世昌主持举行"秋丁祀孔"礼 …………………………（58）

6. 内务部定"孔子圣诞节" …………………………………（59）

7. 吴虞发表《吃人与礼教》 …………………………………（59）

8. 孔令贻卒 …………………………………………………（59）

1920 年（民国九年）

1. 李大钊发表《由经济上解释中国近代思想变动》 ………（61）

2. "经史学社"成立 …………………………………………（62）

3. "四存学会"成立 …………………………………………（62）

4. 徐世昌令孔德成袭封"衍圣公" …………………………（63）

5. 阎锡山训导学生终生"尊孔" ……………………………（63）

6. 马克斯·韦伯卒 …………………………………………（63）

7. 朱执信卒 …………………………………………………（64）

1921 年(民国十年)

　　1. 严复卒 ……………………………………………………………………………(65)

　　2. 吴虞著《吴虞文录》出版 …………………………………………………………(65)

1922 年(民国十一年)

　　梁漱溟著《东西文化及其哲学》出版 ……………………………………………(67)

1923 年(民国十二年)

　　1. 科玄论战 ……………………………………………………………………………(69)

　　2. 孔教大学成立 ……………………………………………………………………(69)

　　3. 张勋卒 ………………………………………………………………………………(70)

　　4. 卜道成著《朱熹及其著述:中国理学入门》出版 …………………………(70)

1924 年(民国十三年)

　　1. 萧楚女发表《孔圣学术与英国底机关枪》………………………………………(71)

　　2. 柯璜编《孔教十年大事》出版 …………………………………………………(71)

　　3. 衍圣公府将"四氏学"扩建为阙里孔氏私立明德中学校

　　　　……………………………………………………………………………………(72)

1925 年(民国十四年)

　　1. 段祺瑞亲至孔庙行祀孔礼 ………………………………………………………(73)

　　2. 鲁迅发表《忽然想到(六)》………………………………………………………(73)

　　3. 葛琨著《孔子教育哲学》自刊发行 ……………………………………………(74)

　　4. 钱玄同、顾颉刚发表《〈春秋〉与孔子》………………………………………(76)

　　5. 钱穆著《论语要略》出版 ………………………………………………………(77)

1926 年(民国十五年)

　　1. 胡适发表《我们对于西洋近代文明的态度》…………………………………(79)

　　2. 梁启超发表《儒家哲学》第二章 ………………………………………………(80)

　　3. 恽代英发表《耶稣、孔子与革命青年》…………………………………………(80)

4. 钱穆著《孟子要略》出版 ……………………………………（81）

1927 年（民国十六年）

1. 康有为卒 ………………………………………………………（82）

2. 李大钊卒 ………………………………………………………（82）

3. 王国维卒 ………………………………………………………（83）

4. 周谷城发表《孔子之政治学说及其演化之形势》…………（83）

1928 年（民国十七年）

1. 国民政府大学院训令废止春秋祭孔旧典 …………………（84）

2. 辜鸿铭卒 ………………………………………………………（84）

1929 年（民国十八年）

1. 梁启超卒 ………………………………………………………（85）

2. 独幕话剧《子见南子》公演 …………………………………（85）

3. 国民政府公布《孔庙财产保管办法》………………………（85）

4. 陶希圣著《中国社会与中国革命》出版 …………………（86）

1930 年（民国十九年）

1. 蔡尚思著《孔子哲学之真面目》出版 ……………………（88）

2. 兰自我著《孔门一贯哲学概论》出版 ……………………（88）

3. 南京国民政府下令修缮曲阜孔庙大成殿 …………………（89）

4. 江恒源著《孔子》出版 ………………………………………（89）

1931 年（民国二十年）

1. 蔡元培发表《中华民族与中庸之道》………………………（91）

2. 杨大膺著《孔子哲学研究》出版 …………………………（92）

3. 吕思勉著《理学纲要》出版 ………………………………（93）

1932 年（民国二十一年）

1. 廖平卒 …………………………………………………………（95）

2. 伪满洲国政府在新京举行"秋丁祀孔"典礼 ················ （95）

1933 年（民国二十二年）

1. "国学会"成立 ··· （96）
2. 周予同著《群经概论》出版 ··························· （96）
3. 程淯辑《历代尊孔记孔教外论合刻》出版 ············· （97）
4. 张世铨编《中华孔教集成》出版 ····················· （97）

1934 年（民国二十三年）

1. 蒋介石发起"新生活运动"推行孔孟之道 ············· （99）
2. 杨树达辑集《论语古义》出版 ······················· （99）
3. 南京国民政府定孔子生日为"国定纪念日" ··········· （100）
4. 国民党中央党部及政府各院部要人至曲阜祭孔 ······· （100）
5. 竹添光鸿著《论语会笺》出版 ······················· （100）
6. 周予同著《孔子》出版 ······························· （101）
7. 冯友兰著《中国哲学史》（上、下册）出版 ··········· （101）
8. 戴季陶发表"尊孔读经"谈话 ························· （102）
9. 中华儒学研究会成立 ······························· （102）
10. 陶希圣发表《对于尊孔的意见》 ····················· （103）
11.《清华周刊》编辑部发起"尊孔与复古"问题讨论 ······ （103）
12. 国民党中央常委会通过"尊崇孔子发扬文化案" ······· （105）
13. 余家菊著《孔子教育学说》出版 ····················· （105）
14. 胡适发表《说儒》 ··································· （106）

1935 年（民国二十四年）

1. 王新命等十教授发表《中国本位的文化建设宣言》 ······ （107）
2. 国民政府教育部令山东调查孔丘及四配后裔 ········· （108）
3. 蒋介石发布保护孔庙的命令 ························· （108）
4. 日本汤岛圣堂落成并举行第一次祭孔和儒道大会 ······ （108）
5. 鲁迅发表《在现代中国的孔夫子》 ··················· （109）
6. 广东"明德社"开办"学术研究班" ··················· （110）

7.《教育杂志》编辑部出版《读经问题专号》……………………（110）

8. 吕振羽发表《孔丘派哲学思想的发展——由孔丘到
荀卿》………………………………………………………（111）

9. 孔祥熙发表《孔子日常生活与礼义廉耻之诠释》………（111）

10. 杨荣春发表《孔子教育思想》…………………………（112）

1936 年（民国二十五年）

1. 梁启超著《孔子》出版 …………………………………（113）

2. 金震发表《孔子哲学之认识》……………………………（114）

3. 章太炎卒 …………………………………………………（114）

4. 高田真治等著《论语讲座》出版 ………………………（114）

1937 年（民国二十六年）

1. 宋庆龄发表《儒教与现代中国》…………………………（116）

2. 崔述著《洙泗考信录》出版 ……………………………（117）

3. 陈独秀发表《孔子与中国》………………………………（117）

1938 年（民国二十七年）

1. 傅庆隆著《孔孟学说新体认》自刊出版 ………………（118）

2. 毛泽东发表《中国共产党在民族战争中的地位》………（119）

3. 阿瑟·戴维·韦利翻译注释《孔子的〈论语〉》出版 ……（120）

1939 年（民国二十八年）

1. 钱玄同卒 …………………………………………………（121）

2.“孔子诞辰纪念”典礼举行 ………………………………（121）

3. 周谷城著《中国通史》出版 ……………………………（121）

4. 胡适主持美国匹兹堡大学孔子纪念堂揭幕典礼 ………（122）

5. 武内义雄著《论语之研究》出版 ………………………（122）

6. 复性书院成立 ……………………………………………（122）

1940 年（民国二十九年）

    1. 毛泽东发表《新民主主义论》 ················· （123）

    2. 蔡元培卒 ··································· （123）

    3. 重庆中国孔学总会召开筹备委员会 ············ （123）

    4. 勉仁书院成立 ······························· （124）

    5. 民族文化书院成立 ·························· （124）

1941 年（民国三十年）

    1. 马璧著《孔子思想的研究》出版 ············· （125）

    2. 贺麟发表《儒家思想的新开展》 ············· （125）

    3. 廖竞存编著《大哉孔子》出版 ··············· （126）

1942 年（民国三十一年）

    1. 陈独秀卒 ··································· （128）

    2. 孔子生日被定为"国定纪念日" ············· （128）

1943 年（民国三十二年）

    1. 马绍伯著《孟子学说底新评价》出版 ········· （129）

    2. 英国伦敦举行孔子事迹展览会 ··············· （129）

    3. 杜金铭著《中国儒学史纲要》出版 ··········· （129）

    4. 蒋介石为孔学会会刊《孔学》创刊号题词 ····· （130）

    5. 程树德著《论语集释》（上、下册）出版 ····· （130）

    6. 杨鸿烈发表《孔子在世界史上的地位》 ······· （131）

    7. 戴锡樟发表《儒家民族思想及其影响》 ······· （131）

    8. 杨树达著《论语疏证》出版 ················· （132）

1944 年（民国三十三年）

    1. 熊十力著《新唯识论》语体文本出版 ········· （133）

    2. "孔诞纪念会"举行 ······················· （133）

    3. 南京伪政府举行"祀孔" ··················· （134）

1945 年（民国三十四年）

　　1. 郭沫若著《十批判书》出版 …………………………（135）

　　2. 李约瑟著《中国的科学》出版 ………………………（136）

1946 年（民国三十五年）

　　1. 王禹卿著《孔子传》出版 ……………………………（137）

　　2. 冯友兰著"贞元六书"出齐 …………………………（138）

　　3. 杨荣国著《孔墨的思想》出版 ………………………（138）

1947 年（民国三十六年）

　　1. 侯外庐等著《中国思想通史》（第一卷）出版 ………（140）

　　2. 贺麟著《文化与人生》出版 …………………………（141）

1948 年（民国三十七年）

　　1. 钱穆等著《儒家思想新论》出版 ……………………（142）

　　2. 牟宗三等提出"儒学三期论" ………………………（142）

1949 年

　　1. 戴季陶卒 ……………………………………………（144）

　　2. 吴泽著《儒教叛徒李卓吾》出版 ……………………（144）

　　3. 顾立雅著《孔子与中国之道》出版 …………………（144）

1950 年

　　1. 傅斯年卒 ……………………………………………（146）

　　2. 新亚书院成立 ………………………………………（146）

1951 年

　　1. 嵇文甫发表《孔子思想的进步性及其限度》 …………（147）

　　2. 宋云彬发表《孔子在中国历史上的地位》 ……………（147）

1952 年

蔡尚思著《中国传统思想总批判》出版 ························ （149）

1953 年

嵇文甫发表《关于孔子的历史评价问题》 ···················· （150）

1954 年

1. 杨荣国著《中国古代思想史》出版 ······· （151）
2. 许梦瀛发表《孔子的教育思想》 ············ （152）

1955 年

杜国庠著《先秦诸子的若干研究》出版 ···················· （153）

1956 年

1. 赵光贤发表《论孔子不代表地主阶级》 ············· （154）
2. 冯友兰发表《关于孔子研究的几个问题》 ··········· （154）
3. 熊十力著《原儒》出版 ··············· （155）

1957 年

1. 冯友兰发表《中国哲学遗产底继承问题》 ············ （157）
2. 陈振维发表《关于孔子的评价问题》 ··········· （158）
3. 杨向奎发表《孔子的思想及其学派》 ··········· （158）
4. 陈景磐著《孔子的教育思想》出版 ········· （159）
5. 金景芳发表《论孔子思想》 ·············· （160）
6. 王荫铎著《孔子的学术思想》出版 ········· （160）

1958 年

1. 牟宗三、徐复观、张君劢、唐君毅联名发表《为中国
   文化敬告世界人士宣言》···················· （162）
2. 张岱年著《中国哲学大纲》（全二册）出版 ·········· （163）

3. 胡耐安著《先秦诸子学说儒道墨三家评介》出版 ………（164）

1959 年

1. 陈景磐发表《孔子在中国教育史上的地位》 …………（165）
2. 严北溟著《孔子的哲学思想》出版 ………………………（165）

1960 年

1. 中国科学院山东分院历史研究所举行“孔子评价问题
　 讨论会” ……………………………………………………（167）
2. 冯友兰发表《论孔子》 ……………………………………（167）
3. 童书业发表《孔子思想研究》 ……………………………（168）

1961 年

1. 中国科学院山东分院历史研究所编《孔子讨论文集》
　（第一集）出版 ……………………………………………（170）
2. 关锋、林聿时发表《论孔子》 ……………………………（170）
3. 冯友兰发表《论孔子关于“仁”的思想》 …………………（171）
4. 梁启雄发表《孟子思想述评和探源》 ……………………（171）
5. 中国哲学会、北京市哲学会举行“孔子评价问题讨论会”
　 ………………………………………………………………（172）

1962 年

1. 高亨发表《孔子思想三论》 ………………………………（173）
2. 杨荣国发表《论孔子思想》 ………………………………（173）
3. 吉林大学举行“孔子讨论会” ……………………………（174）
4. 广东历史学会举行“孔子讨论会” ………………………（175）
5. 刘节发表《孔子的“唯仁论”》 ……………………………（176）
6. 曲阜师范学院举行“孔子讨论会” ………………………（176）
7. 高赞非发表《孔子思想的核心——仁》 …………………（178）
8. 蔡尚思发表《孔子思想核心剖视》 ………………………（178）
9.《学术月刊》发表“关于孔子思想的研究和讨论”笔谈……（178）

10. 任继愈发表《孔子——奴隶社会的保守派、封建
社会的"圣人"》 ……………………………………（180）

11."东方人文学会"成立 ……………………………（180）

12.《哲学研究》编辑部编《孔子哲学讨论集》出版 ………（181）

13."全国孔子学术研讨会"举行 ……………………（181）

14. 山东师范学院举行"孔子讨论会" ………………（181）

1963 年

1. 赵纪彬发表《哲学史方法论断想——从春秋的"人"
概念看孔子"仁"的思想实质》 ……………………（183）

2. 牟宗三著《中国哲学的特质》出版 ……………（184）

3. 严北溟发表《论"仁"——孔子哲学的核心及其辐射线》
……………………………………………………（184）

4. 任继愈著《中国哲学史》（第一册）出版 ………（184）

5. 钱穆著《论语新解》出版 …………………………（185）

1965 年

《哲学研究》编辑部编《中国哲学史论文集》（第二集）出版
……………………………………………………（186）

1966 年

1."文化大革命"全面发动，冲击了孔子儒学的正常学术
研究 ………………………………………………（187）

2. 陈立夫著《四书道贯》出版 ………………………（187）

1967 年

张其昀著《孔子新传》出版……………………………（188）

1968 年

陈大齐著《论语臆解》出版……………………………（189）

1969 年

蔡仁厚著《孔门弟子志行考述》出版 ……………………………………（190）

1972 年

罗联络著《孔孟学说之启示》出版 ………………………………………（191）

1973 年

1.《人民日报》发表《孔子——顽固地维护奴隶制的
　　思想家》 …………………………………………………………………（192）
2.《人民日报》发表《孔子是"全民教育家"吗？》 ……………………（192）
3. 杨宽编《孔子是造反派还是保守派？》出版 ……………………………（193）
4. 朱廷献著《孔孟研究论文集》出版　………………………………………（193）

1974 年

1.《红旗》杂志发表《林彪与孔孟之道》…………………………………（194）
2.《人民日报》发表《把批林批孔的斗争进行到底》………………………（194）
3.《红旗》杂志发表《孔丘其人》…………………………………………（194）
4. 钱穆著《孔子与〈论语〉》出版　………………………………………（195）
5.《人民日报》发表《继续搞好批林批孔》………………………………（195）

1975 年

1. 林剑鸣等编《从孔丘到曾国藩》出版　…………………………………（196）
2. 杨荣国主编《简明中国哲学史》（修订本）出版　………………………（196）
3. 冯天瑜著《孔丘教育思想批判》出版　…………………………………（197）
4. 冯友兰著《论孔丘》出版　………………………………………………（197）
5. 毛子水著《论语今注今译》出版　………………………………………（198）

1976 年

1. 林语堂卒　…………………………………………………………………（199）
2. 芮沃寿卒　…………………………………………………………………（200）

1977 年

1. 邱镇京著《论语的思想体系》出版 …………………… （201）
2. 方东美卒 ……………………………………………… （201）
3. 罗世烈发表《孔丘何尝代理宰相》 …………………… （202）

1978 年

1. 唐君毅卒 ……………………………………………… （203）
2. 杨承彬著《孔、孟、荀的道德思想》出版 …………… （203）
3. 庞朴发表《孔子思想的再评价》 ……………………… （203）
4. 丁伟志发表《儒学的变迁》 …………………………… （204）

1979 年

1. 冯契发表《孔子哲学思想分析》 ……………………… （206）
2. 周予同发表《从孔子到孟荀》 ………………………… （207）
3. 陈祥耀发表《孔子的历史作用及其对后代文学的影响》
　　…………………………………………………………… （207）
4. 唐华著《中国原儒哲学思想史》出版 ………………… （208）
5. 刘殿爵译《论语》（英译本）出版 …………………… （209）

1980 年

1. 任继愈发表《论儒教的形成》 ………………………… （210）
2. 庞朴发表《"中庸"平议》 …………………………… （210）
3. 冯友兰发表《从中华民族的形成看儒家思想的历史作用》
　　…………………………………………………………… （211）
4. 李泽厚发表《孔子再评价》 …………………………… （212）
5. 周谷城发表《仁的教育思想》 ………………………… （213）
6. 蔡尚思发表《孔子教育思想要具体分析》 …………… （213）
7. 杨伯峻发表《试论孔子》 ……………………………… （213）
8. 山东大学历史系编《孔子及孔子思想再评价》出版 …… （214）
9. 庞朴著《帛书五行篇研究》出版 ……………………… （215）

10. 任继愈发表《儒家与儒教》………………………………（215）

11. 曲阜师范学院"孔子讨论会"举行 ……………………（215）

12. 顾颉刚卒 ……………………………………………………（216）

13. 严北溟发表《要正确评价孔子》…………………………（216）

14. 金隆德发表《试论孔子的哲学思想》……………………（217）

15. 辛冠洁、李曦编《中国古代著名哲学家评传》（第一卷）
　　出版 ………………………………………………………（217）

16. 胡勉著《儒家思想与三民主义》出版 …………………（218）

1981 年

1. 王熙元编著《论语通释》出版 …………………………（219）

2. 严北溟发表《孔子要平反，"孔家店"要打倒》…………（219）

3. 陈景磐发表《西方学者孟录、顾立雅等论孔子的教育
　　思想》………………………………………………………（220）

4. 金景芳发表《孔子思想述略》 …………………………（220）

5. 中国社会科学院哲学研究所中国哲学史研究室编
　　《中国哲学史论》出版 …………………………………（221）

6. 周予同卒 …………………………………………………（222）

7. 杜任之发表《探索孔子思想的精华》 …………………（222）

8. 何龄修等著《封建贵族大地主的典型——孔府研究》
　　出版 ………………………………………………………（222）

9. 张立文著《朱熹思想研究》出版 ………………………（223）

10. 中央教育科学研究所教育史研究室编《孔子教育思想
　　论文选》出版 ……………………………………………（224）

11. 龚乐群著《论语疑考》出版 ……………………………（224）

1982 年

1. 冯友兰著《中国哲学史新编》（第一册）（1980 年修订本）
　　出版 ………………………………………………………（225）

2. 赵纪彬卒 …………………………………………………（226）

3. 刘蔚华发表《论仁学的源流》 …………………………（226）

4. 徐复观卒 ………………………………………………………（228）

5. 冯天瑜发表《孔子"轻自然、斥技艺"思想的历史评价》

………………………………………………………（228）

6. 王书林著《论语译注及异文校勘》出版 ……………（228）

7. 赵光贤发表《先秦儒家思想的几个特点》……………（229）

8. 蔡尚思著《孔子思想体系》出版 ……………………（229）

9. 匡亚明发表《对孔子进行再研究和再评价》……………（230）

10. 唐满先译注《论语今译》出版 ………………………（231）

11. 肖萐父、李锦全主编《中国哲学史》（上卷）出版 ……（231）

12. 王邦雄等编撰《论语义理疏解》发行 ………………（232）

13. 陈大齐著《孔子言论贯通集》出版 …………………（232）

14. 杰柳辛编《中国的儒学》出版 ………………………（233）

1983 年

1. 曲阜师范学院孔子研究所成立 …………………………（234）

2. 周进华著《孔学管锥》出版 …………………………（234）

3. 黄俊杰著《儒学传统与文化创新》出版 ……………（235）

4. 蔡尚思发表《孔子思想问题的百家争鸣》……………（235）

5. "孔子学术讨论会"举行…………………………………（236）

6. 钟肇鹏著《孔子研究》出版 …………………………（236）

7. 罗光著《儒家哲学的体系》出版 ……………………（237）

8. 陈立夫著《陈立夫儒学研究言论集》出版 …………（237）

9. 杨亮功著《孔学四论》出版 …………………………（238）

10. 范寿康著《朱子及其哲学》出版 ……………………（238）

1984 年

1. 谭宇权著《孔子精神建设论》出版 …………………（240）

2. 朱廷献著《论孟研究》出版 …………………………（240）

3. 侯外庐等主编《宋明理学史》（上卷）出版 …………（241）

4. 蒙培元著《理学的演变》出版 ………………………（242）

5. 杨景凡、俞荣根著《孔子的法律思想》出版 …………（242）

6. 庞朴著《儒家辩证法研究》出版 …………………………（243）

7. "孔子法律思想讨论会"举行………………………………（244）

8. "孔子教育思想学术讨论会"举行…………………………（244）

9. 孔子及弟子和孔子思想继承者等 17 尊塑像复原揭幕
仪式举行 …………………………………………………（245）

10. 中国孔子基金会成立 ……………………………………（245）

11. 刘蔚华发表《孔子研究中的方法论问题》……………（246）

12. "孟子学术讨论会"举行 …………………………………（247）

13. 蔡仁厚著《孔孟荀哲学》出版 …………………………（248）

14. 郑彝元著《儒家思想导论》出版 ………………………（248）

1985 年

1. 曲阜师范学院孔子研究所编《孔子教育思想论文集》
出版 ………………………………………………………（249）

2. 李启谦、黄金山发表《孔子在封建社会前期政治地位
的变化》…………………………………………………（249）

3. 匡亚明著《孔子评传》出版 ……………………………（250）

4. 中华孔子研究所成立 ……………………………………（251）

5. 中华孔子研究所"孔子学术讨论会"举行 ……………（252）

6. 刘蔚华发表《孔子思想演变的特点》…………………（253）

7. 张蕙慧著《儒家乐教思想研究》出版 …………………（253）

8. 杜任之、高树帜发表《孔子"仁"学精华是哲学人类学》
……………………………………………………………（254）

9. 张岱年发表《孔子在中国文化史上的地位》…………（255）

10. 张立文著《宋明理学研究》出版 ………………………（255）

11. 丁寅生著《孔子演义》出版 ……………………………（256）

12. 杜任之、高树帜著《孔子学说精华体系》出版 ………（256）

13. 中华孔子研究所"纪念孔子诞辰 2536 周年座谈会"
举行 ………………………………………………………（257）

14. 方延明发表《孔子思想的四个来源和四个组成部分》
……………………………………………………………（257）

15. 傅佩荣著《儒道天论发微》出版 …………………………………（258）

16. 韩达编《评孔纪年(1911—1949)》出版 ………………………（259）

1986 年

1. 杜维明发表《儒学第三期发展的前景问题》 …………………（260）

2. 山东省社会科学院儒学研究所成立 …………………………（261）

3. 乔伟、杨鹤皋主编《孔子法律思想研究》(论文集)出版

　　 ………………………………………………………………（262）

4.《孔子研究》创刊 ………………………………………………（262）

5.《孔子研究》创刊号设立"孔子研究笔谈"栏目 ………………（263）

6. 王开府著《儒家伦理学析论》出版 …………………………（263）

7. 胡楚生著《儒行研究》出版 …………………………………（264）

8. 蔡尚思发表《对孔学的争鸣是发展中国文化的关键》

　　 ………………………………………………………………（264）

9."中国孔子基金会学术委员会暨《孔子研究》杂志首次

　　春季学术讨论会"举行 ………………………………………（264）

10. 郭沂发表《孔子的思维结构及其对中国传统思维方

　　式的影响》 ……………………………………………………（265）

11. 山西省孔子学术研究会成立 ………………………………（267）

12. 山东孔子学会成立 …………………………………………（267）

1987 年

1. 中国社会科学院哲学研究所资料室编《孔子研究论文

　　著作目录(1949—1986)》出版 ………………………………（269）

2. 石可著《孔子事迹图·论语箴言印》出版 …………………（269）

3. 中国孔子基金会学术委员会编《近四十年来孔子研究

　　论文选编》出版 ………………………………………………（270）

4. 杨焕英编著《孔子思想在国外的传播和影响》出版 ………（270）

5. 李启谦著《孔门弟子研究》出版 ……………………………（271）

6. 钱穆著《孔子传》出版 ………………………………………（271）

7."儒学国际学术讨论会"举行…………………………………（271）

8."现代新儒家思潮学术讨论会"举行 …………………（272）

9. 侯外庐卒 ……………………………………………（273）

10. 曲阜师范大学孔子研究所编《孔子思想研究论集》
出版 ……………………………………………（273）

11. 中华孔子研究所第二届年会及学术讨论会举行 ……（273）

12."国际孔学会议"举行 ………………………………（273）

13. 中华孔子研究所编《孔子研究论文集》出版 …………（274）

14. 王叔岷著《先秦道法与儒家的关系》出版 …………（274）

1988 年

1. 梁漱溟卒 ……………………………………………（275）

2. 林复生著《孔子新传》出版 …………………………（275）

3. 舞剧《孔子畅想曲》上演 ……………………………（275）

4. 吴乃恭著《儒家思想研究》出版 ……………………（276）

5."儒学与当今世界国际学术讨论会"举行 …………（277）

6. 曹尧德、杨佐仁著《孔子传》出版 ……………………（277）

7. 严灵峰编著《论语章句新编》出版 …………………（277）

1989 年

1. 高专诚著《孔子·孔子弟子》出版 …………………（279）

2. 方克立、李锦全主编《现代新儒学研究论集（一）》出版
………………………………………………………（280）

3. 周谷城发表《儒学别解》………………………………（281）

4. 首届"孔子文化节"举行 ……………………………（282）

5. 冯友兰发表《对于孔子所讲的仁的进一步理解和体会》
………………………………………………………（282）

6. 蔡尚思发表《孔子的礼学体系》……………………（283）

7. 金景芳发表《孔子所讲的仁义有没有超时代意义？》……（283）

8."孔子诞辰 2540 周年纪念与学术讨论会"举行 …（284）

9."儒家思想与未来社会国际学术讨论会"举行 ………（284）

10.《孔子文化大全》出版 ………………………………（285）

1990 年

1. "国际孔孟思想与中国文化前途研讨会"举行…………（287）

2. 方克立发表《现代新儒学的发展历程》………………（287）

3. 钱穆卒 ……………………………………………（288）

4. 冯友兰卒 …………………………………………（288）

5. 徐志祥、李金山主编《孔子研究四十年》出版………（288）

6. "儒学国际研讨会"举行……………………………（289）

7. 郭沂发表《〈论语〉源流再考察》……………………（289）

8. 吕绍纲发表《关于孔子思想的几个问题》……………（290）

9. 林存光发表《孔子本体论"人学"论纲》……………（291）

10. 钱逊发表《孔子仁礼关系新释》……………………（291）

11. 韩国儒教事典编纂委员会编《儒教大事典》出版………（292）

1991 年

1. 金景芳发表《孔子的这一份珍贵的遗产:六经》…………（293）

2. 电视连续剧《孔子》摄成 …………………………（293）

3. 杨向奎发表《孔子思想与中国传统文明》……………（294）

4. 司马孺发表《"马克思主义和孔子教义"》……………（294）

5. 蔡尚思发表《孔子论"仁"的重点和范围:析孔子宗法名分性的仁学》……………………………………（294）

6. 汤一介发表《儒学的现代化问题》…………………（295）

7. 申正发表《孟子对孔子哲学思想的发展》……………（295）

8. 赵吉惠等主编《中国儒学史》出版…………………（296）

9. 宋仲福等著《儒学在现代中国》出版………………（296）

10. 马振铎发表《孔子天命观新论》……………………（297）

11. 黎子耀著《论语秘义》出版…………………………（298）

12. 金景芳等著《孔子新传》出版………………………（298）

13. 陈来著《宋明理学》出版……………………………（299）

14. 向世陵、冯禹著《儒家的天论》出版 ………………（300）

1992 年

1. 杨向奎著《宗周社会与礼乐文明》出版 ……………………（301）

2. 杜维明著《儒家传统的现代转化》出版 …………………（302）

3. "儒学及其现代意义国际学术研讨会"举行 ………………（302）

4. 傅举有、陈松长编著《马王堆汉墓文物》出版 …………（303）

1993 年

1. "宋代哲学与中华文化国际学术研讨会"举行……………（304）

2. 谢祥皓、刘宗贤著《中国儒学》出版 ………………………（304）

3. "第八届国际中国哲学会议"举行……………………………（305）

4. "孔孟荀学术思想国际研讨会"举行…………………………（305）

5. "宋明思想文化和华夏文明国际学术讨论会"举行………（306）

6. "郭店楚墓竹简"出土…………………………………………（307）

7. 张岱年主编《孔子大辞典》出版 …………………………（307）

8. 黄克剑等编《当代新儒家八大家集》出版 ………………（307）

1994 年

1. 吴乃恭著《宋明理学》出版 ………………………………（309）

2. 李学勤著《走出疑古时代》出版 …………………………（309）

3. "邹城孟子学术思想国际研讨会"举行……………………（310）

4. 徐远和著《儒学与东方文化》出版 ………………………（310）

5. 葛荣晋主编《中国实学思想史》出版 ……………………（310）

6. "孔子诞辰 2545 周年纪念与国际学术讨论会"举行 ……（312）

7. 国际儒学联合会成立 ………………………………………（313）

8. 廖名春发表《思孟五行说新解》…………………………（313）

9. 邹昌林发表《儒学与宗教的关系》………………………（313）

10. 钟肇鹏主编《春秋繁露校释》出版 ……………………（314）

1995 年

1. 朱伯崑著《易学哲学史》出版 ……………………………（315）

2. 牟钟鉴发表《孔子与 21 世纪》……………………………………（316）

3. 牟宗三卒 ………………………………………………………………（318）

4. 杨泽波著《孟子性善论研究》出版 ……………………………（318）

5. 杨朝明发表《鲁国礼乐传统研究》 ……………………………（319）

6. 蒋庆著《公羊学引论》出版 ………………………………………（319）

7. 庞朴著《一分为三——中国传统思想考释》出版 ………（320）

8. "儒家思想与市场经济国际学术研讨会"举行 ………………（321）

9. "第二届唐君毅学术思想国际研讨会"举行 ………………（321）

10. "徐复观思想与现代新儒学发展学术讨论会"举行 ……（322）

11. 方克立、李锦全主编《现代新儒家学案》出版 …………（322）

12. "纪念黄宗羲逝世三百周年暨国际学术研讨会"举行
   ……………………………………………………………………………（323）

13. "海峡两岸纪念朱熹诞辰 865 周年暨朱熹对中国文化
   贡献学术会议"举行 ………………………………………………（323）

14. "第 14 届国际退溪学会议"举行 ………………………………（324）

15. "纪念冯友兰先生诞辰 100 周年国际学术讨论会"
   举行 …………………………………………………………………（324）

16. "综合创新文化观研讨会"举行 ………………………………（325）

1996 年

1. 陈来著《古代宗教与伦理——儒家思想的根源》出版
   ……………………………………………………………………………（327）

2. "中国宋学与东方文明国际学术研讨会"举行…………………（328）

3. "儒家伦理与公民道德国际学术研讨会"举行 ………………（329）

4. 陈寒鸣、王建国发表《儒学的内在生命与儒学的
   现代化》………………………………………………………………（330）

5. 金景芳、吕绍纲著《〈尚书·虞夏书〉新解》出版 …………（330）

6. "王阳明国际学术讨论会"举行……………………………………（332）

7. "第二次中韩儒学研讨会"举行……………………………………（332）

8. "儒家教育理念与人类文明国际研讨会"举行 ………………（334）

9. "东方思想与社会发展国际学术会议"举行………………………（336）

10. 中国孔子基金会转回山东并推出"中国孔子基金会文库"

　　…………………………………………………………（336）

11. "儒学与中国文化现代化学术研讨会"举行 …………（337）

12. 李学勤著《古文献丛论》出版 …………………………（339）

13. 匡亚明卒 …………………………………………………（340）

14. 刘蔚华、赵宗正主编《中国儒家学术思想史》出版 ……（340）

15. 张立文著《和合学概论——21 世纪文化战略的构想》

　　出版 ……………………………………………………（341）

1997 年

1. 李景林发表《思孟五行说与思孟学派》 ………………（342）

2. 庞朴主编《中国儒学》出版 ……………………………（342）

3. 中国孔子基金会编《中国儒学百科全书》出版 …………（343）

4. "儒学与世界文明国际学术会议"举行 …………………（344）

5. "第三届海峡两岸周易学术研讨会"举行…………………（344）

6. 冯达文著《宋明新儒学略论》出版 ……………………（346）

7. 韩国《孟子研究》创刊 …………………………………（347）

8. "东亚儒学暨思想文化国际交流会议"举行……………（348）

9. "中韩儒释道三教关系学术研讨会"举行………………（349）

10. "儒释道交融与中国传统文化学术研讨会"举行 ………（350）

11. "孔子思想与 21 世纪国际学术研讨会"举行……………（351）

12. "冯友兰与中国传统文化国际学术研讨会"举行 ………（353）

1998 年

1. 张学智发表《儒家文化的精神与价值观》 ……………（355）

2. 《文史哲》发表"儒学是否是宗教"笔谈……………………（355）

3. 姜林祥主编《中国儒学史》出版 ………………………（358）

4. 庞朴发表《竹帛〈五行〉篇比较》 ………………………（359）

5. 庞朴发表《孔孟之间——郭店楚简的思想史地位》 ……（360）

1999 年

1. 杜维明发表《儒学的理论体系与发展前景》 ……………（362）

2. 陈劲松发表《儒学社会的治乱兴衰：一种精神的限制》

   ………………………………………………………………（362）

3.《中国哲学》编辑部、国际儒联学术委员会编《郭店楚简

   研究》出版 …………………………………………………（363）

4. 张腾霄发表《马克思主义与儒学》 ………………………（363）

5. 张岱年发表《儒家的人生理想与现代文明》 ……………（363）

6."张载关学与实学国际学术研讨会"举行……………………（364）

7.《文史哲》发表"儒学的研究、普及与大众化"笔谈 ………（364）

8. 孔德懋发表《孔子属于中国，也属于全世界》……………（367）

9."纪念孔子诞辰 2550 周年国际学术讨论会"举行 ………（367）

10.《北京日报》发表《李瑞环谈孔子与儒学》 ………………（368）

11. 景海峰发表《儒学定位的历史脉络与当代意涵》………（369）

1900 年(清光绪二十六年)

章太炎著《訄书》出版

章太炎(1869—1936),初名学乘,字枚叔,后改名炳麟,号太炎,浙江余杭县南乡仓前镇人。中国近代民主革命家、思想家。[①]

1 月,章太炎著《訄书》木刻本出版[②],该书是章太炎在戊戌变法前后所写论文的结集,共收录论文 50 篇,涉及社会、政治、历史、文化等领域的许多重要问题,集中地反映了章太炎早期的民主主义观点和唯物主义思想。

关于《訄书》的命名,章太炎解释说:訄,相迫之意,言其书"述鞠迫言",意思是为民族危亡的社会情势所迫而非说不可的话。《訄书》中有批判传统旧学,反对宗教神学的内容。该书引用日本远藤隆吉的话,说孔子出于中国,是中国之祸,并将孔子定名为"古良史也",而非"圣贤"或"素王"。对《论语》进行了批判:"《论语》者晻昧……下比孟轲,博习故事则贤,而知德少歉矣。"批评尊孔派的"苟务修古",肯定先秦诸子的历史地位:"孙卿死而儒术绝,自明季五君之丧(谓孙奇逢、王夫之、黄宗羲、颜元、李颙也),道学亦亡矣。"称赞王充之《论衡》:"怀疑之论,分析百端……不避孔氏。汉得一人焉,足以振耻。至于今,亦未有能逮者也。"该书还论及物质和精神的关系,并且否定天命论说教:"若夫天与

---

① 关于章太炎更详细的介绍,参见本书《学案卷》(上)之"章太炎儒学学案"条目。
② 关于《訄书》初刻本结集的时间,这里采用了朱维铮先生的意见。参见《章太炎全集》第三卷"前言",上海人民出版社 1984 年版,第 3—7 页。

帝,则未尝有矣。"

《訄书》的出版、发行,从一定程度开启了近代大规模批评孔子的潮流。后来的吴虞、顾颉刚等批孔、疑古人士都把此书视为精神源头,为中国资产阶级民主革命派提供了反清革命的历史依据和现实理论武器,被誉为中国旧民主主义革命时期"战斗的文章"。

《訄书》后来多次作修订、调整。1902 年,删去含改良主义思想的篇幅,增加宣传反清革命的文章,编为 63 篇,另"前录"3 篇,于 1904 年在日本东京出版。1906—1910 年间,又作修订,在目录中增列《原儒》、《原经》、《孝经说》篇,删去《族制》、《封禅》等。辛亥革命后,随着章太炎思想的变化,1914 年再作修订,删除了原先一些具有革命内容的篇文,更名为《检论》出版。

1902 年(清光绪二十八年)

1. 梁启超发表《保教非所以尊孔论》

梁启超(1873—1929),字卓如,号任公,一字任甫,别号沧江,又号饮冰室主人,广东新会县茶坑乡人。中国近代著名政治活动家、启蒙思想家、教育家、史学家和文学家,维新运动领袖之一。[①]

2 月 22 日,梁启超在《新民丛报》第 2 号发表《保教非所以尊孔论》一文,一改以前的保种保教立场,对康有为定孔教为国教的主张持反对意见,认为教不必保,也不可保。自称今后所当努力者,"惟保国而已"。并指出以新学新理比附于孔子言论的不当,认为此种比附"不过以其暗合于我孔子而从之耳。是所爱者仍在孔子,非在真理也。万一遍索之于四书、六经,而终无可比附者,则将明知为铁案不易之真理,而亦不敢从矣"。文中还尖锐批评那些舞文贱儒"动以西学缘附中学者,以其名为开新,实则保守,煽思想界之奴性而滋益之也"。还指出,孔子学说中有"万世不易"之"通义"、又有"与时推移"之"别义",强调"孔教无可亡之理"、"文明愈进,则其研究之也愈要"。

同时,梁启超又将孔子和群教(佛教、基督教、回教)教主相区别;将孔教和群教、尊孔和保教相区别。认为群教专讲"迷信",又搞"礼拜",是"禁人之怀疑,窒人思想之自由",而孔教则"无迷信、无礼拜,不禁怀疑,不仇外道",其精神是自由而非专制的。又认为孔子不像群教教主

---

① 关于梁启超更详细的介绍,参见本书《学案卷》(上)之"梁启超儒学学案"条目。

那样"自号帝子",而是"哲学家、经世家、教育家,而非宗教家",是"先圣"、"先师"而非"天"、"神",故不能用一般的偶像崇拜的宗教仪式来尊孔,以此说明"保教非所以尊孔"。公开申明:"虽然吾爱孔子,吾尤爱真理;吾爱先辈,吾尤爱国家;吾爱故人,吾尤爱自由。"

2. 梁启超发表《孔子讼冤》

5月22日,梁启超在《新民丛报》第8号发表《孔子讼冤》一文,借"怀疑子"与"尊圣子"二人之论学,评述孔子的一些言论,选取孔子《论语》中让后人产生歧义的言语作新的解释,并以此解释、发挥孔子学说的精神。文中指出:《论语》中"民可使由之,不可使知之"一句系误断句读,应定为"民可,使由之;不可,使知之"。又认为"攻乎异端,斯害也已"当解为"孔子只教人不可攻击异端而已,而朱熹不解事,乃强训攻为治,是朱学非孔学也"。又解"天下有道则见"为"天下太平之时则彰明较著以组织政党也",解"无道则隐"为"当朝政棼乱之时,则当坚忍慎密组织秘密社会以图匡救也"。又释《论语》中"天下有道,则庶人不议",为"《尔雅》云,不显,显也。不承,承也……古书多有以不字足句者,其例不可胜数。孔子此言,正谓天下有道,则庶人议耳。不显、不承,亦作丕显、丕承。故不议亦可作丕议。丕者,人也。言天下有道,则庶人大开议会耳"。这些对《论语》的新解主要表达了追求民主、自由的思想观点和政治主张,为后来的新儒家从传统儒学中开出"民主、科学"奠定了理论基础。

1903 年(清光绪二十九年)

徐复观生

徐复观(1903—1982),原名秉常,字佛观,后改名为复观,湖北浠水人。中国近现代思想史家,现代新儒家代表人物之一。[①]

1 月 13 日,徐复观出生于湖北省浠水县徐珞场凤形湾。

---

① 关于徐复观更详细的介绍,参见本书《学案卷》(下)之"徐复观儒学学案"条目。

1904 年(清光绪三十年)

王国维发表《孔子之美育主义》

王国维(1877—1927),字伯隅、静安,号观堂、永观,浙江海宁人。中国近代学者,古文字、古器物、古史地学家,诗人,文艺理论家。[①]

2 月,王国维在《教育世界》杂志第 69 号发表《孔子之美育主义》一文,通过中西美育思想的比较研究,论述了孔子的美育观。文中指出:"今转而观我孔子之学说,其审美上之理论虽不可得而知,然其教人也则始于美育,终于美育。"并引《论语》中"兴于《诗》,立于礼,成于乐"之句及曾点"言志"之语进行阐述。认为早在三代及其以前,"冑子之教,典于后夔"(《尚书・舜典》),"大学之事,董于乐正"(《周礼・大司乐》、《礼记・王制》),就已经将音乐作为教育之一科。认为孔子的美育主义有三个特点:首先,此种美育是以艺术教育为主;其次,具有很高深的艺术鉴赏力,如"在齐闻《韶》",竟至"三月不知肉味";再次,教人欣赏自然美以及由此产生审美境界与道德境界的合一。据此认定,孔子是中国最早倡导"美育"者。此种审美观点提升了《论语》文学艺术研究的思维水平,有力地批判了中国传统的"文以载道"观念,具有重要的历史意义。

---

① 关于王国维更详细的介绍,参见本书《学案卷》(上)之"王国维儒学学案"条目。

1905 年(清光绪三十一年)

1. 邓实、刘师培等成立"国学保存会"

邓实(1876—1951),字秋枚,别号署枚子、野残、鸡鸣,广东顺德人。清末民初报人、历史学者,国粹派代表人物之一。

刘师培(1884—1919),字申叔,后改名光汉,号左盦,笔名韦裔,又署光汉子,江苏仪征人。清末民初经学家,国粹派代表人物之一。[①]

是年年初,邓实、刘师培等在上海成立"国学保存会",以"研究国学、保存国粹"为宗旨[②],欲借国粹保存发起民族信心。

国学保存会既有反清革命的性质,也重在阐发其"发明国学,保存国粹"、"爱国保种,存学救世"的"保"、"存"一面。它观察到欧洲借复兴古学而开近代文明先河,认为中国文化要重振雄风,也必须通过复兴古学来实现。它所要复兴的古学,不限于儒学,而是包括儒学在内的先秦诸子学。所以,要复兴国学,必须回到中国文化的源头先秦时代,回到那纯正而有活力的形态丰富的"古学"。国学保存会明确肯定,西学与古学不仅不对立,相反,中国古学复兴的原动力正是西学东渐,古学复兴的过程就是中西文化会通融合的过程。[③]

国学保存会在大力呼吁复兴国学的同时,在实践上也在努力谋求

---

① 关于刘师培更详细的介绍,参见本书《学案卷》(上)之"刘师培儒学学案"条目。

② 《国学保存会简章》。

③ 何卓恩:《国学保存会与中国传统学术的革故鼎新》,《华中师范大学学报(人文社会科学版)》2003 年第 3 期。

会通中西,再造中国传统学术。国学保存会拥有两份刊物——《国粹学报》、《政议通报》,一座藏书楼,一个印刷所,并设立有神州国光社,开办有定期开讲的国学讲习会,还曾计划开设三年制国粹学堂等。此外,国学保存会对于创立新史学也作了积极探索。

国学保存会于1911年武昌起义前夕停止活动。

2.《国粹学报》创刊

2 月 23 日,《国粹学报》在上海创刊,以"发明国学、保存国粹"为宗旨。于阴历每月 20 日发行,连续刊行 7 年,从未间断,从创刊到 1911年 9 月 12 日停刊,共出 82 期。汇编本曾多次印行。

该刊是国学保存会的机关刊物,由邓实主编,主要撰稿人有章太炎、刘师培、陈去病、黄节、黄侃、田北湖、马叙伦、罗振玉等,内容主要分社说、政篇、史篇、文篇、丛谈、撰录等栏目。它在中国辛亥革命时期起过一定的革命宣传作用。该刊自始至终坚持以国学为阵地,宣传爱国、保种、存学;反对"醉心欧化",载有经学、史学、诸子学、文字训诂学等文章,并附有明末遗民撰著和图片,宣传反清思想。[①]

3. 陈天华卒

陈天华(1875—1905),原名显宿,字星台,亦字过庭,别号思黄,湖南新化人。中国近代资产阶级民主革命家、思想家和宣传家。陈天华曾作《警世钟》、《猛回头》,号召全国各阶层民众团结起来,抵抗列强侵略,推翻清政府。他在《警世钟》中疾呼"孔子是主张爱国的",只有齐心死拒,才算行孔子之道。他认为,中国三代以上都是民重君轻,要救中国必须兴民权、改民主,建立民主的共和国。

12 月 8 日,陈天华为抗议日本政府《取缔清、韩留学生规则》,在东京大森湾投海自杀,终年 31 岁。

---

① 关于《国粹学报》更详细的介绍,参见本书《纪事卷》之"国粹派与《国粹学报》"条目。

1906 年(清光绪三十二年)

1. 马叙伦发表《孔氏政治学拾微》

马叙伦(1885—1970),字彝初,更字夷初,号石翁、寒香,晚年号石屋老人,浙江余杭人。中国近现代教育家、语言文字学家、诗人、书法家,中国民主促进会的创始人和领导人。

2 月 13 日至 10 月 7 日,马叙伦在《国粹学报》第 13、15、17、18、21 期连载《孔氏政治学拾微》一文,认为"六经皆孔氏政书"。

马叙伦在文中一反自己 1902 年在《史学总论》中提出的"六经皆三代之史"的观点,转而认为孔子是"制法之圣"。该文"总引"部分称:"自平王东迁,纲纪沦堕,典章散失,诸夏声名渐以消散。乃生孔圣,笃信好古,悯兹散失,六艺是立。六艺者,其文《诗》、《书》、《礼》、《乐》、《易》、《春秋》;其义则乾坤、阴阳、四时、五行、山川、溪谷、鸟兽、草木、人伦、政教、风俗。故曰:千圣之权衡、百王之治法于斯见焉。"不仅如此,他认为"诸夏不竞"的原因即在于孔子死后二千余年,能够"绍六经者"少之又少,即使有"承而发明之者",也大都不得要领。因而他要阐发孔子的微言大义,"撷精而拾粹,分经而发明之"。在这一前提下,他提出了一系列主张,其中第一个就是"学《春秋》,然后知法治"。明确主张《春秋》不是一般的历史著作,而是隐含着"改制之意"。由此,他广征博引,以古喻今,着重阐发《春秋》治法之大义。又借《春秋》之义宣传平等、博爱、国强、民富和进化论,批判封建专制制度、世卿世禄制,指出一条通过整治而实现由据乱到升平、再到太平的发展道路。

2. 刘师培发表《孔学真论》

6 月 11 日,刘师培在《国粹学报》第 17 期发表《孔学真论》一文,阐述孔子的历史地位及孔学的特点。

文中指出,孔子是学术之集大成者。孔学不同于诸子之学,其得以传于后世的原因:首先是孔学兼具师儒之长。"师以贤得民,儒以道得民","凡六艺诸书皆儒之业","凡《论语》、《孝经》诸书皆师之业"。其次是孔学政教合一。孔学崇尚实践,"故其书皆经世之书","六艺者,皆古圣王之政典也,即自著之书,亦专以事理为主,而即基事理以发其道者也"。

刘师培还认为孔学有四大弊端:信人事而并信天事;重文科而不重实科;有持论而无驳诘;执己见而排异说。并认为此四大弊端被后儒所继承,遂造成近世阻碍民智进步,空谈性命,视科学为无足轻重,学术之专制,言论思想无自由的局面。

3. 刘师培发表《论孔子无改制之事》

12 月 5 日至次年 2 月 2 日,刘师培在《国粹学报》第 23、24、25 期连载《论孔子无改制之事》一文,通过对汉代古文经学的阐释,批驳了康有为的《孔子改制考》。

文中指出,孔子改制于经典无明文,当时改制之权均操于君王,"未有以庶民而操改制之柄者";孔子并非王者,所以孔子未尝改制。同时,孔子也不是宗教家,"孔子未立宗教之名",孔子创立的儒家学派也不过是诸家之一。六经之学得之史官,不是孔子新创,孔子是"述而不作"。由这些可知,孔子并未以教主身份倡言改制,改制之说纯属无稽之说。

刘师培还辩驳了康有为所认定的孔子所改的十二项制度,认为这些制度没有一项是孔子所创制,只是孔子沿袭或遵从一说而已。最后指出:孔子改制之说是灭绝六经、淹没古史、堵塞革新、害政害事。这篇文章的问世,对批判当时的资产阶级改良派,反对清朝的封建专制统治起了一定的积极作用。

4. 学部奏准祭孔由中祀升为大祀

12 月 30 日,清廷学部奏请祭孔由中祀升为大祀,慈禧太后认为"孔子至圣,德配天地,万世师表,宜升为大祀,以昭隆重",从而批准奏请。这是清政府在宣布预备立宪时在尊孔礼制上的重大变革。这样,便鼓励了尊孔派,从而引起反孔派对孔子的更大反感,尊孔与反孔成了晚清思想战线上激烈斗争的一项重要内容。

1907 年(清光绪三十三年)

1. 俞樾卒

俞樾(1821—1907),字荫甫,号曲园,浙江德清人。清末著名学者、文学家、经学家、古文字学家。

俞樾学问渊博,对群经、诸子、语言、训诂以及小说、笔记都有撰述,治学以高邮王念孙、王引之父子为宗。主要著作有《群经平议》、《诸子平议》、《古书疑义举例》等。其中,《群经平议》对诸经句读进行了校正,并审定字义;《诸子平议》对古文进行校正,并阐明古义;《古书疑义举例》发前人所未发,从经、子诸书约举其例,阐释古人语法修辞特性。这些著作成为乾嘉学派后期的代表著作。

俞樾精通《易》,所著《易贯》,专发明圣人观象系辞之义;《玩易》五篇,不拘泥先儒之说,自出新意。复作《艮宦易说》、《卦气值日考》、《续考》、《邵易补原》等。所作《春在堂随笔》、《茶香室丛钞》等,搜罗甚富,保存了较多的学术史和文学史资料。当时社会上有一句流传颇广的话,叫做"李鸿章只知作官,俞樾只知著书"。

2月5日,俞樾于苏州寓庐逝世,终年87岁。

2.《东方杂志》发表《论中国儒学之误点》

8月3日,《东方杂志》第4卷第6期发表署名蛤笑的《论中国儒学之误点》一文,批判后儒分义、利为二物的义利观。

文中指出,中国近世贫弱的根源,在于儒教长达一两千年的统治以及宋儒对孔学的篡改。"于是，每下愈况，尽失其最初之精意。道德则重么匿而轻拓都，志趣则尚退守而斥进取。支离畏葸，以酿为今日不克自振之局。"

该文重点批判了后儒的义利观。因为视义、利为对立之物，于是，"主儒家之说者必不利而后可谓之义"，而"主物竞之说者必不义而后可以获利"，这两种观点所造成的影响都是消极、有害的。实际上，义与利应是统一的，这便是"义者利之因，利者义之果。必能和义，而后为无害之利；必能得利，而后非子子之义。义利者，一合而不可稍离者也"。并且指出，谋利与利己虽是"天演之当然"，但若"图利之术"不当，必将损害他人利益，危及群体利益。所以，必须"提出一义字"来规范、协调人们的利益关系，作为社会成员共同遵循的行为准则。认为利己固是人类天性，但"真正利己之道未有与道德相违反者"。西方所以文明富强，便因为"深明此义"。该文这种对群己、人我、公私的利益关系的正确处理，显然就是西方近代流行的"合理利己"主义。其所否定的是后世儒者讳言利、耻言利、"正谊不谋利"等一类偏说，而不是儒家义利观的全部。

3.《东方杂志》发表《保孔教说》

11 月 30 日，《东方杂志》第 4 卷第 10 期发表署名蛤笑的《保孔教说》一文，认为保孔教才能保国。

文中针对孔学非宗教，保教非尊孔之说，提出了孔学实为孔教，保孔教才能爱群保国的看法。认为孔学实为宗教哲学合一，"其学虽毗于知新，而其实不废守旧，盖实合宗教哲学而一之"，"似宗教而无仪式，似科学而禁异说"。自汉定孔学一尊后，社会民心定一，要振奋国民必要有孔学信仰，"今欲振国民苶弱之精神，非有至专一之宗教莫能为力"。"高屋建瓴、因势利导，固莫善于尊孔矣"，"使匹夫匹妇皆晓然，于吾国之所以独立数千载而不敝者，实孔子之教有以维之"。最后指出，当前只有保教才可以保国，"人人皆有殉身保教之心，而涣者、萃葸者强矣"。该文明确标举了儒学在维护社会稳定、凝聚民心方面的积极作用。

4. 英文版《孔子语录》出版

是年,伦敦约翰・默莱公司出版《孔子语录》,这是英文版孔子言论的摘编本。

5. 皮锡瑞著《经学通论》刊行

皮锡瑞(1850—1908),字鹿门,湖南善化(今长沙)人。清末今文经学名家。

是年,皮锡瑞著《经学通论》[①]一书由思贤书局刊行。该书从今文经学家的立场出发,对《易经》、《尚书》、《诗经》、"三礼"(即《周礼》、《仪礼》、《礼记》)、《春秋》等儒家经典的撰著流传、内容要义及历代考订注疏的得失、学者治学研究的门径等问题,作了扼要阐述。

书中指出:治经者"一、当知经为孔子所定,孔子以前不得有经;二、当知汉初去古未远,以为孔子作经,说必有据;三、当知后汉古文说出,乃尊周公以抑孔子;四、当知晋、宋以下,专信古文《尚书》、《毛诗》、《周官》、《左传》,而大义微言不彰;五、当知宋、元经学虽衰,而不信古文诸书,亦有特见;六、当知国朝经学复盛,乾嘉以后,治今文者尤能窥见圣经微旨"。至于治《易经》之学,皮锡瑞更认为其中蕴含着微言大义,其旨在于顺天应人,服务于现实。其作《易学通论》,亦循此意。《易学通论》一文篇幅虽甚少,然而讨论范围从伏羲作易,至清儒对历代易学之讨论,都有系统的总结,所欲阐明之易学问题,可谓甚广。盖其用心,一则在于忠告诸生,对于易学之基本观念,应有明确掌握;二则借"孔子易教"之说,面对恶劣之政治情势以及社会环境,提出改革指导方针。

《经学通论》与《经学历史》同为皮锡瑞的代表性著作,无论对一般学人还是专门研究者,都有参考价值。

---

① 皮锡瑞著《经学通论》,后又有涵芬楼 1923 年影印版,商务印书馆 1930 年版,中华书局 1954 年版。

1908 年(清光绪三十四年)

1. 皮锡瑞卒

皮锡瑞于 1863 年考取县学生员,1873 年拔贡,1882 年中举人,后三应礼部试未中,遂潜心讲学著书。因景仰西汉伏胜之治《尚书》,署所居名“师伏堂”,学者因称之“师伏先生”。曾任湖南桂阳州(今桂阳县)、龙潭(今溆浦县)书院讲席,后移江西南昌经训书院,说经严守家法,词章必宗家数;所讲内容大都贯穿汉、宋,融合中西,宣扬保种保教,主张“孔教救国说”,纵论变法图强。后曾任京师大学堂经学教习。

他晚年著《经学通论》,对五经的撰述流传、内容要义、历代考订注疏的得失、学者治学研究的门径,作了扼要阐述。又著《经学历史》,认为《易》、《礼》为孔子所作,五经虽大部分是古代已有的篇籍,但经孔子整理后,其中包含了特有的“微言大义”,始成为“经”。这种见解是清代今文经学的一种代表,但经当代部分学者的论证,已批驳其《易》为孔子所作的观点。

其著作另有《今文尚书考证》、《王制笺》等,收入《师伏堂丛书》和《皮氏八种》。他所主张的解经当实事求是、不当党同妒真等观点,对后世治经的学术思路产生了重要影响,其成就当时极受王先谦、叶德辉等人的称扬。

3 月 6 日,皮锡瑞于湖南长沙逝世,终年 59 岁。

2. 礼部奏准王夫之、黄宗羲、顾炎武从祀孔庙

9月11日,清廷准礼部奏,王夫之、黄宗羲、顾炎武从祀孔庙。

由明末清初王夫之、黄宗羲、顾炎武所力倡的经世思想,因其丰富深刻的批判意识和创新精神,在晚清危机深刻的年代引起了经世学者的关注。经世致用思潮兴起,涌现出一批以实学相尚的士人,朝廷也大力提拔有真才实学的官员。王夫之等明清之际经世学风的开创者的思想再次被重视和重新发掘,这种崇尚实学的风气局面使得他们的地位得以上升。

1907年,御史赵启霖上奏《请将国初大儒王夫之、黄宗羲、顾炎武从祀文庙折》,认为三儒躬行实践,其思想切合时代需要,强调了当时中西思潮交汇,学说纷杂,亟待树立圣儒典型,以有利于世教风化。这一奏请在朝野上下经过了一年的争议,上谕正式批准王夫之、黄宗羲、顾炎武"均著从祀文庙"。

三儒虽被清政府塑造为捍卫道统、传承风教的正统象征,进入传统儒学最高殿堂,但是官方的期望并没有达到,他们依旧被改良主义者视为民权主义和启蒙思想的渊薮。更让清廷失望的是,在民族主义者那里,他们坚持不与清廷合作的民族气节和遗民精神被无限放大,成为他们推翻清廷的号召力和动力。三儒从祀孔庙虽没有达到官方的目的,但在客观上对于推动儒学的经世致用研究起到了积极作用。

1909 年(清宣统元年)

1. 唐君毅生

唐君毅(1909—1978),四川宜宾人。中国现代哲学家、哲学史家,现代新儒家代表人物之一。[①]

1月17日,唐君毅出生于四川省宜宾县柏树溪周坝村。

2. 牟宗三生

牟宗三(1909—1995),字离中,山东栖霞人。中国现代哲学家、哲学史家,现代新儒家代表人物之一。[②]

6月12日,牟宗三出生于山东省栖霞县牟家疃。

3. 张之洞卒

张之洞(1837—1909),字孝达,号香涛、香岩,又号壹公、无竞居士,晚年自号抱冰,直隶南皮(今河北南皮)人。中国清末重臣,洋务运动领袖之一。

在晚清的地方大员中,张之洞不仅为政而且治学,尤尊考据学。不仅主张汉学和宋学的调和、朱学和陆学的兼容,还强调经世致用、"中体西用"。为抵制维新运动而撰成被其称为会通中西、权衡新旧的《劝学

① 关于唐君毅更详细的介绍,参见本书《学案卷》(下)之"唐君毅儒学学案"条目。
② 关于牟宗三更详细的介绍,参见本书《学案卷》(下)之"牟宗三儒学学案"条目。

篇》,阐发"中学为体,西学为用"的宗旨。认为纲常伦理不可变,"三纲四维之道不可变","夫不可变者,伦纪也,非法制也;圣道也,非器械也;心术也,非工艺也"(《劝学篇·变法》)。主张以儒家的纲常名教为判断行为的准则,"先通经以明我中国先圣先师立教之旨"(《劝学篇·循序》),以西学为功效价值判断的标准,"然后择西学之可以补吾阙者用之"(《劝学篇·循序》)。力倡尊孔读经,维系纲常,以抵制变法维新。又具体阐发中学与西学之体用关系,认为"今欲强中国,存中学,则不得不讲西学","讲西学必先通中学",即必先"通经"、"考史"、"涉猎子集"。其思维观念和思想主张对后来的守旧派、改良派以至现代新儒家都有不同程度的影响。

10 月 4 日,张之洞于北京白米斜街寓所逝世,终年 73 岁。

1910 年（清宣统二年）

1.《尚贤堂纪事》创刊

2 月，美国传教士李佳白于上海创办月刊《尚贤堂晨鸡录》，次年改名为《尚贤堂纪事》。①

2. 蔡元培著《中国伦理学史》出版

蔡元培（1868—1940），字鹤卿，号孑民，浙江绍兴人。中国近代民主主义革命家、教育家。②

7 月，蔡元培著《中国伦理学史》一书由商务印书馆出版。该书是我国近代第一部系统整理和研究中国古代伦理思想发生、发展及变迁的学术著作。它将中国伦理学史划分为三个时代，系统介绍了从孔子到王阳明共计 28 位思想家的伦理思想，并以科学的方法分析和评价了各家学说的要点、源流、发展及其优长与缺失，既公正客观、实事求是，又合情合理、褒贬有度，为中国近代伦理学的建构提供了重要的指导和借鉴。

书中指出，先秦儒家哲学的深度与广度不如道家，其法则的专精度不如法家，其人类平等的观念不如墨家，其学说的逻辑性也不强，但它仍足以代表我们的民族精神。因为它坚守中庸之道，能调和唐（帝尧的

---

① 关于《尚贤堂纪事》更详细的介绍，参见本书《纪事卷》之"尚贤堂及《尚贤堂纪事》"条目。

② 关于蔡元培更详细的介绍，参见本书《学案卷》（上）之"蔡元培儒学学案"条目。

封号)、虞(远古部落名,舜为其酋长)、夏、商、周以来的各种思想,能够顺应我们民族的传统习惯,能够把理论和实践结合起来,如调和动机论和功利论,把文雅与简朴结合起来,把公德和私德结合起来,把政府和人民结合起来,把人事和鬼神结合起来。自周代末年以来,"吾族承唐虞以来二千年之进化,而凝结以为社会心理者,实以此种观念为大多数……而自汉以后,卒为吾族伦理界不祧之宗,以至于今日也"①。

3. 列夫 · 托尔斯泰卒

列夫 · 托尔斯泰(1828—1910),俄国作家,以迷恋中国精神文化著称。早年曾在喀山大学东方语文系和法律系学习,后来的思想与创作受到孔子及儒家思想的影响。有时直接运用儒家学说来论证自己的理论,以宣传其宽恕和调和的思想。曾选编《孔子的生平和学说》(1903)、《中国哲人格言》(1911)。布朗热曾从其草稿中选编了《列夫 · 托尔斯泰阐释的孔子学说》,认为其准确地把握了孔子学说从"纯化心灵"开始自我修养的核心。

11 月 20 日,托尔斯泰于俄罗斯南部小城亚斯塔波沃的火车站逝世,终年 83 岁。托氏的去世,对中国传统文化在国际上的传播和发展是一重大损失。

4. 苏慧廉英译本《论语》出版

苏慧廉(William Edward Soothill,1861—1935),英国传教士、教育家、汉学家。清光绪七年(1881)十月来到中国温州传教。1906 年担任山西大学堂校长,在任期间将《论语》翻译成英文。

是年,苏慧廉英译本《论语》在日本出版。后经他的女儿谢福云(Dorothea Hosie)编辑整理成简缩本,并补撰序言《孔子》,由牛津大学于 1937 年首版,至今已重印 30 多版。简缩本"体例如下:孔子(谢福云撰写)、目录、孔子生平年历表、孔子三十六弟子、《论语》中人物简介、正文、译注。谢福云认为,该版本与 1910 年的版本相比较而言,比较现

---

① 汤广全:《蔡元培〈中国伦理学史〉介析》,《中国德育》2007 年第 10 期。

代,中文原文与详尽的注释都被略去了。就译文而言,内容基本一致,只是在个别的用词及行文上有少许的改动"①。苏慧廉翻译的《论语》是牛津大学最认可的经典翻译本。

① 姬艳芳、李新德:《从形象学角度看苏慧廉英译〈论语〉的翻译策略》,《宜宾学院学报》2011 年第 7 期。

1912 年（民国元年）

1. 内务部、教育部修订祭孔礼仪

3 月,内务、教育二部为丁祭之事通电各省:"查民国通礼,现在尚未颁行。在未颁以前,文庙应暂时照旧致祭,惟除去跪拜之礼,改行三鞠躬,祭服则用便服。"丁祭除去拜跪。① 内务、教育二部修订祭孔礼仪,目的是配合中华民国成立后废弃封建等级制下形成的跪拜陋俗的规定,这是对传统官方祭孔礼仪的一次重大改革,开始用所谓西方文明方式祭拜孔子。

2. 王锡蕃等成立"孔道会"

王锡蕃,字季樵,清末山东黄县(今山东龙口)人。光绪年间进士。初以少詹事督学福建,林旭即出其门。1898 年百日维新期间,支持变法。同年 7 月,礼部六堂官(怀塔布、许应骙、堃岫、徐会沣、溥颋、曾广汉)被革职后,被擢为礼部侍郎。戊戌政变后,因林旭被诛,坐"滥保"罪,被革职,后追随康有为从事尊孔读经运动。

南京临时政府颁布废止读经和尊奉孔子的命令,在社会上引起强烈反响,激起了尊孔派的反对。1912 年 6 月,王锡蕃、刘宗国等在济南发起成立"孔道会",以"讲明圣学,鼓励行谊,陶淑人民道德,促进社会

---

① 《申报》,1912 年 3 月 5 日。

文明"为宗旨①。次年迁往北京,推康有为为会长。孔道会的活动范围主要在北方,主张定孔教为国教,要求政府通令学校读经。后因得到袁世凯的扶植和利用,很快又鼓吹袁世凯称帝。由此,孔道会从尊孔组织沦为尊孔复辟组织,进一步使人们模糊了尊孔和复辟的界限。

3. 赵戴文等成立"宗圣会"

赵戴文(1867—1943),字次陇,山西五台人。1905 年留学日本,在日本加入同盟会。武昌起义后,协助阎锡山领导新军武装起义。1916 年后长期在山西、北平(今北京)担任军政要职。

在阎锡山授意下,1912 年 6 月,赵戴文、景定成、张瑞等山西军政要人在太原成立"宗圣会",以"宗孔子及群圣先哲,阐明人道,扶助政教,促进人群进化,民族大同"为宗旨。② 孔教会成立后,该会虽然承认上海孔教会为总会,但认为"宗圣会"的名字不能改,而且出版了自己的杂志——《宗圣杂志》,成为山西省孔教运动的组织和领导力量。

4. 四川国学院成立

四川国学院原为四川枢密院,是辛亥革命时期"大汉四川军政府"设置的一个咨询机关。1912 年,尹昌衡任四川都督,以整理四川文献,搜辑国史文献,编光复史等为由,于元月将枢密院改组为国学院,院址设在成都城东三圣街。6 月 28 日,四川国学院正式成立,院址迁入外南赞门街国学巷(原存古学堂院址。四川国学院成立后,存古学堂并入国学院,改名为四川国学院附设国学学校),聘请当时名宿十人担任院事,其中以四川名山吴之英为院正,江苏仪征刘师培为院副,下设院员八人:浙江诸暨的楼蔡然、四川温江的曾学传、四川井研的廖平、四川新繁的曾该、四川资中的李尧勋、四川乐至的谢无量、四川天全的杨赞襄、成都大慈寺的主持释圆乘。

9 月 20 日,四川国学院创办《四川国学杂志》,以"发扬精深国粹"为宗旨。一生尊孔崇经的廖平成为该刊主要撰稿人,发表大量文章,神

---

① 《孔道会总章程》,《孔教十年大事记》第 7 卷。
② 《孔教十年大事记》第 7 卷。

化孔子和"六经",竭力为尊孔读经制造经学的理论根据。

《四川国学杂志》从发行到停刊历时两年多,在审定乡土志、搜访乡贤遗书、参与续修四川地方通志和光复史等方面,做了许多工作。但由于种种原因,四川国学院于 1914 年停办,《四川国学杂志》随即也划归四川国学学校(后成为国立四川大学的一部分),并改名为《国学荟编》,木刻在全国发行,每月一期,影响很大,成为当时全国有数的几个国学研究刊物之一。直到 1919 年,在新文化运动的冲击下才被迫停刊,共出 63 期。

5. 教育部通电各省孔子诞辰日

中华民国成立后,随着政治体制的改变,需要社会的传统思想随之改革,但在当时,尊孔尊经仍是主要社会思潮之一。在这种情势下,袁世凯政府意识到,骤然改变或取消学校纪念孔子是不现实的,学校举行的近乎叩拜神灵的尊孔仪式,表现了人们对孔子的尊崇与敬畏心理。因此,9 月 13 日,教育部通电各省,规定"公历 10 月 7 日为孔子诞辰,全国各校届时均举行纪念会"①。此时,孔子诞辰日的纪念会只是各种纪念会之一,而不是清末明白规定的必须礼拜孔子,但是,这一规定立即将一度沉闷的尊孔祀孔活动刺激得活泛起来,得到了社会各界的广泛响应。

6. 袁世凯发布《崇孔伦常文》

袁世凯(1859—1916),字慰亭(又作慰庭),号容庵,河南项城人。清末民初军事和政治人物。1912 年以迫使清帝退位,摄中华民国临时大总统职。1913 年解散国会,另订约法,实行专制独裁。1915 年 12 月,宣布改次年为"洪宪"元年,准备"登极",因护国运动兴起和全国人民声讨,被迫于 1916 年 3 月 22 日取消帝制。1916 年 6 月 6 日,忧惧而死。

9 月 20 日,袁世凯发布《崇孔伦常文》,宣称"中华立国,以孝、悌、忠、信、礼、义、廉、耻为人道之大经";儒教"八德"乃"人群秩序之常";命

---

① 《教育杂志》第 4 卷第 7 号,1912 年 10 月 10 日。

令全国人民"恪循礼法,共济时艰"。[①]

辛亥革命造成了社会价值权威的空缺:一方面,旧的儒家价值体系丧失了神圣性,但它仍在深深地影响民众的观念和行为;另一方面,资产阶级价值观远未深入普通民众,而其价值权威在短时间内又很难确立。因此,袁世凯《崇孔伦常文》的颁布,在当时很有人心市场,很有群众基础,具有历史的必然性。袁世凯尊孔目的是企图以尊奉儒家学说而重建价值权威,亦非单纯为其复辟帝制进行理论准备。

7. 陈焕章等成立"孔教会"

陈焕章(1881—1933),字重远,广东高要人。清末民初思想家、社会活动家、"孔教"徒。1898 年入万木草堂,师从康有为。1907 年赴美留学。1911 年获哥伦比亚大学博士学位。1912 年归国,寓居上海,受康有为指示,提出创立全国"孔教会"的主张,并四处奔走,寻求支持。

10 月 7 日,陈焕章等在上海成立"孔教会",以"昌明孔教,救济社会"为宗旨。该会是一个尊孔复古团体。[②]

8. 陈焕章著《孔教论》发行

10 月 7 日,在"孔教会"成立大会上,陈焕章发表《论孔教是宗教》和《论中国今日当昌明孔教》的演讲;12 月 30 日,两文合印成《孔教论》一书,在上海发行。英国传教士李提摩太、德国传教士费希礼为该书写序,鼓吹孔教应为中国之宗教。

书中主张把孔子当作偶像加以崇拜,立孔教为国教,反对把孔教降为"孔学"、"孔道"一派私家学说。"孔子乎,其中国特出之教祖哉。自有孔子,师统乃独立于君统之外矣。孔子既生于中国文明绚烂之时,而复在于礼乐彬彬之鲁,故其为教也,包举天地,六通四辟。此固由孔子之圣智超越大地诸教祖,而亦由中国之文明冠绝全球也。故大地诸教皆不脱神道之范围,而孔教独以人道为重,取眇眇七尺之躯而系一元之始,天地之前,使人人皆有可以位天地育万物之道,魂灵如如,止于至

---

① 《袁大总统文牍类编》,载韩达编:《评孔纪年》,山东教育出版社 1985 年版,第 5 页。

② 关于孔教会更详细的介绍,参见本书《纪事卷》之"孔教会"条目。

善,孔教其至矣哉!"认为孔子有着异于常人的经历、眼光、年寿和见解,是文明世界衍生出来的教主,相当于野蛮世界托鬼神而成的教主,是创教的先驱。孔教的"教",是指"天命之谓性,率性之谓道,修道之谓教"的"教",是实实在在的"人道之教"。孔教的"教",是集宗教、教育和教化的"教"。

《孔教论》的出版发行,引起了对孔教是否是宗教之争论的新高潮。

1913 年(民国二年)

1.《不忍》杂志创刊

2 月 20 日,《不忍》杂志在上海创刊,宣扬尊孔复辟。①

2. 康有为发表《中华救国论》

康有为(1858—1927),又名祖诒,字广厦,号长素,又号明夷、更甡、西樵山人、游存叟、天游化人,广东南海人,人称"康南海"。清光绪二十一年(1895)进士,官授工部主事。中国近代政治家、思想家、教育家。②

2 月 20 日,康有为在《不忍》杂志第 1 册发表《中华救国论》③一文,主张以尊孔救国。文中指出:"今共和数月矣,所闻于耳、触于目者,悍将骄兵之日变也,都督分府之日争也,士农工商之失业也,小农之流离饿毙也,纪纲尽废,法典皆无,长吏豪猾,土匪强盗,各自横行,相望成风……嗟乎,号为共和,而实共争共乱,号为自由,而实自死自亡,号为爱国,而实卖国灭国。"所以要救国,必须先救人心。康有为认为,孔子学说代表了中国人的文化精神,是中国社会秩序得以恢复和持续稳定的根本条件,应该以中国旧有的伦理道德规范人们的行为。他极力主张立孔教为国教,在中国各地设立孔教会。

---

① 关于《不忍》杂志更详细的介绍,参见本书《纪事卷》之"《不忍》"条目。
② 关于康有为更详细的介绍,参见本书《学案卷》(上)之"康有为儒学学案"条目。
③ 《中华救国论》作于 1912 年 6 月,参见汤志钧编:《康有为政论集》(下册),中华书局 1981 年版,第 731 页;发表于 1913 年 2 月 20 日。条目排列顺序以发表时间为准,下同。

3.《孔教会杂志》创刊

2月,孔教总会的机关刊物《孔教会杂志》在上海创刊,以"宣扬孔教为国教、提倡尊孔读经"为主旨。该刊按月出版。1914 年 3 月出版第 2 卷第 1 号后停刊,共出 13 期。由孔教会杂志社出版发行。该社设在上海海宁路 1798 号孔教会事务所。陈焕章任总编,在创刊号上陈焕章便宣布:"本杂志志在保存国粹,发挥国性,博采孔教之良果,广聚中国之新花。"[①]对今古汉宋程朱陆王无所偏袒,要成为孔教会之中心,发挥口、耳、目、足的作用。但从实际内容看,该刊不是研究儒学的学术刊物,而是宗教团体的宣传资料。该刊分设论说、讲演、学说、政术、专著、历史、孔教新闻等栏目,宣传的中心是以孔子为教主,以孔教为国教。该刊不仅载有许多申明孔教的理论文章,而且报道各地的尊孔事件、孔教会的组织发展情况等。康有为的《孔教会序》、陈焕章等的《定国教请愿书》等孔教运动的纲领性文件,都在该刊上发表。

该刊发行期间,在广造舆论、沟通声气方面颇有成效。不少孔教支、分会都是看到该刊才组织发起成立的。孔教运动中发生的争庙产、争国教、阙里大会、请求恢复读经等重大事件,该刊都极力宣传。从上海、北京到边疆省份,《孔教会杂志》在政界、学界中被广泛传阅,极大地推动了当时的尊孔舆论。

4. 康有为发表《孔教会序》

3 月,康有为在《孔教会杂志》第 1 卷第 2 号发表《孔教会序》(一)[②]、《孔教会序》(二)[③],欲进一步推动立孔教为国教的孔教运动。

康有为在文中大声疾呼,要尊孔读经以救治中国。他认为,能否遵行孔子之道,是关系国家兴衰治乱、社会秩序能否安定的根本所在。康有为宣称:"中国数千年来奉为国教者,孔子也。"中国两千年来,由于遵

---

① 《孔教会杂志》第 1 卷第 1 号。
② 《孔教会序》(一)作于 1912 年 10 月前,参见汤志钧编:《康有为政论集》,中华书局 1981 年版,第 734 页。
③ 《孔教会序》(二)作于 1912 年 10 月 7 日,参见汤志钧编:《康有为政论集》,中华书局 1981 年版,第 741 页。另,《不忍》杂志第 1 册也载此文。

行了孔子之道,"学校遍都邑,教化入妇孺,人识孝弟忠信之风,家知礼仪廉耻之化,故不立辩护士,法律虚设而不下逮,但道以德、齐以礼,而中国能晏然一统,致治二千年"。康有为列举废弃孔教的罪状:"灭国不足计,若灭教乎,则举其国数千年之圣哲豪杰,遗训往行尽灭之,所祖述者,皆谓他人父也,是与灭种同其惨祸焉。何其今之人,不自爱国,乃并数千年之文明教化,与其无量数圣哲之心肝、豪杰之骨血,而先灭之欤?"废弃孔子之教,就会亡国灭种,罪大恶极,莫此为甚。另外,他反复阐述必须遵行孔教以挽救中国危亡。"今欲存中国,先救人心,善风俗,拒波行,放淫词,存道揆法守者,舍孔教末由已。"此文的发表,进一步鼓舞了主张立孔教为国教人士的士气。

5. "孔社"成立

4 月 27 日,"孔社"在北京成立,以"阐扬孔学,融汇百家,讲求实用,巩固国基"[①]为宗旨。

该社是北洋政府成立的提倡尊孔读经的社会团体,徐世昌为名誉社长,徐琪为社长,恽毓鼎、饶智元为副社长。袁世凯派代表夏寿田莅临成立大会并致祝词。共有会员 823 人。1913 年 7 月,社内辟房 40 间,建成一所藏有历朝善本、经史子集及各项切要书籍 3 万余卷的图书馆。同年 9 月,举行致祭孔圣大祀日和诞辰纪念活动,社员皆排班祭献,行跪拜礼。同年 12 月,开始刊行《孔社杂志》。1914 年,创设信古传习所,内含经学、史学、算法、舆图、词章、时务六门课程。1915 年 9 月,直隶、河南两省的"孔社"上书参政院支持袁世凯称帝,该社蜕变为袁世凯复辟帝制的社会团体。

6. 李天怀发表《尊孔说》

5 月,李天怀在《中国学报》第 7 期发表《尊孔说》一文,认为不尊孔和把孔子捧得过高都是不对的。他主张尊孔,但反对尊为国教,尤其反对"假国教孔道之名义,竟标准以自豪,而不知托名愈高,蔽道益甚"。并说:"吾见言尊孔者满天下,而去圣日益远也。"主张从学理上研究孔

---

① 《孔社杂志》创刊号。

子学说,以保持中国传统。此文的问世,表明辛亥革命后,面对民国"共和"名存实亡的局面,部分人开始怀疑西方民主共和的思想,并且开始重视以孔子学说为主要内容的中国传统学术研究。

7. 袁世凯发布《尊崇孔圣令》

6 月 22 日,为顺应各地尊孔势力的呼声,更为了复辟帝制,袁世凯发布《尊崇孔圣令》,以政府的名义提倡尊孔。

袁世凯指出:"我中国之尊孔,始于汉武帝,摈黜百氏,表彰六经,自是学说遂统于一尊。顾孔学博大,与世推移,以正君臣为小康,以天下为公为大同。其后历代人主,专取其小康学派,巩固君权,传疏诸家,变本加厉,而专制之威,能使举世学者不敢出其范围。近自国体改革,缔造共和,或谓孔子言制大一统,而辨等威,疑其说与今之平等自由不合,浅妄者流,至悍然倡为废祀之说,此不独无以识孔学之精微,即于平等自由之真相亦未有当也。孔子生贵族专制时代,悯大道之不行,哀斯民之昏垫,乃退而祖述尧舜,删修六经。春秋据乱之后,为升平太平之世,礼于小康之上,进以大同共和之义。此其导源,远如颜、曾、思、孟,近如顾、黄、王诸儒,多能发明宗旨,择精语详,大义微言,久而益著,酝酿郁积,遂有今日民主之局。"[①]这表明,袁世凯除了表彰孔子学说对于巩固中国封建社会秩序的历史贡献外,还将从属于资产阶级民主主义的自由平等学说等同于孔子学说,把民主共和体制等同于孔子大一统学说。

在《尊崇孔圣令》中,袁世凯进一步指出:"天生孔子为万世师表,既结皇煌帝谛之终,亦开选贤与能之始,所谓反之人心而安,放之四海而准者。本大总统证以数千年之历史,中外学者之论说,盖灼然有以知日月之无伤,江河之不废也……经国务院通电各省,征集多数国民祀孔意见……根据古义,将祀孔子典礼,折衷至当,详细规定,以表尊崇,而垂久远。值此诐邪充塞,法守荡然,以不服从为平等,以无忌惮为自由,民德如斯,国何以立。本大总统维持人道,夙夜兢兢,每遇古今治乱之源,政学会通之故,反复研求,务得真理,以为国家强弱,存亡所系,惟此礼

---

① 《政府公报》,1913 年 6 月 23 日;《孔教会杂志》第 1 卷第 6 号;中国第二历史档案馆编:《中华民国史档案资料汇编 第 2 辑 文化》,江苏古籍出版社 1991 年版,第 1 页。

义廉耻之防,欲遏横流,在循正轨。总期宗仰时圣,道不虚行,以正人心,以立民极,于以祈国命于无疆,巩共和于不敝,凡我国民,与有责焉。"①这说明,袁世凯借用前述中外文化同盟的尊孔舆论,以政府的名义提倡尊孔,企图以传统的儒家意识形态作为自己复辟帝制的价值基础和合法性象征。这一政令的颁行进一步推动了尊孔的潮流。

8. 张东荪发表《余之孔教观》

张东荪(1886—1973),原名万田,字圣心,浙江杭州人。中国现代哲学家、政治家、报人。中国民主社会党领袖之一,曾任中国民主同盟中央常委。

7 月 1 日,张东荪在《庸言》第 1 卷第 15 号发表《余之孔教观》一文,分析、论述孔教能否挽回人心、能否保存固有文明的问题。文中指出:从宗教观上考察,孔学因其尝以天道治人、排斥异端、建树道德和代表中国数千年的文化,而确为宗教,"且孔教所诠乃中国独有之文明,数千年之结晶,已自然的为国教"了;从哲学上观察,孔教哲学异于西方人的思想,为"人本主义的"、"实用主义的"、"进化的"和"社会本位思想的",对社会有积极的影响作用。由此认为,孔教能够保守固有之文明,作为政治、教育以外的另一力量,足以挽回今日人心之堕落,决不可轻忽。还指出,孔教作为中国固有文明的结晶,正遭西洋恶思想攻击,故"苟中国国民具自觉之力,必当保存之、维持之"。

9. 陈焕章等呈请教育部举行丁祭

8 月 13 日,孔教会陈焕章等呈请教育部丁祭孔子。其理由是:"我国有孔子,《中庸》称曰'配天',《史记》赞为'至圣',万世师表,历代尊之,今日国家之典礼虽未议定,人民之崇拜要当举行。"对于祭孔之丁祭,"凡诚心尊孔者,皆可与祭,以表共同信仰之诚,以明莫不尊亲之义",以起"敬教劝学"之作用。② 经教育部批复同意,9 月 3 日在北京国子监恢复"仲秋丁祭祀孔",袁世凯特派梁士诒作为代表参加,共计有千

① 《政府公报》,1913 年 6 月 23 日;《孔教会杂志》第 1 卷第 6 号;中国第二历史档案馆编:《中华民国史档案资料汇编 第 2 辑 文化》,江苏古籍出版社 1991 年版,第 1 页。

② 《孔教会杂志》第 1 卷第 8 期。

余人参加了此次祭孔。这标志着开始仿照古制古义祭孔,并使之制度化。

10. 陈焕章等上书请定孔教为国教

8 月 15 日,孔教会代表陈焕章、严复、夏曾佑、梁启超、王式通等上书参众两院,请于宪法中明文规定孔教为国教。

陈焕章等在《孔教会请愿书》中指出,中国的"一切典章制度、政治法律,皆以孔子之经义为根据;一切义理学术、礼俗习惯,皆以孔子之教化为依归,此孔子为国教教主之所由来也"。"共和国以道德为精神,而中国之道德,源本孔教……故中国当仍奉孔教为国教。"并认为只有"定孔教为国教,然后世道人心,方有所维系"。① 此后,各地尊孔会、社也纷纷上书,要求"定孔教为国教"。各地报纸如《申报》、《大公报》、《民国日报》等也刊载大量有关国教的消息。同年 8 月 21 日至 10 月 17 日,浙江都督兼民政长朱瑞,山东代理都督靳云鹏、署民政长田文烈,临时副总统兼湖北都督黎元洪,河南都督张镇芳、民政长张凤台,署湖北民政长夏寿康,福建护理民政长刘次源,吉林护军使孟恩远,广西都督陆荣廷,署江西都督李纯,安徽都督兼民政长倪嗣冲,云南护理都督谢汝翼、署民政长李鸿祥等先后通电,促参众两院尽速通过陈焕章等"定孔教为国教"之申请。②

11. 黎元洪致电支持"奉孔教为国教"

黎元洪(1864—1928),字宋卿,湖北黄陂人。武昌起义时,任革命军湖北军政府都督。南京临时政府成立时,当选为副总统。

9 月 9 日,黎元洪致电国务院、参众两院及各省都督、民政长、议会,表示支持孔教会代表陈焕章等人"定孔教为国教"的要求。

黎元洪在致电中指出:"大乱之起,倡自邪说,继以暴行,故欲觉世牖民,其功必在立教……循是不救,人类将灭。"要求"速定国教,藉范人

---

① 《孔教会请愿书》,《孔教会杂志》第 1 卷第 1 号。
② 韩信夫、姜克夫主编:《中华民国大事记》(第一册),中国文史出版社 1997 年版,第 285—286 页。

心。孔道一昌,邪说斯息"。① 继黎电之后,河南、广东、江西等省都督、民政长纷纷通电表示赞同。同年 11 月 9 日,因《天坛宪法草案》未定孔教为国教,黎元洪再次致电袁世凯及各省都督、民政长,内称"祀孔配天实为国家万年根本至计",请袁世凯"于宪法未定以前,通令京内外各学校……每届上学、放假期前,一律设立崇祠,俾昭宗尚,而树风声"。②

12. 孔教会"全国孔教大会"举行

9 月 24 日至 29 日,孔教会主办的"全国孔教大会"在山东曲阜举行,参加会议人员多达两三千人,除孔教会会员及各地尊孔会、社代表外,副总统、国会、内务部、大理院和 19 个省及港澳侨胞均派代表参加。

大会主要开展的项目为:演礼,举行祭祀圣庙仪式,瞻仰圣地各处;讲经;讨论有关孔教会重要事宜。大会全体通过定国教的主张,指出:"以中国奉孔教为国教,已阅数千年,原为不成文之宪法,今日新制宪法,此种数千年之事实,万不能不置之新宪法之中,以固国本而定人心,至于对待外教,则孔教向来主张并行不悖之义",此为孔教一大特色,故今日请愿国会请定孔教为国教,并许信教自由。会议决定成立孔教总会,公推康有为为总会长,陈焕章为总干事,并将会址由上海迁到北京。颁布《孔教会续定章程》,规定各省成立分会和支会及支会联合会,在山东设立曲阜总会事务所,以衍圣公家族孔祥柯为经理,以张勋为名誉会长,完善孔教圣地孔教会的组织机构。③

此次大会得到袁世凯的支持,铁路局减价优待与会人员,并调派军警保护。这是自民国以来,规模最大的一次祭孔盛会,对于推动尊孔运动产生了广泛的影响。通过这次会议,曲阜作为孔教圣人诞辰地的"圣地"地位得到确认。

---

① 《黎元洪请颁定孔教为国教电》,载中国第二历史档案馆编:《中华民国史档案资料汇编第 3 辑 文化》,江苏古籍出版社 1991 年版,第 50 页。

② 韩信夫、姜克夫主编:《中华民国大事记》(第一册),中国文史出版社 1997 年版,第 301 页。

③ 韩华:《民初孔教会与国教运动研究》,北京图书馆出版社 2007 年版,第 124—126 页。

13. 孔社"孔子诞日纪念会"举行

9 月 27 日,孔社"孔子诞日纪念会"在北京举行。袁世凯、黎元洪、赵秉钧、内务部及所属直隶民政长刘若曾均派代表参加。袁世凯派代表饶智元在会上致词:"今天下人心浮气扬,乱臣贼子遍于国中,大总统本仁义之心以平乱,本仁义之心以教民,本仁义之心推尊孔子;更欲孔社同人,本仁义之心以宏斯教。"[①]在此次纪念会上,袁世凯捐赠孔社经费 3000 元以示支持。

14. 武昌"孔子诞辰祭典"举行

9 月 27 日,黎元洪在武昌举行"孔子诞辰祭典",湖北省都督府各司长、各道观察使,中学以上学校校长,均至孔庙行三跪九叩首礼。[②]这是民国废除跪拜之礼后,官方第一次用传统的三跪九叩首礼祭孔。

15. "寰球尊孔总教会"成立

10 月 5 日,沈维礼等人发起的"寰球尊孔总教会"在上海成立,以"昌明礼教,振兴文化"为宗旨。

该会得到黎元洪的大力支持。11 月下旬,黎元洪在回复该会的信中说:"民国建设伊始,百度维新,尤以……昌明圣教,握要以图",并为该会题"声教洋溢"匾额。[③]

16.《天坛宪法草案》三读通过

10 月 31 日,《天坛宪法草案》经宪法起草委员会三读通过,第十九条第二项规定:"国民教育,以孔子教义为大本。"

民国初期尊孔势力掀起的孔教运动,要求国会在宪法草案中明确

---

① 《孔教会杂志》第 1 卷第 9 号;《孔社杂志》创刊号;《中华民国史资料丛稿·特刊》(第 1 辑),中华书局 1974 年版,第 33 页。

② 《时事新报》,1913 年 10 月 5 日;《中华民国史资料丛稿·特刊》(第 1 辑),中华书局 1974 年版,第 33 页。

③ 《民权报》,1913 年 11 月 28 日;《中华民国史资料丛稿·特刊》(第 1 辑),中华书局 1974 年版,第 33 页。

规定以孔教为国教，以期通过宪法的强制性，来维持历史上孔教的独尊地位，以孔教为国教的问题上升至法律层面。由于社会各阶层人士和其他宗教的强烈反对，在《天坛宪法草案》二读会时，"孔教应否列入宪法中定为国教"等诸提案被全部否决。但是，二读会后，汪荣宝等又提出动议，在第十九条中加上第二项"国民教育，以孔子教义为大本"，经数次表决而无结果，最后疏通让步，才形成了"国民教育，以孔子之道为修身大本"的条文。其获通过的原因，议员吴宗慈曾有说明："委员会所以委曲迁就通过此项条文，则以当时袁世凯已有破坏国会之心，倘将关于孔教主张完全拒绝，则适为国会增添一罪案……再者，恐因此一问题之争执迁延时日，致宪法草案之全案不得完成其二读会三读会之手续也。"[①]这标志着民国初年孔教派企图用宪法的形式维护孔子独尊地位的失败，但毕竟在法律上肯定了孔子思想的价值和意义。

17. 袁世凯发布《尊孔典礼令》

11 月 26 日，袁世凯发布《尊孔典礼令》，厘定尊孔典礼。内称："孔子之道，如日月经天，江河行地，树万世之师表，亘百代而常新。凡有血气，咸蒙覆帱，圣学精美，莫与比伦……现值新邦肇造，允宜益致尊崇。"规定："所有衍圣公暨配祀贤哲后裔，膺受前代荣典，祀典均仍其旧。"[②]在发出《尊孔典礼令》的当天，袁世凯接见衍圣公孔令贻，授予一等嘉禾章。这标志着袁世凯开始恢复封建时代的封圣制度。

18. 章太炎发表《驳建立孔教议》

12 月 25 日，章太炎在《雅言》第 1 期发表《驳建立孔教议》一文，秉持进化主义观点，将宗教看做是古代人愚昧无知的信仰。开篇就指出："近世有倡孔教会者，余窃訾其怪妄。宗教至鄙，有太古愚民行之，而后终已不废者，徒以拂俗难行，非故葆爱严重之也。"他认为，中国本无宗教，孔子也是主张道德教化而不是宗教，不能"见耶稣、路德之法，渐入域中，乃欲建树孔教，以相抗衡"。孔子只是一个教育家，将他拜为教

---

① 吴宗慈：《中华民国宪法史》，大东书局 1924 年版，"前编"第 38 页。

② 《政府公报》，1913 年 11 月 27 日；《大总统发布尊孔典礼令》，载中国第二历史档案馆编：《中华民国史档案资料汇编 第 3 辑 文化》，江苏古籍出版社 1991 年版，第 5—6 页。

主,就好像木匠拜鲁班为师,只是行业崇拜而已。他说:孔子不语怪力乱神,"故以德化则非孔子所专,以宗教则为孔子所弃。今忘其所以当尊,而以不当尊者诒之,适足以玷阙里之堂,污泰山之迹耳"。这表明了章氏反对建立孔教会、定孔教为国教的主张。

19. 北京大学"孔子祭典会"成立

是年,北京大学文科发起的祭孔社团——"孔子祭典会"成立,宣称"政治可以改革,而孔子之道德则千百年而常新"。

随着社会上孔教运动的高涨,作为学术文化重镇的北京大学也开始了对孔子的热议。"孔子祭典会"在《通告书》中指出:祭祀"先圣先贤",以"树国民之楷模"乃是"吾国之特色";而"孔子之祭,尤典礼攸关"。以往每年春秋两季祭祀孔子的典礼,"自国体变更,已逾一载,释典之礼,久未举行",为发扬"致敬孔子之心",故"发起孔子祭典会"。希望通过每年春秋两季的祭祀孔子活动,"以保存吾国之特典",并进而"发展全国人民致敬之诚心"。①

---

① 《北京文科大学孔子祭奠会通告书》;张岱年主编:《孔子大辞典》,上海辞书出版社 1993 年版,第 821—822 页。

1914 年（民国三年）

1. 袁世凯政府通过祀孔"政治会议"

1 月 29 日，袁世凯御用的"政治会议"议决恢复祭孔仪式："崇祀孔子，乃因袭历代之旧典，议以夏时春秋两丁为祭孔之日，仍从大祭，其礼节、服制、祭品，当与祭天一律。京师文庙应由大总统主祭，各地方文庙应由该长官主祭。""其他开学首日，孔子生日，仍听从习惯，自由致祭，不得特为规定。"①这标志着民国建立后被废除的祀孔仪式又重新开始制度化。

2. 袁世凯政府公布《崇圣典例》

2 月 20 日，袁世凯政府公布《崇圣典例》，规定："衍圣公膺受前代荣典，均仍其旧。其公爵按旧制由宗子世袭，报经地方行政长官呈由内务部核请承袭"；"衍圣公俸，依公爵旧制，俸额酌定为岁俸银币二千元"；"衍圣公印由国务院饬印铸局用银质铸造颁给"；"圣贤后裔，旧有五经博士等世职，兹均改为奉祀官，世袭主祀"；"衍圣公每年祭祀公费岁额酌定银币一万二千元"；"孔氏各项祀田，由各该管地方官清厘升科，概归国家征收"；"圣庙执事官，仍旧设品额，仍设四十员"；"曲阜林

---

① 《大总统令》,《政府公报》,1914 年 2 月 8 日；《大总统发布规复祭孔令》,载中国第二历史档案馆编：《中华民国史档案资料汇编 第 3 辑 文化》,江苏古籍出版社 1991 年版,第 6 页。

庙于修缮工程必要时,由该地方官勘估,呈报内务部核准修缮"。① 之后,袁世凯又修订了《崇圣典例》,恢复了孔府祀田制度。②

3. 袁世凯派代表代行"春丁祀孔"礼

3 月 12 日,袁世凯派总统府秘书长梁士诒至北京孔庙代行"春丁祀孔"礼。礼毕,梁士诒宣讲《论语》"导之以德,齐之以礼"。③

4. 康有为发表《以孔教为国教配天议》

4 月 21 日,康有为在《不忍》杂志第 3 期发表《以孔教为国教配天议》一文,宣称"孔子之道,溥博如天";"孔子之道,凡为人者,不能不行之道"。"欲救人心,美风俗,惟有亟定国教而已;欲定国教,惟有尊孔而已。"并提出以孔子配天配上帝。康有为主张效法丹麦、西班牙之制,以一条为"信教自由",以一条为"立孔教为国教",使"人心有归,风俗有向,道德有定,教化有准,然后政治乃可次第而措施"。又引春秋公羊学为佐证,以孔子配天。认为古今为国者无不尊天,所以庙坛祭天,极为敬崇,历朝以其祖先配享。又认为:"中国数千年皆归往孔子,而尊为教主,以文王配上帝,即以教主配上帝。"康有为此文还是在积极倡导其一贯的主张,即定孔教为国教以救国,并没有将真正的儒教原理进行再处理,只是将孔子西方化,以应对时势的要求。

5. 袁世凯政府批准实施《祀孔典礼》

8 月 26 日,政事堂礼制馆拟订《祀孔典礼》一卷,并附说明书,经国务卿徐世昌核定,袁世凯明令公布施行。④ 这标志着祀孔仪式被重新完全制度化。

---

① 《大总统发布崇圣典例令》,载中国第二历史档案馆编:《中华民国史档案资料汇编 第 3 辑 文化》,江苏古籍出版社 1991 年版,第 8—10 页。

② 《崇圣汇志》第 2 卷第 1 册。

③ 《三水梁燕孙先生年谱》(上),第 177—178 页;《中华民国史资料丛稿·特刊》(第 1 辑),中华书局 1974 年版,第 34 页。

④ 《政府公报》,1914 年 8 月 29 日;《中华民国史资料丛稿·特刊》(第 1 辑),中华书局 1974 年版,第 35 页。

6. 袁世凯发布《大总统亲临祀孔典礼令》,率官举行"秋丁祀孔"礼

9 月 25 日,袁世凯发布《大总统亲临祀孔典礼令》,宣称:"中国数千年来,立国根本在于道德。凡国家政治、家庭伦纪、社会风俗,无一非先圣学说,发皇流衍。是以国有治乱,运有隆污。惟此孔子之道,亘古常新,与天无极。"孔孟之道"如布帛菽粟之不可离"。告令定于 9 月 28 日(旧历秋仲上丁)中央与各地方一律举行"祀孔典礼"。①

9 月 28 日,袁世凯率各部总长并文武官吏,着新制式祭服,在北京孔庙举行"秋丁祀孔"礼。② 这标志着国家祀孔仪式全面恢复并付诸实施,开民国后国家祭祀之先河,将民国初期的尊孔运动推到了高潮。

---

① 《政府公报》,1914 年 9 月 26 日;《大总统发布亲临祀孔典礼令》,载中国第二历史档案馆编:《中华民国史档案资料汇编 第 3 辑 文化》,江苏古籍出版社 1991 年版,第 11 页。

② 《群强报》,1914 年 9 月 29 日;韩信夫、姜克夫主编:《中华民国大事记》(第一册),中国文史出版社 1997 年版,第 340—341 页。

1915 年(民国四年)

1. 教育部拟定《提倡忠孝节义施行办法》

1月6日,北洋政府教育部拟呈《提倡忠孝节义施行办法》,其中提出"采取经史,编入课本"、"阐扬效忠之精义,勒成专书"、"编撰歌曲及制作图画"等方法,宣扬孔孟之道,"总期于忠孝之教,节义之端,传诸民间,布在学校"。① 同年2月4日,袁世凯当局制订《教育纲要》,规定各学校读经的具体内容是:初等小学讲读《孟子》,高等小学讲读《论语》,中学节读《礼记》和《左氏春秋》。并且提倡各省设立经学会,以为讲求经学之所。② 这就从学校制度上完全恢复了中小学读经课,取消了南京临时政府教育部的教育改革,从教育内容上复活孔子的修身之道。

2. 蓝公武发表《辟近日复古之谬》

蓝公武(1887—1957),字志先,江苏吴江人。中国近代政治人物、翻译家,曾任《国民公报》社长、《晨报》董事、北洋政府国会议员。

1月20日,蓝公武在《大中华》第1卷第1期发表《辟近日复古之谬》一文,对定孔教为国教大加鞭笞。文中指出:"比者,国内复古大盛,皇皇策令,无非维系孔教……所谓忠孝节义者,无一不与近世国家之文化相背反……尧舜禹汤文武周公孔子之道,亦仅属于过去之文化,而非

---

① 《政府公报》,1915年1月7日;中国第二历史档案馆编:《中华民国史档案资料汇编 第3辑 文化》,江苏古籍出版社1991年版,第39—40页。

② 韩达编:《评孔纪年》,山东教育出版社1985年版,第35—37页。

今日所可奉以为教化之法则。"中国想要在世界上生存下去,今日改革之道,"不在复古,而在革新;不在礼教,而在科学;不欲以孔孟之言行为表率,而欲奉世界之伟人为导师"。此文的问世,掀起了对尊孔与复辟的大批判。

3. 叶德辉等成立"经学会"

叶德辉(1864—1927),字奂彬,一字渔水,号直山,一号郋园,湖南湘潭人。光绪年间进士,授吏部主事,民国时期曾任湖南省教育会长。中国文字版本学家、藏书家,力主纲常名教和传统伦理道德,长于经学,尤精于版本、目录、校雠之学。

8 月,叶德辉等发起的"经学会"在长沙成立,鼓吹尊孔读经。同年12 月,叶德辉又呈文袁世凯,要求"明定读经程序,妥订教授系统",主张初等小学读《论语》、《孝经》,高等小学读《大学》、《孟子》,中学必读《尚书》、《左传》。袁世凯于同年 12 月 16 日批示:"交教育部核议具复。"①

4.《新青年》创刊

陈独秀(1879—1942),安徽怀宁(今属安庆)人。中国近代思想家,新文化运动倡导者之一,中国共产党早期领导人之一。

9 月 15 日,陈独秀主编《新青年》②在上海创刊,宣传科学与民主,倡导新文学。该刊是新文化运动③兴起的标志。

陈独秀在《新青年》创刊号上发表《敬告青年》一文,对青年提出六点要求或希望,即:自由的而非奴隶的;进步的而非保守的;进取的而非退隐的;世界的而非锁国的;实利的而非虚文的;科学的而非想象的。这是《新青年》第一篇纲领性的文章。陈独秀指出,儒道不适于现代生活,号召青年"向腐败的封建意识战斗"。其目的在于奠定民主主义的

---

① 韩信夫、姜克夫主编:《中华民国大事记》(第一册),中国文史出版社 1997 年版,第 389 页。

② 《新青年》创刊时名为《青年杂志》,后于 1916 年改为《新青年》。关于《新青年》更详细介绍,参见本书《纪事卷》之"《新青年》"条目。

③ 关于新文化运动更详细的介绍,参见本书《纪事卷》之"新文化运动及'打倒孔家店'"条目。

思想基础,对于打破封建伦理思想的樊笼,起了极大的启蒙作用;唤醒了青年追求新思想新道德的热情,为社会主义伦理思想在中国的传播开辟了道路。

1916 年(民国五年)

1. 袁世凯加封"衍圣公"孔令贻"郡王"衔

为了使袁世凯早日复辟帝制,"衍圣公"孔令贻四处活动。作为对"衍圣公"孔令贻的回报,袁世凯授予孔令贻"一等大绶宝光嘉禾章"。是年 1 月 1 日,又加封孔令贻"郡王"衔。这使越来越多的人们认为尊孔和复辟有着密切的联系,认为要根除帝制观念,必须反对维护帝制的儒学。

2. 易白沙发表《孔子平议》

易白沙(1886—1921),本名坤,号越村,湖南长沙人。中国近代新文化运动学者。自幼熟读经史百家,尤尚墨翟,贵任侠。多次从事教育工作。

2 月 15 日、9 月 11 日,易白沙分别在《新青年》第 1 卷第 6 号、第 2 卷第 1 号发表《孔子平议》上、下篇。

文中通过对孔子学说的学理分析,指出历代封建统治者利用尊孔、祭孔垄断天下之思想,以维护自己的统治,实大悖于孔子之精神。认为儒学是春秋季世显学。孔子作为儒学之创始人,"主张君权,于七十二诸侯,复非世卿,倡均富,扫清阶级制度之弊,为平民所喜悦"。但孔子之学只是儒家一家之学,"不过九家之一"。而各家学说,各有偏颇,故孔学必不可称以中国一国之学。孔子宏愿,诚欲统一学术,统一政治。然这于古于今都是不现实的。并指出,从汉武帝起,身处闭户时代的董仲舒,用强权手段"罢黜百家,独尊儒术",利用孔子为傀儡,垄断天下之思想,使失其自由。以后历代统治者皆傀儡孔子,"国人惟冥行于滑稽尊孔之瞉中,八股试帖,俨然衣钵,久而又久,遂成习惯"。然而"典礼愈隆,表扬愈烈,国家之风俗人心学问愈见退落"。认为孔子之所以被封建统治者利用,是由于孔学自身有弊害。即:一、尊君权,漫无限制,易演成独夫专制;二、讲学不许问难,易演成思想专制;三、少绝对之主张,易为人所藉口;四、但重作官,不重谋食,易入民贼牢笼。所以,孔子常被独夫民贼、野心家所利用,成为"独夫民贼作百世之傀儡"。

该文是《新青年》上第一篇公开指名向孔子挑战的文章,在当时的思想界影响颇大。

3. 袁世凯卒

袁世凯虽是当时全国性尊孔复古的最高策动者,但也是推动中国近代化的有功之人。袁世凯曾积极发展实业,统一币制,创立近代化巡警、司法和教育制度。

6 月 6 日,袁世凯病逝于北京中南海寓所,终年 58 岁。

4. 范源濂提倡"祭孔读经"遭反对

范源濂(1876—1927),字静生,湖南湘阴人。中国近现代教育家。辛亥革命后应蔡元培之邀出任教育次长、总长,后曾任北京师范大学校长等。

7 月,范源濂提倡"祭孔读经",鲁迅与教育部工作人员许寿裳、张宗祥等同人联名写信给范源濂,据理驳斥祭孔读经之荒谬。范源濂让步,随后在教育部公布修正的《国民学校令》、《高等小学校令》及其施行细则中,删去了"读经"及有关内容。这表明,袁世凯时期颁定的以"法孔孟"为中心的教育要旨及中、小学必修读经课目被废除。这是一个历史性的实践,标志着在尊孔问题上新一届政府较袁世凯政府在国家政策上有所收敛,开始在教育上排除孔子思想的影响。

5. 陈焕章等再次上书请定孔教为国教

8 月,被解散的国会重开。9 月 22 日,国会召开宪法审议会,重新审议 1913 年未曾完成的《天坛宪法草案》。当决定应否定孔教为国教案时，孔教会陈焕章等乘机向参众两院请愿，再次要求定孔教为国教。陈焕章等在《孔教会陈焕章等上参众两院请定国教书》中宣称："中国若果不亡，则孔教必为国教，孔教若不为国教，则中国必亡……苟不定孔教为国教，则吾民不得复为华民，吾国不得复为中国。"为了达到目的，孔教会几乎尽其所能：在中央，100 多名议员组成"国教维持会"，大力宣扬定孔教为国教；在地方，依靠地方实力派的支持，向国会频频施加压力。

6. 康有为发表《致总统总理书》

9 月 20 日，康有为在《时报》发表《致总统总理书》一文，再次要求"以孔子为大教，编入宪法，复祀孔子之拜跪明令，保守府县学宫及祭田，皆置奉祀官，勿得荒废污莱，勿得以他职事假赁侵占。且令议院有司，永不提议"。这标志着孔教会在全国开始掀起新一轮的孔教运动高潮。

7. 陈独秀发表《驳康有为致总统总理书》

10 月 1 日，陈独秀在《新青年》第 2 卷第 2 号发表《驳康有为致总统总理书》一文。文中针对康有为致电北京政府立孔教为国教的要求，指出孔教不符合宗教定义："孔教绝无宗教之实质（宗教实质，重在灵魂之救济，出世之宗也。孔子不事鬼，不知死，文行忠信，皆入世之教，所谓性与天道，乃哲学，非宗教）与仪式，是教化之教，非宗教之教。乃强欲平地生波，惑民诬孔，诚吴稚晖先生所谓'凿孔栽须'者矣！"并从宗教概念出发否认孔教的宗教性，指出孔教属于现世的日用人伦哲学，而非出世的宗教信仰，以此批驳康有为等尊孔者以西方宗教思路纳儒入教的主张。此外，还揭露了孔教为帝制张目之微妙作用，"孔教与帝制，有不可离散之因缘"。该文可见，在民主共和的繁荣景观下，陈独秀已然洞悉帝制之所以死灰复燃，是因为孔教思潮抬头，即被别有用心者利用。

8. 陈独秀发表《宪法与孔教》

11 月 1 日,陈独秀在《新青年》第 2 卷第 3 号发表《宪法与孔教》一文。文中指出:"孔教可否定入宪法问题,乃孔教是否适宜于国民教育精神之根本问题也。此根本问题,贯彻于吾国之伦理、政治、社会制度、日常生活者,至深且广,不得不急图解决者也。"并反证之:倘以为中国之法、孔子之道,足以组织现代国家,"则不徒共和宪法为可废,凡十余年之变法维新,流血革命,设国会,改法律(民国以前所行之大清律,无一条非孔子之道),及一切新政治、新教育,无一非多事,且无一非谬误,应悉废罢,仍守旧法,以免滥费吾人之财力"。同时认为,孔教与民主是不相容的,大声疾呼:"对于与此新社会新国家新信仰不可相容之孔教,不可不有彻底之觉悟,猛勇之决心;否则不塞不流,不止不行!"该文可见,陈独秀已完全跳出了维新运动时期康、梁以新瓶装旧酒,以复古为解放的窠臼,旗帜鲜明地对孔教大加挞伐。

9. "国教维持会"成立

国会复会后,因孔教会陈焕章等向参众两院请愿,再次要求定孔教为国教,这一问题成为国会激烈争论的问题,赞成者、反对者均不足三分之二,致久议未决。11 月 12 日,参众两院中坚持定孔教为国教的百余名议员,在北京组成"国教维持会",推举前清进士张琴任会长,通电"吁请"各省督军支持,积极倡导定孔教为国教。在他们的影响下,各地尊孔组织、军阀、政客、社会名流纷纷上书请愿,请求立孔教为国教,掀起了一轮孔教请愿运动。

10. 陈独秀发表《孔子之道与现代生活》

12 月 1 日,陈独秀在《新青年》第 2 卷第 4 号发表《孔子之道与现代生活》一文。文中应用进化论观点,反复论述孔教与现代经济、政治、社会、家庭、道德、学术、思想等方面皆不相适应。认为现代生活既要求伦理上"个人人格独立",又要求经济上"个人财产独立";而"中土儒者,以纲常立教。为人子为人妻者,既失个人独立之人格,复无个人独立之财产"。故如循孔子之道,则使人们不能投身于现代的政党生活,不能发挥"个人独立信仰之精神"。又指出:孔子主张的"封建时代之道德,礼教,生活,政治,所心营目注,其范围不越少数君主贵族之权利与名誉,于多数国民之幸福无与焉"。针对孔教派所谓道德败坏源于反孔蔑经的说法,明确回答:"浅人所目为今日风俗人心之最坏者,莫过于臣不忠,子不孝,男不尊经,女不守节。然是等谓之不尊孔则可,谓之为风俗人心之大坏,盖未知道德之为物,与真理殊,其必以社会组织生活状态为变迁,非所谓一成而万世不易者也。"这就指明了两点:不尊孔教并非不道德,即道德的判断标准不以孔教的是非为是非;社会道德应与国家政体、社会生活相符。文中还提倡今人要"细察孔子之道果为何物,现代生活果作何态,诉诸良心,下一是非善恶进化或退化之明白判断,勿依违,勿调和,——依违调和为真理发见之最大障碍"。此文从现代经济之个人独立主义阐述孔教的阻害,表明陈独秀运用经济基础决定上层建筑这一唯物史观来看待孔教与现代社会的关系。

1917 年（民国六年）

1. 陈独秀发表《再论孔教问题》

1 月 1 日，陈独秀在《新青年》第 2 卷第 5 号发表《再论孔教问题》一文。文中揭去了孔教派给孔子披上的所谓教主的神秘外衣，将孔子由圣人变为普通儒者。"孔子，儒者也……其为教也，文行忠信，不论生死，不语鬼神。其称儒行于鲁君也，皆立身行己之事，无一言近于今世之所谓宗教者。"认为孔子不是宗教家，不能把孔教和政治混淆在一起，更不能用宪法规定孔子之道为国民修身之本。"宪法中不能规定以何人之道为修身大本，固不择孔子与卢梭也。岂独反对民权共和之孔道不能定入宪法以为修身之大奉？即提倡民权，共和之学派，亦不能定入宪法以为修身之大本。盖法律与宗教教育，义各有畔，不可相乱也。"只有"以科学代宗教"，才符合人类追求幸福的规律。

2. 李大钊发表《孔子与宪法》

李大钊（1889—1927），字守常，河北乐亭人。中国现代著名思想家和政治家，马克思主义者，中国共产党的早期创始人和领导者。

1 月 30 日，李大钊在《甲寅》日刊发表《孔子与宪法》一文。文中认为，《天坛宪法草案》中"国民教育，以孔子之道为修身大本"的这一规定违背了宗教信仰自由的原则。中国是个多民族的国家，从宗教信仰角度而言，仅以大的民族为例，汉、满、蒙、回、藏五族都各有宗教信仰，而各族之中又分别有不同的宗教信仰。孔子是部分国民的圣人，而宪法是中华民国全体国民的信条,以一部分人尊崇的圣人入宪,宪法就成了部分人的宪法,不是全体国民的宪法;宪法也成了孔教徒的宪法,不是汉、满、蒙、回、藏各族共同遵守的宪法,将会引起宗教争端,致使蒙藏离异。孔子与宪法两不相涉,是"数千年前之残骸枯骨",而宪法是"现代国民之血气精神",孔子之道入宪,宪法便成了"陈腐死人之宪法"、"荒陵古墓中之宪法"、"护持偶像权威之宪法",宪法也就不成其为宪法,而是"孔子之墓志铭"而已。孔子是"历代帝王专制的护符",而宪法是"现代国民自由之证券",以孔子之道入宪,宪法就孕育专制,束缚民彝,被某些野心家所利用,作为专制复活的先声。

3. 中国佛教会上书反对"定孔教为国教"

1月,为维护各宗教的平等地位,中国佛教会上书国会,以"避免宗教战争在中国重演"为理由,反对将孔教定为国教。[1]

4. 吴虞发表《家族制度为专制主义之根据论》

吴虞(1872—1949),字又陵,号黎明老人,四川新繁(今新都区)人。中国近代启蒙思想家、学者。胡适称其为"中国思想界的清道夫","四川省只手打孔家店的老英雄"。

2月1日,吴虞在《新青年》第2卷第6号发表《家族制度为专制主义之根据论》一文,认为中国颠顿于宗法社会之中之原因,在于家族制度。文中指出:孔学以"孝为百行之本,故其立教,莫不以孝为起点","凡人未仕在家,则以事亲为孝;出仕在朝,则以事君为孝","然孝敬忠顺之事,皆利于尊贵长上,而不利于卑贱,虽奖之以名誉,诱之以禄位,而对于尊贵长上,终不免有极不平等之感"。儒家的伦理说教是与家族制度、专制制度相联系的,君主专制制度与家族制度有着相互依存的关系,家族制度是君主专制制度的根据,"'孝乎惟孝,是亦为政',家与国无分也;'求忠臣必于孝子之门',君与父无异也"。"盖孝之范围,无所不包,家族制度之与专制政治,遂胶固而不可以分析。""儒家以孝弟二字为二千年来专制政治与家族制度联结之根干,而不可动摇。"不平等

---

① 韩信夫、姜克夫主编:《中华民国大事记》(第一册),中国文史出版社1997年版,第464页。

的中国封建专制能延续两千多年的原因就在于有家族制度作为社会基础，因此，文中猛烈抨击了儒家关于孝悌的说教，认为"孝之义不立，则忠之说无所附；家庭之专制既解，君主之压力亦散；如造穹窿然，去其主石，则主体堕地"。吴虞指出，今"共和之政立，儒家尊卑贵贱不平等之义当然劣败而归于淘汰"。要摧毁君主专制，必先使家族制度无所依附，而要消除家族制度，必先使儒家的孝悌学说无处藏身。由此文可见，吴虞对儒学的评判是在对封建君主专制、宗法家族制、儒家礼教的三位一体的批判中进行的。

5. 李大钊发表《自然的伦理观与孔子》

2 月 4 日，李大钊在《甲寅》日刊发表《自然的伦理观与孔子》一文，论述自然的伦理观，进而判断孔子的价值。该文以自然进化观念考察社会伦理问题，认为人类社会和伦理道德都是宇宙中产生的现象，时刻处于"自然进化"、"自然变迁"之中。一个时代有一个时代的道德，道德并不具有一成不变的永恒性，而是随着社会的变迁不断发展的，"古今之社会不同，古今之道德有异"。"孔子于其生存时代之社会，确足为其社会之中枢，确足为其时代之圣哲，其说亦确足以代表其社会其时代之道德……孔子生于专制之社会，专制之时代，自不能不就当时之政治制度而立说。"而孔子学说所体现的道德思想并不具有永恒性，"孔子之道，施于今日之社会为不适于生存"，"其学说之精神，已不适于今日之时代精神"。

文中以历史主义态度对孔子学说中的某些积极因素，与历代封建统治者利用孔子学说的反动性，加以区别。"余之掊击孔子，非掊击孔子之本身，乃掊击孔子为历代君主所雕塑之偶像的权威也；非掊击孔子，乃掊击专制政治之灵魂也。"表明孔子有实在的孔子、历史的孔子。实在的孔子亦即历史真实存在的孔子，是孔子的真实本体，是中国文化的象征。

6. 张勋等要求通过"定孔教为国教"

张勋（1854—1923），原名张和，字少轩，号松寿老人，江西奉新人。北洋军阀。武昌起义后，为表示忠于清王朝，所部禁剪辫子，被称为"辫子军",张勋被称为"辫帅"。

2 月 7 日,张勋、倪嗣冲等因国会未能通过国教案,纠集 16 省区的督军、省长致电北京政府和国会两院"请定儒教为国教,加入宪法"[①],支持定孔教为国教。并扬言,如果再不让通过国教议案,就要解散国会,另行组成制宪会议,直至通过。孔教派依靠地方实力派的支持,向国会频频施加压力。

7. "全国公民尊孔联合会"成立

3 月 4 日,山东、浙江、江苏、安徽、山西、广东、湖北、湖南、福建、直隶、云南、四川、陕西、奉天、黑龙江、广西等省的尊孔会、社在上海发起组织"全国公民尊孔联合会",设总事务所于上海孔教会,推举陈焕章任会长,张勋、康有为为名誉会长,并派代表进京请愿,"要求定孔教为国教列入宪法为宗旨"[②]。这一孔教团体的形成,把孔教运动推向了新的高潮。

8. 蒯晋德发表《非国教论》

4 月 20 日,蒯晋德在《丁巳》第 1 卷第 2 号发表《非国教论》一文。文中指出:"尊孔为一问题,奉为宗教为一问题,本有画然之界,而不容相混。"其所以如此,原因在于孔子与宗教家不同,如"孔子罕言利与命与仁,宗教家则每好言命运与慈悲";"孔子事鬼神而远之,宗教家则事鬼神而媚之";"孔子疾不事祷,宗教家则每有灾晦必事祷告,以为忏悔";"孔子尝云,与其媚于奥,宁媚于灶,灶之云者,即良心所在地也。宗教家则不然,或事多神,或事一神,媚之不应且背而之他,不知所谓反躬自省";"孔子答子路问,则曰不知生焉知死,宗教家则恣言生死,或持生死轮回之说,或主灵魂不灭之义,以示奖励之意","孔子重伦常,宗教有则崇苦寂"。因此,"后之人欲推孔子为历史家教育家",均无不可,但"欲推之为宗教家者,则不佞期以谓不可"。这些论述都强调了孔子的

[①] 《申报》,1917 年 2 月 9 日。

[②] 《宗圣学报》,第 2 卷第 6 册第 18 号;《中华民国史资料丛稿·特刊》(第 1 辑),中华书局 1974 年版,第 39 页。

人文精神与宗教的不同。[①]

9. 宪法审议会正式否决"定孔教为国教"

5 月 14 日,宪法审议会正式否决"定孔教为国教",将 1913 年《天坛宪法草案》第十九条第二项"国民教育,以孔子之道为修身大本"条文撤销,并将第十一条"中华民国人民有信仰宗教之自由,非依法律不受限制"条文改为"中华民国人民有尊崇孔子及信仰宗教之自由,非依法律不受限制"。[②] 至此,民国初年的国会国教案落下了帷幕。尽管这并不代表北洋政府要实质性地改变其尊孔政策,但表明"定孔教为国教"的主张违背了多数人的心愿,不符合时代潮流。

10. 陈独秀发表《复辟与尊孔》

8 月 1 日,陈独秀在《新青年》第 3 卷第 6 号发表《复辟与尊孔》一文。文中认为,孔教与帝制是紧密结合的,而与共和却无法相容。"孔教与共和乃绝对两不相容之物,存其一必废其一,此义愚屡言之。张、康亦知之,故其提倡孔教必搭共和,亦犹愚之信仰共和必排孔教。盖以孔子之道治国家,非立君不足以言治。""孔子之道,以伦理政治忠孝一贯,为其大本,其他则枝叶也。故国必尊君,如家之有父。荀、董以后所述尊君之义,世或以为过当,非真孔道,而孟轲所言,不得谓非真孔道也。孔、孟论政,纯以君主贤否卜政治之隆污,故曰:'君仁莫不仁,君义莫不义,君正莫不正:一正君而国定矣。'"

该文引经据典,从孔门弟子的学说到孔子尊崇的典籍,以大量证据说明孔教与帝制的关系。文中指出,儒家经典之中,无论孔孟语录,还是《尚书》《易经》《春秋》,都在宣扬"抑民尊君",巩固尊卑秩序。由此得出结论:"主张尊孔,势必立君;主张立君,势必复辟,理之自然,无足怪者。""若尊孔而不主张复辟,则妄人也,是不知孔子之道者也。去君臣之大伦,而谬言尊孔,张、康闻之,必字之曰'逆'。"为了维护共和,根绝帝制复辟,必须反对尊孔。

---

① 苗润田、陈燕:《儒学:宗教与非宗教之事——一个学术史的检讨》,《中国哲学史》1999 年第 1 期。

② 吴宗慈:《中华民国宪法史》,大东书局 1924 年版,"前编"第 170 页。

11. 冯国璋公布《秋丁祀孔令》

冯国璋(1859—1919),字华甫,河北河间人。中国近代军阀,曾任中华民国代总统。

9 月 12 日,作为代理大总统的冯国璋,针对新文化运动中的反孔思潮,公布《秋丁祀孔令》,谓:"九月二十二日为下丁祀孔子之期,本大总统亲诣行礼,由内务部敬谨预备。"[①]再次表明其尊孔的立场。此举也表明了从旧的封建营垒中成长、分化出来的北洋军阀并没有改变其一贯的尊孔立场。

12.《经世报》创刊

为了重振孔教运动,扩大尊孔势力,12 月 22 日,孔教会接办《北京时报》,改名《经世报》,陈焕章为总经理兼总编辑。该报创刊号发表社论说:"经世既为孔子之志,则吾人愿学孔子者,自当志孔子之所志,事以经世为事矣,此《经世报》之所以作也。"[②]这表明以陈焕章为首的孔教派将师事孔子作为终身之职。

---

① 《民国日报》,1917 年 9 月 13 日;《中华民国史资料丛稿·特刊》(第 1 辑),中华书局 1974 年版,第 40 页。

② 《经世报》,1917 年 12 月 22 日;《中华民国史资料丛稿·特刊》(第 1 辑),中华书局 1974 年版,第 40 页。

1918 年（民国七年）

1. 钱玄同发表《中国今后之文字问题》

钱玄同（1887—1939），原名夏，后更名玄同，字德潜，号疑古，浙江吴兴（今湖州）人。中国现代文字学家、思想家，新文化运动的先驱者之一，曾主张废除汉字。

4 月 15 日，钱玄同在《新青年》第 4 卷第 4 号发表《中国今后之文字问题》一文，认为要救国，必须废孔学。文中指出："二千年来所谓学问，所谓道德，所谓政治，无非推衍孔二先生一家之说。""欲使中国不亡，欲使中国民族为二十世纪文明之民族，必以废孔学、灭道教为根本之解决；而废记载孔门学说及道教妖言之汉文，尤为根本解决之根本解决。"由此可见，钱玄同认为，孔学就是为统治当局张目的腐朽文化，为了捍卫共和、反对倒退，就势必要废除孔学。其对传统的批判此时已达到顶峰。

2. 北京政府规定孔子诞辰为圣诞节

孔教徒所说的圣诞节就是孔子的诞辰，又称"大成节"、"圣节"等，一般是指夏历八月二十七日。

孔教会试图定孔教为国教的活动失败之后，陈焕章等人继续为尊孔而谋求政治权力的支持或法令上的规定。此时，陈焕章当上了皖系军阀控制的"安福国会"的众议员。议员中的孔教徒们又先后向参众两院提出了一些尊崇孔子的议案，其中就包括"圣诞节案"。

是年 9 月,由参议员陈焕章等 15 人提出、70 人联署的"圣诞节案"要求:"孔子圣诞,即夏正八月二十七日为圣诞节,应放假庆祝,悬旗结彩。"其理由是,民国各种国庆纪念日,均已先后规定,独孔子圣诞仅为学堂之纪念日,并未普及于社会;雍正五年"有先师圣诞,不理刑名,永著为例之明文","今广东全省及海外侨胞,每遇大成圣节,必工商休业,张灯结彩,以表祝忱","欧美各国对于耶稣诞日最为隆重",因此,为"合国民之心理",顺应"世界之公例",应即明定孔子圣诞。在 9 月 20 日下午举行的参议院第五次会议上,该提案按规定三读通过;[①]次日提交众议院,众议院在 9 月 26 日下午的第五次常会上讨论该案,亦获三读通过。随即该案上达代理大总统冯国璋,冯国璋在 9 月 28 日下达大总统令:"国会议决'圣诞节案',兹公布之,此令。孔子圣诞,即夏正八月二十七日,为圣诞节,应放假庆祝,悬旗结彩。"[②]就在此年的孔子圣诞,冯国璋到国学彝伦堂孔教大会作演讲,更是给孔教会同人以极大鼓舞。

3. 日本"斯文会"成立

9 月,由日本儒学家组成的社会文化团体"斯文会"在东京成立。该会是在"斯文学会"基础上,与"研经会"、"汉文学会"、"东亚学术研究会"等倡导"尊孔"、"修身"的社团合并而成,首任会长为枢密顾问小松原英太郎。该会宗旨是"以儒道鼓吹本邦固有之道德,着力于精神文明之振兴,使得能与彼之发达的利用厚生之物质文明相伴以行","以期大大振起儒道、宣扬《教育敕语》之圣旨"。这表明日本受到西方文明的冲击下,企图借助儒学,以培养人才来匡济世道人心。这对于中国尊孔派继续坚持以孔学治国修身提供了借鉴。

4. "孔子哲学研究会"成立

梁漱溟(1893—1988),原名焕鼎,字寿铭,曾用笔名寿名、瘦名、漱溟,后以漱溟行世,广西桂林人。中国现代思想家、哲学家、教育家、社

---

① 《教史·圣诞节案》,《经世报》第 1 卷第 3 号。又见《纪事·国会圣诞节案通过补志》,《宗圣学报》总第 21 号(第 2 卷第 9 册),此处的记载日期为"七年八月十七日",当系阴历。此处参见张松智:《中国现代孔教运动研究——以孔教会为中心》,上海师范大学博士学位论文,2006 年。

② 《教史·圣诞节案》,《经世报》第 1 卷第 4 号。

会活动家,现代新儒家代表人物之一。①

10 月 4 日,梁漱溟在《北京大学日刊》上登了一则启事,征求研究东方文化的合作者,并公开申明自己之所以举东方化和欧化为对,其意侧向孔子,但又并非彻底反对欧化。但由于新文化运动的影响,人们大都醉心于西学,对东方学无大兴趣,因而"应者寥寥"。梁漱溟只好在哲学研究所开办了一个"孔子哲学研究会"。11 月起,梁漱溟不惮其劳,每星期开讲"孔子哲学之研究",在替释迦牟尼说法的同时,又替孔子说个明白,着力宣扬孔子的儒家思想。"孔子哲学研究会"只维持了一段时间,到该年 11 月底,因其父梁济自杀的影响,便被搁置了。但梁漱溟对东西文化的研究仍未中止。

---

① 关于梁漱溟更详细的介绍,参见本书《学案卷》(上)之"梁漱溟儒学学案"条目。

1919 年(民国八年)

1. 北京政府下令以清儒颜元、李塨从祀孔庙

1 月 3 日,徐世昌以清儒颜元、李塨"生平著书立说本原仁孝,归功实用,深得孔子垂教之旨"准内务部呈请,令从祀孔庙,"以示来兹"。此举除了表明北洋军阀政府尊孔的政策未变,倡导读书人要学习清儒颜元、李塨,继续弘扬儒学,以彰显实现其尊孔的目的之外,对于继续以孔学为业的清代遗老遗少显然是一种莫大的精神安慰。

2. 胡适著《中国哲学史大纲》(上卷)出版

胡适(1891—1962),原名嗣穈,学名洪骍,字希疆,后改名适,字适之,笔名天风、藏晖等,安徽绩溪人。中国现代学者、历史学家、文学家、哲学家,新文化运动领袖之一。①

2 月,胡适著《中国哲学史大纲》上卷由商务印书馆出版。全书共分 12 篇:第一篇"导言";第二至十一篇,以人物为主题,系统地论述从老子到韩非哲学思想的历史演变;第十二篇"古代哲学之终局",对这一历史时期的哲学作了总结,以实用主义的观点考察中国古代哲学,基本上摆脱了中国传统的经学形式,以西方哲学的体系和模式来构思和建立中国哲学史体系。在该书中,胡适一反以三皇五帝为中国哲学开端的传统儒家观点,直接把老子、孔子的时代定为中国哲学诞生的时代,

---

① 关于胡适更详细的介绍,参见本书《学案卷》(上)之"胡适儒学学案"条目。

并着重探讨了中国古代思想家的进化观念,注重实功事效的思想和逻辑方法;认为孔子既是中国古代的守旧派,也是积极的救世派,想要变天下无道为有道。他断定,《易经》是孔子学说的根本,故专列"孔门弟子"、"荀子以前的儒家"、"荀子"等篇,详细论述了孔子以及儒学的演变、发展,批评孔子后学如子夏、子游、曾子等专注于发挥"孝"、"礼"两个观念,把孔子"仁"的人生哲学变成了"孝"的人生哲学,直到孟子、荀子,儒家方有两派有价值的新哲学出现。此外他还探讨了"庄子时代的进化论"、墨子和"别墨"的哲学方法与逻辑思想,同时注重对非儒家学派的哲学思想的探究。

3. 五四运动爆发

5月4日,五四运动爆发。①

4. 陈独秀撰写《孔教研究》

5月4日,陈独秀撰写《孔教研究》一文,针对北京《顺天时报》上刊发的《孔教研究之必要》的尊孔文章,明确表明自己反孔的立场和态度。

文中指出:"我们反对孔教,并不是反对孔子个人,也不是说他在古代社会无价值",而是因为现在"还有一班人硬要拿他出来压迫现代人心,抵抗现代潮流,成了我们社会进化的最大障碍"。陈独秀主张要研究儒家关于君臣、父子、夫妇(三纲)之道及其他一般道德之说明;研究孔子的学说在其生活时代的"价值在哪里","他的君臣、父子、夫妇之道,及其他关于一般道德的说明,对于现代生活和世界潮流,还有施行尊崇的必要没有"。

5. 徐世昌主持举行"秋丁祀孔"礼

徐世昌(1855—1939),字卜五,号菊人,又号水竹邨人、弢斋,天津人。中国清末民初北洋政府官僚,曾任中华民国(北洋政府)大总统。徐世昌非常尊崇孔子,在其任总统期间,尊孔之风大盛。

---

① 关于五四运动更详细的介绍,参见本书《纪事卷》之"五四运动"条目。

10 月 2 日,在其主持下,于北京孔庙举行了"秋丁祀孔"礼。[1]

6. 内务部定"孔子圣诞节"

10 月 17 日,北京政府内务部通告:"本年 10 月 20 日即夏历八月二十七日为孔子圣诞节。所有文武各机关、各团体均应放假庆祝,悬旗结彩,并准各项人员前往孔子庙自由行礼。"[2]

7. 吴虞发表《吃人与礼教》

11 月 1 日,在鲁迅《狂人日记》的启发下,吴虞在《新青年》第 6 卷第 6 号发表《吃人与礼教》一文,进一步引征史实,论证了封建专制制度下"吃人"与"礼教""并行不悖"。文中指出:"我们中国人,最妙是一面会吃人,一面又能够讲礼教。吃人与礼教,本来是极相矛盾的事,然而他们在当时历史上,却认为并行不悖的,这真正是奇怪了!……如今讲礼学的人,家中淫盗都有,他反骂家庭不应该讲改革。表里相差,未免太远。然而他们这类人,在历史上,在社会上,都占了好位置,得了好名誉去了。所以奖励得历史上和社会上表面讲礼教,内容吃人肉的,一天比一天越发多了。""到了如今,我们应该觉悟:我们不是为君主而生的!不是为圣贤而生的!也不是为纲常礼教而生的!甚么'文节公'呀、'忠烈公'呀,都是那些吃人的人设的圈套来诳骗我们的!我们如今应该明白了!吃人的就是讲礼教的,讲礼教的就是吃人的呀!"

8. 孔令贻卒

孔令贻(1872—1919),字谷孙,号燕庭,山东曲阜人。孔子七十六代嫡孙。1877 年袭封衍圣公。1889 年授翰林院侍讲,正式主持衍圣公府务。1892 年署理四氏学堂学务。1912 年 2 月,上书恭贺袁世凯就任临时大总统。次年,袁氏就任正式大总统,准予衍圣公仍旧膺受前代荣典、祀典,并颁给一等嘉禾章、一等大绶宝光嘉禾章。1914 年与康有为

---

① 《政府公报》,1919 年 10 月 2 日;《中华民国史资料丛稿·特刊》(第 1 辑),中华书局 1974 年版,第 45 页。

② 《政府公报》,1919 年 10 月 19 日;《中华民国史资料丛稿·特刊》(第 1 辑),中华书局 1974 年版,第 45 页。

等筹建孔教会,提倡尊孔读经。1915 年袁世凯图谋复辟帝制,孔令贻积极参与筹安会活动。袁世凯复辟后,受封为郡王。1917 年 7 月,溥仪复辟,孔令贻发电致贺。1919 年入京为溥仪祝寿。同年 11 月 8 日,病逝于北京太仆寺街衍圣公府,终年 48 岁。

1920 年(民国九年)

1. 李大钊发表《由经济上解释中国近代思想变动》

1月1日,李大钊在《新青年》第 7 卷第 2 号发表《由经济上解释中国近代思想变动》一文,分析孔子思想长期存在和当时反孔的思想解放的经济根源。

文中指出:"一切政治、法度、伦理、道德、学术、思想、风俗、习惯,都建筑在大家族制度上作他的表层构造。看那二千余年来支配中国人精神的孔门伦理,所谓纲常,所谓名教,所谓道德,所谓礼义,哪一样不是损卑下以奉尊长?哪一样不是牺牲被治者的个性以事治者?哪一样不是本着大家族制下子弟对于亲长的精神?所以孔子的政治哲学,修身齐家治国平天下,'一以贯之',全是'以修身为本';又是孔子所谓修身,不是使人完成他的个性,乃是使人牺牲他的个性。"并指出:"孔子的学说所以能支配中国人心有二千余年的原故,不是他的学说本身具有绝大的权威,永久不变的真理,配作中国人的'万世师表',因他是适应中国二千余年来未曾变动的农业经济组织反映出来的产物,因他是中国大家族制度上的表层构造,因为经济上有他的基础。"

李大钊认为,中国的进步发展就在于不断打破旧的思想束缚。"试看中国今日种种思潮运动,解放运动,哪一样不是打破大家族制度的运动?哪一样不是打破孔子主义的运动?第一,政治上民主主义(Democracy)的运动,乃是推翻父权的君主专制政治之运动,也就是推翻孔子的忠君主义之运动。第二,社会上种种解放的运动,是打破大家族制度的运动,是打破父权(家长)专制的运动,是打破夫权(家长)专制的运动,是打破男子专制社会的运动,也就是推翻孔子的孝父主义、顺夫主义、贱女主义的运动。"

该文表明,成长为一个马克思主义者的李大钊,用历史唯物主义的观点分析了中国社会变动的原因、重点和未来发展的方向,解释了"五四"以来中国社会发展的原因,指明了文化和社会未来发展的方向,探讨了中国"向何处去"以及如何走向未来的问题。

2."经史学社"成立

3 月,北京政府西北筹边使徐树铮发起组织的尊孔读经社团"经史学社"在北京成立。

徐树铮在《政府公报》上刊出《经史学社缘起》,宣称:"六经者圣人所以统天地之心,著善恶之归,明利害之分,通人道之正。学者于此考其迹,观其用,察其言,以措诸心而为事,则治世之规远矣。"其目的是抵制所谓"异说"之传播,"惟经史实足以药之"。该社规定,参加学社听讲应以"在职官吏及国会议员为限"。① 该社团的成立对于当时萎靡不振的尊孔运动无疑是一针强心剂,尤其是参与者多为公职人员,具有一定的社会影响力。

3."四存学会"成立

3 月,北京政府总统徐世昌在北京组织"四存学会",以"昌明周公、孔子之学"为宗旨,目的在于推行尊孔复古,为其政治服务。

该会发行《四存月刊》,发刊词说:"廿世纪以来,西儒著述遍布五洲,羔雁争迎,登坛讲演。东方大陆既输入欧美文明矣,独我周公、孔子之正传,士大夫钳口结舌,噤无一言,莫能尽力表章,揭诸日月,先圣之憾不亦吾党之羞乎?"②

---

① 《政府公报》,1920 年 6 月 27 日;《中华民国史资料丛稿·特刊》(第 1 辑),中华书局 1974 年版,第 46 页。

② 《四存月刊》第 1 期,1921 年 4 月;《中华民国史资料丛稿·特刊》(第 1 辑),中华书局 1974 年版,第 46—47 页。

4. 徐世昌令孔德成袭封"衍圣公"

4 月 20 日,北京政府总统徐世昌照袁世凯所定《崇圣典例》,明令出生尚不满百日的孔德成袭封"衍圣公"。①

1935 年,孔德成有感世袭爵位不宜存于民国,主动请求南京国民政府撤销"衍圣公"之爵号。国民政府以为道统不可废,乃改"衍圣公"作大成至圣先师奉祀官,成为中华民国唯一的世袭特任官。同年 7 月 8 日,由陈立夫主持,戴传贤监督,于南京宣誓就职,蒋介石亲临祝贺。

5. 阎锡山训导学生终生"尊孔"

阎锡山(1883—1960),字百川、伯川,山西五台县河边村(今属定襄)人。中国近代军阀。民国时期曾任山西省都督、督军、省长,国民党中央政治委员,军事委员会副委员长,国民政府行政院长等。

5 月 30 日,时任山西督军的阎锡山在该省"育才馆"学员毕业会上讲话,要求他们终生"尊孔","学孔子之道德、学识、经验而办事",这样就"可保治安"。②"育才馆"是阎锡山培植山西省各县司法、财政、行政官吏的训练班。这是阎锡山一贯维护尊孔读经的表现,企图以尊孔读经引导学生避开五四运动对山西的影响,以维护其在山西的统治。

6. 马克斯·韦伯卒

马克斯·韦伯(Max Weber,1864—1920),德国政治经济学家、社会学家,现代社会学和公共行政学创始人之一。

马克斯·韦伯在其所著的《中国的宗教:儒教与道教》一书中认为,儒家伦理是抑制资本主义发生的文化因素,孔子思想是一种守旧不进的保守思想。另外,韦伯也看到儒家思想中求和平的一面,认为儒者不好战,也不具有黩武意识。韦伯注意到"我们无法从大多数的经典著作中找到纯正英雄式的心灵。孔子所持的传统观点是:谨慎要优于勇力,

---

① 《政府公报》,1920 年 4 月 21 日;《中华民国史资料丛稿·特刊》(第 1 辑),中华书局 1974 年版,第 46 页。

② 《来复报》,1920 年 6 月 6 日;《中华民国史资料丛稿·特刊》(第 1 辑),中华书局 1974 年版,第 46 页。

他不认为有智能的人应当将其生命拿去做不合时宜的冒险"①。韦伯深信儒教理性主义的存在,指出:"儒教理性主义意指理性地适应世界。"②

6 月 14 日,马克斯·韦伯于德国慕尼黑逝世,终年 57 岁。

7. 朱执信卒

朱执信(1885—1920),名大符,字执信,祖籍浙江萧山,生于广东番禺(今广州)。中国近代资产阶级革命家、思想家。朱执信始终追随孙中山,长期致力于阐述孙中山三民主义学说;批判为复辟君主专制制造舆论的开明专制论,认为孔教离奇鬼怪不值一提;他认为五四运动虽然打破了儒家的谬说,但有神思想仍活跃,必须用科学打破这些偶像。其著作有 1976 年中华书局编辑出版的《朱执信集》。

9 月 21 日,朱执信因调解虎门民军纠纷,被乱枪击中身亡,终年36 岁。

---

① 〔德〕马克斯·韦伯(Max Weber):《中国的宗教:儒教与道教》(*The Religion of China*, *Confucianism and Taoism*),汉斯·格斯译,纽约自由出版社 1968 年版,第 114 页。

② 〔德〕马克斯·韦伯:《中国的宗教:儒教与道教》,纽约自由出版社 1968 年版,第 248 页。

1921 年(民国十年)

1. 严复卒

严复(1854—1921),原名宗光,后名复,字又陵,又字几道,晚号野老人,福建侯官(今福州)人。中国近代启蒙思想家、翻译家,曾任京师大学堂译局总办、上海复旦大学校长等。

严复早年反对旧学,认为旧学的三个组成部分,即"宋学义理"、"汉学考据"和"辞章"都无实、无用。1912 年,严复受袁世凯命担任北京大学校长之职,趋向对传统文化的复归。他担忧中国丧失本民族的"国种特性"会"如鱼之离水而处空,如躄跛者之挟拐以行,如短于精神者之恃鸦片为发越,此谓之失其本性",而"失其本性未能有久存者也"。出于这样一种对中华民族前途与命运的更深一层的忧虑,严复曾经试图将北京大学的文科与经学合而为一,完全用来治旧学,"用以保持吾国四五千载圣圣相传之纲纪彝伦道德文章于不坠"。其著作有《严几道诗文钞》等。著译编为《侯官严氏丛刊》、《严译名著丛刊》。

10 月 27 日,严复于福州郎官巷住宅逝世,终年 68 岁。

2. 吴虞著《吴虞文录》出版

10 月,吴虞著《吴虞文录》一书由上海亚东图书馆出版,该书汇集了吴虞在《新青年》上发表的文章。

第一版共收录吴虞 1907 年至 1921 年间写的 13 篇文章,并附录了他妻子吴曾兰(又名香祖)的一篇论文。第二版(1922 年 12 月)至第六版(1929 年 4 月)又增补了他在 1921 年 11 月写的《墨子的劳农主义》一篇论文。在附录部分,又增补了他妻子写的一篇小说。全书分上、下两卷:卷上有《家族制度为专制主义根据论》、《吃人与礼教》、《儒家主张阶级制度之害》、《道家法家均反对旧道德说》等;卷下有《消极革命之老庄》、《墨子的劳农主义》、《辩胡适之解老喻老说》、《驳康有为君臣之伦不可废说》、《李卓吾别传》等。胡适为该书作序,指出吴虞是"四川省只手打孔家店的老英雄",这种说法含有开玩笑的成分——区区吴虞,有何天大本事,能"只手"打倒垄断经营两千多年的孔家店?以后衍为"打倒孔家店"口号,影响很广。

该书的主旨为"孔子之道不合现代生活",必须予以清除。书中提出"孔子自是当时之伟人,然欲坚执其学以笼罩天下后世,阻碍文化之发展,以扬专制之余焰,则不得不攻之者,势也"。据实据理,论证了儒家的基本教条都是吃人的礼教、坑陷人的法律制度。还从思想史方面指出,自老子以来也有许多古人不满意于这些欺人吃人的礼制。这种对旧礼教的批判对新文化运动起了积极的推动作用。

该书也是研究五四运动的重要资料。另有木刻本,1936 年由成都吴氏爱智庐刊行。此著作集后收入由四川人民出版社 1985 年出版的《吴虞集》。

1922 年(民国十一年)

梁漱溟著《东西文化及其哲学》出版

1月,梁漱溟著《东西文化及其哲学》一书由商务印书馆出版。该书是梁漱溟 1921 年 8 月在山东济南省教育会讲演的结集,针对当时新文化运动中西方学说的输入,从哲学上探讨了东西文化的差别,所关注的问题是"东西文化"的优劣的比较。

书中指出:东西文化的不同就在于它们的文化精神不同。根据根本的文化精神的不同,世界文化分为三种类型:第一种:西方文化,是以意欲向前要求为其根本精神的。这种文化的特征,"就是奋力取得所要求的东西,设法满足它的要求;换一句话说就是奋斗的态度。遇到问题都是对于前面去下手,这种下手的结果就是改造局面,使其可以满足我们的要求"。第二种:中国文化,是以意欲自为调和、持中为其根本精神的。这种文化的特征在于,"遇到问题不去要求解决,改造局面,就在这种境地上求我自己的满足";"他并不想奋斗的改造局面,而是回想的随遇而安。他所持应付问题的方法,只是自己意欲的调和罢了"。这种精神态度的典范就是以孔子为代表的儒家文化。第三种:印度文化,是以意欲反身向后要求为其根本精神的。这是世界文化的三种形式、三条道路。西方"向前"的态度是人类过去的文化精神,中国"调和持中"的态度是人类现在的文化精神,而印度"向后"的态度是人类将来的文化精神。西方的意欲向前其实是滞后,印度的意欲向后其实是超前,只有中国的意欲持中,恰到好处地居中。所以,中国文化比西方文化、印度文化更优越。并以此为根据揭露西方现代化的弊端，抨击西化派，批驳调和派，力主中国原本文化的价值。只有孔子那"赞天地之化育"的生生大德才能使全宇宙充满生意春气，才可以"弥补了中国人夙来缺短，解救了中国人现在的痛苦，又避免了西洋的弊害"，只有走孔子的路才能使中国复兴。

对于三种文化所应有的态度，"第一，要排斥印度的态度，丝毫不能容留。第二，对于西方的文化是全盘接受，而根本改过，就是对其态度要改一改。第三，批评的把中国原来态度重新拿出来"。一方面并不拒绝西方文明（征服自然的精神、科学的方法、民主精神），但是在"态度"上加以"根本改过"；另一方面也并非全盘接受中国传统，而是加以"批评"地"重新"拿出。也就是说，精神生活必须是中国的，而物质生活则可以吸收西方的。这两个方面的综合，正是中国文化精神的"调和持中"的态度。

该书的出版，在 20 世纪 20 年代的文化论战中，曾引起思想界的重视，这部著作是在反儒家、反中国传统文化的高潮中诞生的，因此它对于纠正民族虚无主义的文化历史观，对于提高民族文化的信心，是有积极意义的。此书被视为现代儒学研究的开山之作，开启了一个被标志为"现代新儒家"的影响深远的文化—哲学运动；规定了现代新儒家的基本问题及其方法——在中西比较的视域中释本开新，重建儒家传统。

1923 年(民国十二年)

1. 科玄论战

2 月 4 日,张君劢在清华大学做了一个题为"人生观"的演讲,这篇演讲词后来发表在《清华周刊》第 272 期上,由此引发了一场历时两年之久的科玄论战。[①]

2. 孔教大学成立

7 月,以陈焕章为首的孔教派,在北京西城甘石桥成立孔教大学,陈焕章任校长,张琴任董事长,该校宣称以"昌明孔教,培养通儒为宗旨"[②]。

张琴、林纾、王林栅等担任该校讲师,设"至圣"、本纪、《孝经》、《论语》、《孟子》、《大学》、《中庸》等课程。李佳白讲授英文,并作尊孔讲演。该校管理制度极严,提出"勿假爱国两字,徒长浇风",禁止学生谈论爱国,不准阅读新文化书报。孔教大学的建立,为矫正新文化运动对儒学的冲击,保存、弘扬孔子文化作出了重大贡献,也为中国培养了一批国学专家和学者,著名学者蔡尚思就毕业于该校。

---

① 关于科玄论战更详细的介绍,参见本书《纪事卷》之"科玄论战"条目。
② 《经世报》第 2 卷第 6 号;韩达编:《评孔纪年》,山东教育出版社 1985 年版,第 118 页。

3. 张勋卒

9 月 12 日,张勋于天津逝世,终年 69 岁。

张勋一贯效忠清王朝,尊孔崇儒;支持并参与孔教派的尊孔活动;力主定孔教为国教并编入宪法。其所统率的军队在驻防兖州期间,守护三孔,不许砍伐孔林树木、窃取孔庙器物,为保护三孔作出了贡献。张勋的失势及去世,使尊孔势力失去了一个强有力的地方势力的支持。

4. 卜道成著《朱熹及其著述:中国理学入门》出版

卜道成(Joseph Percy Bruce,1861—1934),英国浸礼会牧师。1887 年来华,曾担任私立山东基督教大学(后更名为齐鲁大学)校长。卜道成是民国成立以后第一个系统研究朱熹哲学的英国浸礼会传教士。

是年,卜道成著《朱熹及其著述:中国理学入门》(*Chu Hsi and His Masters：An Introduction to Chu Hsi and the Sung School of Chinese Philosophy*)一书出版。

1924 年(民国十三年)

1. 萧楚女发表《孔圣学术与英国底机关枪》

萧楚女(1893—1927),原名萧秋,字树烈,笔名楚女,湖北汉阳人。中国共产党早期工人运动领导人之一,党的宣传家和报刊活动家。

7 月,萧楚女在《中国青年》第 85 期发表《孔圣学术与英国底机关枪》一文,揭露英国破坏反对尊孔读经的目的。文中指出:"中国是应当永远沉醉于'孝悌也者'的君君臣臣的'以顺为正'的妾妇中庸之道中,而为欧洲资本主义——尤其是英帝国资本主义之训驭的。"英帝国主义支持中国的尊孔读经,正是为了能使中国人能够循规蹈矩,维护其在中国的既得利益。此文有力地攻击了尊孔派以外国支持孔教的口实,也向世人揭露了西方势力支持孔教运动的真正目的,对于唤醒国人起了积极作用。

2. 柯璜编《孔教十年大事》出版

9 月 25 日,柯璜编《孔教十年大事》八卷由太原宗圣会出版。柯璜在该书卷首中说:孔子是"大圣人","得其道则泰则治,失其道则否则乱","孔教之艰厄危疑已百倍于前代","茫茫后顾,皆未可知"。号召"阐扬圣教","一统"世界。① 该书的出版发行,除了继续宣扬儒家文化传统、鼓吹儒教外,还为后人研究民国初期孔教运动提供了宝贵资料。

---

① 韩达编:《评孔纪年》,山东教育出版社 1985 年版,第 128 页。

3. 衍圣公府将"四氏学"扩建为阙里孔氏私立明德中学校

是年,曲阜衍圣公府将"四氏学"扩建为阙里孔氏私立明德中学校,"明德"之名,取意"德之不明"、"经之见度"。孔子第七十七代孙、末代衍圣公、当时年仅 5 岁的孔德成担任名誉校长,并亲自撰写"明德学校"校牌。

翌年,学校开始招生,学生皆为富家子弟。其培养目标是:"毕业用世,各负卫道之责。"[1]在当时反对孔子、反对封建专制的浪潮席卷全国的情况下,该校的创办对于继承圣贤遗训、光大传统教育精华、用丰厚的文化底蕴教育学生具有重要意义。

1931 年 2 月,学校得到国民政府教育部和山东教育厅准予立案后,又改名为私立明德中学。1947 年,私立明德中学改为县立中学。1952 年 9 月,曲阜县政府在颜庙原商会会址创办了曲阜中学,次年迁至原明德中学校址。1958 年,更名为曲阜第一中学。1986 年,曲阜撤县为市,学校遂定名为曲阜市第一中学。

---

[1] 《续修曲阜县志》第 4 卷,第 49 页;《中华民国史资料丛稿·特刊》(第 1 辑),中华书局 1974 年版,第 52 页。

1925 年(民国十四年)

1. 段祺瑞亲至孔庙行祀孔礼

段祺瑞(1865—1936),原名启瑞,字芝泉,安徽合肥(今属肥西)人。中国近代军阀。

3 月 4 日,时任北京政府临时执政的段祺瑞亲至孔庙行"春丁祀孔"礼,继续表达北洋军阀政府的尊孔态度。9 月 20 日,段祺瑞又亲至孔庙行"秋丁祀孔"礼。①

2. 鲁迅发表《忽然想到(六)》

鲁迅(1881—1936),原名周树人,字豫才、豫山、豫亭,以鲁迅笔名闻名,浙江绍兴人。中国现代文学家、思想家、革命家,新文化运动领导人之一。

4 月 22 日,鲁迅在《京报》副刊发表《忽然想到(六)》一文,疾呼埋葬国粹。鲁迅在文中痛骂那些到中国来以考古为名、对中国传统大加赞赏的洋人,以及那些借外国人的猎奇之心大倡复古的国人。指出:"他们活有余力,则以考古,但考古尚可,帮同保古就更可怕了。有些外人,很希望中国永是一个大古董以供他们的赏鉴,这虽然可恶,却还不奇,因为他们究竟是外人。而中国竟也有自己还不够,并且要率领了少

---

① 《政府公报》,1925 年 2 月 17 日、9 月 7 日;《中华民国史资料丛稿·特刊》(第 1 辑),中华书局 1974 年版,第 52—53 页。

年,赤子,共成一个大古董以供他们的赏鉴者,则真不知是生着怎样的心肝。"并指出:"中国废止读经了,教会学校不是还请腐儒做先生,教学生读'四书'么?民国废去跪拜了,犹太学校不是偏请遗老做先生,要学生磕头拜寿么?外国人办给中国人看的报纸,不是最反对五四以来的小改革么?而外国总主笔治下的中国小主笔,则倒是崇拜道学,保存国粹的!但是,无论如何,不革新,是生存也为难的,而况保古。"最后鲁迅认为,"我们目下的当务之急,是:一要生存,二要温饱,三要发展。苟有阻碍这前途者,无论是古是今,是人是鬼,是《三坟》、《五典》,百宋千元,天球河图,金人玉佛,祖传丸散,秘制膏丹,全都踏倒他"。

3. 葛琨著《孔子教育哲学》自刊发行

7月,葛琨著《孔子教育哲学》自刊发行。全书分三编:第一编绪言,叙述孔子生平及其著述;第二编为知识论,叙述孔子关于知识来源、知识的本质及获取知识的途径的观点;第三编为行为论,叙述孔子的行为标准与道德规范以及修养品性之方法等。该书对孔子的教育哲学作了集中、系统的探讨,提出孔子主张人人都受教育,人的高尚行为来源于知识并受知识的支配。

书中指出:孔子"述而不作",后人假托孔子之名作书,故多伪作,刘歆即是一例。《易经》未遭秦火,"孔子再系之以辞","也没有序卦、杂卦两篇,十翼之说,自然是妄谈了"。《春秋》"大多还是真的"。秦汉以前盛传的是《公羊传》,《左传》是刘歆、贾逵等的伪作。公羊、穀梁两传比较可信一点。《论语》大致可靠,如《乡党》一篇就与孔子思想冲突。孔子主"食无求饱",何以会"割不正不食"呢?其余各篇也往往有后人加入的话,《诗》,齐、鲁、燕三家诗多已失传,现在的毛诗,是刘歆采三家之长,按孔子"诗可以兴,可以观,可以群,可以怨",伪著起来的。《书》为伏生所传,古文家伪造《尚书》,而孔子并未修《尚书》;孔子所述的书有二意,一指写字的技能,一指一切书籍的总名。《礼》,《周礼》为刘歆托古之作,其余礼经,也都是伪造,即所传十七篇礼的内容,大多繁杂,与孔子所说"礼与其奢也,宁俭"的根本主张,大相反对。《乐》以音律为节,本无书传下来,《汉书·艺文志》记乐书二十四卷,又说:刘向校书,得《乐记》二十三篇,全是假的。《孝经》非孔子所作,也非曾子所著,话不像孔子说的,如"复坐,吾语汝",孔子只说"居,吾语汝"。思想也和孔子大相反对。如孔子主"道之以德,齐之以礼",不主张"道之以政,齐之以刑","刑于四海"与孔子不合。又如"从父之令,又焉得为孝乎"与孔子主张"事父母几谏,见志不从,又教不违,劳而不怨"不符。《孔子家语》非孔子作。姚际恒说:"今世家语,殆元王广谋本也。"

孔子学说之产生,一来于实际生活,二对当时"无为"主义的反动。他大声疾呼"有为"主义,可为独树一帜,是"极端的入世派"、"极端的经验派"。

孔子认为高尚的行为是知识里产生出来的,还要受知识的支配,所以也很重视知识,主张人人都受教育。知识不是生而有的,都是由学而来的。孔子说:"民可使由之,不可使知之",意思是"民可以用呢? 那就用;要是不可以用呢? 那就要使他们有知识"。知识不专靠传授,要自己去观察,从经验中求得,并加以变易,即加一种想象作用,"复化出新知识来"。求知的最重要的方法是专心,"攻乎异端,斯害也已"。还有"学"、"习"、"知"(闻与见、观察、问、真、正名)、"思"、"推"、"一以贯之",是比较事物异同的归纳法,非曾子所解的"忠恕"之道。

孔子认为宇宙现象,是知识的本质。孔子"阐发知识的本质,也只是解释这个八卦"。八卦"有两种观念,一是客观的物象,二是主观的想象"。孔子解释《易经》只主重想象,"他以为世界上一切文物的进化,都是从想象作用来的","孔子的仁,发生于物我关系之处理","就是我应该对物怎样"。

"孔子论行为,是论对内心应该怎样,对外物应该怎样,对内即所以对外,应该怎样对外的道理,这便是道理。也有时认为广义的伦理。"孔子论行为,偏重于广义的伦理方面。"他把人间应有的道理,定为道德的本质,便是合于人道。""后来的儒家东拉西抄,凑成五伦,全把孔子广大的意义,改变狭小了。""其实孔子并没有五伦的观念。""他论道德的本质,只有'仁'、'义'、'信'、'礼'等等观念","是人人不可少的"。他以为君臣是相对的,他说"君使臣以礼,臣事君以忠",他认为父对子是慈,子对父是孝,孔子论为孝是一种"报德"的道理。他主张"以德报德",并有使民德归原的作用。孔子认为朋友间应尽的道理有三:敬重、忠直、信。孔子说"天命"是指偶然的事,是有一种使人"为之不厌"的作用。

所谓天,不是指有意志的天,乃是一种"自然的意义",把它当作神秘的意义就错了。孔子说"命",是指宇宙间万事万物,各有所习,各有所命。

孔子所说道、德,是分开说的。所谓"道"是人和人互相往来的道经。这个道经是人人必须行的"路"。如孔子所说:"谁能出而不由户,何其由斯道也。""道"又作方法解。如"道不同,不相为谋","吾道一以贯之"。孔子所谓的"德","是人所以得以生存的道理"。"人之所以生存的道理,即以通力合作的精神。"所以他说"德不孤,必有邻"。孔子所说的道德,"都是维系人和人的关系的一种基本观念",也就是行为的一种标准。其道德本质是:"仁"、"直"、"信"、"义"、"礼"。

4. 钱玄同、顾颉刚发表《〈春秋〉与孔子》

10 月 14 日,钱玄同、顾颉刚在《北京大学研究所国学门周刊》第 1 卷第 1 期发表《〈春秋〉与孔子》一文,记载了两人讨论"《春秋》与孔子"的信。

钱玄同致书顾颉刚,提出关于《春秋》有两个绝对相反的说法可以成立:"一、认它是孔二先生的大著,其中蕴藏着许多'微言大义'及'非常异议,可怪之论,当依《公羊传》及《春秋繁露》去解释它。这样,它绝对不是历史。二、认它是历史。那么,便是一部鲁国的'断烂朝报',不但无所谓'微言大义'等等,并且是没有组织,没有体例,不成东西的史料而已。这样,便决不是孔二先生作的。"原因是"孔丘的著作究竟是怎样的,我们虽不能知道,但以他老人家那样的学问才具,似乎不至于作出这样一部不成东西的历史来"。钱玄同把《春秋》视为不像样的东西,以孔子的才具为标准来确定孔子是否作了《春秋》,这种标准显然含有主观色彩。

针对钱玄同的意见,顾颉刚表示:"对于《春秋》一经的意见,我和先生相同。"并提供了否认孔子作《春秋》,以及《春秋》为史学著作说的六项论据,其中除承袭古文经学成说的数条外,堪称新说者有二,即:一、《论语》中无孔子作《春秋》事,亦无孔子对于"西狩获麟"的叹息的话。二、孟子以前无言孔子作《春秋》的。孟子的话本是最不可信的。

得到了顾颉刚的认可,钱玄同便在此后的一封回信中说:"本年三月里您回我的信,谈对于《春秋》的意见,大体我都很佩服……我现在对于'今文家'解'经'全不相信,我而且认为'经'这样东西压根儿就是没有的;'经'既没有,则所谓'微言大义'也者自然是'皮之不存,毛将焉附'了……《春秋》乃是一种极幼稚的历史,'断烂朝报'跟'流水账簿'两个比喻,实在确当之至。"

5. 钱穆著《论语要略》出版

钱穆(1895—1990),原名恩𬭚,字宾四,笔名公沙、梁隐、与忘、孤云,晚号素书老人、七房桥人,斋号素书堂、素书楼,江苏无锡人。中国近现代历史学家、教育学家。

12 月,钱穆著《论语要略》(又名《孔子研究》)一书由商务印书馆出版,并被列为"国学小丛书"之一。

全书共分六章:第一章为"序说",以下依次为:第二章,孔子之事迹;第三章,孔子之日常生活;第四章,孔子人格之概观;第五章,孔子之学说;第六章,孔子之弟子。笔墨着重在第二、第五章上,即孔子的事迹与学说。

关于孔子之事迹,分列节目如下:一、孔子之先世;二、孔子之诞生及幼时;三、孔子之少年;四、孔子往齐;五、孔子返鲁;六、孔子适卫;七、孔子过宋;八、孔子南游陈蔡;九、隐者之识;十、孔子自卫返鲁;十一、孔子之慨叹;十二、孔子之卒;十三、孔子年表。

关于孔子之学说,重点讲了孔子学说的几个重要范畴,依次如下:一、论"仁":仁者从二人,犹言多人相处也。人生不能不多人相处。自其内部言之,则人与人相处所共有之同情曰"仁心"。自其外部言之,则人与人相处所公行之大道曰"仁道",凡能具仁心而行仁道者曰"仁人"。二、论"直":直者诚也,内不以自欺,外不以欺人,心有所好恶而如实出之者也。人类之生存于世,端赖其能以直心直道相处。至于欺诈虚伪之风既盛,则其群必衰乱,必败亡,其得免焉者幸也。三、论"忠""恕":仁者首贵能打通人我。打通人我,故能直。忠恕者,即打通人我之要道也。忠之为言中也,在外之所表见,即其在中之所存藏,此之谓忠。故忠即诚也,即实也,即直也。惟忠者为能尽己之性……仁者,己欲立而立人,己欲达而达人,欲立欲达,忠也。立人达人,恕也。恕者,即本于其内在之忠,如是而可以言一贯,如是而可以言仁,如是而可以言直。

四、论"忠""信":信者盖有二义,我之可以取信于人者一也,人之见吾之可信,遂从而信我者又其一也。凡蕴之于内者必见之于外,凡根之于心者必达于事。忠之与信,皆是也。忠信者,忠恕也。五、论"礼":仁直忠恕信,皆指人类之内心而言,又皆指人类内心之情感而言。孔子一面重视这些内心的情感,而一面又重视外部之规范,孔子每每即事以论心,即心以推事,本末内外,一以贯之,并无倚轻倚重之见。孔子专论外部之规范者曰"礼",起源于内心之仁,乃内部精神之表象,乃人类和与敬之表现。六、论"道":道者,事物当然之理。道则人伦日用之间所当行者,自其表于外者而言之曰礼,自其蕴于内者而言之曰仁。道既为人生运用之一事,则道固随人生之不同而变。七、论"君子":君子者,盖孔子理想中一圆满人格之表现,其表现是忧道不忧贫,具敦厚之性情,言行有威仪,学问能坚固等等。八、论"学":谈到了孔子的一些教育思想。

该书刊行后,引起学术界和社会上的注意,被视为治国学的入门书。

1926 年(民国十五年)

1. 胡适发表《我们对于西洋近代文明的态度》

7 月 10 日,胡适在《现代评论》第 4 卷第 83 期发表《我们对于西洋近代文明的态度》①一文,对当时流行的西方物质、中国精神的文化调和论进行了批判。

文中指出:"凡一种文明的造成,必有两个因子:一是物质的(material),包括种种自然界的势力与质料;一是精神的(spiritual),包括一个民族的聪明才智、感情和理想。凡文明都是人的心思智力运用自然界的质与力的作品;没有一种文化是精神的,也没有一种文明单是物质的。"即文化难以分离,更不能调和,每一种文化本身都有其完整的体系,并且这系统的演变亦有绝对的不可分性,连带和密切的关系使文化变动的趋势成为整个的而非部分的,牵一发而动全身。这就批驳了折衷派要改变中国的物质文明,而死抱住精神文明不放的所谓"取长补短"的调和思想。

"我们可以大胆地宣言:西洋近代文明绝不轻视人类精神上的要求。我们还可以大胆地进一步说:西洋近代文明能够满足人类心灵上的要求的程度,远非东洋旧文明所能梦见。在这一方面看来,西洋近代文明绝非唯物的,乃是理想主义的(idealistic),乃是精神的(spiritu-

---

① 此文又载于《东方杂志》第 23 卷第 17 号,1926 年 8 月 10 日;《生活周刊》第 4—6 期,1927 年 11 月 27 日、12 月 4 日、12 月 11 日。

al)。""东方的文明的最大特色是知足。西洋的近代文明的最大特色是不知足。知足的东方人自安于简陋的生活,故不求物质享受的提高;自安于愚昧,自安于'不识不知',故不注意真理的发现与技艺器械的发明;自安于现成的环境与命运,故不想征服自然,只求乐天安命,不想改革制度,只图安分守己,不想革命,只做顺民。这样受物质环境的拘束与支配,不能跳出来,不能运用人的心思智力来改造环境改良现状的文明,是懒惰不长进的民族的文明,是真正唯物的文明。这种文明只可以遏抑而决不能满足人类精神上的要求。"这实际上是全面否定以儒道思想为代表的中国传统文化,认为西方文化是可以用来追求中国人幸福的最佳工具,因此,必须抛弃中国传统文化,实行"拿来主义",把西方文化完全照搬过来,做到"全盘西化"。"全盘西化"不能仅仅停留在"物质层面",而且包括"精神层面"。该文的此种观点对中国精神文化优越论造成了极大冲击。

2. 梁启超发表《儒家哲学》第二章

10 月 15 日,梁启超在《清华周刊》第 26 卷第 2 号发表《儒家哲学》第二章"为什么研究儒家哲学",评论"打倒孔家店""不是求真求美的态度"。文中指出:"中国民族之所以存在,因为中国文化存在,而中国文化离不了儒家。如果要专打孔家店,要把线装书抛在茅坑里三千年,除非认过去现在的中国人完全没有受过文化的洗礼。""儒家道术","不含时代性",专重"个人修养",与"科学精神""两不相背","如智仁勇三者为天下之达德,不论在何时何国何派,都是适用的"。"儒家哲学是伸张民权的学问,不是拥护专制的学问;是反抗压迫的学问,不是奴辱人民的学问。"儒家开创大师,如孔孟荀都"有很激烈的反抗精神"。"中国民族"和"中国文化"离不了儒家,"研究儒家哲学,就是研究中国文化"。梁启超的此种观点对于纠正一种极端的思维倾向,显然是有一定作用的,它多少能引起人们对于儒学的理性审视,"五四"后现代新儒家的兴起不能说与梁启超等人的努力完全没有关系。

3. 恽代英发表《耶稣、孔子与革命青年》

恽代英(1895—1931),湖北武汉人。中国共产党早期领导人之一。

12 月,恽代英在《中国青年》第 120 期发表《耶稣、孔子与革命青年》①一文,反对西方的文化侵略,鼓舞青年选择革命的方式救国。

文中指出:"我对于孔子的道德学问,向来便很佩服他,我相信他真是满心仁慈,要想救世界人类的圣人","孔子讲述五伦,敬老慈幼及仁、义、礼、智、信诸德,务以造成善良社会分子为宗旨"。孔子的思想自然有许多糟粕,如"对于压迫人民的人只知讲劝化",孔子只会游说各国诸侯,专走上层路线,钻了一辈子"烟囱",他的"道"还是行不通。在这一点上,他不如耶稣,耶稣不仅劝化,而且骂那些"压迫人的人"。当然,最有效的还是革命党人"打"的方法。恽代英这种对孔子及其思想作具体分析的观点,对于当时客观公正地评价孔子及其思想具有重要的指导意义。

4. 钱穆著《孟子要略》出版

是年,钱穆著《孟子要略》一书由上海大华书局出版,该书后易名为《孟子研究》,于 1948 年 1 月由开明书店出版。

钱穆在该书 1948 年开明版"弁言"中指出,此书揭示孟子之学于后世人群有三大贡献:其一,发明性善之义,此为中国传统政教纲领,亦即中国传统文化精神之所依著;其二,孟子言养气;其三,孟子论知言,此为孟子心学,即所谓尽心知性,尽性知天。此为中国古人天人合一,性道合一之宇宙观。钱穆认为孟子这三大贡献其实则一,"皆所以尽人心而发明性善之旨",所以他说:"性善者,孟子学说精神之所在,不明性善,即为不知孟子。"

---

① 此文原为 1926 年 5 月 22 日恽代英在岭南大学所作之演讲。

1927 年(民国十六年)

1. 康有为卒

3 月 29 日,康有为到青岛中山路上的粤菜馆英记酒楼赴同乡宴,宴后腹痛呕吐。3 月 31 日于青岛寓所逝世,终年 70 岁。

康有为自幼接受儒家思想教育,师事粤中大儒朱次琦。后独立研究儒、佛经典和诸子百家学说。22 岁始接触西方近代自然科学知识和社会政治学说,由旧学转向新学。曾先后七次上书光绪帝,要求变法。1895 年联合赴京会试举人 1300 多人署名上书(史称"公车上书"),要求拒签中日《马关条约》,影响很大。与此同时,组织强学会、保国会,创办报纸,积极从事变法宣传和组织活动。变法失败后,流亡国外,成立保皇党,反对民主革命,坚持改良。辛亥革命后,积极从事尊孔复古活动,为复辟帝制效力。1912 年任孔教会会长,并发动孔教运动。1913 年创办《不忍》杂志,反对共和,主张定孔教为国教。

2. 李大钊卒

4 月 28 日,李大钊被北洋军阀政府以"和苏俄里通外国"为罪名,绞杀于北京西交民巷京师看守所内,终年 39 岁。

李大钊是中国现代学术史上第一位运用唯物史观观察中国社会的思想家,是第一位运用唯物史观研究儒家学说的思想家。李大钊对儒学批判的矛头是指向贵族化的儒学,并没有指向平民化的儒学,他试图把历史上作为思想家的孔子同被统治阶级偶像化、工具化的孔子区别开来，他已注意到了如何评价孔子这一问题的复杂性，但因当时政治斗争的残酷性，使他还未来得及进行仔细、深入的研究，就英年早逝了。

3. 王国维卒

6月2日，王国维自沉于北京颐和园昆明湖，终年51岁。自杀原因说法不一。[①]

4. 周谷城发表《孔子之政治学说及其演化之形势》

周谷城（1898—1996），湖南益阳人。中国现当代历史学家、教育家、社会活动家。

9月1日，周谷城在《民铎》杂志第9卷第1号发表《孔子之政治学说及其演化之形势》一文，认为孔子一生积极救世，注重有为。文中指出，"仁"为孔子人生哲学及教育思想之基本观念，"忠、恕"为"仁"之两面。孔子在政治上主张"矫正注意"（即矫不正者使归于正），行好人政治，而礼则为孔子学识之具体化。该文从社会变迁的角度，指出孔子的思想是"拥护传统而又忠于死亡的典章制度"，并据此断定孔子是极端的右派之代表。

---

① 关于王国维更详细的介绍，参见本书《学案卷》（上）之"王国维儒学学案"条目。

1928 年（民国十七年）

1. 国民政府大学院训令废止春秋祭孔旧典

2 月 21 日，国民政府大学院训令废止祀孔。训令称："查我国旧制，每届春秋上丁，例有祀孔之举……实与现代思想自由原则及本党主义，大相悖谬，着将祀孔旧礼，一律废止。"①

2. 辜鸿铭卒

辜鸿铭(1857—1928)，名汤生，号立诚，又别署为汉滨读易者，祖籍福建厦门同安县，生于马来西亚槟榔屿。号称"清末怪杰"，中国近代翻译家。②

4 月 30 日，辜鸿铭于北京病逝，终年 72 岁。

---

① 《二十世纪中国实录》(第二卷)，光明日报出版社 1997 年版，第 1628 页。
② 关于辜鸿铭更详细的介绍，参见本书《学案卷》(上)之"辜鸿铭儒学学案"条目。

1929 年(民国十八年)

1. 梁启超卒

1 月 19 日,梁启超病逝于北京协和医院,终年 57 岁。①

2. 独幕话剧《子见南子》公演

6 月 8 日,山东省立第二师范学校公演独幕话剧《子见南子》,由此引发了一场"子见南子"事件。②

3. 国民政府公布《孔庙财产保管办法》

6 月 17 日,国民政府教育部、内政部、财政部公布《孔庙财产保管办法》。其第二条明确规定:"孔庙财产均应拨充地方办理教育文化事业之经费,不得移作他用。"关于孔庙财产的保管则规定:"甲、省有者由大学区或教育厅保管之;乙、旧府厅州所有者,由大学区或教育厅保管之,但其财产应办理旧府州范围内之教育文化事业;丙、县有者由各县教育局保管之。其未设教育局者,由县政府职掌教育行政者保管之。"又规定孔庙房屋应由各该保管孔庙之教育行政机关以时修缮,原有的大成殿仍应供奉孔子遗像,在孔子诞辰时开会纪念;孔庙地址应充分利用,以办理学校或图书馆、民众学校等。其第六条特别规定:"地方绅士

---

① 关于梁启超更详细的介绍,参见本书《学案卷》(上)之"梁启超儒学学案"条目。
② 关于"子见南子"事件更详细的介绍,参见本书《纪事卷》之"'子见南子'事件"条目。

不得藉故占用孔庙财产,其原设有礼乐局等机关者,应视其有无价值,分别存废。其存者应由主管教育行政机关管辖之,所有经费并应按照预算实报实销。"①

在传统社会里,各地官府设立了许多孔庙,孔庙遍布于省州府县各地,庙学一体的教育体制使得各地的孔庙据有大量的庙产。这些孔庙财产,包括"孔庙之房屋、田地及其他一切产款"。辛亥革命后,各地孔庙无人管理,随后社会持续动荡,却使各地的孔庙遭受到程度不等的损失。孔教会、孔道会、宗圣会等孔教组织纷纷在其会章中规定孔庙就是孔教组织的财产与活动场地。民国建立后,教育部也要求各地教育机构将各地的孔庙庙产补助于当地的教育经费,该措施随即招来孔教会的反对。由教育部令引发的各地孔教会人士对孔庙财产的争夺的记载,更是广见于《孔教会杂志》各期之中。随着南京国民政府时代的来临,各地孔教会与政府对孔庙财产的争夺战也告终结,其标志便是国民政府公布的《孔庙财产保管办法》。②

4. 陶希圣著《中国社会与中国革命》出版

陶希圣(1899—1988),名汇曾,字希圣,湖北黄冈人。曾任蒋介石侍从秘书,起草《中国之命运》,并任《中央日报》总主笔。后历任国民党中央宣传部副部长、"总统府"国策顾问、国民党设计委员会主任委员、国民党中央党部第四组主任等职。

10 月 5 日,陶希圣著《中国社会与中国革命》一书由新生命书局出版。该书第四章"士大夫身分的意识形态——孔子学说之发展"中指出,孔子与其他宗教史的区别是别的宗教史大抵走上升史,孔学史则是发展史。因为"无论佛教或道教,初入中国,或初起于中国,都是平民教,一旦见采于士大夫阶级以后,便成了统治者教。由平民上升到士大夫阶级,自然是'上升'"。

陶希圣认为,"在春秋末期,孔子学原是失位的贵族之学。在战国

---

① 《孔庙财产保管办法》,载中国第二历史档案馆编:《中华民国史档案资料汇编 第五辑 第一编 文化(二)》,江苏古籍出版社 1999 年版,第 549 页。

② 参见张松智:《中国现代孔教运动研究——以孔教会为中心》,上海师范大学博士学位论文,2006 年。

时代,孔子学渐成新兴地主及其士人之学。在前汉,以地主为中心之士人阶级上升为官僚政府的支持者,孔子学遂随之以宗教的气焰而为统治阶级之学"。"孔子学虽似为上升,但是由支持孔子学的阶级本身之上升,不是孔子学超出其原属阶级,所以说孔学史是发展史。"

陶希圣认为孔学始终受同一阶级的支持,这便是士人阶级或士大夫阶级之学。春秋末期,士人阶级成分是失位贵族、耕战的地主及自由农民(士)。"孔子之成为伟大人格,正由于其以失位的贵族而施教于耕战之地主与自由农民——正在发展中的社会成员。"因之,他说:"通常皆以为孔子是最初的平民学者,这是错的。孔子不是平民学者,是封建制度崩坏期的士人阶级学者。"

陶希圣指出,孔学的发展变化过程,是从"封建贵族的固定身份制度的实践伦理学说,一变为自由地主阶级向残余贵族争取统治的民本政治学说与集权国家理论,再变为取得社会统治地位的地主阶级之帝王之学……三变而拥抱道教与佛教……四变而道士化,五变而禅宗化,六变而孔学之经世济民的探讨失败,所留存者,伟大的孔子,为地主阶级与士大夫集团之保护神"。"现在孔学到了第七次发展或转变的时期了。有人想把孔子来三民主义化,这是不可能的……因为离开地主制度,没有孔子及孔子学。"

陶希圣认为孔学之所以发展,"在最初是由于他的思想比封建贵族进一步,适合于新兴士人发展的趋势,到后来却由于他的思想比商业主义法治国家退一步,适合于中国的农业手工业小生产的社会经济"。最后他的结论是:"孔子有孔子的价值,有孔子的气运。"把三民主义孔子化,不独破毁三民主义,并且违反孔子及孔子学的本质。①

① 韩达编:《评孔纪年》,山东教育出版社 1985 年版,第 171—172 页。

1930 年（民国十九年）

1. 蔡尚思著《孔子哲学之真面目》出版

蔡尚思(1905—2008)，号中睿，福建德化人。中国当代历史学家、思想史研究专家。

2 月 16 日，蔡尚思著《孔子哲学之真面目》一书由上海启智书局出版。该书分孔子人生哲学、京中师友商榷录、周易哲学三部分。在该书的自序中，蔡尚思称与此前之胡适、梁漱溟、梁启超、谢无量等人的研究结果"尚未尽同"。他认为孔子之哲学"重在价值论"，称"孔子对于解决人生一切问题，率从根本上着想"，"更有其次序"。首述孔子思想"以孝亲为先"；次述孔子"因家而国"的宗法观念和修齐治平之道；再述孔子主张"上行下法，正己化人"，强调君子的道德教化作用。又引征翔实史料，具体剖析了孔子关于人道的各种观念及其生活态度，所论颇有新见。

2. 兰自我著《孔门一贯哲学概论》出版

3 月，兰自我著《孔门一贯哲学概论》一书由商务印书馆出版。该书重点论述了儒家的中庸学说。全书除序论和结论外，分为朱王之大学案、孔门论学、孔学与中华国民性、吾道一以贯之、子思作中庸专明一贯、宋儒表章中庸及误解、中庸显微、中庸与大学、中庸与礼运、中庸与孟子、五十而知天命、中说等章。

兰自我认为，孔子之所以冠绝古今，是因为发明了"至真"、"至美"、

"至善"的"中道"。孔子的"中道""富于象征,精于训义,原本天行,根植人性,程功于克己,推效于爱人,尚协人心之公,便得天理之正,其玄德既本目乎大顺,故用世自可致于大同,是诚宇宙人生之惟一秘钥矣"。又说:"中庸"为孔子的心传,"中"为孔门一贯之道。政治、教育均应以国民性为基础,国民性即古代哲学之结晶,孔子之道是也。

孔道之真义,孟子以后即已失传。秦汉以来"残缺伪误之儒教,竟长此僭窃孔道之正位"。"遗其根而齐其末,虚其实而冒其名",因"而贻害于国是"。并评论最近二十年来,排孔宗孔之争成为中国学术界一大问题。排之者"习欧学皮毛","卑无高论";宗之者"仍袭先儒固调,甚且附入教宗","如群瞽之扪象,找不出真是非"。并认为历代学术界之战争,抨击的也只是后世流传的伪书或孔学支流余子,"绝少对于孔学本身,肆为抨击者"。①

3. 南京国民政府下令修缮曲阜孔庙大成殿

6 月 1 日,南京国民政府下令修缮曲阜孔庙大成殿,定名为孔子纪念堂。

1929 年,国民政府教育部、内政部、财政部公布的《孔庙财产保管办法》,终结了各地孔教会与政府对孔庙财产的争夺,但却没有解决曲阜孔庙的归属问题。早在 1928 年底,南京国民政府就有人及机构提议取消衍圣公封爵并没收曲阜孔庙的祀田,这一动议虽然最后在孔府、孔教会及政府中同情者的反对下于 1929 年底不了了之,可是,政府却表现出对孔庙财产的强劲控制倾向。1930 年 6 月 1 日,南京国民政府下令修缮曲阜孔庙大成殿,定名为孔子纪念堂。② 这样,曲阜本庙也被纳入了国家意识形态的控制之中,此后,孔教人士再也不能为保卫庙产而有所作为了。

4. 江恒源著《孔子》出版

江恒源(1886—1961),字问渔,号蕴愚,江苏灌云人。中国近代教

---

① 韩达编:《评孔纪年》,山东教育出版社 1985 年版,第 173 页。
② 《大成殿保存改孔子纪念堂》,《中央日报》,1930 年 6 月 2 日;《中华民国史资料丛稿·特刊》(第 1 辑),中华书局 1974 年版,第 58 页。

育家、中国职业教育开创者之一。

　　10 月,江恒源著《孔子》一书由商务印书馆出版。该书"搜罗关于孔子的记载,取其信而有征的归纳起来",以系统说明孔子生平,并"总揭其要目",力求证明孔子"是一个积极的救世派,不是一个消极的破坏派或厌世派"。书中认为:"孔子在春秋时聚徒讲学,确是开私人讲学之风。"孔子的政治和教育学说"都是以礼为本的",教育方法之特点是"随教随学"与"有教无类"。同时肯定孔子在学问方面"很可以努力",孔子"自卫返鲁,删《诗》、《书》,订《礼》、《乐》,赞《周易》,修《春秋》,以为传道万世计"。

1931 年(民国二十年)

1. 蔡元培发表《中华民族与中庸之道》

1 月 10 日,蔡元培在《东方杂志》第 28 卷第 1 号发表《中华民族与中庸之道》一文。文中指出:"我等所生活的世界,是相对的,而我人恒取其平衡点为立足点。""独我中华民族,凡持极端说的,一经试验,辄失败;而惟中庸之道,常为多数人所赞同,而且较为持久。这可用两种最有权威的学说来证明他:一是民元十五年以前,二千余年传统的儒家,一是近年所实行的孙逸仙博士的三民主义。"

蔡元培历举古代"中庸"范例:尧传位于舜,命以"允执厥中"。舜的执中,如《礼记·中庸》所说:"舜好察迩言,执其两端,用其中于民。"《尚书》说,舜以典乐的官司教育,命他教子弟要"直而温,宽而栗,刚而无虐,简而无傲"。禹的"执中"如孔子所说:"禹菲饮食而致孝乎鬼神,恶衣服而致美乎黻冕,卑宫室而尽力乎沟洫。"汤如孟子说:"汤执中。"是与尧舜禹一样。文武如孔子说:"张而弗弛,文武弗能也;弛而弗张,文武弗为也;一张一弛,文武之道也。"至于孔子,孔子曾说:"道之不行也,贤者过之,不肖者不及也;道之不明也,知者过之,愚者不及也。""过犹不及。""质胜文则野,文胜质则史,文质彬彬,然后君子。""我无可无不可。""君子惠而不费,劳而不怨,欲而不贪,泰而不猛。"孔子的弟子也说:"孔子温而厉,威而不猛,恭而安。"这些都是中庸的态度。蔡元培认为,孔子的孙子子思作《中庸》一篇,就是传述祖训的。

蔡元培以"中庸之道"横较西方"主义"种种:"西洋哲学家,除亚里士多德曾提倡中庸之道外,鲜有注意及此的;不是托尔斯泰的极端不抵抗主义,便是尼采的极端强权主义;不是卢梭的极端放任论,就是霍布斯的极端干涉论。"

蔡元培指出:与儒家同时并立的,"有极右派的法家,断言性恶,取极端干涉论;又有极左派的道家,崇尚自然,取极端放任论"。"但法家的政策,试于秦而秦灭;道家的风习,试于晋而晋亡。汉初,文帝试用道家,及其子景帝,即改用法家,及景帝之子武帝,即罢黜百家,专尊孔子,直沿用至清季:可见极右派与极左派,均与中华民族性不适宜,只有儒家的中庸之道,最为契合,所以沿用至二千年。

2. 杨大膺著《孔子哲学研究》出版

杨大膺(1903—1977),江西上饶人。早年就读于中山大学、光华大学,毕业后考入燕京大学研究院深造,致力于儒家学说的研究。后执教于南昌心延中学、上海诚明文学院。新中国成立后任上海诚明文学院、中国法商学院、上海学院教授。

2 月,杨大膺著《孔子哲学研究》一书由上海中华书局出版。该书主张以"纯性论"作为孔子哲学体系的基础,孔子所说人性本没有善恶之分,犹如纯白纸那样,可以塑染。孔子的学说"完全建筑在'纯性论'上"。"习"是形成性的一种动力,"环境"是塑染性的模型。"惟上智与下愚不移"是指特别情形说的。

杨大膺称孔子的政治哲学是提倡感化,主张不拿刑和政去裁制人民,只凭礼制和德治来感化。其政治目的是"把一切人民,引导到行善的地位,使国成为礼让之邦"。孔子的人生哲学是求"仁"的实现,其途径就是通过人格的修养达到"仁"的境界。孔子的教育哲学是主张用教育去创造天才,即创造完全人格的"仁人",不是内发的,而是外创的教育思想,很伟大。在方法论上,断定孔子作为中国伦理学的始祖,主张正名主义、注重经验的推理。[①]

该书是近代较早的专门研究孔子哲学的专著,奠定了孔子哲学研究的基础。

---

① 韩达编:《评孔纪年》,山东教育出版社 1985 年版,第 178 页。

3. 吕思勉著《理学纲要》出版

吕思勉(1884—1957),字诚之,江苏常州人。中国历史学家。

3月,吕思勉著《理学纲要》一书由商务印书馆出版,该书对理学的发展及学派观点进行了概述。全书共计 15 篇,是 1926 年吕思勉在上海沪江大学讲《中国哲学史》时所手编的讲义,后加以修改,以成是书。除绪论、总论外,内容主要包括:理学之原、理学源流派别、濂溪之学、康节之学、横渠之学、明道伊川之学、晦庵之学、象山之学、浙学、宋儒术数之争、阳明之学、王门诸子、有明诸儒等。

吕思勉认为,理学是先秦儒学以后,中国主流哲学最有创造力的成果,"其说自成一系统;其精粹处,确有不可磨灭者"。他不同意不加分析地责难理学空疏,认为"理学特色在躬行实践,非如寻常所谓哲学者,但餍好奇之心,驰玄远之想而已"。他对理学创立之时的思想方法颇为推崇,认为"其勇于怀疑,善于得间,尤非汉唐及清儒所及。清代考证之学,亦自宋儒开其源"。对于理学消极面的批判,吕思勉认为是拘泥古制,昧于政事。他指出:"凡事皆欲从源头上做起,皆欲做到极彻底,而所言遂不免于迂阔,此亦理学之一弊也。"

吕思勉认为理学兼摄旧文化之长,并概括地指出:"中国古代之哲学,乃理学家之所取材也。佛教之哲学,则或为其所反对,或为其所摄取也。明乎此,而理学可以进论矣。"

在理学家的谱系中,吕思勉十分推崇张载的地位与作用,与传统观点颇有立异之处。他尤其不满"后人之尊张,遂不如周、程"的倾向,一再强调:"其实以规模阔大、制行坚卓论,有宋诸家,皆不及张子也。"他对张载"为天地立心,为生民立命,为往圣继绝学,为万世开太平"的名言,激赏不已,反问:"此岂他人所能道哉?"还引用张载语录"当生则生,当死则死。今日万钟,明日弃之;今日富贵,明日饥饿;亦不恤,惟义所在",钦仰不止说:"今日读之,犹想见其泰山岩岩,壁立万仞之气象焉。吾师乎! 吾师乎! 百世之下,闻者莫不兴起也。"由此可见,吕思勉对张载最为欣赏的是其社会理想与人格力量。不仅如此,对张载在创建理学体系中的贡献,他也给予高度的评价:"分性为气质之性,义理之性,又以天理人欲对举;皆理学中极重要公案,而其源皆自张子发之。张子之于理学,实有开山之功者也。"

对于洛学,吕思勉认为:"洛学明道、伊川,性质本有区别。学于其门者,亦因性之所近,所得各有不同。故龟山(杨时)之后为朱,而上蔡(谢良佐)、信伯(王萍),遂启象山之绪。"他还补充说:"二程性质,实有不同,其后朱子表章伊川,象山远承明道,遂为理学中之两大派焉。"在20 世纪的理学研究中,吕思勉较早地揭示了二程的异同及其对朱陆之学的不同影响。

1932 年(民国二十一年)

1. 廖平卒

廖平(1852—1932),初名登廷,字旭陔,又字勖斋,后改名平,字季平,四川井研人。光绪十六年(1890)进士。清末至民国时期经学家。[1]

6 月 5 日,廖平病逝于四川乐山市,终年 81 岁。

2. 伪满洲国政府在新京举行"秋丁祀孔"典礼

从 8 月下旬至 9 月初,伪满文教部祀教司编写"振兴礼教"和"祀孔参考"资料,在《盛京时报》辟专栏,连续发表。9 月 3 日,伪满在伪都新京(即长春)举行"秋丁祀孔"典礼,由伪国务院总理大臣郑孝胥主祭,行三跪九叩礼。同日,举行祀孔讲演,把日本强占我国东北,说成是日本"看孔夫子之面","伸手援救","而吾满洲国人亦深知此意肯与合作,因而实现了东亚和平",并谓将"东亚和平""推诸世界",乃"孔道最终之目的"。[2]

---

[1] 关于廖平更详细的介绍,参见本书《学案卷》(上)之"廖平儒学学案"条目。

[2] 《盛京时报》,1932 年 8 月 22 日—9 月 9 日;《中华民国史资料丛稿·特刊》(第 1 辑),中华书局 1974 年版,第 60 页。

1933 年(民国二十二年)

1. "国学会"成立

1 月,"国学会"在苏州成立,该会是主张尊孔读经的学术团体。

国学会以李根元为主任干事,章太炎亦列名会籍。《国学会简章》称其宗旨为"本声应乞求之义,商讨国学",主张尊孔读经。同年 6 月,国学会出版会刊《国学商兑》,章太炎在为该刊撰写的《宣言》中称,"国学会以讨论儒术为主,取读经会隶时有所见,录为会刊"。《宣言》表示:"斯会也,其于中国,犹大山之礨空而已,尚未得比于五季之睢阳、衰晋之凉州诸子也。持以弘毅,何遽不可行远。凡事有作始甚微,其终甚巨者。仲尼云:'人能弘道',与会诸子,其勉之哉。"①《国学商兑》发行第一期后,考虑到易与以排斥汉学为宗旨的《汉学商兑》一书混淆,从第二期开始改为《国学论衡》。

2. 周予同著《群经概论》出版

周予同(1898—1981),初名毓懋,学名蘧、豫桐,字予同,笔名天行,浙江瑞安人。中国现当代经学家、经学史家。②

1 月,周予同著《群经概论》一书由商务印书馆出版。该书对所谓十三经,逐部就名称、作者、篇第、种类、内容和学派的源流演变,分别予

---

① 《国学商兑》第 1 卷第 1 号。
② 关于周予同更详细的介绍,参见本书《学案卷》(上)之"周予同儒学学案"条目。

以论述。书中指出："中国经学，就时间方面说，仅从西汉初年起计算，已经有二千一百余年的历史；就分量方面说，仅据《四库全书总目》经部著录，已经有一千七百七十三部、二万零四百二十七卷；然而，经的定义是什么，到现在还是一个争辩未决的问题。"并指出："要晓得经的定义，先要晓得经学上的学派。经学大概可以分为四派：一、西汉今文学派；二、东汉古文学派；三、宋学派；四、新史学派。对于经的定义一问题，宋学派及新史学派不甚注意，但西汉今文学派（以下简称今文派）却是各有主张，而且争辩非常激烈。今文派以为经是孔子著作的专名。孔子以前，不得有经；孔子以后的著作，也不得冒称为经。他们以为经、传、记、说四者的区别，由于著作者身份的不同；就是孔子所作的叫做经，弟子所述的叫做传或叫做记，弟子后学辗转口传的叫做说。"

该书写得浅显而又深入，生动而又准确，是一部了解中国经学史的入门书。

3. 程淯辑《历代尊孔记孔教外论合刻》出版

5月，程淯辑《历代尊孔记孔教外论合刻》一书由上海中国道德会出版。该书历述从汉高祖十二年十一月过鲁，以太牢祀孔子起，到中华民国三年九月袁世凯率百官举行祀孔典礼，历代封建帝王之尊孔活动，并刊载美、英、德、法、俄、日、意等国外籍人士尊孔文章多篇。

程淯在该书中宣称："有中国即有孔子，无孔子即不能成中国，盖孔子之道，如日月之常新，历万古而不变也。"认为"废经不读"，"自由解放之谈"等民主形势，是"历史未有之变局，剖判以来未有之奇祸也"。认为"孔子为世界无二之教主"，最后中国必为世界文化之中心。并谓"彼攻孔子者，其何伤于日月乎，多见其不知量耳"。声称编印该书的目的是"使国人对于尊孔或有真实之考证而坚其信仰，共取孔氏书中修齐治平之论，熟读深思……幼者学之，壮者行之"。该书出版受到国民党孔祥熙、戴季陶，北洋军阀吴佩孚、孙传芳乃至郑孝胥等人的支持与赏识。该书从1933年5月至1935年12月共连印13版。

4. 张世铨编《中华孔教集成》出版

8月，张世铨编《中华孔教集成》一书出版。张世铨在该书前言中表示:因有感于我国近重科学,反蔑视固有孔教精神,胥昧本原,国虽不亡尤甚于亡,乃尽匹夫之责,专集孔子已往成言,为之类别。再于类别之中分晰条理系统为"圣学"、"圣行"、"圣艺"、"圣政"、"圣教"五章二十二节。使我民性所宗仰之孔教学说,能为人人了解尊崇,"全球各国咸沐孔子大道之风化","藉维世道人心于不坠,常保此光明久长之国基"。①

---

① 韩达编:《评孔纪年》,山东教育出版社 1985 年版,第 197—198 页。

1934 年(民国二十三年)

1. 蒋介石发起"新生活运动"推行孔孟之道

蒋介石(1887—1975),名中正,原名瑞元,谱名周泰,学名志清,浙江奉化人。中国国民党当政时期的党、政、军主要领导人,1949 年退居台湾。

2 月 19 日,蒋介石发起"新生活运动",发行《新生活运动之要义》,推行孔孟之道的"固有道德"。5 月 15 日,又制定《新生活运动纲要》,规定:"新生活运动,就是提倡礼义廉耻的规律生活","以中华民族固有之德性——'礼义廉耻'为基准"。7 月 1 日,在南昌成立"新运会"总会,各省县也相继成立省县"新运会"。①

2. 杨树达辑集《论语古义》出版

杨树达(1885—1956),字遇夫,号积微,湖南长沙人。中国语言文字学家。

3 月,杨树达辑集《论语古义》一书由商务印书馆出版,该书后扩充为《论语疏证》。该书的引文绝大部分选录两汉学者注疏《论语》的释文,成书 20 卷,广搜群籍,参证圣言,间下己意,"独生新解",成为研究《论语》的重要工具书。

---

① 新生活运动促进总会编印:《民国二十三年新生活运动总报告》。

3. 南京国民政府定孔子生日为"国定纪念日"

7 月 5 日,南京国民党政府第四届中央执行委员会,第一二八次常务会议通过孔子诞辰纪念办法。该办法决定,"一、纪念日期:八月二十七日。二、纪念日名称:先师孔子诞辰纪念。"从此孔子生日成为"国定纪念日"。① 孔子诞辰纪念日的宣传要点为:一、讲述孔子生平事略;二、讲述孔子学说;三、讲述国父孙中山先生革命思想与孔子之关系。

4. 国民党中央党部及政府各院部要人至曲阜祭孔

8 月 27 日,南京国民政府和国民党中央党部在南京联合召开"孔子诞辰纪念会",会议由汪精卫和戴季陶主持。是日,山东曲阜举行祭孔大典,蒋介石特派国民党中央党部秘书长叶楚伧为代表到曲阜祭孔,南京国民政府各院部均派代表参加,并且一律身穿长袍马褂,前往参拜。另外,在上海、北平、天津、广州、汉口、长沙、太原、杭州、南昌等地,也都举行了不同形式的纪念活动。国民党各界要人纷纷发表纪念演说,主张尊孔读经的呼声如日中天,掀起了全国性的尊孔潮流。

5. 竹添光鸿著《论语会笺》出版

竹添光鸿(1842—1917),名光鸿,字渐卿,号井井,世人多以竹添井井称之,日本肥后(今熊本县)人。日本汉学家。历任北京公使馆员、驻天津领事、朝鲜常驻公使等外交官职。后在东京大学讲授汉学。

8 月,竹添光鸿著《论语会笺》一书由东京崇文院出版,并被列入"崇文丛书"第 2 辑。该书为《论语》的注解书,共 20 卷,以朱熹《论语集注》为本,网罗汉唐宋明清各家之说及日人古学派、朱子学派、折衷学派等各家的注解,并利用日本所传各种《论语》版本文献加以点校论断。其"乃近世日本《论语》注释转为近代日本《论语》研究,由旧学转新学之过渡⋯⋯也预告着:日本汉学的旧时代即将结束,而新时代即将来临"②。

---

① 《中央日报》,1934 年 7 月 12 日。
② 金培懿:《复原与发明——竹添光鸿〈论语会笺〉之注经途径兼论其于日本汉学发展史上之意义》,《中国文哲研究集刊》第 30 期,2007 年 3 月。

6. 周予同著《孔子》出版

9月,周予同著《孔子》一书由开明书店出版,并被列入"开明中学丛书"第1辑,后收入《周予同经学史论著选集》。该书分"传略"和"学说"两部分。周予同在该书"引言"中指出:"孔子是大家都知道的圣人;然而孔子的真相,到现在还在学者间研究而没有完全解决。"原因是"真的孔子死了,假的孔子在依着中国的经济组织、政治状况与学术思想的变迁而挨次的出现"。从汉朝起只是为政治的便利而捧出一位假孔子,"历经变迁,致使大家所知道的孔子,未必是真孔子"。他表示该书目的在"描画出一个真的孔子的轮廓",以《论语》为研究真孔子的唯一可靠材料。认为孔子与六经没有关系,是最近"以史学研究经典的风气渐盛"得出的结论。

该书对孔子的学说,分本体论、道德哲学、教学哲学、政治哲学、宗教哲学五部分论述。孔子只是传统、守旧的"天"、"命"主宰论者。但和别的宗教家不同。"传统的天命观,反给孔子以道德的勇气与内心的安慰,使他能超脱生死与世间一切苦难,而发射出一种伟大崇高的精神。"道德哲学是"孔子思想的核心","仁"是"核心的核心",是"所谓'一贯之道'","为道德行为的最高境界,包含一切道德……也可以为一切道德的总称"。认为孔子是教育家而不是宗教家,主张"人类的可型性"和"教育的必要性";主张"学""思"并重、人格感化、个性教育、注重学习动机、采用诱导的启发式,关于教育制度,主张"破除阶级制度的教育"。孔子的思想,以伦理哲学为本体,由伦理哲学而发射的作用分为两方面,在个人方面是"教育",在社会方面是"政治"。"所以孔子的政治哲学,彻底的说起来,与其说是'政治的',毋宁说是教育的或伦理的。"评价"孔子是一位中国古代人格完满发展的圣人;他是一位实际的教育家,他是一位不得意的政治思想家,他是一位专研道德问题的伦理学家。他对于中国文化给与以巨大的影响;而且这影响曾经波及到东亚的其他国家"。

7. 冯友兰著《中国哲学史》(上、下册)出版

冯友兰(1895—1990),字芝生,河南唐河人。中国现当代哲学家、

哲学史家,现代新儒家代表人物之一。①

9 月,冯友兰著《中国哲学史》上、下册由商务印书馆出版。该书上册曾于 1931 年 2 月由上海神州国光社出版过,此次再版有修订。该书把中国上下两千多年的全部哲学分为《子学》和《经学》两篇:上篇"自孔子至淮南王为子学时代";下篇则"自董仲舒至康有为为经学时代"。其《经学》篇,不仅含有儒学,也含有道学和佛学。在中国历史的长过程中,儒学处于正统地位,代表着正统观点,起着正统的作用,是地道的"正统派"。用儒家经学可以概括并代表历史,用《经学》篇可以凸显并张扬儒学。

8. 戴季陶发表"尊孔读经"谈话

戴季陶(1891—1949),名传贤,笔名天仇,原籍浙江湖州,生于四川广汉。中国国民党元老之一。

10 月 5 日,时任南京国民政府考试院院长的戴季陶在政府纪念周上发表"尊孔读经"的谈话,号召复古读经。他指出:"经书为我国一切文明之胚胎","读经实为急宜注意之问题","希望全国人士,从速所究,以发扬光大吾国之固有文化"。

9. 中华儒学研究会成立

11 月 10 日,汪吟龙等发起成立中华儒学研究会。

该会在《国学论衡》第 4 期发表《中华儒学研究会组织理由书》,指出:"孔孟二人,均为儒家学说之中心人物,其影响足以普遍社会心理。以后儒者思想,只求做到'师'的地位。"认为儒学非宗教,孔子更非教主,"且中国无国教,亦何损于独立精神"。康有为、陈焕章提倡"孔教","旧的方面,既未能餍足人望。新的方面,反引起许多不好感想。结果乃有'打倒孔家店'、'打倒帝国主义走狗孔丘'之口号发生"。并且表明自己的态度:"本会是'儒学'、不是'儒教'。是研究中国历来政治社会基础之儒学,不是研究孔子之学,或某个人、某部分之学。""真正中国之文明,殆非儒家学说莫属矣。"

---

① 关于冯友兰更详细的介绍,参见本书《学案卷》(上)之"冯友兰儒学学案"条目。

同时,公开发表《中华儒学研究会工作计划书》。除研究经、史、子外,关于宣扬儒学方面,要筹备曲阜研究院,设立儒学讲座,设立儒学讲演团,设立儒学奖学金,联络各地学术团体,组织世界讲演团,筹设各国儒学研究院,筹设各国儒学讲座。①

10. 陶希圣发表《对于尊孔的意见》

11 月 12 日,陶希圣在《清华周刊》第 42 卷第 3、4 期合刊发表《对于尊孔的意见》一文,分析尊孔思潮的社会原因,反对尊孔。

文中指出:"我试用一个社会史学的态度来对答目前尊孔的问题。"他认为首先要弄清"何以又尊起孔来","五四以来对于传统的伦理政治思想的改革,影响只在大都市里的学术界。说到各地的地方政府,乡村的家族制度,任何官厅里的撤销主义的精神,满都没有动摇多少……大都市里学术界多少年来,一往直前的依照欧美的都市人的学说去做,一向没有看见这些现象还在深重的存在着"。目前的尊孔,即来源于此。"总之,拜孔教没有应当复活的理由。但是拜孔教正是在那儿复活。这正可以表现少数大都市里学术界的力量之小,努力之不足,任务之未了。"并说:"拜孔教与孔子本人及其学说不能看做一件事情。原来发展孔子学说的并不与孔子有同一思想。孔子早就管不了孟轲、董仲舒、周敦颐的事了,他又有什么方法管到于今的民族主义思潮?"该文客观地分析了尊孔思潮为什么会抬头的社会原因,对尊孔持否定的观点。

11.《清华周刊》编辑部发起"尊孔与复古"问题讨论

11 月 12 日,《清华周刊》编辑部发起"尊孔与复古"问题的学术讨论,在第 42 卷第 3、4 期合刊开辟"尊孔与复古特辑"专栏,刊载冯友兰、陶希圣、申府、林风、涤青、玉卿、徐日洪等人的文章,并"把较有代表性的各篇的立论,撮要得十则"列后。

宋绍真指出:"尊孔并非复古。"不能一笔抹杀历史,"后人对前人不外是不断的补足,袭其长而去其短"。泼水的时候,不要连盆里的婴儿也泼了去。"孔子所以能够几千年来被人尊敬,以至于欧美学者也尊敬

---

① 韩达编:《评孔纪年》,山东教育出版社 1985 年版,第 224 页。

者……除了说明封建社会的道德之外,还表现不为时间所磨灭的文化史上的重大意义之故。在建立了永恒的人类美德为礼让、大公无私诸点,他的功绩是不可磨灭的,这些原则也是不死的。"孔子"抓住了人与人之间的永恒的法则这点上"是值得尊敬的。认为"把尊孔与复古混为一谈"是最可笑的,"决不能说努力于完成中国文化之精华的孔子的某一部分的理想,便是复古"。

张遵俭指出:"复古运动是民族复兴口号下的一柄利刃,它的主潮是孔子教义的复活,孔子理论的骨髓则是'三纲五常'。""现在所提倡的孔子教义与'五四'以前的孔子教义在效能上有实质的不同,'五四'以前的封建意识只具有对内的统治作用,现在的复古运动兼具有对外的抗拒作用。"

慰青指出:封建社会尊崇孔子,是因为"皇帝所借以维持权力的东西是一个忠字,而忠却是由孝字演变出来的"。"现在中国正喊着要复古尊孔了,但中国现在是个什么社会呢?"

赵景成指出:"'古'的既然是过去的,那便是非现代的,也就是说它不适合于现社会。"

张午昌指出:"尊孔就是要复古。'尊孔复古'不过是要从孔家店抬出旧礼教来维系人心的。"

墨兰指出:"现在中国的复古运动,明显的说,就是旧社会在死亡之前的最后挣扎,就是社会矛盾发展到极端尖锐化时而发生的一个变态现象……在后一个新浪潮的卷荡中,复古运动将随着复古者一同走向灭亡之路。"

雨西指出:现在的尊孔是施政者"积极对付目前"的措施,是徒费苦心的。

艾菲指出:"现在的统治阶级""禁不住人民对于压迫者的反抗……于是最后就来散布麻醉剂了!"这种麻醉方法就是复古。

醒醐指出:"近世民族生存必要的条件,即本身的经济繁荣同国家强大的武力,这都不是复古尊孔所能办得到的。"

唯汝指出:广东的复古运动因无专门人才,无健全的理论,无民众的同情,绝不会收效。"这不过是残余封建思想和守旧势力,昙花一现,偶然的复活。一旦军事当局的势力倾倒,这种开倒车的运动,便立即消灭,决不能持久的。"

这场围绕着"尊孔与复古"展开的论争,不是发生在新旧思想尖锐冲突的"五四"时期,基本上摆脱了意气和派别之见,能够心平气和地分析研究,能够从社会意识形态和社会生产关系的研究入手,客观而有深度地分析尊孔思潮为什么会抬头的社会原因,从总的情况看,大家对复古基本上持否定的观点,对澄清思想文化界的认识很有益处。

12. 国民党中央常委会通过"尊崇孔子发扬文化案"

11 月 15 日,国民党中央常委会第一四七次会议,通过"尊崇孔子发扬文化案",规定:一、将衍圣公改为大成至圣先师奉祀官,并给特任官待遇;二、四哲以旧赠名义,给以复圣奉祀官名义,并给荐任官待遇;三、至圣及四哲嫡裔,由国家资给培植至大学毕业;四、特设小学于曲阜,优待孔子、颜渊、曾子、孟子后裔,其优待办法由教育部定之。同日,国民政府训令教育部,并以《礼记·礼运》"大同"篇"天下为公"一章为孔子纪念歌。

13. 余家菊著《孔子教育学说》出版

余家菊(1898—1976),字景陶,又字子渊,湖北黄陂人。中国近现代教育家、思想家、社会活动家。

12 月,余家菊著《孔子教育学说》一书由中华书局出版,该书对孔子教育思想作了系统的分析、研究,提出了一些独到见解。书中指出,《论语》一书"实可谓孔子之教育要则"。又分析认为,孔子所言教育之价值有四:一、可以淑善个人之生质。二、可以安定社会秩序,促进社会效能。三、可以长养本性,使人得成为人。四、可以继前代之文化而以己力增益之。认为孔子于教育效能"持有限说","介于教育万能与教育无效说之间"。"教育之成败,以教师为枢纽。"

余家菊对孔子的教学法作了研究,归结为:一、极力提倡自动精神。二、自动生于兴趣,故曰"知之者不如好之者,好之者不如乐之者"。三、针对个性,不强求一律,因材施教。四、学与思相因相成,主"叩竭法"、"思反法",甚似今之辩证法。五、努力原理,无论天资如何高超,终视其努力如何为断。六、群众原理,朋友于德业相益不可少。还认为孔子的训育说,其伟大在于感化力的雄厚。其方法首为立志,次为实践,再次为内省,再次为畏敬,又次为文质彬彬,又为惩劝。而孔子教育目的论,"一言以蔽之,道而已矣"。"教养"指政治上养民、教民的制度,采甄别综合态度。"凡民族经验上之所已有,而不合于当时者,皆拟采取施行之。"

14. 胡适发表《说儒》

12 月,胡适在《中央研究院历史语言研究所集刊》第四本第三分册发表《说儒》一文,分六节"说儒"。

胡适首先引章太炎《原儒》一篇提出问题。其次,指出"儒是殷民族的教士;他们的衣服是殷服,他们的宗教是殷礼,他们的人生观是亡国遗民的柔逊的人生观"。第三,认为儒的生活是以治丧相礼为职业。第四,认为"殷商民族亡国后有一个'五百年必有王者兴'的预言;孔子在当时被认为应运而生的圣者"。第五,指出孔子的伟大贡献在于"把殷民族部落性的儒扩大到'仁以为己任'的儒,并把柔逊的儒改变到刚毅进取的儒"。胡适具体论述了"孔子的伟大贡献正在这种博大的'择善'的新精神","没有那狭义的畛域观念","他的眼光注射在那整个的人群"。胡适指出:在二千五百年前,孔子就提出"有教无类"这样平等的教育观,"必定是很震动社会的一个革命学说"。"因为孔子深信教育可以摧破一切阶级的畛域,所以他终身'为之不厌,诲人不倦'。"孔子提倡的是那"刚毅勇敢,担负得起天下重任的人格","孔子自己的人格就是这种弘毅的人格"。又说:孔子并没有抹煞"谦卑的态度","虚心的气象","柔逊的处世方法"这几百年来的"儒者遗风","不过不承认这一套是最后的境界,也不觉得这是唯一的境界罢了"。"在那个标举'成人'、'成仁'为理想境界的新学风里,柔逊谦卑不过是其一端而已"。第六,在孔、老关系上,胡适认为"孔子和老子本是一家","老子代表儒的正统,而孔子早已超过了那正统的儒"。"老子仍旧代表那随顺取容的亡国遗民的心理,孔子早已怀抱着'天下宗予'的东周建国的大雄心了。老子的人生哲学乃是千百年的世故的结晶……孔子……的性情人格不容许他走这条极端的路,所以他渐渐回到他所谓'中庸'的路上去,要从刚毅进取的方面造成一种能负荷全人类担子的人格。"

1935 年(民国二十四年)

1. 王新命等十教授发表《中国本位的文化建设宣言》

1 月 10 日,王新命、何炳松、陶希圣等十教授在《文化建设》第 1 卷第 4 期发表《中国本位的文化建设宣言》一文①,提出"中国本位的文化建设"的主张。

文中指出:"要使中国能在文化的领域中抬头,要使中国的政治、社会和思想都具有中国的特征,必须从事于中国本位的文化建设。"这一目的依据的是"从文化的领域去展望,现代世界里面固然已经没有了中国,中国的领土里面也几乎没有了中国人"的现实。王新命等把文化与"中国"、"中国人"紧紧关联,显然是以文化建设促进政治的独立、社会的改进。关于中国本位的文化建设,王新命等提出"不守旧,不盲从"的建设原则,"根据中国本位,采取批判态度,应用科学方法来检讨过去,把握现在,创造将来"。其所希望达到的目标也是号召鼓舞式的:"用文化的手段产生有光有热的中国,使中国在文化的领域中能恢复过去的光荣,重新占着重要的位置,成为促进世界大同的一支最劲最强的生力军。"该文体现了王新命等试图以传统儒学为主体的中国文化来整合各种关于中国文化出路的不同主张,由此引发了 20 世纪 30 年代新一轮的中西文化论争,对当时中国思想界从追求"世界化"到"中国化"的转变,具有不可忽视的思想意义。

---

① 全文参见本书《纪事卷》附录一。

2. 国民政府教育部令山东调查孔丘及四配后裔

1 月 26 日,国民政府教育部令山东省教育厅调查孔子及颜渊、曾子、子思、孟子后裔,列名呈报,以凭发给公费,资助升学。

3. 蒋介石发布保护孔庙的命令

3 月 12 日,蒋介石发布保护孔庙命令,内称:"孔子之道,昭垂二千余年,为我国民族一切文化之中心,凡忠、孝、仁、爱、礼、义、廉、耻之各种固有美德,莫不秉其渊源,受其化育。后世建庙崇祀,理宜永矢勿替。"并规定:所有各省市之孔庙,一律严禁军队驻扎;如有损毁,尤应设法修葺,以"砥砺醇风,立国化民"。①

4. 日本汤岛圣堂落成并举行第一次祭孔和儒道大会

4 月 4 日,日本汤岛"圣堂"(孔庙)落成,各种祝词都表达"彼邦孔圣归皇极"、"护持皇国万年基"的意思。4 月 13 日,伪满洲国皇帝溥仪在日本文部大臣松田源始和斯文会会长德川家达的陪同下参拜了圣堂。儒教被认为是"日支满"三国"和亲"的最好纽带。"非由斯道不可永保。"4 月 28 日,儒道大会开幕,孔颜的后裔,中国、伪满、韩国和台湾地区儒林代表,甚至欧洲也有代表应邀出席。其目的为日本前首相斋藤实在祝词中一语道破:"国际亲善之道有种种方法,如用政治上或经济上这些普通的方法,效果比较直接而且显著,从文化上力图疏通意见,效果虽然可能间接一些,其能达成的伟大的亲和力将会出人意外。相信特别在使用同一文字、信奉同一教学的国民之间的学术性会合将会取得最大的效果。"②这集中体现了当时以儒道精神为主设立的现代日本儒教化团体是为军国主义服务的本质。

---

① 《中央日报》,1935 年 3 月 15 日;《中华民国史资料丛稿·特刊》(第 1 辑),中华书局 1974 年版,第 67 页。
② 刘岳兵:《论日本近代的军国主义与儒学》,《中国社会科学院研究生院学报》2000 年第 3 期。

5. 鲁迅发表《在现代中国的孔夫子》

4 月 29 日,鲁迅在《日本改造月刊》(日文版)发表《在现代中国的孔夫子》一文[①],认为"孔子是被权势者捧起来的"。

文中指出:孔夫子之在中国,是权势者们捧起来的,是那些权势者或想做权势者们的圣人,和一般的民众并无什么关系。然而对于圣庙,那些权势者也不过一时的热心。因为尊孔的时候已经怀着别样的目的,所以目的一达,这器具就无用,如果不达呢,那可更加无用了。三四十年前,凡有企图获得权势的人,就是希望做官的人,都是读《四书》和《五经》做'八股',别一些人就将这些书籍和文章,统名之为'敲门砖'。这就是说,文官考试一及第,这些东西也就同时被忘却,恰如敲门时所用的砖头一样,门一开,这砖头也就被抛掉了。孔子这人,其实是自从死了以后,也总是当着'敲门砖'的差使的。"并说:"孔夫子曾经计划过出色的治国方法,但那都是为了治民众者,即权势者设想的方法,为民众本身的,都一点也没有。"鲁迅认为:"孔夫子在本国的不遇,也并不是始于二十世纪的。孟子批评他为'圣之时者也',倘翻成现代语,除了'摩登圣人',实在也没有别的法……孔夫子的做定了'摩登圣人'是死了以后的事,活着的时候却是颇吃苦头的。"又说:"孔夫子到死了以后,我以为可以说是运气比较的好一点。因为他不会噜苏了,种种的权势者便用种种的白粉给他来化妆,一直抬到吓人的高度。"

鲁迅此文对孔子儒学的批判固然包括孔子本人和由孔子所创立的原始儒学,但其重点则是所谓后儒。严格地说,鲁迅对中国文化的批判,主要是批判后来经历代思想家不断加工改造而形成的这种原始经典的变体,特别是批判这种原始经典在发展演变过程中被世俗化后所形成的民族文化心理。即以鲁迅对以孔子为代表的儒学的批判为例,他主要批判的就并不是孔子所创立的原始儒学,而是经汉儒加工改造后所形成的经学和经宋儒加工改造后所形成的理学。所以,他的批孔主要针对的不是孔子本人,而是孔子之后历经两千余年所逐渐形成的

---

① 又译为中文刊于东京《杂文》月刊,后收入《鲁迅全集》(第 6 卷),人民文学出版社 1981 年版。

"孔家店"。①

6. 广东"明德社"开办"学术研究班"

5 月 6 日,广东"明德社"开办"学术研究班",陈济棠将"第一集团军派往民、财两厅服务之政训人员"拨送研究班轮训。该班"研究科目"为《孝经》《四书》、"群经大义"、"宋明理学"。6 月 8 日,陈济棠在该班讲《明德要义》,自称:"鄙人两年以来,见及中国文化之精神,系于固有道德之存废,故一面力求物质建设,一面力谋心理改造。如读经之提倡,祀孔祀关岳之恢复,凡以端视听而正人心也。"6 月 22 日,又讲《人生之意义与价值》,宣称:"最切要"的"道德"有八:"一曰孝悌,二曰忠信,三曰礼义,四曰廉耻,五曰仁爱,六曰和平,七曰公正,八曰守法。"②"明德社"后来又开办"学海书院",招考国内各大学毕业生入院读《四书》、《五经》。

7.《教育杂志》编辑部出版《读经问题专号》

5 月 10 日,商务印书馆《教育杂志》编辑部出版《读经问题专号》(《教育杂志》第 25 卷第 5 号),发表了全国专家对读经问题的意见。

该杂志编者在"前言"中声明,组织这次读经问题的讨论,不是提倡读经,而是为当时对中小学生应否读经,国内有两种完全不同的意见,认为问题重大,所以请全国专家发表意见,帮助大家理解这个问题。该杂志分析,综合 70 多位专家的意见后,概括地说,就是"把读经当做中小学校中必修的科目,那么大多数人都以为不必"。具体分为三大类:一、绝对的赞成者;二、相对的赞成者,同时亦可称为相对的反对者;三、绝对的反对者。双方人数都不过十余人,其余都可归入相对的赞成或反对的一类中去。同时相对的一类的意见又有程度的不同:有的主张小学起,就可酌量读经,有的主张中学起,有的主张大学起,有的主张凡学校中的青年都不宜读,应让专家去研究。③

---

① 张永泉:《思想批判与心理承传——鲁迅与孔子》,《孔子研究》2004 年第 6 期。

② 《明德社学术研究班演词汇录》,《新民月刊》第 1 卷第 2、3 期;《中华民国史资料丛稿 · 特刊》(第 1 辑),中华书局 1974 年版,第 67 页。

③ 韩达编:《评孔纪年》,山东教育出版社 1985 年版,第 238—239 页。

8. 吕振羽发表《孔丘派哲学思想的发展——由孔丘到荀卿》

吕振羽（1900—1980），原名柳岗，字行仁，学名振羽，湖南武冈（今属邵阳）人。中国当代历史学家、哲学家、教育家，中国最早的马克思主义历史科学开拓者之一。

7月，吕振羽在《中山文化教育馆季刊》第2卷第3期发表《孔丘派哲学思想的发展——由孔丘到荀卿》一文，分别阐述了孔子、孟子及荀子的哲学思想。文中指出：孔子是个贵族，是封建等级制度的维护者。"仁"是孔子思想理论体系的核心。然孔子思想中"仁"的先天秉赋性与等级观念之间的内在矛盾，"后来演化为孟子的'性善论'和荀子的'性恶论'"。孟子释"仁"为"内在"（仁）和"表现"（义）两方面，以之发挥为"性善说"，将孔子的政治思想发挥为"王道"与"霸道"，由"定于一"的方式去重建等级制度的秩序，使其在理论系统上比孔子更为完整。荀子则从人类的生存欲望出发，确认人性原为恶，"仁"、"善"系由后天修养（伪）得来，然圣人不仅是由于修养与积伪，且是天生（"天造地设"）的，故有"君子"与"小人"之别。由此荀子重新说明孔孟一贯相传的"宗法制度"的社会根据和"礼"的等级性，并因此充任了由孔孟的"礼治主义"到韩非、李斯的"法治主义"过渡之桥梁。

9. 孔祥熙发表《孔子日常生活与礼义廉耻之诠释》

孔祥熙（1880—1967），字庸之，号子渊，山西太谷人。孔子第七十五代孙。曾任中华民国南京国民政府行政院长兼财政部长。

8月27日，时任国民政府财政部长的孔祥熙在《中央日报》发表《孔子日常生活与礼义廉耻之诠释》一文，倡导以孔子之道为准。文中指出："中国自汉以来，尊崇孔子。举凡国家政治经济之设施，人民思想生活之轨范，无一不以孔子之道为准。"还说：孔子的"日常生活"，"已足以树""新生活运动"的标准。[①]

---

① 《中央日报》，1935年8月27日；《中华民国史资料丛稿·特刊》第1辑，中华书局1974年版，第68页。

10. 杨荣春发表《孔子教育思想》

杨荣春(1909—2004),广东龙川人。曾任职于广东省文理学院、中山大学师范学院、华南师范大学、广东省教研所等,后任华南师范大学教育系主任。

9 月 15 日,杨荣春在《学艺》第 14 卷第 7 号发表《孔子教育思想》一文,提倡中国本位的文化。文中指出:"中国自清末施行教育以来,教育的理论与实际方面,几全是模仿东西洋各国的,求其真正能适应本国国情者,即至今日,也仍然没有办到。所以中国的学校教育,十足的外洋化,不但形式上如是,而内容上亦莫不皆然。"所以如此,"实由于向来教育方针与学术重心的错误所致"。因之,提倡中国本位的文化"确不无相当的理由"。

了解孔子的教育思想,必先了解孔子的根本思想。孔子是把教育作为宣扬仁德的工具,其作用"是对道德生活目的之求知与力行"。"孔子认为教育的价值可分成四项:一、淑善个人的生质;二、安定社会秩序,促进政治效能;三、辅导立身制行,使成仁人;四、继承前代文化而间以己力求其增益。孔子对于教育的效能,并不采无限说的主张。孔子认为教育既非全无效能,但也不是万能。孔子的教学目的,"当然也就在于培养仁人君子以冀实现仁道了"。孔子对教师的观点是"第一应有热情,第二应能进修"。孔子对于教育的客体"儿童"亦有相当的说明。孔子"对于人类个体的看法是一种发展变异的因素"。孔子对于教材有颇详细的意见。依孔子的意见,教材可分六个科目:"(子)诗,(丑)礼,(寅)乐,(卯)射,(辰)御,(巳)书。""书"为培养政治人才学的。其他为一切儿童而设。孔子的教育方法有教学法与训育法。教学法有启发法,因材施教法,叩其两端法,循序渐进法。训育法有注重动机,注意观察,惩劝兼施,人格感化诸法。

杨荣春在孔子教育思想概评中说:孔子的教育思想中把教育看作是知与行的功夫,对教育效能持教育力量有限论;论教师要热情、进修是两种根本精神;儿童论中认识了差异性、发展性都是优点。其败劣方面是在教育目的论上忽略了身体健康的因素;在训育法上忽略了效果的因素。

1936 年(民国二十五年)

1. 梁启超著《孔子》出版

3 月,梁启超著《孔子》一书由中华书局出版,从"学"、"一贯忠恕"、"仁"、"礼"、"乐"、"名"、"性命"、"鬼神"等方面概括介绍了孔子学说。

该书认为,孔子生在鲁国,又在卫国逗留过很久,这两国都曾经是商周文化荟萃之地,孔子因此很受前代文化"感化"。欲知孔学之全,则须研究《易》和《春秋》。《易》是孔子哲学之总汇,《春秋》是孔子政治论的总汇。孔子心目中的理想社会是"大同",称"大同主义质言之,都是把私有观念根本打破"。梁启超还特别提出孔子思想的特点是"时中",即中庸之道。又分析"中庸之道"好处在容量大,发展开去便是平等自由的素质;但坏处是容易没却个性。梁启超评论孔子说:孔子的人格,在平淡无奇中现出伟大,是知(智)、仁、勇三方面同时发达的很调和圆满的人格,其不可及处在此,其可学处亦在此。无论何时何地都可以做人类的模范。

该书对孔子思想及其价值作了近代科学意义上的诠释。近代以来,在主张变法革新、改造中国的进步力量中,都认为孔子是旧秩序的代表,孔子思想有利于封建专制主义统治而无益于建设民主政治的观点十分流行,因而大多数人采取了批孔和反孔的态度。梁启超与他们不同,他透过深厚的历史尘埃,认识到孔子思想仍有现世价值。梁启超既继承了前人的研究成果,又开拓了孔子研究的新局面,因而在孔子研究史上具有其特定的历史地位。

2. 金震发表《孔子哲学之认识》

4 月 30 日,金震在《国学论衡》第 7 期发表《孔子哲学之认识》一文,阐述孔子之哲学思想。

文中指出:"孔子为中国古代文化之集大成,亦为儒学之开山,溯其平生,有道德家之人格,政治家之抱负,教育家之热忱,其思想影响于吾人生活者,盖已二千四百余年于兹矣。"

"孔子之思想,完全为社会之产物;孔子之学说,完全为时代之反动",孔子立言垂训,一本现实,"内之正心诚意修身,外之齐家治国平天下。其作用之见于精神方面者,则提倡'道德'、'中庸'、'仁义'诸端。在制度方面者,则维护礼乐,维护伦纪,要之皆为其时代说法也"。"孔子之思想,在哲学中为'人生论'。亦可谓为吾中国派之人生哲学。"所谓"五伦"、"六行"、"六德"、"六艺",要皆人生问题,修己治人莫逾此。

"仁"为孔学之精髓。孔子一生所说之教义,均不外此。"吾道一以贯之"之"一"字,即指"仁"。"仁"字最初见于《尚书·金縢》,有"予仁若考,能多材多艺"句,又仲虺之诰有"克宽克仁"句。孔子引之,以概括其全部学说。"盖孔子生当周末,欲上承唐虞,下启万世,对于当时杀伐冷酷不仁不义之社会,亟图补救,自必以'仁'字为其学说之中心也。"

孔子之"宇宙说"与老子的同归而殊途,故孔子哲学之全体为一种"天人合一说"之哲学。代表此种哲学之原理者,即为《易经》,天道是指人生一切行为符合于至善至美之本性,天良是也,另一方面指符合宇宙自然之本性,天道是也。[①]

3. 章太炎卒

6 月 14 日,章太炎病逝于苏州锦帆路寓所,终年 68 岁。[②]

4. 高田真治等著《论语讲座》出版

是年,日本学者高田真治、诸桥辙次、山口察常著《论语讲座》一书

---

① 韩达编:《评孔纪年》,山东教育出版社 1985 年版,第 259—260 页。

② 关于章太炎更详细的介绍,参见本书《学案卷》(上)之"章太炎儒学学案"条目。

由东京春阳堂出版。

　　该书共六卷,分解释、研究两部分。首二卷解释主要依据朱熹注,然亦旁搜他说。附录白话用江希张语译。第三卷研究名称、撰人、定本经过和变迁,附述《论语》在日本源流、欧美传播情况。注释分中国、日本两部。中国又分汉学和宋学两类。汉学收六十六书,宋学收四十七书。日本收九十书,均分别介绍著者,略作解题与评论。第四卷考孔子弟子三十人及其他有关人等凡一百条,附录有关《论语》故事逸话。第五卷论孔子思想、传记、年谱。第六卷为儒学略史。①

---

①　张岱年主编:《孔子大辞典》,上海辞书出版社 1993 年版,第 376 页。

1937 年(民国二十六年)

1. 宋庆龄发表《儒教与现代中国》

宋庆龄(1893—1981),广东文昌(今属海南)人。中国政治家、社会活动家,中华人民共和国领导人之一。

4 月,宋庆龄在纽约《亚细亚》杂志发表《儒教与现代中国》一文,提出并论述了在新的时期是以儒教来治理中国,还是以孙中山新三民主义来治理中国的问题。文中指出:"老子和孔子,他们对中国人民的生活和思想直到今天还有影响。"孔子是个改良家,"扮演了一个伟大的历史角色。他为封建社会创造了礼教。为了加强这种封建秩序,他根据历史的传统创立了他的学说"。"中国人所以家族观念深而国家观念浅,与孔子的学说大有关系。孔子强调对家族的义务,而很少提到对国家和整个民族的义务。孔子学说是彻头彻尾地封建的、专制的。""既然儒教是封建主义的哲学","只要一天封建制度存在,就一天需要孔子之道"。

宋庆龄认为:"孔子的伦理体系已经堕落成为纯粹的繁文缛节,同时,他的学说束缚了学者们的智能,限制了学问的范围,并且使大众陷于愚昧。"由此她指出:"新的社会秩序自然需要新的意识、新的道德标准和新的关系。""儒教已经完全失去了实际价值,只有那些头脑反动的人,才想要恢复它。"强调"必须尽最大的力量",把儒家的"思想意识从我们的生活与思想的每一个角落里根除出去"。

该文的发表,对于当时以儒家思想为指导的"新生活运动"是一个沉重打击。

2. 崔述著《洙泗考信录》出版

崔述（1740—1816），字武承，号东壁，直隶（今河北省）大名人。清朝辨伪学者。

6 月，崔述著《洙泗考信录》一书由商务印书馆出版。书中认为：自孟子以后，没有真正了解孔子的人。后儒"沿讹踵谬"，"伪学乱经"甚至"邪说诬圣"引为"圣道"之憾事。"故本孟子精神，历考孔子终身之事，而次第厘正之，附之以辨"，成《洙泗考信录》一书。以隆至道，并为后世有知孔子者出，庶几有所采择云尔。

《洙泗考信录》的历史贡献在于，它第一次把孔子的毕生事迹当做一个考察研究的对象，对之进行了全面的、系统的研究。①

3. 陈独秀发表《孔子与中国》

10 月 1 日，陈独秀在《东方杂志》第 34 卷第 18、19 号发表《孔子与中国》一文，对孔子的价值进行重新评定。文中指出："所有绝对的或相当的崇拜孔子的人们，倘若不愿孔子成为空无所有的东西，便不应该反对我们对孔子重新评定价值。在现代知识的评定之下，孔子有没有价值？我敢肯定说有。""孔子的第一价值是非宗教迷信态度。""孔子的第二价值是建立君、父、夫三权一体的礼教。这一价值，在两千年后的今天固然一文不值，并且在历史上造过无穷的罪恶，然而在孔子立教的当时，也有它相当的价值。""科学与民主，是人类社会进步之两大主要动力，孔子不言神怪，是近于科学的。"并说："如果定要尊孔，也应该在孔子不言神怪的方面加以发挥，不可再提倡阻害人民主权运动，助长官僚气焰的礼教。"

该文表明陈独秀晚年思想发展的大趋势"是向'五四'新文化基本理念回归并有所提升与发展变化。他在学术与思想的内在关系上，虽不像'五四'新文化运动时期那样对立、分裂，却仍未达到事实上的一致"②。

---

① 李培栋：《〈洙泗考信录〉的贡献和价值》，《上海师范大学学报（哲学社会科学版）》1981 年第 1 期。

② 尤小立：《晚年陈独秀学术与思想的内在统一和分裂——以〈孔子与中国〉为中心》，《内蒙古师范大学学报》2002 年第 4 期。

1938 年(民国二十七年)

1. 傅庆隆著《孔孟学说新体认》自刊出版

2月30日,傅庆隆著《孔孟学说新体认》一书自刊出版,该书主要论述孔子的教育思想。

傅庆隆在"自序"和"总论"中表示:孔子是圣之时者,他的思想"大是至正,包罗万有",大部分可以用于任何国度和时代。由于过去不少学者"对孔孟盲目的崇拜,食而不化,或食而恶化的曲解或误解他们的学说……埋没了孔孟真意",因之,"要使孔孟思想与现世界、现中国的社会环境融合起来,替他浅化、整理并发扬一番"。

傅庆隆认为,孔子的教育原则是"以'恕'为根,以'仁'为本,中庸是'恕'与'仁'所以成立的根本条件"。展开这一原则可得四个细目:"一、先本后末,本立道生。二、由近而远,因亲及人。三、由小而大,因家为国。四、上行下法,正己化人。"孔子的教育原则是建立在"物"、"心"之中道的哲学基础上的。孔子的教学纲领:一、孔子教育事业之一贯之道是"修己"、"治人"。二、学校分科即德行、言语、政事、文字。六目是礼、乐、射、御、书、数。三、利、命与仁。孔子少说利而赞许命和仁,他反对私利。孔子的"命"是让人先尽人事,而后听天命的。"仁"是修己治人的内在和外在修养的总称。四、在推行教育事业的程序上,孔子重视"正名"和"求实"工作。名指名分和声名。孔子正名在于规范人的行为,纠正人的恶念,并奖励人们向善。孔子反对以名代实,主张以实求名,达到名实相符的境地。

傅庆隆认为,孔子的教与学是以道德教育为枢纽的。"仁"是孔子教学思想的总目的。在道德行为方面,孔子最重动机,然后是方法和程序,养成习惯,为此教人实践。一要孝悌,二要忠信,三要礼义,四要廉耻,并以恭敬、谦让、勇毅、中正几个教条,以补不足。实践是为教成"君子"即人格高尚的人。孔子还教人以修养的程序和方法,首先是格物、定、静、安、虑、得是格物之道;格物、致知、诚意、正心是修己之道;修身、齐家、治国、平天下又是治人之道。自知止至正心是个人内心修养的阶梯,即内圣之功。自修身至平天下,是个人修养完成后的自然的开展,即外王之道。孔子的道德教育学说,乃发源于忠恕,成立于八德四目,标榜于君子,表现于仁道,范围于中庸,是基于内圣外王,终止于修己治人的。

傅庆隆认为,孔子的经济教育思想,根本观念是"义"、"利"之分。在个人道德上,"义"是本,"利"是末,在社会财富方面是安定社会的条件,但也必须以"义"为基础。其消费观,以"礼"为标准,主张俭而不奢的原则。

2. 毛泽东发表《中国共产党在民族战争中的地位》

毛泽东(1893—1976),字润之,湖南湘潭人。中国革命家、战略家、理论家,中国共产党、中国人民解放军和中华人民共和国的主要缔造者和领导人。

10 月,毛泽东在中共六届六中全会上发表《中国共产党在民族战争中的地位》的报告。报告指出:"学习我们的历史遗产,用马克思主义的方法给以批判的总结,是我们学习的另一任务。我们这个民族有数千年的历史,有它的特点,有它的许多珍贵品。对于这些,我们还是小学生。今天的中国是历史的中国的一个发展,我们是马克思主义的历史主义者,我们不应当割断历史。从孔夫子到孙中山,我们应当给以总结,承继这一份珍贵的遗产。这对于指导当前的伟大的运动,是有重要的帮助的。共产党员是国际主义的马克思主义者,但是马克思主义必须和我国的具体特点相结合并通过一定的民族形式才能实现。"

毛泽东的这一观点有力地打击了当年的民族虚无主义,表明了中国共产党的文化政策,为建设新民主主义文化指明了方向。

3. 阿瑟·戴维·韦利翻译注释《孔子的〈论语〉》出版

阿瑟·戴维·韦利（Arthur David Waley，1889—1966），英国汉学家，被称为没有到过中国的中国通，专门研究中国思想史、中国绘画史、中国文学和日本文学。

是年，阿瑟·戴维·韦利翻译注释的《孔子的〈论语〉》（*The Analects of Confucius*）一书出版。该书介绍了孔子、《论语》中提到的圣王和孔子弟子，讨论《论语》的形成过程，简论《论语》中的主要概念以及《论语》与其他儒家经书的关系。译文文字流畅，适合现代人的阅读习惯，是最有影响的《论语》英译本之一。

1939 年(民国二十八年)

1. 钱玄同卒

1 月 17 日,钱玄同病逝于北京。同年 7 月 18 日,国民政府发布褒扬令,内称:"国立北平师范大学教授钱玄同,品行高洁,学识湛深,抗战军兴,适以宿病不良于行,未即离平;历史既久,环境益艰,仍能潜修国学,永保清操。卒因蛰居抑郁,切齿仇雠,病体日颓,赍志长逝。溯其生平,致力教育事业,历二十余载,所为文字,见重一时,不仅贻惠士林,实亦有功党国,应予明令褒扬,以彰幽潜,而昭激劝。"①

2. "孔子诞辰纪念"典礼举行

8 月 27 日,重庆国民政府与国民党中央党部联合举行"孔子诞辰纪念",孔祥熙作《孔子遗教与民族前途》讲话,陈立夫作《阐明春秋大义以纪念孔子》讲话。②

3. 周谷城著《中国通史》出版

8 月,周谷城著《中国通史》一书由开明书店出版,认为六经几乎都经孔子整理。该书"社会变迁中的诸种学说"一节中指出:孔子属于新兴的地主工商阶级,但是他的思想拥护传统的而又垂于死亡的典章制度,并

---

① 召南:《钱玄同的盖棺论定》,《鲁迅研究月刊》1998 年第 6 期。
② 《东方杂志》第 36 卷第 19 号。

造出种种拥护的理由来,成为一种学说,因之,孔子"是极端的右派之代表"。孔子最熟悉旧籍,后世所传"六经",几乎都经过他的整理或补充。周谷城不同意钱玄同根本否认孔子与这些旧籍有关系的看法。认为孔子的"仁"一言以蔽之,是"衡量万物而得其当的可能性,人类若没有这衡量万物的'仁',则万物或制度各自的意义一定淹没"。他提出孔子从人类本性上发现共同的"仁",以仁平衡万物,如果有人不"仁"(根本坏了),还能以其标准衡量一切吗? 认为孔子没有解决这个问题。①

4. 胡适主持美国匹兹堡大学孔子纪念堂揭幕典礼

10 月 6 日,国民政府驻美大使胡适主持美国匹兹堡大学孔子纪念堂揭幕典礼。在典礼上,胡适说:"中国受孔子民主理想及其教育方法之熏陶,故富于民主思想。中国之所以能成为自由主义及民主主义国家者,孔子之学说有以致之也。"②

5. 武内义雄著《论语之研究》出版

武内义雄(1886—1966),号述庵,日本三重县人。中国哲学思想史研究的早期实证论代表之一。

12 月,武内义雄著《论语之研究》一书由日本岩波书店出版。该书前为总论《论语》注释书,以下依次为论《论语》异本、校勘、河间七篇本的思想、下《论语》十篇、齐鲁论二篇本,末附汉石经《论语》残字考及日本旧抄本。所论可成一家之言。

6. 复性书院成立

是年,马一浮在四川乐山乌尤寺创办复性书院,以"讲明经术,注重义理,欲使学者知类通达,深造自得,养成刚大贞固之才"为主旨。③

马一浮(1883—1967),名浮,字一浮,号湛翁,别署蠲翁、蠲叟、蠲戏老人,浙江绍兴人。中国近现代学者,现代新儒家代表人物之一。④

---

① 韩达编:《评孔纪年》,山东教育出版社 1985 年版,第 287 页。
② 重庆《中央日报》,1939 年 10 月 8 日。
③ 关于复性书院更详细的介绍,参见本书《纪事卷》之"复性书院"条目。
④ 关于马一浮更详细的介绍,参见本书《学案卷》(上)之"马一浮儒学学案"条目。

1940 年(民国二十九年)

1. 毛泽东发表《新民主主义论》

1月,毛泽东在《中国文化》创刊号发表《新民主主义论》一文。文中指出:中国的半封建文化"是反映半封建政治和半封建经济的东西,凡属主张尊孔读经,提倡旧礼教旧思想,反对新文化新思想的人们,都是这类文化的代表"。并说:"帝国主义文化和半封建文化是非常亲热的两兄弟,它们结成文化上的反动同盟,反对中国的新文化。这类反动文化是替帝国主义与封建阶级服务的,是应该被打倒的东西。"提出对于古代文化,要"剔除其封建性的糟粕,吸收其民主性的精华"。该文指明了新民主主义文化与传统文化的扬弃关系,促进了对古代文化精华与糟粕的甄别研究。

2. 蔡元培卒

3月5日,蔡元培于香港逝世,终年73岁。

蔡元培反对"定孔教为国教"的主张,认为孔教与宗教不可混为一谈,孔子的言论属于伦理学、教育学、政治学的范畴,与宗教不相干;认为孔子继承和发展了唐虞三代的思想精华,儒家的中庸之道最为适合中国。

3. 重庆中国孔学总会召开筹备委员会

4月24日,重庆中国孔学总会召开筹备委员会。孔祥熙、于右任、戴季陶、孔德成等数十人到会,推孔祥熙为主席。孔祥熙在致辞中说:

孔学"乃集中国古代群圣之大成,实为中国文化之结晶",要以孔学"挽颓风而平浩劫"。①

4. 勉仁书院成立

是年,梁漱溟在重庆北碚创办勉仁书院,目的是"存旧学一线之延"。②

5. 民族文化书院成立

是年,张君劢在云南大理创办民族文化书院,以"德智交修,诚明并进"为宗旨,即培植、奖进有志于民族文化复兴之人才。

张君劢(1887—1969),原名嘉森,字士林,号立斋,别署"世界室主人",笔名君房,江苏宝山(今属上海市宝山区)人。中国民主社会党领袖,现代新儒家代表人物之一。③

与建设新文化相应,张君劢对书院也有新的设想:"今日而言,书院制之复兴,非有一种新白鹿洞之规制不可矣。"张君劢把自己创办的书院与古代有名的白鹿洞书院相提并论,盖希望在体式上与之相仿,更希望在精神趋向上继承其神髓。

---

① 重庆《中央日报》,1940 年 4 月 25 日。
② 关于勉仁书院更详细的介绍,参见本书《纪事卷》之"勉仁书院"条目。
③ 关于张君劢更详细的介绍,参见本书《学案卷》(上)之"张君劢儒学学案"条目。

1941 年(民国三十年)

1. 马璧著《孔子思想的研究》出版

马璧(1912—1985),字光奎,湖南湘潭人。曾任国民党政府国防部新闻局专员。1951 年到台湾。1981 年回到大陆后任厦门大学台湾研究所研究员、孙中山研究会理事、民革中央常委,先后当选为全国政协委员、常委和全国人大常务委员会委员。

7 月,马璧著《孔子思想的研究》一书由上海世界书局出版。书中指出:因我国现代事实的经验和把中西古今各大家的思想比较研究的结果,自己一变过去怀疑孔子的态度而为积极研究的精神。他认为"孔子是一个伟大的社会科学思想家",其理论道德,对国家可补偏救弊。并说:"孔子的思想,博大精深,无所不到",适合时代的需要。按科学的方法可分哲学、政治、经济、教育、伦理思想五类。并认为现在的教育思想,还出不了孔子的范围,孔子所谓的"好学近乎智"、"力行近乎仁"、"知耻近乎勇","就是现在一般教育家所高唱的智、德、体三育"。

2. 贺麟发表《儒家思想的新开展》

贺麟(1902—1992),字自昭,四川金堂人。中国近现代哲学家、哲学史家、黑格尔研究专家、教育家、翻译家,现代新儒家代表人物之一。①

---

① 关于贺麟更详细的介绍,参见本书《学案卷》(下)之"贺麟儒学学案"条目。

8 月 1 日,贺麟在《思想与时代》第 1 期发表《儒家思想的新开展》一文。文中指出:"任何一个现代的新思想,如果与过去的文化完全没有关系,便有如无源之水、无本之木,绝不能源远流长、根深蒂固。""儒家思想,就其为中国过去的传统思想而言……乃是最古最旧的思想;就其在现代及今后的新发展而言……也可以说是最新的新思想。"并说:"我敢断言,广义的新儒家思想的发展或儒家思想的新开展,就是中国现代思潮的主潮。""蔚成新儒学运动,只是时间早迟、学力充分不充分的问题。""儒家思想的命运,是与民族的前途命运、盛衰消长同一而不可分的。"

贺麟指出:"中国近百年来的危机,根本上是一个文化的危机。文化上有失调整,就不能应付新的文化局势。……儒家思想之正式被中国青年们猛烈地反对,虽说是起于新文化运动,但儒家思想的消沉、僵化、无生气,失掉孔孟的真精神和应付新文化需要的无能,却早腐蚀在五四运动以前。儒家思想在中国文化生活上失掉了自主权,丧失了新生命,才是中华民族的最大危机。""五四时代的新文化运动,可以说是促进儒家思想新发展的一个大转机。表面上,新文化运动是一个打倒孔家店、推翻儒家思想的大运动。但实际上,其促进儒家思想新发展的功绩与重要性,乃远远超过前一时曾国藩、张之洞等人对儒家思想的提倡。"进而指出:"西洋文化学术大规模的无选择的输入,又是使儒家思想得到新发展的一大动力。"儒家思想是否能够有新展开即"儒化西洋文化是否可能,以儒家思想为体、以西洋文化为用是否可能的问题"。"这个问题的关键,在于中国人是否能够真正彻底,原原本本地了解把握西洋文化。因为认识就是超越,理解就是征服。真正认识了西洋文化便能超越西洋文化。能够理解西洋文化,自能吸收、转化、利用、陶熔西洋文化以形成新的儒家思想、新的民族文化。"总之,儒家思想的开展,"将循艺术化、宗教化、哲学化的途径迈进","合诗教、礼教、理学三者为一体的学养"。

3. 廖竞存编著《大哉孔子》出版

廖竞存,广西全县(今全州)人。曾任广西大学、美国林肯大学教授,西南法商学院院长。

8 月，廖竞存编著《大哉孔子》一书由商务印书馆出版。书中指出，孔子思想对后世的影响，"在当时可以说，直接发生了补偏救弊的功效；间接播下了圣贤政治的先声，对于后世，中国二千四百余年的政治社会，是完全受其思想的支配。即东洋日本的文明，也是全赖于他的学术的熏化，思想的启迪，假是日本以先若没有孔教的输入，则其政治社会必缺乏良好的基础，而今日的强盛，恐怕不会有这样快的成熟。就是西洋近世纪的政治思想也都受了孔学不少的影响"。"即使在最不注意观察者的眼光中，也可以看到近日有种力量在活动着。这种力量，在很久以前，曾如好事者所提倡，终于通过了康庄大道，而深入于一般民众。现在更捕捉着动摇于现代的烦闷的人类全体。此'亚细亚热'，果真能使西洋了解自身的没落，而负起回返到自身的根源的使命，或使西洋向着整理精神的目的，而产生一重大的革命吗？这些只好在来世纪中加以决定。不过无论怎样，在欧罗巴历史中，东部亚细亚已经第二次开始与西洋的形而上学相接触；最初的一次，是在十八世纪，当时曾宣称模仿东洋的圣知，而为现代精神问题所搅乱的一般青年，对于东洋圣智的安定性继续的产生了良好的印象。"

1942 年（民国三十一年）

1. 陈独秀卒

5 月 27 日，陈独秀病逝于四川江津鹤山坪石墙院，终年 64 岁。

在新文化运动中，陈独秀发表了一系列批判孔子学说的文章，认为孔教与帝制有着因缘关系，尊孔就是要复辟帝制；孔子的三纲礼教与民主自由根本对立，必须废除；孔子学说不适合现代社会生活，不能尊孔子为"万世师表"。

2. 孔子生日被定为"国定纪念日"

6 月 22 日，国民党中央常委会议第二〇四次会议通过决议，定孔子生日为"国定纪念日"。

1943 年(民国三十二年)

1. 马绍伯著《孟子学说底新评价》出版

6 月,马绍伯著《孟子学说底新评价》一书由国民图书出版社出版。该书不取程朱注释的方法,而是以发挥思想为主;不效法时人断章取义,而是整体研究的方法。该书用几个小标题,归纳《孟子》七篇的要义。他先把孟子的原话用归纳的方法得出定义和确切的界说,然后以实际的经验及现实材料当推论,发挥其应有之义及其指导作用,以作建设"无敌于天下"的新中国的目的。

2. 英国伦敦举行孔子事迹展览会

7 月 13 日,英国伦敦举行孔子事迹展览会,由重庆国民政府驻英大使顾维钧主持开幕。[①]

3. 杜金铭著《中国儒学史纲要》出版

7 月,杜金铭著《中国儒学史纲要》一书由国立华北编译馆出版。该书第二章"儒学的创始"中指出,孔子主张恢复以往的彝伦制度——尤其是周代的。实行这种主张的途径是"正名",恢复以往的阶级统治。但是孔子却能因时制宜,在固有的制度上,加上新的精神。《春秋》就是"利用历史事实来发挥个人的政治思想"。孔子绝对不是激进派,也不

---

① 重庆《中央日报》,1944 年 1 月 1 日。

是绝对的保守派,他的学说和行为都持"中庸之道",而"中庸之道"也就"成为儒家修身的目标"。孔子的伦理说由正名出发,"所谓'君君臣臣父父子子',便是要使各个阶级上的人都尽了个人应尽的义务,以建立个人的人格"。"人格"的代名词,就是"仁"。"仁"是代表人心(德)的全体。"仁"是一贯之道,是孔子伦理说的标准。孔子的政治观,政是正,意思是君正,臣民也随之正了。孔子的天人观,是一切听从于天,这个天是有意志的,能主宰一切的。但孔子对鬼神却避免讨论。

4. 蒋介石为孔学会会刊《孔学》创刊号题词

8月,蒋介石为孔学会会刊《孔学》创刊号题词:"孔道立国之本,如日丽天","求诸古今,验诸中外,巍巍荡荡,孰为盛大,百世而下,饷遗无穷",为"国父思想,渊源所有",是"国旗之光"。

5. 程树德著《论语集释》(上、下册)出版

程树德(1877—1944),字郁庭,福建闽侯(今福州市)人。中国法律史学家、中华民国政治人物。曾任北洋政府参政院参政,国务院法制局参事、帮办,北京大学、北平大学法学院、清华大学政治系讲师、教授等职。

8月,程树德著《论语集释》上、下册由国立华北编译馆出版。该书广引经史子集及类书碑志达680余种,在学术上力求不分宗派,将诸家之说分类采辑。"自序"中指出:"以风烛残年,不惜汗蒸指皲之劳,穷年矻矻以为此者,亦欲以发扬吾国固有文化。"又说:"夫文化者,国家之生命;思想者,人民之倾向;教育者,立国之根本。凡爱其国者,未有不爱其国之文化。思想之鹄,教育之程,皆以是为准。反之,而毁灭其文化,移易其思想,变更其教育,则必不利于其国者也。"

对于当时社会上一些菲薄孔子与儒家文化,妄加指责中国固有传统的论调,程树德颇不以为然。他孜孜于《论语》研究,除了意在弘扬文化,还希望端正视听,纠偏况谬,"间执孔子学说不合现代潮流之狂喙,期使国人舍本逐末、循人失己者俾废然知返"。

《论语集释》内容博洽、体例周备,为研究《论语》提供了自汉至清的详尽资料。

6. 杨鸿烈发表《孔子在世界史上的地位》

杨鸿烈(1903—1977),又名宪武、志文,号知不足斋主,云南晋宁人。中国现代法律史学家。

9 月 28、29 日,杨鸿烈在上海《中华日报》发表《孔子在世界史上的地位》一文。文中指出:"从明末清初的时际起始,孔子的学说便由意大利、比利时等国籍的天主教士传播到了欧洲……于是便使欧洲人士对中国发生了浓厚的兴趣,特别对孔子更表示十分尊敬与赞美。他们都一致承认孔子确是东方的道德及政治的大师。"并说:"日本的大将军德川家康承认天下以马上得之,不能以马上治之,乃极力提倡尊孔。"

7. 戴锡樟发表《儒家民族思想及其影响》

11 月 15 日,戴锡樟在《东方杂志》第 39 卷第 17 号发表《儒家民族思想及其影响》一文。文中指出:"在周秦诸子思想中,含有浓烈的民族思想的只有儒家,尤以孔子、孟子的民族观念最深刻分明,不许含浑一点,而且对于民族生活是抱积极的发展的领导的态度。他们的思想和态度在二千五百多年中,对于中华民族发生过重大作用,也可以说在中华民族演进中是主要精神因素;因为历朝帝王及臣辅对异族政策,是采用孔孟的民族观念和态度的。"

戴锡樟认为,儒家民族思想的内容有四点主张:第一,"主张对本族诸夏各国团结互助,并造成有力量的政治中心,以求华族生存与文化发扬"。第二,"存亡继绝,扶危持倾,嘉善而矜不能"。第三,"道德感化,想用华族高度的文化,来同化异族"。第四,"反对侵略战争,主张和平政策"。儒家主张和平的根据有二:一是"君子不以其所以养人者害人"。二是"以力服人者,非心服也,力不赡也。以德服人者,中心悦而诚服也"。孔孟的和平主义,"是消灭民族间仇恨,好用华族立在主体以高度的文明来归化异族,使华族永远在领导地位,以谋发展"。前述儒家四点主张,加上多子的人生观,促使华族人口增加。对中华民族之发展有三大影响:第一,和平主义的影响。第二,进夷狄的归化异族的影响。第三,互助团结的影响。其结论谓:"儒家的王道政治理想,也是伟大民族思想,其影响结果,演成一个世界上第一个伟大民族。"

8. 杨树达著《论语疏证》出版

是年,杨树达著《论语疏证》由湖南大学石印出版,该书由《论语古义》①扩充而来,是现代对《论语》注解的较好的著作。

《论语疏证》按《论语》二十篇分卷,逐句疏证。以经、史、子为证,尤其是把三国以前所有征引《论语》或者和《论语》有关的资料,依据《论语》原文疏列。疑难处以作者按语为解。该书最初是作为大学生讲义,后经增补,由科学出版社于 1955 年 3 月正式出版。

在 1955 年版中,陈寅恪为之作序曰:"夫圣人之言必有为而发,若不取事实以证之,则成无的之矢矣。圣言简奥,若不采意旨相同之语以著之,则为不解之谜矣。"《论语疏证》正是做了这两方面的工作。杨树达在《凡例》中指出:"本书宗旨在疏通孔子学说,首取《论语》本书之文前后互证,次取群经诸子及四史为证,无证者则阙之。老庄韩墨说与儒家违异,然亦时有可以发明孔子之意者,赋诗断章,余窃取斯义尔。"一是以经证经,二是以史证经,三是以子证经。至于该书对《论语》研究的意义,陈寅恪先生给予了高度评价,认为具有开创性的贡献:"乃自来诂释《论语》者所未有,诚可为治经者辟一新途径,树一新模楷也。"

---

① 关于《论语古义》,参见本书第 99 页。

1944 年(民国三十三年)

1. 熊十力著《新唯识论》语体文本出版

　　熊十力(1885—1968),原名继智,字子真,号逸翁,晚年又称漆园老人,湖北黄冈人。中国现代哲学家,现代新儒家代表人物之一。[①]

　　3 月,熊十力著《新唯识论》语体文本由商务印书馆出版。该书文言文本于 1932 年 10 月由浙江省立图书馆出版;语体文本分为三卷,其中上卷作于 1940 年、中卷作于 1941 年、下卷作于 1943 年,于 1944 年 3 月统一出版。

　　该书中,熊十力既继承又改造了佛教中的唯识宗,在本体论方面,接受了唯识宗的"万法唯识"思想,认为"识"或"本心"乃宇宙之本体、万化之根源。同时,在对唯识宗的阿赖耶识和种子说的层层破斥基础上,熊十力建立了"体用不二"的本体论,并由此出发建构了独具创意的"翕辟成变"的宇宙论和"性量分殊"的认识论。三者合乎逻辑地构成了熊十力"新唯识论"哲学思想体系的理论框架。

　　该书是熊十力最主要的哲学著作,标志着熊十力哲学思想体系的完全成熟,同时也奠定了熊十力"新儒家"的地位。

2. "孔诞纪念会"举行

　　8 月 27 日,重庆国民政府与国民党中央党部联合举行"孔诞纪念会",考试院院长戴季陶主持。同日,重庆市亦举行祀孔,并开"纪念会"。重庆尊师重道运动委员会与孔学会亦联合举办"纪念会"。国民

---

　　①　关于熊十力更详细的介绍,参见本书《学案卷》(上)之"熊十力儒学学案"条目。

党政治部副部长梁寒操在重庆文化会堂讲《重道而后尊师》。重庆尊师
重道运动委员会与文化运动委员会分别向国民政府管区各级学校教师
发出贺电——"敬修尊师重道之礼"。①

3. 南京伪政府举行"祀孔"

9 月 28 日,南京伪政府举行"祀孔",由陈公博主祭,各伪院部文武
官员与祭。同日,上海伪中日文化协会亦举行孔子生日纪念会。当晚,
南京伪政府考试院副院长江亢虎播讲《国际的孔子与孔子的国际》,鼓
吹"拿孔子为中心",建立"孔子的国际",以迎合日本帝国主义鼓吹的
"大东亚共荣圈"梦想。他说:"我们现在站在大东亚的立场,尤其中国
人站在国家民族的立场,中心思想是什么? 我敢大胆说一句:孔子的学
说。"并说:"拿孔子做中心,很容易形成一个新国际,大东亚的国际,也
许是全世界的国际。"②

---

① 重庆《中央日报》,1944 年 8 月 28 日。
② 上海《中华日报》,1944 年 9 月 29 日。

1945 年(民国三十四年)

1. 郭沫若著《十批判书》出版

郭沫若(1892—1978),幼名文豹,原名郭开贞,守鼎堂,号尚武,笔名沫若、麦克昂、郭鼎堂、石沱、高汝鸿、羊易之等,四川乐山人。中国现代作家、诗人、戏剧家、历史学家、古文字学家、考古学家、社会活动家。[①]

9 月,郭沫若著《十批判书》一书由重庆群益出版社出版,该书收录了 10 篇题为"批判"的论文。

郭沫若在书中推崇孔孟,认为:"孔子的基本立场既是顺应着当时的社会变革的潮流的……大体上他是站在人民利益方面的,他很想积极地利用文化的力量来增进人民的幸福。对于过去的文化于部分地整理接受外,也部分地批判改造,企图建立一个新的体系以为新来的封建社会的韧带。"认为"仁"是孔子思想体系的核心,"仁的含义是克己而为人的一种利他行为","这是相当高度的人道主义"。又认为,孔子的"仁道","很显然的顺应着奴隶解放的潮流的。这也就是人的发现"。肯定孔子"确实是一位很好的教育家",认为孔子是"否认地上的王权的","想制作一个'东周',并不是想把西周整个复兴,而是想实现他的乌托邦——唐虞盛世"。孔子心目中的"天"是一种自然或自然界中流行着的理法。孔子在鬼神问题上是一位怀疑派,实际上他否认鬼神。孔子

---

① 关于郭沫若更详细的介绍,参见本书《学案卷》(上)之"郭沫若儒学学案"条目。

所强调的"命",不能解释为神所预定的宿命,而应该是自然界中的一种必然性,对于这种必然性的制御,则是尽其在我。这是一种"知穷之有命,知通之有时,临大难而不惧者,圣人之勇也"的革命精神。这也就是孔子的天命观。

《十批判书》是用唯物史观研究中国古代社会与先秦诸子思想的开拓性著作。

2. 李约瑟著《中国的科学》出版

李约瑟(Joseph Needham,1900—1995),英国生物化学专家、汉学家,曾任剑桥大学李约瑟研究所名誉所长,长期致力于中国科技史研究,被誉为"20 世纪的伟大学者"、"百科全书式的人物"。为中国培养了一批优秀科技史学家。1994 年被选为中科院首批外籍院士。

是年,李约瑟著《中国的科学》(*Chinese Science*)一书出版。书中认为从《论语》中,可以认识到"儒家的学说是最富于社会意识和人道主义精神的,这是世界上任何地域的哲学思想所不能比拟的"。李约瑟探讨了儒家思想能长期统治中国的原因,认为从秦朝起建立的郡县制对行政官吏的需要,为儒家长期把持中国社会创造了条件,孔子由此才当上了全中国的"无冕皇帝"。

1946 年(民国三十五年)

1. 王禹卿著《孔子传》出版

10 月,王禹卿著《孔子传》一书由商务印书馆出版。书中指出,孔子的中心思想是"仁"。孔子的伦理思想,"亦仁之为用也",可分作四端:"一曰崇德,二曰博文约礼,三曰孝友,四曰君子论。"孔子的教育思想、教育目的是修己治人。凡来学者,无不受诲之。人之资质不同,皆能向善,习染足以移人,故教不可以已,而因人施教,学亦不可以已。其基本教材为《诗》、《礼》、《乐》。学与思相辅而成,学要有志,士志于道,久而乐之,乐道而后君子。孔子重人格教育,重行,其四教"文、行、忠、信",行居一焉。教人之方,重启发而非注入。学无常师。弟子有过,当面责之。孔子的政治思想,一贯之道为仁,仁者内圣外王即修己治人之道。其政治主张可分为五端:"一曰为政以德,二曰为国以礼,三曰正名,四曰进贤,五曰养民教民与足兵。"孔子坚信主宰之天,罕言鬼神之事。

王禹卿认为,孔子思想人格伟大而完满,"非为一人一时而设,非时间及空间所能局限","自有生民以来,未有盛于斯者也","足以垂诸后世而不朽",可谓"至圣"。他指责"敢骂孔子以自高者,或指其为迂阔,或攻其为朽腐,其意似非尽去孔氏之书不可,试观其论,果有所持乎?果有所持者未之有也,是所谓蚍蜉撼大树徒见其不自量也"。"呜呼!是皆不知孔子者,岂足与论也哉。"

2. 冯友兰著"贞元六书"出齐

12 月,冯友兰著《新知言》一书由商务印书馆出版,标志着"贞元六书"出齐。

冯友兰"贞元六书"即"贞元之际所著书",除《新知言》外,《新理学》1939 年 5 月由商务印书馆出版、《新事论》1940 年 5 月由商务印书馆出版、《新世训》1940 年 7 月由开明书店出版、《新原人》1943 年 12 月由商务印书馆出版、《新原道》1945 年 4 月由商务印书馆出版。

通过"贞元六书",冯友兰创立了新理学思想体系,主张中体西用。新理学思想体系的建立,既是冯友兰哲学思想成熟的标志,也是他一生治学的最高成就,更奠定了他作为"现代新儒家"的地位,使他成为中国当时影响最大的哲学家,并因此而成为继往开来、具有国际声誉的一代哲人。

3. 杨荣国著《孔墨的思想》出版

杨荣国(1907—1978),笔名杨天锡,湖南长沙人。中国当代历史学家、哲学家。[1]

12 月,杨荣国著《孔墨的思想》一书由生活书店出版。书中指出,孔子生活的时代是"族有的奴隶制国家"。孔子是"顽固的奴隶制维护者"。孔子出身于贵族阶级,"他非常不甘心奴隶制的没落,所以想方设法把旧社会维护住"。孔子的政治方针就是"天天讲正名,天天讲究习礼仪",以达到"奴隶总是奴隶","贵族总是贵族"的目的。杨荣国论述孔子的世界观,即所谓的"道","道"的消极办法是"政权不能分得做大夫的有份","人民不得自由集会结社,乱批评当局"。"道"的积极办法是"正定名分"和"把原有的阶级区分恢复起来"。孔子安定奴隶制既成秩序的方针是"仁"。用"仁"这个口号团结同一血统的君子们,对付小人即奴隶。孔子巩固贵族政权的方法是"忠"和"恕"。"'忠'是把奴隶主阶级所有的意志和力量无条件地向天子集中","'恕'是施点恩惠给奴隶,奴隶就可以忠实于主子"。

---

[1] 关于杨荣国更详细的介绍,参见本书《学案卷》(下)之"杨荣国儒学学案"条目。

杨荣国认为,孔子相信人死后有灵魂,只不过是贵族有,奴隶没有。孔子是命运支配论者,是先验的。孔子认为"人类完全是受命运的支配的"。孔子办的是奴隶主阶级下层的教育。孔门子弟都是奴隶主阶级的下层。奴隶不堪受教育。教育目的是"克己"、"复礼",以巩固旧社会基础。孔子是一个拖着时代往后退的顽固到底的人。据此证明:"站在那激进变革的春秋战国时代的前面说话的,是墨子,而不是孔子。"

《孔墨的思想》的中心论点是:孔子的思想是维护那日趋崩溃的种族奴隶制统治的,是保守反动的。这在当时起到了打击民国政府提倡"尊孔读经"的作用。正由于《孔墨的思想》一书的刊行具有现实的批判意义,该书自 1946 年初版后,受到普遍的重视,至 1950 年年底已印刷了 11 版。这个中心论点好比一根色彩鲜明的线,贯穿了杨荣国论述孔子思想问题的全部著述。

1947 年(民国三十六年)

1. 侯外庐等著《中国思想通史》(第一卷)出版

侯外庐(1903—1987),原名兆麟,又名玉枢,自号外庐,山西平遥人。中国当代历史学家、思想家、教育家。[①]

8 月,侯外庐、纪玄冰、杜守素著《中国思想通史》第一卷由新知书店出版。第一卷中有专门篇章论述孔子思想、先秦儒家的思孟学派和荀子学说。

侯外庐等对孔子开创"私学"的历史意义作了肯定。认为孔子是"古代国民人类第一个代表的伟大思想家"。孔子开创私学,是儒家学派的创始人。孔子批判了春秋文化具文,开启了子学发展的源流,挣脱了官学的桎梏,踏出了空前伟大的一步。但孔子的国民思想,尚属萌芽阶段。孔子以"礼"为社会极则。"立于礼"是孔子的中心思想。

在政治论方面,孔子是改良主义,以调和春秋末世的古代社会矛盾为己任。孔子提出"性相近,习相远"的光辉认识,"氏族社会的先天的人类鸿沟便不存在","许可了国民人众参加国事的合理性"。但在参加国事上,又回到"复礼"的立场上。这是自上而下的改良。

在道德论方面,孔子的"仁"既被规定为超时代的概念,同时又只是适用于"君子"的道德律;"孔子的仁学,在一般的道德律方面是'国民的',而在具体的制度法方面则是君子的。在前者,孔子还原于心理要素,在后者,孔子根据着制度传统"。而孔子仁的思想实从属于礼。礼

---

① 关于侯外庐更详细的介绍,参见本书《学案卷》(下)之"侯外庐儒学学案"条目。

和崇礼祖先的传统精神同其意义,故"孝"乃贵族曾孙的规范。"孝"仅具体的观念,"礼"则代表制度的一般观念。

在天道观方面,孔子的历史观是渐进主义,但是孔子的历史观察与历史理想是相矛盾的,只能用受命于天,以德配天,在"天"的意志里作为自己历史理想的根据。孔子的天道观保留了宗"天"、"神"的西周形式,却否认其为有意志的主宰者,而多从人类的情操上来谈心理活动,提出了人事第一的道德化的新内容,以代替鬼神的宗教支配。

在知识论方面,孔子思想包含着唯物主义和唯心主义的二元论。一方面创立了"学问"的基础;另一方面继承着文化传统,"能思"与"所思"是孔子知识论的特点。孔子是"学知"的知识起源论者,知识之大用在"习"。虽然强调实践对于知识的根源性,同样强调了知识对于实践的指导作用,强调了知识是推动实践走向胜利道路的指针或武器。孔子的知识方法论或逻辑思想,是矛盾调和的。保存了"叩其两端"、"攻乎异端"的知识,但却是"两端"、"异端"知识方法的批评者。本质是一种折衷调和精神中的矛盾解消主义。这是孔门知识方法的核心。

该书是"五四"以来最早运用马克思主义对孔子思想进行全面、系统论述的著作。

2. 贺麟著《文化与人生》出版

11 月,贺麟著《文化与人生》一书由商务印书馆出版。该书是贺麟在抗战期间写的论文汇集,包括《儒家思想的新开展》、《五伦观念的新检讨》、《宋儒的新评价》、《陆象山与王安石》、《王船山的历史哲学》等37 篇文章,探讨了儒家思想的新发展问题。

文中指出:"五伦的观念是几千年来支配了我们中国人的道德生活的最有力量的传统观念之一。它是我们礼教的核心,它是维系中华民族的群体的纲纪。我们要从检讨这旧的传统观念里,去发现最新的近代精神。从旧的里面去发现新的,这就叫做推陈出新。必定要旧中之新,有历史有渊源的新,才是真正的新。那种表面上五花八门,欺世骇俗,竞奇斗异的新,只是一时的时髦,并不是真正的新。"

1948 年（民国三十七年）

1. 钱穆等著《儒家思想新论》出版

1 月，钱穆等著《儒家思想新论》一书由正中书局出版。该书收录了钱穆、贺麟、朱光潜等人的 10 篇文章，认为应继承儒家思想，并提倡儒家思想新精神。

钱穆在《孔子与心教》一文中指出：人生之不朽与永生，即在"其人之生命，能常留在人类大群的公心中而永不消失"，就是其人之不朽。以孔学论，人生即在仁体中。所以，孔子至今还存在人的心中，还是不朽的，"只因'人心之所同然'为孔子所先得"。由此，"因有孔子的心教存于中国，所以中国能无需法律宗教的维系，而社会可以屹立不摇。此后的中国乃至全世界，实有盛唱孔子心教之必要"。

2. 牟宗三等提出"儒学三期论"

是年，牟宗三等在《鹅湖书院缘起》中提出"儒学三期论"，首次提出儒学三期发展说，而后在《历史哲学》、《道德的理想主义》、《政道与治道》、《心体与性体》等著作中作了系统阐述。

在牟宗三看来，儒学三期的划分及其特点是：第一期是以孔、孟、荀为代表的儒学铸造期，此一时期"孔子以人格之实践与天合一而为大圣，其功效则为汉帝国之建构"，其特点是"积极的、丰富的、建设的、综合的"；第二期是"宋明儒之彰显绝对主体时期，此则较为消极的、分解的、空灵的，其功效见于移风易俗"；第三期指的则是当代新儒学，"此特殊性之规定,大端可指目者,有二义。一、以往之儒学,乃纯以道德形式而表现,今则复其转进至以国家形式而表现。二、以往之道德形式与天下观念相应和,今则复需一形式与国家观念相应和"①。第三期儒学不仅是对第二期的否定,而且是对第一期儒学的复归。牟宗三的"儒学三期论",揭开了儒学史发展的新篇章,奠定了儒学现代形态的基本格局。

---

① 牟宗三:《道德的理想主义》,台北学生书局 1985 年版,第 2 页。

1949 年

1. 戴季陶卒

2 月 11 日,戴季陶在广州服安眠药自杀,终年 59 岁。

戴季陶一生力图融合正统儒学与孙中山的三民主义为一体,认为孙中山思想真正继承了尧舜到孔孟而中绝的仁义道德的思想,孙中山是孔子以后中国道德文化上继往开来的大圣。遗著有《戴季陶先生文存》。

2. 吴泽著《儒教叛徒李卓吾》出版

吴泽(1913—2005),原名吴瑶青,笔名哲夫、宋鱼、宋衍等,江苏武进人。中国马克思主义史学家。

4 月,吴泽著《儒教叛徒李卓吾》一书由华夏书店出版,该书是在《名教的叛徒李卓吾》等批判性文章基础上完善而成。书中指出,孔子是立脚于封建领主统治阶级,作维持封建统治政权说教的贵族政治家。李卓吾反对汉唐宋以来独尊儒学的专制独断的思想统治的道统,提出"以孔子之是非为是非,天下无是非矣"和"六经语孟岂可为万世之名论"的观点,是震惊一时的大学者。但李卓吾抨击当代的假道学、道儒是有限度的,反的是"道的统",却不反对道的本身,并不失其为儒学者。

3. 顾立雅著《孔子与中国之道》出版

顾立雅(Herrlee Glessner Creel,1905—1994),美国芝加哥大学教授,汉学家。

是年,顾立雅著《孔子与中国之道》(*Confucius and the Chinese Way*)①一书出版。书中一反历史对孔子的传统看法,认为孔子不是制定规则的学究,也不是政治家,更不是主张复古和维护世袭贵族秩序的保守分子,而是避免定规、促进世袭贵族制崩溃的社会改革者、个人主义者,也是民主和革命的导师。认为孔子在动荡、变革的时代里根本上是一个社会改革者,孔子所关心的不仅仅局限于一国一政府,而且包括全人类的幸福。孔子的思想不仅仅具有一国的意义,同时具有全世界、全人类的重大意义。孔子思想的重要性是不可磨灭的,并会在未来的时代继续发光。顾立雅的这些看法在当时的西方汉学界具有较大效应。

---

① 1949 年,John Day 公司曾以《孔子其人及其神话》(*Confucius: The Man and the Myth*)书名重印。现中国大陆有高专诚所翻译的《孔子与中国之道》中译本两种:山西人民出版社 1992 年版;大象出版社 2000 年版。

1950 年

1. 傅斯年卒

12 月 20 日,傅斯年病逝于台北,终年 55 岁。

傅斯年(1896—1950),字孟真,山东聊城人。中国现代历史学家。①

2. 新亚书院成立

是年,钱穆、唐君毅、张丕介等人在香港联合创办新亚书院,以"上溯宋明书院讲学精神,旁采西欧大学导师制度,以人文主义之教育宗旨,沟通东西文化,为人类和平、社会幸福谋前途"为主旨。②

---

① 关于傅斯年更详细的介绍,参见本书《学案卷》(上)之"傅斯年儒学学案"条目。
② 关于新亚书院更详细的介绍,参见本书《纪事卷》之"新亚书院"条目。

1951 年

1. 嵇文甫发表《孔子思想的进步性及其限度》

嵇文甫（1895—1963），原名嵇明，河南汲县（今卫辉市）人。中国当代教育家、史学家、哲学家。郑州大学首任校长，历史学系创始人。

5月1日，嵇文甫在《新史学通讯》第6期发表《孔子思想的进步性及其限度》一文。文中指出：孔子是一个人文主义者，其人文主义精神在中国思想史上影响极其深远，成为一种特殊的思想传统，与旧贵族的神权思想和原始迷信相比较而言具有无比的优越性，而就其时代来说，这种开明思想出现于两千年前，是值得我们引以自豪的。当然孔子的思想也有局限性，孔子讲"仁"，是指"人心"而言，从心性出发，把礼义、道德看做人心的产物，而不是社会历史的产物，这就坠入了唯心主义的泥潭。

2. 宋云彬发表《孔子在中国历史上的地位》

宋云彬（1897—1979），笔名宋佩韦、无我，浙江海宁人。中国文史学者、杂文家，中国民主同盟盟员。19世纪20年代参加过共产党和国民党，曾任黄埔军校政治部编纂股长、商务印书馆和上海开明书店编辑。新中国成立后历任出版总署编审局编辑、处长，人民教育出版社中学语文编辑，浙江文史馆馆长，浙江文联主席，中华书局编辑等。

11月24日，宋云彬在《光明日报》发表《孔子在中国历史上的地位》一文，运用辩证唯物主义与历史唯物主义观点，论证了孔子及其学说。文中指出：孔子处在初期封建社会时代，他的思想是"代表地主阶级利益的"。"与代表奴隶主利益的思想家相比，孔子是进步的。"认为孔子的思想与学说本身就可以证明，春秋时期已经进入了封建社会初期阶段。"孔子思想的出发点是'仁'，而'仁'的原意是'人相偶'或'二人相耦'，这正反映了封建社会生产力的发展状况"；孔子以"仁"为核心，推广开来，"就形成了一套建立封建秩序和封建思想的完整的理论"。"孔子重视礼其实也是为维护封建秩序服务的。""孔子生在封建社会初期，他的思想与学说，在当时是起了很大的进步作用的。""他留给后人的教条，在现在的社会里有一部分还可以批判地接受并加以发扬。"最后又强调："孔子与儒家不能等同，更不能与后期儒家同提并论。"

1952 年

蔡尚思著《中国传统思想总批判》出版

2月，蔡尚思著《中国传统思想总批判》一书由棠棣出版社出版。该书是蔡尚思在解放战争时期发表的有关论文的汇编，主张应用阶级分析观点，对传统思想"加以严格的评估"，偏重于源头方面作总批判。

蔡尚思在"自序"中指出："中国的传统思想几乎就是封建思想，封建思想几乎就是儒家思想。儒家的祖师是孔子。"导言中阐述了传统思想的挖掘方法，将以孔子为代表的中国传统思想，划分为创立、演变和挣扎三阶段，为全书展开批判定下基调。蔡尚思断言，孔子为"古来中国一切旧理论的师表，恶势力的灵魂"，其学是"集片面谬说之大成"。又从政治、经济、道德诸方面论证了"孔学与新时代的不两立"，并分别评析和批判了正统儒家各派别。1953 年，蔡尚思又撰写了《中国传统思想总批判补编》，以"对事不对人、讲学术而不讲感情"的态度，对梁漱溟讲的"新礼俗、新秩序"、冯友兰的"新原道的玄虚哲理"、钱穆的"复古观"和"贺麟的唯心论"作分析批判。

1953 年

嵇文甫发表《关于孔子的历史评价问题》

8 月 29 日,嵇文甫在《历史教学》第 8 期发表《关于孔子的历史评价问题》一文,对孔子作了全面的评价。文中用充分的史实肯定了孔子在我国思想史和教育史上的贡献,孔子"根据人心、人性、人情来衡量一切",把人们的思想从神权牢笼中解放出来,冲破贵族垄断的藩篱,"把文化教育推向广大社会阶层";"认识到人民的力量不可轻视"。

1954 年

1. 杨荣国著《中国古代思想史》出版

5 月,杨荣国著《中国古代思想史》一书由人民出版社出版(后被译成俄、德、越南等文)。该书是先秦思想史断代专著,全书共 11 章,上起殷周,下至战国。该书在继承前人研究成果的基础上,在若干问题上提出了独特的见解。

书中指出:"孔子虽是首开私人讲学之风的,但他讲学的内容,即他的思想体系,是属保守的一面,是维护那日趋崩溃的种族统治的。他之阐扬礼治,又从阐扬礼治之余,提出了那维护统治者种族的'仁',其用意就是如此。"孔子的"仁",本质上"只是包括了当时的王公大人和士大夫,只是以'仁'作为团结当时王公大人和士大夫的中心骨干";"仁"的中心内容只有两个,一个是他的学生有子所称述的"孝弟也者,其为仁之本与",另一个是孔子对颜渊所说的"克己复礼,天下归仁焉"。其所以说"孝"、"弟"是"仁"的根本,就是以"孝"来维系宗族中的纵的关系;以"弟"来维系宗族中的横的关系,借以挽回宗族的衰落,而达到巩固种族统治的目的。"克己复礼",即宗族中人都能克制自己的欲望,不"犯上作乱",自可使得被统治的奴隶趋于厚道,借以复归于礼,复归于这族有的奴隶制国家的规范。以"孝"、"弟"巩固血族,以"克己复礼"巩固族有的奴隶制国家,便可以"天下归仁焉",即是:在骨子里维护殷商西周以来的奴隶族有的统治,但在表现上,便是以仁治代德治,走上仁治的道路。

书中还专章论述了思孟学派和荀子思想,指出:把孔子的消极部分作了充分发挥的是思孟学派,而具有积极意义,和法家同样反映当时新兴的地主阶级的利益的却是荀子。荀子受到前期法家思想的影响,而集法家思想之大成的韩非又受到荀子的影响,因此从儒家来说,真正代表封建制度"礼表法里"的思想的不是孔子而是荀子,因为孔子的思想是维护种族奴隶制的。

该书后在 1973 年再版,是为了迎合当时"批林批孔"的需要,在当时产生了很大影响。

2. 许梦瀛发表《孔子的教育思想》

许梦瀛(1910—),河南荥阳人。历任河南师范学院副教授,新乡师范学院、河南师范大学教授,河南省教育学会第一、二届副会长。

6 月 14 日,许梦瀛在《光明日报》发表《孔子的教育思想》一文,认为孔子是我国历史上富有创造性的伟大教育家。文中指出:孔子首创私人讲学制度,系统地整理了西周以前的古代文化典籍;孔子在教学原则、教学方法以及对教师的要求等方面,都有许多珍贵的论述,不仅在当时起了积极作用,而且对现实也有意义。

1955 年

杜国庠著《先秦诸子的若干研究》出版

杜国庠(1889—1961),字守素,笔名林伯修、吴啸仙等,广东澄海人。中国哲学家、历史学家、教育家。曾在北京大学等校工作,任《中国文化》杂志主编。1949 年以后历任中国科学院哲学社会科学部学部委员、中国科学院广州分院院长等职。

10 月,杜国庠著《先秦诸子的若干研究》一书由生活·读书·新知三联书店出版。该书是杜国庠在抗日战争时期撰写的关于先秦诸子的论文集的汇编。书中论述了自春秋末叶以来的儒家、墨家、道家、法家、名家的主要代表者,如实地反映了先秦诸子思想的来龙去脉、各家的思想体系,以及家与家、派与派之间的相互关系。认为"墨家重实际,不拘于形式……这种不拘形式的方法,与其说是墨家辞辩的缺点,毋宁说是它的优点,因此可以省却许多腐心于烦琐格式的精神"。"荀子受道家一些影响。""孟子虽谈礼乐,但多就辞受出处方面立论,抽象的理论并不多。"

1956 年

1. 赵光贤发表《论孔子不代表地主阶级》

赵光贤(1910—2003),河北玉田人。中国民主同盟盟员,历史学家。曾任北京师范大学历史系教授、中国先秦史研究会副理事长等职。

8 月 15 日,赵光贤在《新建设》8 月号发表《论孔子不代表地主阶级》一文。文中指出:在春秋末叶,社会的主要矛盾是旧贵族领主间的矛盾,孔子的思想和行事都足以表明,孔子是没落中的最下层的小领主阶层的代言人;"礼"是领主贵族们的规矩制度,而"仁"的思想不过是恢复"礼"的一种手段。"克己复礼为仁",正是维持封建领主制度的学说。同时,在人与人的关系上,"仁"的思想的发展客观上起了进步作用,即把"仁"的范围从统治阶级少数人的小圈子扩大到庶人。这可以说是"人本主义"思想的萌芽,它对于后来儒家如孟轲、荀况和墨家都起了一定的进步影响;孔子是相信天命的,但他没有把"天"看成一个全知全能的有意志的主宰,而只是承认冥冥中有一种不可抗拒的力量。孔子主张"敬鬼神而远之",可见孔子并不迷信鬼神。

2. 冯友兰发表《关于孔子研究的几个问题》

11 月 14 日,冯友兰在《光明日报》发表《关于孔子研究的几个问题》一文。文中指出:"孔子的名字,已经成为二千年来整个的封建制度和封建主义思想家的象征。但是,攻击封建主义不等于对孔子的研究。"

3. 熊十力著《原儒》出版

是年,熊十力著《原儒》一书由龙门联合书局出版。该书共四篇,分上、下两卷,另有附录,主张以儒为宗,糅合儒佛。

书中由六经论证孔子"圣学"乃大本大用、万世永赖的内圣外王之"鸿规",阐述了儒家学说的渊源和流变。"汉初群儒拥护帝制,自不得不窜乱孔子六经,以为忠君思想树立强大根据。汉人拥护帝制之教义,约分三论:一曰三纲五常论,二曰天人感应论,三曰阴阳五行论。"汉宋诸儒共同信守的上述三论,背离了孔子六经之道;但是,对于宋儒之身心性命之学,多有继承发挥,"宋儒倡鞭辟近里切己之学,可谓知本,惜其短于致用"。评判道佛诸家的得失,认为《易》为群经之首,五经之源;道家是《易》家之别派,儒学之旁支。"儒道二家,虽学术不同,而以认识心体为第一着。"其中《原内圣篇》以总论孔子之人生观与宇宙论为契机,展开论述了一系列儒家范畴,如本体与现象、天与人、道与器、心与物、动与静、知与行、理与欲、德慧与知识、成己与成人等,并认定这些对立范畴为"不二",有一定的辩证法因素。"儒言天道,乃宇宙本体之称,非谓神帝……视本体为超越于人类而独在,惊叹其无穷,是犹宗教以神道统治人道之余习也。如其实悟吾人之真性即是遍为天地万物本体,天地万物之本体即是吾人真性,则高明悠久无穷者,皆吾性分上所固有,孰谓天人对立,不得融而为一耶? ……孔子曰:'人能弘道,非道弘人。'道者,即本体或真性之称。斯义广大渊微至极,其否认有超越吾人与天地万物而独尊之神道,使神道不复能统治吾人。哲学精神,至此完全脱去宗教尽净,遂令人道天道融合为一,不可于人之外觅天也。其功诚巨哉!"也就是说,由儒家"心物不二"的本体来说,宗教是以外求神道统治人道,儒学是以内省人道融摄天道。

书中批评了东方文化派,指出:"民国初年,国人论东西文化者,有精神文明与物质文明之区分。其于国学,荒迷至此,何论西学?"认为,孔子外王学的真相是"同情天下劳苦人民,独持天下为公之大道,荡平阶级,实行民主,以臻天下一家、中国一人之盛","即是不容许统治阶级与私有制存在"。中国文化史上继晚周以后的辉煌年代是明清之际,这一世代的思想巨匠对传统文化的改造,使得古典中国文化可以与近代西方文化衔接起来了,他们实际上开了吸收西学的先河,成为文化革新的起点。"经济之科,自宋陆子静兄弟及邓牧,并有民治思想,迄晚明王船山、顾亭林、黄梨洲、颜习斋诸儒,则其持论益恢宏,足以上追孔孟,而下与西洋相接纳矣。""民主思想,民族思想,格物或实用之学,皆萌生于明季。清人虽斩其绪,而近世吸收外化,明儒实导先路,不可忽也。"

1957 年

1. 冯友兰发表《中国哲学遗产底继承问题》

1月8日,冯友兰在《光明日报》发表《中国哲学遗产底继承问题》一文,提出全面了解中国古代哲学遗产和继承中国哲学遗产的方法。

文中认为,某些哲学命题可以区分为抽象意义与具体意义两个层面,抽象意义是可以继承的,具体意义是不可、也不必继承的。譬如《论语》开篇的"学而时习之,不亦说乎"一语,其具体意义是孔子要求人们学习《诗》、《书》、《礼》、《乐》、《春秋》或礼、乐、射、御、书、数,其抽象意义指孔子认为学习是一件好事。同时指出,在今天,孔子所谓具体的"学"大可不必继承,但孔子说的抽象的"学"是应该继承的。又举孔子"为仁之方"的"己所不欲,勿施于人"这一命题,说:"过去我们说孔子这样讲有麻痹人民、缓和阶级斗争底意义。从具体意义看,可能有这样的意义。但从抽象意义方面看,也是一种很好的待人接物底方法,我们现在还是可以用。"也就是说,某些哲学命题的抽象意义,对一切阶级都是有用的。①

该文一出,立即在学术界引起了热议。吴传启在《哲学研究》1958年第 2 期发表《从冯友兰先生的抽象继承法看他的哲学观点》一文,将冯友兰的主张概括为"抽象继承法"。从此,学术界一直沿用这一称谓。但是,冯友兰本人则不大接受这一称谓,并在晚年所著的《三松堂自序》

---

① 高秀昌:《"抽象继承法"研究》,《冯友兰先生纪念文集》,北京大学出版社 1993 年版。

中认为"抽象继承法"这一称谓是"戴帽子",是利用人们对于"抽象"的混乱的理解以说明其主张的荒谬和不可能。[①]

2. 陈振维发表《关于孔子的评价问题》

5月1日,陈振维在《光明日报》发表《关于孔子的评价问题》一文。文中指出:孔子生在春秋末期,深为奴隶主统治秩序的崩溃而忧虑,而从贵族的利益出发,力图维护奴隶主的旧制度;孔子不满春秋末期的社会变化,企图倒曳时代车轮。为挽救政治危机,孔子主张"正名",以恢复天下有道的政治局面。孔子又以"礼"作为衡量名分的尺度,凡僭越名分不守礼的人,都视为危险分子。孔子没有反映人民群众的某些要求。相反,孔子主张划分"君子"与"小人",即贵族与平民,把生产劳动看作不屑做的下贱事。"仁"与"德政"是麻醉剂。当饥寒交迫的农民不肯安于天命,要犯上作乱时,孔子主张施行"德政",主张不要无限制地剥削农民。但当仁德对农民不发生效用时,他就不客气地主张以刑来惩治那些敢于作乱的人。孔子热衷于功利,只是事与愿违。"富而可求,虽执鞭之士吾亦为之",如何能说孔子不汲汲于功利?

3. 杨向奎发表《孔子的思想及其学派》

杨向奎(1910—2000),字拱辰,河北丰润人。中国思想史研究专家。曾相继执教于甘肃学院、西北大学、东北大学、山东大学;后调入中国科学院历史研究所,历任研究员、历史研究所学术委员会主任、秦汉史研究室和清史研究室主任。

5月31日,杨向奎在《文史哲》第5期发表《孔子的思想及其学派》一文,阐释了孔子思想及其学派的有关问题。文中指出:孔子"是一个没落的贵族,也是一个属于'士'的阶层的人","孔子正是一个传授礼仪和各种知识的大师"。"儒家作为一个职业集团,由来已久;作为一个学术和教育的集团,应当始于孔子。""在天道观一方面,他接受了宗周封建贵族传下来的正统观念……孔子虽然接受了宗周时代的天道观,随着社会的发展,孔子对于天的看法究竟有所不同了,泛神论是否定上帝

[①]　黄奎:《冯友兰"抽象继承法"初探》,《中国社会科学院研究生院学报》2004 年第 2 期。

的开端,因之表现在祭祀的观念上,孔子和过去也有所不同",孔子一方面认为"天"是有人格有意志的上帝,另一方面又不承认"天"的绝对权威,甚或把它看成是一种自然力量,从而为泛神论开辟了道路。在道德学说上,"孔子的道德学说究竟不是宗周的再版,有了新的发展,他重点的提出'仁'的问题"。

关于孔门学派,文中认为,"在先秦诸子中儒家是一种显学,是一个大的学派,在这一个大的学派内因为发展方向不同,遂有不同的结果,也就有不同的儒家存在"。"孔子是一个博学多能的人,在中国的教育史上,他是一个不朽的人物,他扩大了知识的传授对象,使官学变成私学。在学习的方法上他也有创见。"

4. 陈景磐著《孔子的教育思想》出版

陈景磐(1904—1989),字瞻岩,福建古田人。中国现代教育家、教育史专家。曾任福建协和大学教育系主任兼附中校长。中华人民共和国成立后曾担任北京师范大学教育史教研室主任。

7月,陈景磐著《孔子的教育思想》一书由湖北人民出版社出版。书中指出:孔子的教育思想基本上代表了当时带有贵族性的新兴地主阶级的进步立场。孔子是中国古代一位杰出的教育家。在今天看来,孔子思想的主要方面是封建礼教,这种东西无疑成为阻碍我们今天社会主义社会前进中有害的东西,但是,在当时,他的思想基本上是反映社会前进的倾向和要求的,直到今天还含有不少合理的因素,特别是在教育思想方面,孔子在教育学生时,就明确反对学生对先生的盲目服从,不喜欢学生"对吾言无所不悦"的态度。孔子常在学生面前暴露自己的思想感情,承认自己的错误或"无知",与学生感情融洽,学生能坦率地向孔子提出不同或批评的意见,师生可以常在一起各言其志等。"《中庸》所归纳出来的:'智、仁、勇三者,天下之达德也……知斯三者,则知所以修身。'在'知'方面,主要的在于培养道德的知识、形成道德的概念和信念;在'仁'方面,主要的在于培养道德的情感;在'勇'方面,主要的在于培养道德的意志和行为习惯。知、仁、勇是道德教育的主要任务,也是知、情、意的道德教育的基本过程。"该书是较早系统论述孔子教育思想的一部著作。

5. 金景芳发表《论孔子思想》

金景芳(1902—2001),字晓村,辽宁义县人。中国现代历史学家、文献学家、易学研究专家。[①]

8 月 29 日,金景芳在《东北人民大学人文科学学报》第 4 期发表《论孔子思想》一文,论述了孔子思想的基本内容及其社会属性。文中指出:研究孔子的材料"当以六经(《乐经》亡、今日存者只有五经)、《论语》为主要材料,尤其《易》、《春秋》和《论语》三书特别重要"。"孔子思想的产生和形成不是偶然的,而是有它不可缺少的若干条件,我们如果脱离具体历史来研究孔子思想,有许多问题将成为不可理解的东西。""孔子在政治问题上所犯的错误,并不在于他不知道将来社会变成什么样子,而在于他不知道当时社会定然要变。孔子把当时社会所发生的一切变化都看作是'堕落',他企图使历史车轮倒退,退到西周初期。""'天命'和'中庸'这两个概念,反映了孔子的世界观和方法论;'仁'和'正名'这两个概念,反映了孔子的道德观点和政治态度。""孔子是中国古代文化的象征,儒家经典是中国古代文化遗产中最主要、最宝贵的部分。否定孔子、蔑弃儒家经典,无异斩断中国文明传统,任何统治者,除非在极特殊的情况下,没有人愿做这样蠢事。何况孔子思想是阶级社会的产物,在某种程度上,可以继续为阶级社会服务!"文章最后指出:"单从政治的维度来看问题,单从基础与上层建筑的关系来看问题,而得出'孔子和儒家学说是封建理论'的结论,是不全面的,不正确的。"

6. 王荫铎著《孔子的学术思想》出版

12 月,王荫铎著《孔子的学术思想》一书由湖北人民出版社出版,阐释了孔子的学术思想。书中指出:在天命观上,孔子怀疑鬼神的存在,又不否定祭祀鬼神的宗教,既有朴素唯物主义的天道观,又提出了唯心主义的天命观。这是当时的宗教迷信思想过渡到无神论的桥梁。孔子提出了人类心性问题,认为人要达到好的品质,自宜顺性情去培养,这对中国的学术教育是有贡献的。孔子的伦理思想主要是以古代

[①] 关于金景芳更详细的介绍,参见本书《学案卷》(下)之"金景芳儒学学案"条目。

君子作为追求的实际目标,道德主要是讲君子的品质修养。"仁"是道德的中心、总汇;"忠恕"是"仁"的基本内容与方法。孔子的政治主张是"孝悌"为本,维护宗法制度。孔子的经济思想是维持均平,以稳定农村公社制。孔子讲学的内容是术艺,即诗、书、礼、乐等,是为宗法政治服务的。孔子通过对历史的编述,说明他的理想和主张。总之,孔子的思想基本上是中国早期奴隶制即不发达的奴隶制社会的一种意识形态,是以农村公社为经济基础与宗法制为上层建筑的反映。该书是一部较早论及孔子学术思想的专著,对于推动孔子学术思想的研究具有重要意义。

1958 年

1. 牟宗三、徐复观、张君劢、唐君毅联名发表《为中国文化敬告世界人士宣言》

1 月 1 日,牟宗三、徐复观、张君劢、唐君毅四先生联名在《民主评论》及《再生》杂志同时发表《为中国文化敬告世界人士宣言——我们对中国学术研究及中国文化与世界文化前途之共同认识》一文①。该《宣言》批判西方文化的缺陷,并通过探索中国文化对世界人类问题的贡献而倡导中国文化的复兴,系统地阐述了他们研究中国文化的态度和方法,表明他们对中国文化出路乃至人类前途的根本看法。

《宣言》认为,西方文化来源众多,不像中国文化"有一脉相承之统绪"。尽管如此,《宣言》还是把"西方文化"当作一个统一的解释客体进行评述,着眼于其共同特征及缺陷。在对西方文化的批判上,《宣言》罗列一堆西方社会中的弊病,如种族歧视、宗教冲突、劳资矛盾、科学发展与核武器之间的紧张、环境污染、毒品泛滥、家庭破裂,等等。

《宣言》一方面平实地肯定"由近代西方文化进步所带来之问题,亦多西方人自身所逐渐解决";另一方面又力图深入一步,"但是照我们的看法,这许多问题虽已解决,但其问题之根源于西方文化本身之缺点者,则今日依然存在"。西方文化的根源缺陷是"真正的西方人之精神之缺

---

① 该文由唐君毅、张君劢商议后起草初稿,唐君毅执笔,再与徐复观、牟宗三往复函商后认定。全文参见本书《纪事卷》附录二。

点,乃在其膨胀扩张其文化势力于世界的途程中,他只是运用以往的理性,而想把其理想中之观念,直下普遍化于世界,而忽略其他民族文化的特殊性"。西方文化的缺点具体表现在:(1)向外作无限追求,但不向内收敛,故在现实生活中精神相当空虚。(2)重抽象理智,轻具体的情感人生。"以概念累积之多少,定人生内容之丰富与否",忽略人之交往中的生命之"直相照射"。(3)重普遍的概念原理,忽视事物的特殊性与个性。(4)重道德规则与行为,而忽略德性的影响。西方文化只重视建立行为指导及道德规则,"在西方伦理学上谈道德,多谈道德规则、道德行为、道德之社会价值与宗教关系,但很少有人特别着重道德之彻底变化我们自然生命存在之气质,以使此自然的身体之态度气象,都表现我们之德性,同时使德性能润泽此身体之价值"。要曲尽事物的特殊性,"必须我们之智慧,成为随具体事物之特殊单独的变化,而与之宛转俱流之智慧"。

《宣言》认为,西方应当向中国文化学习。如西方要改正其向外作无限追求的精神,便需学习中国文化中"当下即是"、"知进知退"的生活智慧;要改正其以概念累积定人生内容的倾向,则应当体会与欣赏中国文化中无执着及虚无之智慧;要改正其重视普遍原理,忽略特殊性的思维方式,则应学习中国文化中不执着于普遍,却绕具体内容事物之中心旋转,与物宛转之活泼周运之圆而神的智慧。此外,西方还应该向中国学习"一种温润而怛恻或悲悯之情"、"如何使文化悠久的智慧"、"天下一家之情怀"。以上种种中国文化智慧,皆根源于中国文化,尤其是儒学的"心性之学"。在《宣言》的作者们看来,心性之学是"中华民族之客观的精神生命之核心"、"为中国学术文化的本原或神髓"、"不了解中国之心性之学,即不了解中国文化也"。这种心性之学,按照《宣言》,在宋明时大盛,可在先秦之儒道中已成为"思想核心"。《宣言》倡导复兴儒学心性之学,即德性伦理传统,既为重彰中国文化之精华,又为纠正西方文化的内在缺陷。

该《宣言》为现代新儒家返本开新的思想纲领。

2. 张岱年著《中国哲学大纲》(全二册)出版

张岱年(1909—2004),字季同,别名宇同,河北献县人。中国现代哲学家、哲学史家。①

4 月,张岱年著《中国哲学大纲》②全二册由商务印书馆出版,以哲学问题为纲论述中国哲学的发生、发展。全书分宇宙论、人生论、致知论三大部分。第一部分"宇宙论",论述了中国哲学的本根论。在本根论的"气论一"和"气论二"两章中,主要阐述了张载、罗钦顺、王廷相、王夫之、颜元、戴震的思想。第二部分"人生论",指出"人生论是中国哲学之中心部分",而且"'天人合一'乃是中国人生思想的一个根本观点"。而"人生论之中心部分是人生理想论",此即"关于人生最高准则的理论"。第三部分"致知论",指出知识问题虽然不是中国哲学所注重的,但其"论人论天,都在知中;既求'闻道',便亦不能不研讨'闻道之方'"。"先秦时孔子墨子虽未曾论及知识,然皆尝论及致知之方。后来的墨家与名家,以及道家的庄子、儒家的荀子,更都很注意知之问题了。宋明哲学中,程朱陆王两派的争点之一,也可以说即在致知方法上。所以,一般的意见,认为中国哲学完全没有知识论与方法论,其实是谬误的。""致知方法与德行涵养有相依不离的关系,这也是中国哲学的特点之一。"

3. 胡耐安著《先秦诸子学说儒道墨三家评介》出版

胡耐安(1899—1977),安徽泾县人。中国现代教育家。曾任教于台湾政治大学。

是年,胡耐安著《先秦诸子学说儒道墨三家评介》一书由台北"中央文物供应社"出版。该书对儒、墨、道三家的流派和学说加以介绍,认为孔子继承往古、折中六艺以垂教于后世,但后人对孔子儒家多有误解。他反对将孔子神化、把儒学宗教化;认为后人贬低孔子是错误的。

---

① 关于张岱年更详细的介绍,参见本书《学案卷》(下)之"张岱年儒学学案"条目。

② 该版署名字同。张岱年于 1935 年开始撰写该书,1937 年完成初稿,1943 年曾在北平私立中国大学印为讲义,1958 年 4 月由商务印书馆出版,1982 年 8 月中国社会科学出版社修订再版,1996 年收入河北人民出版社出版的《张岱年全集》第 2 卷。

1959 年

1. 陈景磐发表《孔子在中国教育史上的地位》

6 月 30 日，陈景磐在《北京师范大学学报（社会科学）》第 3 期发表《孔子在中国教育史上的地位》一文，主张借鉴孔子的教育思想。

文中首先提出怎样看待五四运动中的"批孔"，认为"五四运动的'打倒孔家店'的主流，基本上乃是打倒以孔子思想为代表的封建旧礼教，不是对孔子本人或孔子的思想全盘地加以否定"。进而指出孔子在中国教育史上的地位，认为"孔子基本上是中国古代一位杰出的教育家，他在中国教育史上的地位是很高的，我们从他的教育思想和活动中可以得到不少对我们有益的东西"。文中指出："不是孔子的思想决定中国长期的封建制度，相反的，中国两千多年封建主义的政治经济制度决定了孔子思想在中国历史上地位。他之所以被历代王朝所推崇乃是因为他的思想能适应中国长期的农业经济组织和封建家族制度，能为统治者服务，维护他们的统治。""孔子在封建正统历史上的优越地位，是被中国长期不变的经济基础所决定的。"该文在学术界引起了强烈反响，学者们纷纷开始从不同的角度挖掘孔子教育思想的价值和意义。

2. 严北溟著《孔子的哲学思想》出版

严北溟（1907—1990），字渤侯，湖南湘潭人。中国哲学史专家。曾任复旦大学哲学系教授，中国宗教学会理事，中国孔子基金会理事、副会长等。

12月,严北溟著《孔子的哲学思想》一书由上海人民出版社出版,认为孔子的哲学思想体系基本上是唯心的。该书主要论述了孔子思想产生的春秋时代的历史背景;孔子的聚徒讲学,政治活动,周游齐、卫、陈、蔡、宋、楚列国,专力从事文化教育等生平重要活动。认为孔子是站在奴隶主贵族立场,为着设计统治者的统治术而阐述其哲学思想的。孔子基本上继承了殷周以来传统的"天人合一"天道观,"命"是其核心。但在对天道、鬼神、生死等方面表现了存疑态度。孔子整个思想体系的核心是"仁"。"仁"是"礼"的内容,"礼"是"仁"的目的,"仁"服从"礼","礼"是为氏族奴隶制服务的。而孔子的知识论和教育思想,包含着较多的唯物主义因素,重视社会生活和教育活动的经验,有唯物主义经验论的倾向。总的来说,孔子的哲学思想体系,基本上是唯心主义的。正因为孔子哲学思想有两种不同的倾向,所以,后儒从不同角度继承和发展了他的思想。

1960 年

1. 中国科学院山东分院历史研究所举行"孔子评价问题讨论会"

3月,中国科学院山东分院历史研究所主办的"孔子评价问题讨论会"在山东济南举行,来自北京及其他省、自治区、直辖市的 300 余人参加了此次会议。

会议以"孔子评价问题"为主题,讨论的主要内容有:孔子所处的时代及其代表的阶级;孔子思想在当时所起的作用;孔子思想何以成为中国历代封建统治阶级的指导思想;孔子教育思想和天道观。

会后,中国科学院山东分院历史研究所编《孔子讨论文集(第一集)》,于 1961 年 3 月由山东人民出版社出版。

2. 冯友兰发表《论孔子》

7 月 22 日、29 日,冯友兰在《光明日报》发表《论孔子》一文,运用阶级分析的方法,分析、评价了孔子及其学说。

文中指出:在奴隶社会向封建社会转化过程中,孔子的思想代表了新兴地主的阶级立场,因而是进步的。但孔子的思想维持传统的旧框架,套进了新内容,政治思想偏于保守。天、鬼观念受到传统思想的影响,又有新的成分,自然观基本上是唯心的。"仁"是孔子首先提出的,重视人、爱人是进步的表现。在文化教育上,孔子把整理古籍和传授古典作为重要工作,新的东西占主要地位。孔子是中国古代的一位伟大的启蒙思想家,创立了中国最早的学术流派,第一个提出了比较系统的理论体系。孔子的哲学观点,标志着古代思想开始从神权的束缚中解放出来。孔子注重实际、注重现实的观点在当时是进步的。孔子把人、现实生活提到重要的地位。

3. 童书业发表《孔子思想研究》

童书业(1908—1968),字丕绳,号庸安,安徽芜湖人。中国现代历史学家,先秦史专家和文物史专家,古史辨派代表人物之一。曾任《禹贡》编辑,光华大学教授,上海博物馆历史部、总务部主任。后相继担任山东大学历史系副主任,山东大学文学研究所研究员,山东省科学委员会委员等。

12 月 31 日,童书业在《山东大学学报(历史版)》第 1 期发表《孔子思想研究》一文,认为孔子思想"进步的成分极大"。

文中首先肯定了孔子在中国思想史上的地位,"孔子是我国思想史上一个最伟大的人物,在他之前没有正式的有系统的哲学思想(今老子书中的哲学思想,是战国时代的产物),在他以后整个封建时代的哲学思想,都和他的思想有直接或间接的关系;从他的时代起,在他领导下,中国开始形成了一个最有势力的大学派——儒家,在先秦时代就已取得相当优势;到汉武帝以后,这个学派更取得思想界独尊的地位,一直到五四运动时代,它的独尊地位才被真正推翻。研究中国古代中世纪思想史,首先应该研究孔子的思想,是没有什么疑问的"。

该文论述了从奴隶制向封建制过渡阶段开始时期的社会历史背景,孔子的身世生平及其上层士大夫的立场,孔子维护贵族阶级的统治的主张,进而论述了孔子的宇宙观、伦理思想、政治思想、教育思想等。认为孔子的"自然主义"倾向和怀疑鬼神的态度含有唯物主义的成分;孔子相信"天"、"命"的观点又是宗教的唯心论。但从孔子的整个思想来考察,"唯心论显然是主导的"。孔子伦理思想的阶级性是显著的,是"贵族、士大夫(至多包括上升的庶人)的伦理"。孔子的政治思想是宗法封建的保守思想,但也有不少较进步的民主思想,既主张维护宗法封建秩序,又主张"举贤才"等等,是矛盾的。孔子的教育思想是较进步的,主张"性相近"、"有教无类"、学思并重、下学上达,采用启发式的方法,因人施教等,这部分内容有较多的进步因素,当然也有局限性。该文观点曾引起学术界重视,但明显具有疑古思潮的倾向,如认为研究孔子思想最可靠的材料是《论语》中的前 15篇等。

1961 年

1. 中国科学院山东分院历史研究所编《孔子讨论文集》(第一集)出版

3 月,中国科学院山东分院历史研究所编《孔子讨论文集》第一集由山东人民出版社出版。该书是会议①论文的选编,收录杨向奎、冯友兰、汤一介等人论文 16 篇。该书主要涉及以下四个问题:第一,孔子所处的时代及其所代表的阶级;第二,孔子的天道观及其思想在当时所起的作用;第三,孔子的教育学说及其在文化上的贡献;第四,孔子的思想何以为后来中国历代封建统治阶级所推崇和利用。

2. 关锋、林聿时发表《论孔子》

关锋(1919—2005),原名周玉峰,字秀山,曾用名庆云、何明,山东庆云人。②

5 月 1 日,关锋、林聿时在《哲学研究》第 4 期发表《论孔子》一文,论述了孔子的政治思想、哲学思想、教育思想、阶级立场等。文中指出:孔子当时在教育文化方面是一个杰出人物,"但是,在政治方面,却大半是逆乎时代潮流的",保守而反动。"孔子的'仁'和'礼'学说,就是改良主义。就是基本上站在奴隶主立场调和阶级矛盾。""孔子的政治理想

---

① 即 1960 年 3 月中国科学院山东分院历史研究所主办的"孔子评价问题讨论会"。

② 关于关锋更详细的介绍,参见本书《学案卷》(下)之"关锋儒学学案"条目。

是'改良'过的西周社会。"孔子的哲学思想贯彻着折衷主义,他的世界观是主观唯心主义和客观唯心主义的折衷杂拌。孔子的教育方法有一些唯物主义因素,但因教育是为政治服务的,也就不能不具有保守色彩。最后断言孔子的阶级立场,"是站在代表没落奴隶主贵族的鲁公室一面",一贯反对新兴地主阶级的。

3. 冯友兰发表《论孔子关于"仁"的思想》

5 月 31 日,冯友兰在《哲学研究》第 5 期发表《论孔子关于"仁"的思想》一文,论述孔子及其思想。文中指出:"孔子是从奴隶主贵族转化来的地主阶级思想上的代表……他的自然观是唯心主义的。他的政治思想是改良主义的。"进而阐述了对孔子"仁"的观点,认为"克己复礼为仁",就是孔子的"仁"的定义。实行"仁"的方法,从积极方面说即"己欲立而立人,己欲达而达人",这样的道德孔子叫作"忠";从消极方面说即"己所不欲,勿施于人",这样的道德孔子叫作"恕"。真能实行忠恕之道,也就初步地达到了"仁"的程度。"克己"是仁的内容的一个主要方面。专从"克己"这一方面看,孔子所讲的"忠恕之道",在人与人的关系上,是一个很大的进步。这表示孔子认为自己跟别人是平等的,人与人之间从一定的角度看,有一定的平等关系。

4. 梁启雄发表《孟子思想述评和探源》

梁启雄(1900—1965),字述任,梁启超胞弟,广东新会人。中国古典文学家。曾任教于辅仁大学、燕京大学中文系、历史系,北京大学中文系、哲学系。

8 月,梁启雄在《新建设》第 8 期发表《孟子思想述评和探源》一文。文中指出:孟子的仁政思想包括"使人民有足够维持生活的恒产,减轻对人民的剥削与压迫,统治者应'与民同乐'"。认为孟子确实具有一定的民主观点:社会上人民是最宝贵的;君主应征求民意;人心之向背为君主得天下或失天下之主要条件;暴君肆虐,人民有权报复。孟子这种富于人民性的思想,在先秦诸子中不多见,具有进步意义。

5. 中国哲学会、北京市哲学会举行"孔子评价问题讨论会"

10 月 26 日,中国哲学会、北京市哲学会主办的"孔子评价问题讨论会"在北京大学举行,郑昕、赵纪彬、冯友兰、关锋、林聿时、梁启雄、朱谦之、黄子通、任继愈、张恒寿、高羽、吴传启、石峻以及北京大学、中国人民大学等校青年教师共 30 余人参加了讨论会。①

会议以"孔子评价问题"为主题,讨论中存在着两种对立的意见:一种意见认为孔子是代表奴隶主贵族利益的,政治立场基本上是反动的;一种意见认为孔子是代表新兴地主阶级利益的,政治立场是进步的。讨论的双方,除了对孔子所提出的基本范畴"仁"的理解存在着分歧以外,主要涉及的问题还有划分当时思想家的进步与反动的标准问题、孔子与他同时代的其他思想家的关系问题、研究孔子的史料依据和方法论问题。②

---

① 长江:《中国哲学会和北京市哲学会在我校讨论关于孔子的评价问题》,《北京大学学报(人文科学)》1961 年第 6 期。

② 徐志祥、李金山主编:《孔子研究四十年》,巴蜀书社 1990 年版,第 313 页。

1962 年

1. 高亨发表《孔子思想三论》

高亨(1900—1986),初名仙翘,字晋生,吉林双阳人。中国现代古文字学家、训诂学家、先秦文化史研究专家。[①]

1月31日,高亨在《哲学研究》第1期发表《孔子思想三论》一文,认为孔子的"仁"有较多方面的进步意义。文中指出:"孔子把人民的为'盗'与'无道'的责任归在统治者的身上,是含有进步因素的。……孔子主张爱民、养民、利民、富民、教民,最高理想是安民和博施于民;反对统治者的赋税剥削、徭役剥削、刑罚压迫过分残酷。他所主张,正如孟子所说'所欲与之聚之';他所反对,正如孟子所说'所恶勿施'(并见《孟子·离娄》上)。前者是忠,是积极之仁。后者是恕,是消极之仁。那末,孔子对待人民是根据仁与忠恕的精神,符合仁与忠恕的原则。这种对待人民的态度和方针是值得肯定的。尤其在春秋时代,各国统治者,一般说来,都贪婪残酷,政是暴政,君是暴君,孔子提出这些,有较大的进步意义;对后代封建王朝,也起着一定的指导作用。"

2. 杨荣国发表《论孔子思想》

1月31日,杨荣国在《学术研究》第1期发表《论孔子思想》一文,认为在当时由种族奴隶制向新的封建制的转化过程中,孔子的思想基

---

① 关于高亨更详细的介绍,参见本书《学案卷》(上)之"高亨儒学学案"条目。

本上是维护种族奴隶制的。

文中指出:孔子的政治态度是保守的,他竭力维护当时走向没落的种族奴隶制,从而反对一切适应新的形势的变化与改革,力图参与如何维护种族奴隶制的一切活动;孔子的中心思想是"仁",是有它的渊源所在,是当时守旧派的意识形态;"仁"之基本内核的"孝""悌",其主旨则在巩固统治者氏族。最后指出,"孔子的思想,是通过荀子而在封建制时代起了作用,因而孔子成为封建社会的圣人,他的思想便转而为封建统治服务"。"随着中国封建社会的发展,以孔子为圣人则一,但解释所以为孔子的思想则不一,这是由于封建社会发展的各个时期的特点不同,反映在各个时期的封建统治中,对孔子思想作了不同的要求所致。"

3. 吉林大学举行"孔子讨论会"

1月,吉林大学主办的两次"孔子讨论会"在吉林长春举行,就历史系金景芳的论文《谈谈关于孔子评价问题》展开讨论。除吉林大学历史系、哲学系师生参加之外,还有吉林师范大学历史系、教育系,长春师范专科学校(后并入东北师范大学)历史科,中国社会科学院吉林分院历史、哲学研究所等单位的代表参加。

金景芳《谈谈关于孔子评价问题》一文,以孔子是"中国历史上伟大的教育家、杰出的史学家和哲学家"这一基本看法为纲,用大量的材料从三个方面做了详细的分析和论证。同时,针对关锋、林聿时的《论孔子》一文提出商榷,在"有教无类"、"人"和"民"、"君子和而不同,小人同而不和"、"天命"、"中庸"等一系列问题的解释上提出了自己的看法,特别是不同意关锋、林聿时认为孔子是"'主观'唯心主义和'客观'唯心主义的折衷杂拌"这一结论。

与会者对金景芳的论文展开了热烈的讨论,其中争论最大的是孔子的哲学思想。有人主张考查孔子的哲学思想,要以《论语》为主,不能把《论语》看成是孔氏的只言片语,《周易》只能作为辅助性的材料应用,因为《易传》与孔子的关系还有进一步研究的必要。对"天命"和"中庸"的解释也有争论。有人引《论语》中《季氏》、《颜渊》、《述而》、《先进》、《雍也》等篇,说孔子把生死、疾病、富贵等都归之于"命",认为是"天"所安排的,是宿命论的观点,而否定孔子的"天命"是自然规律。又有人据

《周礼》和宋儒对"中庸"的解释,论证"中庸"是相对主义和折衷主义,绝不是什么根据客观条件来决定主观行动,而是以儒家所维护当时已濒于崩溃的礼,来作为人们行动的标准,以防僭越和犯上作乱,实际上是阶级调和。关于孔子的哲学思想,大多数都不同意论文所说孔子思想是"唯物的和辩证的"结论。主要有两种意见:一种是主张孔子的哲学思想,是唯心主义占主导地位,因为孔子过分地强调了个人在历史上的作用和上层建筑的作用,但并不因此否认其思想中有朴素的唯物主义因素和自发辩证法的因素。另一种主张是,孔子动摇于唯物主义和唯心主义之间,辩证法和形而上学之间,其思想体系是矛盾的、复杂的。但是最终还是导至唯心主义和形而上学。这从孔子对"鬼神"、"天"、"命"三个问题的看法可以得到说明。孔子讲到"仁"就怀疑"鬼神",讲到"礼"(祭祀)又相信"鬼神"。在对"天"的理解上,有时认为是自然生成和运行的东西,但一接触人世的善恶、祸福、成毁时,又认为"天"是主宰。至于"命",在强调学习、修养等人的主观作用时,说"天命"可知;而谈到贫富寿夭、治乱安危等社会生活时,又坠入了宿命论的泥沼。①

4. 广东历史学会举行"孔子讨论会"

1月至2月,广东历史学会主办的"孔子讨论会"在广州举行,刘节、陈千钧、丘可贞、李日华、杨荣国、丘陶常、陈玉森、谢振民等参加了讨论会。讨论涉及孔子所处的时代、孔子思想的核心、对孔子思想的评价等问题。

刘节、陈千钧、丘可贞认为孔子处在封建社会时代,是站在新兴地主阶级立场为封建统治阶级服务的。李日华认为孔子是处于奴隶社会向封建社会急剧转变的时期,孔子思想所代表的正是这个新兴的幼弱的地主阶级思想的萌芽。丘陶常、杨荣国、陈玉森不同意上述看法。丘陶常认为春秋时期还是奴隶制社会,孔子是代表贵族奴隶主的利益的。杨荣国认为孔子是处在种族奴隶制向封建制转化的过程中,孔子的思想基本上是维护种族奴隶制的。陈玉森认为孔子是开明奴隶主这一派的代表。

---

① 《吉林大学举行评价孔子的讨论会》,《历史研究》1962年第1期。

对于孔子思想的核心——仁，也有各种各样的看法。刘节认为孔子"仁"的内涵主要是忠和恕两个方面。他还认为孔子的"仁学"思想，包括了"民"的内容，并认为"仁民"包括了统治阶级和被统治阶级。谢振民认为孔子"仁"的思想既包括了"君子"与"小人"（他们是统治阶级内部的两个阶层），也包括了被统治阶级。他认为统治阶级的"仁"就是"克己复礼"，"非礼勿视……"；被统治阶级的"仁"就是"安贫乐道"，甘愿受剥削。李日华认为孔子的"仁"就是人与人之间的关系，连被统治者也包括在内。陈玉森认为孔子的"仁学"中最可取之处，在于把宗教、天神观念变为伦理化、道德化，把"天"归结于"道"，实际上是带有"泛爱众"的"人本主义"思想。杨荣国认为孔子"仁"的范围，不仅包括奴隶主统治者，也包括没落奴隶主，但是不包括奴隶。

由于对孔子所处的时代以及对孔子"仁"的看法不同，因此对孔子的评价也就不同。一种意见认为孔子思想中进步性是主要的；另一种意见认为孔子思想中有进步的一面，但是保守则是主要的。在讨论中还涉及孔子的世界观问题。[①]

5. 刘节发表《孔子的"唯仁论"》

刘节（1901—1977），原名翰香，改名节，字子植，号青松，浙江温州人。中国当代历史学家。曾任中山大学历史系主任。

4 月 1 日，刘节在《学术研究》第 3 期发表《孔子的"唯仁论"》一文，认为孔子"仁"的内涵主要是忠和恕两个方面。文中指出："孔子的'仁'与'恕'有连带关系，仁恕，才能够不蔽；不蔽，才有'忠'；忠于己者，然后才能忠于人。孔子教人为学处世，首先是养成推理能力；推己及人谓之'恕'，'礼'是各种社会共行之秩序，其出发点在推己及人。""仁者虽一定要含有知者的性能，但比知者更为笃实刚毅。""孔子的仁，与其说它是处世哲学，还不如说是处世艺术。"

6. 曲阜师范学院举行"孔子讨论会"

5 月 21 日至 24 日，曲阜师范学院主办的"孔子讨论会"在山东曲

---

① 徐志祥、李金山主编：《孔子研究四十年》，巴蜀书社 1990 年版，第 317—319 页。

阜举行,来自山东省内近 50 名学者参加了会议。

会上宣读了高赞非的《孔子思想的核心——仁》、王先进的《对〈论语〉上几个名词的解释》、李毅夫的《孔子的时代、阶级和政治思想的阶级性》、郭克煜的《论孔子与季氏的关系》和李国榕的《关于孔子的教育心理思想的研究》等五篇论文。接着以大会发言与小组座谈相结合的方式,展开了热烈的讨论。会议讨论的问题,主要集中在以下几个方面。

第一,孔子所处时代的社会性质及其政治立场。一派认为,孔子所处的春秋时代是奴隶制社会,另一派则认为是由奴隶制向封建制的过渡时期。在孔子的政治立场问题上,多数人认为孔子代表新兴的士阶层、下层平民或者新兴的地主阶级,是进步的。少数人认为代表旧奴隶主,是落后和保守的。

第二,孔子与季氏的关系。与会者大多数不同意关锋、林聿时认为孔子站在奴隶主贵族立场上反对代表新兴地主阶级的季氏,所以是保守的论点。一种意见同意季氏代表新兴地主,但认为孔子并不反对季氏;另一种意见根据对"初税亩"、"用田赋"等并不意味着新生产关系的出现的分析,指明季氏并不代表新兴势力,而是代表着落后势力的旧贵族;还有一种意见从春秋时代是奴隶制进一步发展的前提出发,指出当时根本没有地主,当然也就谈不到季氏代表地主阶级。

第三,关于孔子学说核心的问题。一种意见认为孔子学说的核心是"仁",以高赞非为代表。高赞非指出,孔子的"仁"的一般的意义是"爱人",其特殊的意义是一种"忘我的、无私的、积极奋斗的精神",而更本质的意义,则在于它构成了孔子世界观的主要部分。在同意"仁"是孔子思想核心的前提下,对"仁"的含义,也还有不同的看法,有人认为"仁"是有严格阶级性的,还有人认为把"仁"说成"忘我无私的精神",似乎提得太高了。另一种意见认为"礼"是孔子思想的核心,是比"仁"更为重要的东西,并把"礼"直接解释成"周礼",指出孔子这样企图恢复西周时代的"礼"的主张,是保守的和落后的。有人提出不同见解,认为孔子学说中的"仁"和"礼"乃是一种内容与形式的辩证关系,把二者割裂开来而强调"礼"的落后性是没有根据的。

第四,关于孔子思想批判继承的问题。问题是由高赞非的论文首先提出的。高赞非认为,孔子"仁"的思想在我国"五四"之前两千多年的历史上,一直闪耀灿烂的光辉,产生了深远的影响。并提出我们今天应该站在无产阶级立场上,对之批判地加以吸收和发扬。接着有人作了补充,有的说继承可以有两种方式:一种是转化,即继承不同阶级的东西;另一种是改造,即有批判地吸收以达到古为今用的目的。

此外,会议还讨论了儒家思想与法家思想孰为进步,以及孔子教育思想中的心理学因素等问题。①

7. 高赞非发表《孔子思想的核心——仁》

高赞非(1906—1969),原名佩纶,山东郯城人。中国当代儒家学者。②

5 月 31 日,高赞非在《文史哲》第 5 期发表《孔子思想的核心——仁》一文。文中指出:"仁"是孔子的思想最核心的问题。孔子的"仁"的一般的意义是"爱人",其特殊的意义是一种"忘我的、无私的、积极奋发的精神",而更本质的意义,则在于它构成了孔子世界观的重要组成部分,是孔子一切思想的出发点和归宿点。认为孔子"仁"的思想在我国"五四"之前两千多年的历史上,一直闪耀灿烂的光辉,产生了深远的影响。并提出,我们今天应该站在无产阶级的立场上,批判地加以吸收和发扬。

8. 蔡尚思发表《孔子思想核心剖视》

7 月 10 日,蔡尚思在《文汇报》发表《孔子思想核心剖视》一文,认为"礼"是孔子思想的核心。文中指出:仁的基础和先务是孝;执仁的准绳和目标是礼,孔学主要是礼学。仁的限度是中庸,仁的实际方法是忠恕。这就构成一个以仁为核心、以孝和礼为主要内容的儒家道德思想体系。

9.《学术月刊》发表"关于孔子思想的研究和讨论"笔谈

7 月 30 日,《学术月刊》第 7 期发表"关于孔子思想的研究和讨论"

---

① 《曲阜师范学院举行孔子讨论会》,《文史哲》1962 年第 4 期。
② 关于高赞非更详细的介绍,参见本书《学案卷》(下)之"高赞非儒学学案"条目。

笔谈,嵇文甫、冯友兰、周谷城等人撰文参与了讨论。

嵇文甫指出:孔子学说在两千多年来的历史上是经过许多变化的。事实上各时代有各时代的孔子,各学派有各学派的孔子,有汉儒的孔子,有宋儒的孔子,还有康有为的孔子……假如不划清界限,把他们所说的都统统算到孔子账上,无论是褒是贬,岂能符合实际。可是也许有一种情况,即在孔子那里本有某种思想的萌芽,或者说某种思想倾向,而到后来发展胀大了。

冯友兰指出:现在关于孔子的讨论,基本上分为四派:第一派认为孔子是当时奴隶主贵族或封建领主在思想战线上的代表,他的思想完全是保守的,甚至是反动的。第二派认为孔子是当时人民群众在思想战线上的代表;他的思想完全是进步的,甚至是革命的。第三派认为孔子是当时的奴隶贵族或封建领主在思想战线上的代表,但也是个改良主义者,他的思想中有新的一面,但是这一面不是主要的,维护旧制度的一面是主要的,所以孔子基本上是当时的一个保守的或反动的人物。第四派认为孔子是当时新出现的地主阶级在思想战线上的代表,但还是个改良主义者,他的思想有新的一面,这是主要的;维护旧制度的一面不是主要的。所以孔子基本上是当时的一个进步人物。冯友兰认为,第四派的看法是对的。

周谷城指出:孔子是我国伟大的先哲,是值得我们纪念的;但就学术观点看,他的学术思想,还有待于我们的讨论和再认识。孔子一生以教学为事,其弟子达三千人,身通六艺者有七十二。孔子最熟悉旧籍,后世所谓《六经》,几乎都经过他的整理或补充。孔子在历史上,对于民族精神的激发或表现,有直接关系。假使祖国没有孔子学术思想的传统,印度佛教之来,如入无人之境,西方文化之来,如入无人之境,我们将转疑祖国没有民族精神。民族精神,不一定反对外来影响,但亦不是完全无条件地接受外来影响的。

这组笔谈力图以马克思列宁主义和毛泽东思想为指导,对孔子和先秦其他诸子思想进行科学的剖析以作出正确的评价。

10. 任继愈发表《孔子——奴隶社会的保守派、封建社会的"圣人"》

任继愈(1916—2009),曾用名又之,山东平原人。中国当代哲学家、宗教学家、历史学家。[①]

8月29日,任继愈在《北京大学学报(人文科学)》第4期发表《孔子——奴隶社会的保守派、封建社会的"圣人"》一文。文中指出:"从孔子对于他的时代的特点的总估计,不难看出他是站在奴隶主阶级立场的。他认为打乱了旧秩序,是'无道',他甚至断言这种无道现象决不会维持长久,最多延三代五代,就会垮台。从孔子对当时社会上发生的重大政治事件的态度,也可以证明孔子是站在奴隶主立场,反对新兴封建势力的。""不能抽象地把'举贤才'理解为后来封建制社会的官僚察举制度。""孔子在春秋时期为奴隶主献策,行不通的一些主张,汉代地主阶级把它改造为地主阶级的哲学。汉以后的地主阶级借用了孔子礼乐征伐自天子出,反对僭越,加强等级制度的政治思想。""汉代封建学者填充上新的阶级内容(作新的解释),改造为加强封建中央集权,反对分散割据的武器",所以孔子又成了封建时代的圣人。文章最后对孔子的功过作了总体评价:"如果对孔子这个历史人物进行全面评价,他的贡献大于他的缺点;单就哲学这一个方面看,他的缺点多于他的贡献。"

11. "东方人文学会"成立

8月,唐君毅、牟宗三等中国香港、台湾地区新儒家联络美国、韩国、新加坡、日本、加拿大、澳大利亚等国家的中国儒学学者,成立"东方人文学会"。

该会是一个世界性的儒学文化学会,唐君毅任会长。该会贯彻儒家"以文会友、以友辅仁"宗旨,努力实践内圣外王之道,发展中国文化,致力于儒家文化的"现代化",要"使孔子成为真正世界的孔子,使东方文化发展成为世界文化"。该会是现代新儒家宣传中国文化和新儒学的重要阵地。

---

① 关于任继愈更详细的介绍,参见本书《学案卷》(下)之"任继愈儒学学案"条目。

12.《哲学研究》编辑部编《孔子哲学讨论集》出版

9月,《哲学研究》编辑部编《孔子哲学讨论集》由中华书局出版。该书收录 20 世纪 60 年代初有关孔子的哲学思想的论文 23 篇。书中主要涉及以下四个问题:第一,孔子的阶级立场;第二,孔子的政治学说;第三,孔子的哲学思想;第四,对孔子思想的评价问题。书后附有 1951—1962 年 6 月发表的 52 篇相关论文的索引。

13."全国孔子学术研讨会"举行

11 月 6 日至 12 日,山东历史学会、山东历史研究所联合主办的"全国孔子学术研讨会"在山东济南举行,来自全国 16 个省、自治区、直辖市,160 多位学者出席了会议。①

14. 山东师范学院举行"孔子讨论会"

11 月,山东师范学院历史、中文、教育等系举行"孔子讨论会",探讨了孔子的军旅之学、孔子与季氏的关系、孔子的天道观等问题。

关于孔子的军旅之学,大家认为,出身于"士"的孔子,受过"射"、"御"的基本军事训练,而"射"、"御"也是孔门的教育内容之一。但是对孔子在军事方面的成就,评价不同。有人认为孔子还没有建立一套军事思想,不是一位军事家;有人认为孔子有军事理论,但是能否称其为军事家暂存疑;更多的人认为孔子既有军事理论,也有军事活动,确是一位军事家。对孔子的军事思想的内容也有不同看法。有人认为孔子军事思想的中心是"足食、足兵","富之、教之",所谓"教之",主要是教民以战;有人认为"教之"虽有教战的内容,但主要是教民以诗、书、礼、乐。有人认为孔子的军事思想中包含反对强暴的精神和辩证法的因素。多数人认为孔子的军事思想是与其爱民思想相联系的,是其"仁"学表现的一个方面。

关于孔子与季氏的关系,有人认为季氏究竟代表什么势力和对孔子的评价是两回事,不能混为一谈。从孔子反对或拥护季氏的一系列

① 关于此次研讨会更详细的介绍,参见本书《纪事卷》之"全国孔子学术研讨会"条目。

政治问题上可以看出,孔子的立场是进步的。有人认为孔子和季氏都代表奴隶主阶级,他们之间的矛盾是奴隶主阶级内部的矛盾。也有人认为他们之间的矛盾是封建地主阶级内部的矛盾。

关于孔子的天道观,有人认为孔子有"尊天"思想,但对鬼神基本上采取否定态度,孔子的进步的天道观与其进步的政治思想是一致的。也有人认为孔子的天道观是倾向唯心主义的。但多数人认为孔子并未否定"天命",但更重视人事,他的政治思想则是进步的。①

---

① 徐志祥、李金山主编:《孔子研究四十年》,巴蜀书社 1990 年,第 322—323 页。

1963 年

1. 赵纪彬发表《哲学史方法论断想——从春秋的"人"概念看孔子"仁"的思想实质》

赵纪彬（1905—1982），原名化南、济焱，字象离，笔名向林冰、纪玄冰，河南安阳人。中国现代哲学家、教育家、政治活动家。[①]

1 月 31 日，赵纪彬在《哲学研究》第 1 期发表《哲学史方法论断想——从春秋的"人"概念看孔子"仁"的思想实质》一文，阐释了孔子"仁"的思想实质。文中指出：春秋时期的"人"的概念，是奴隶制向封建制过渡时期特定的人的相互关系的反映，亦即"人的社会性"、"人的历史发展"的特定阶段的反映。孔子的"仁"的思想，是对于春秋过渡时期"人"概念所进行的特定的理论概括。孔子"仁"的思想中所谓"爱人"是否"爱一切人"，必须在"马克思主义的历史主义"观点上，对春秋"人"概念进行阶级分析，才能求出符合实际的结论。把哲学社会科学中"人"概念当作语言学上的"一个名词"或逻辑学上的"普遍性形式"，从而忽视或否认其阶级实质，并进而将"仁者爱人"阐释为"爱一切人"，就只能是超历史、超阶级的反科学论断。春秋时期"人"概念的外延既然只包括统治阶级，则奴隶或农奴自不能称"人"。此在《论语》的"人"、"民"对举章句中最为明确。"人"既专指统治阶级，"爱人"的外延当亦限于统治阶级。孔子"仁"的思想，在春秋过渡时期的历史条件下，在君子维新

---

① 关于赵纪彬更详细的介绍，参见本书《学案卷》（下）之"赵纪彬儒学学案"条目。

路线的阶级局限下,"爱人"即是"举人",举人中的"直者"即是"仁者爱人"的本义。因此,"爱人"不是爱一切人。

2. 牟宗三著《中国哲学的特质》出版

1月,牟宗三著《中国哲学的特质》一书由香港人生出版社出版。该书是牟宗三先生的讲演稿,以儒家思想为讲述对象,而略及释道。全书分为十二讲。第一讲,引论:中国有没有哲学?第二讲,中国哲学的重点何以落在主体性与道德性?第三讲,忧患意识中之敬、敬德、明德与天命。第四讲,天命下贯而为"性"。第五讲,孔子的仁与"性与天道"。第六讲,由仁、智、圣遥契性、天之双重意义。第七讲,主观性原则与客观性原则。第八讲,对于"性"之规定(一)《易传》、《中庸》一路。第九讲,对于"性"之规定(二)孟子一路。第十讲,复性的工夫。第十一讲,中国哲学的未来。第十二讲,作为宗教的儒教。该书从中国哲学的一些基本命题入手,步步深入、环环相扣、层层阐发,并随机比观西方哲学的相应范畴,对应时代人生引起基本问题,呈现中国哲学的基本特质,揭示哲学的意义与价值,并从宏观上揭示中国哲学的发展路向。

3. 严北溟发表《论"仁"——孔子哲学的核心及其辐射线》

3月,严北溟在《江海学刊》第3期发表《论"仁"——孔子哲学的核心及其辐射线》一文,认为孔子的"仁"具有唯物主义观点的因素。文中指出:孔子"仁"的思想与孔子所处的春秋末期是一个社会大变革时代密切相关,认为孔子的阶级立场是保守的,而它的学说思想是进步的,并且指出"仁"的阶级实质,也就是孔子的阶级立场。孔子的"仁",要求统治者把奴隶仍当作"人"看待。这就使孔子的"仁"具有了唯物主义观点的因素。孔子思想客观上适应了奴隶制瓦解的趋势,反映了时代的某些进步要求。

4. 任继愈著《中国哲学史》(第一册)出版

7月,任继愈著《中国哲学史》第一册由人民出版社出版。书中指出:"孔子是中国春秋时期的重要哲学家、博学的学者、政治活动家、伟大的教育家","一生致力于维护正在崩溃中的奴隶制度（周礼）";孔子的哲学思想体系是唯心主义的,"孔子不但认为天是个人的生死祸福的主宰者,天也是自然界的最高主宰者";"孔子是中国历史上最早公开讲学的教师";"孔子一生受新兴封建势力的排斥",是因为"孔子所提出的理论,是不合当时历史发展趋势的";"作为教育家和作为历史家、古典文献专家的孔子,他的积极贡献是主要的"。

5. 钱穆著《论语新解》出版

12月,钱穆著《论语新解》一书由香港新亚研究所出版。该书共分20篇,前10篇为上编,后10篇为下编。书中诠释《论语》之义:"语,谈说义,如《国语》、《家语》、《新语》之类。此书所收,以孔子应答弟子时人之语为主……当时诸弟子于孔子之一言一动,无不谨书而备录之可知。论者,讨论编次义。经七十子后学之讨论编次,集为此书,故称《论语》。""书中亦附记诸弟子语,要之皆孔门之绪言也。"该书将每篇分若干章,先将此章难字难句加以解释,然后解说该章要旨,最后将全章译为白话。"《论语》一书,乃孔门遗训所萃,此为中国最古最有价值之宝典";"孔子距今已逾二千五百年,今之为学,自不能尽同于孔于之时",但"孔子所开示者,乃属一种通义,不受时限,通于古今,而义无不然,故为可贵"。该书解说《论语》平实而多有新义,对历史上有关《论语》内容的争论,也在解说中作了简略介绍。

1965 年

《哲学研究》编辑部编《中国哲学史论文集》（第二集）出版

是年，《哲学研究》编辑部编《中国哲学史论文集》（第二集）出版发行，书中共收录 8 篇论文：《魏源思想初探》、《太平天国与儒家思想》、《吴廷翰的哲学思想》、《王夫之论本体和现象》、《中国逻辑思想史上类概念的发生和发展》、《论〈大学〉的"大学之道"》、《孔子思想核心的面面剖视》、《先秦"人"字概念略探》。这些论文多属初次发表，为哲学史界相关问题的研究提供了参考。

1966 年

1. "文化大革命"全面发动,冲击了孔子儒学的正常学术研究

5 月 16 日,中共中央政治局扩大会议通过了《中国共产党中央委员会通知》,简称《五·一六通知》。《通知》标志"文化大革命"的全面发动。这场文化意识形态的"革命"给全国带来了动乱,时间长达十年之久。在这十年动乱中,整个学术界的所谓批判与政治运动混淆在一起,真正的学术研究几乎中断,尤其是在对待孔子儒学问题上受到有史以来的最为彻底的政治批判,阻碍了孔子儒学的正常学术研究。

2. 陈立夫著《四书道贯》出版

陈立夫(1900—2001),名祖燕,字立夫,曾化名李融清、辜君明,浙江湖州人。曾历任蒋介石机要秘书、国民党中央秘书长、国民政府教育部长、立法院副院长等职。国民政府迁台湾后移居美国,潜心研究中华文化,推动中医药的发展和国际认可,晚年竭力推动海峡两岸的交流。

是年,陈立夫著《四书道贯》一书由台湾世界书局出版,该书阐明了孔孟之道与三民主义一脉相承的"道统"关系。该书取孔孟之道"一以贯之"之意,将《大学》、《中庸》、《论语》、《孟子》四书分格物、致和、诚意、正心、修身、齐家、治国、平天下等篇归纳讲解,使之成为一个有系统的整体。

1967 年

张其昀著《孔子新传》出版

张其昀(1901—1985),字晓峰,浙江鄞县人。中国现代地理学家、历史学家、教育家。曾任浙江大学文学院院长兼史地系主任,1949 年去台湾后,曾任"教育部"部长、中国国民党秘书长、"总统府"资政等要职,亦为中国文化大学创办人。

9 月,张其昀著《孔子新传》一书由台北"中华大典编印会"出版,全面系统地论述了孔子的家世、生平事迹和贡献。该书"孔子论女性"一节中指出:"唯女子和小人为难养也"中的"养"是指教养、陶养、修养的意思,一般妇女与朴质的乡下人(小人)一样,因为缺乏教育,在精神修养方面言,颇有难色。所谓"近之则不逊,远之则怨",是心理上缺乏节制的自然状态。在"理想的人物"一节中指出:孔子有个理想的人格,能符合这种理想的人是"君子";孔子心目中的理想道德是"中庸"。孔子学说的中心观念是人性的发扬与人格的完成。该书结语部分,肯定了孔子对人类文化的贡献:孔子是六大圣哲中对人类文化贡献最大的,因为孔学是完全统一的,且与任何其他宗教不冲突;以孔子为代表的中国文化对人类真正的和平的贡献最大;孔子不但为中国之至圣先师,亦为全人类的圣人。

1968 年

陈大齐著《论语臆解》出版

陈大齐(1886—1983)，字百年，浙江海盐人。中国当代心理学家。曾任浙江高等学校校长，北京大学教授、代理校长，台湾大学校长。

3月，陈大齐著《论语臆解》一书由台湾商务印书馆出版。书中选取《论语》中部分篇章加以诠释，但不是整章注释，凡不是孔子的言论或主张、不涉及孔子治学立说态度的言论，一概不加诠释。20篇中，《乡党》、《子张》、《微子》、《尧曰》四篇未作选注。

1969 年

蔡仁厚著《孔门弟子志行考述》出版

蔡仁厚(1930—),原籍江西雩都,现居台湾台中。现代新儒家代表人物之一。[1]

是年,蔡仁厚著《孔门弟子志行考述》一书由台湾商务印书馆出版。该书精述孔门弟子德行言行,借此寻找真正的"人格型范"。

书中指出:20 世纪的人失去了真实的自我,没有"天地悠悠"的情怀与"天长地久"的信念,一切只是"苟"。而孔子志行恰是不苟,孔门弟子正是一群不苟的人。书中列叙名氏见于《论语》的孔门弟子三十人,叙述其生平行谊、学识艺能、人格精神,兼及其资禀气度、才情声光,称其弟子均为有志于圣贤而拔乎流俗的豪杰之士,但都涵育在孔子圣贤教化之中,其人格精神同一化于孔子,归于永恒。他们追随孔子周游四方,怀道德文化之理想,践行弘扬生命之浩浩大道,传续文化之业,足以永世不朽。书后附《孔门弟子名表》与《孔门师弟年表》,衬显孔门师弟之时代背景。

---

[1] 关于蔡仁厚更详细的介绍,参见本书《学案卷》(下)之"蔡仁厚儒学学案"条目。

1972 年

罗联络著《孔孟学说之启示》出版

是年，罗联络著《孔孟学说之启示》一书由台湾商务印书馆出版。该书吸收西方现代哲学的观点阐释了孔孟学说。全书分上、下篇，上篇论孔子关于性善说、莅政临民、文学艺术、进德修业等的启示，下篇论孟子关于性心情才、仁义礼智、知言养气、尽心之道等的启示。书后附录七则，包括《欲仁与爱智》、《释君子怀刑小人怀惠》、《存在的意义》等文。书中吸收西方现代哲学的观点，将孔子之"欲仁"与苏格拉底之"爱智"相比较。有一些新见解，如说"君子怀刑"之君子为在位有德者，"刑"为"刑于寡妻"之刑；"小人怀惠"指平民只在怀惠范围内表现德行等。

1973 年

1.《人民日报》发表《孔子——顽固地维护奴隶制的思想家》

8 月 7 日,杨荣国在《人民日报》发表《孔子——顽固地维护奴隶制的思想家》一文,"评法批儒"开始。文中指出:"孔子一生都想做官,以实现他那套反动的政治理想。""孔子是顽固地站在日趋崩溃的奴隶制一边,坚决反对新兴的封建制改革的。""只有站在无产阶级的立场,运用马克思主义的历史唯物主义观点,才能揭穿孔子的反动本质。"

该文迎合了江青为首的"四人帮"的需要,奠定了整个批判孔子儒学的基调,在全国范围内掀起了"评法批儒"运动,为"批林批孔"运动创造了舆论基础。

2.《人民日报》发表《孔子是"全民教育家"吗?》

9 月 27 日,《人民日报》发表署名唐晓文①的《孔子是"全民教育家"吗?》一文,认为孔子是办私塾,是想把学生培养成恪守周礼的人,靠他们做官,以复辟西周奴隶制度。该文从区别"人"与"民"、"教"与"诲"入手,释"教"为对奴隶进行军事教练,释"有"为"宥","无类"为"不分氏族"。把"有教无类"解释为"不分族类,按地域编制,对奴隶进行强制教练",根本不是什么"不问贵贱,不分贫富"的进行全民教育。把"学而优则仕"释为鼓励"升官发财"的"修正主义教育路线"。

---

① 康生主管的中共中央高级党校写作班子的笔名,"唐晓"即党校谐音。

3. 杨宽编《孔子是造反派还是保守派?》出版

杨宽(1914—2005),字宽正,上海青浦人。曾任光华大学教授,上海市博物馆馆长。新中国成立后历任上海市文物保管委员会主任秘书、古物整理处处长,上海市博物馆馆长,上海市社会科学院历史研究所副所长,复旦大学教授等。

11 月,杨宽编《孔子是造反派还是保守派?》一书由河南人民出版社出版,认为孔子站在没落奴隶主阶级的立场,是保守派。书中指出:"孔子站在没落奴隶主阶级的立场,反对造反,鼓吹复旧。他不但要挽救奴隶制的灭亡,而且妄图把历史车轮拉回去,恢复西周(公元前 11 世纪到前 771 年)奴隶制全盛时期的政治体制。""评价一个历史人物,要判断是进步的还是反动的,看他对当时社会变革的立场和态度,是个关键。孔子在新旧社会的变革中,立场态度十分鲜明,极力反对顺着时代潮流的变革,反对新兴地主阶级的夺权斗争,而妄图恢复奴隶主贵族已经失去的'天堂'。"

4. 朱廷献著《孔孟研究论文集》出版

是年,朱廷献著《孔孟研究论文集》一书由台湾商务印书馆出版。书中指出:孟子所处之年代与孔子已完全不同了。孔子当春秋之世,虽已变乱,但周室尚可维系人心。孟子所处之战国时,较前已更混乱,又加上邪说暴行大作,率兽而食人,故孟子的言论较诸孔子更积极。

1974 年

1.《红旗》杂志发表《林彪与孔孟之道》

2 月 1 日,《红旗》杂志第 2 期发表北京大学、清华大学大批判组《林彪与孔孟之道》一文,批判林彪,批判孔孟之道,批判尊孔反法。文中指出:"反动的孔孟之道是林彪修正主义的一个重要来源。""'克己复礼'是孔子复辟奴隶制的反动纲领。"孔子的"复礼","就是要镇压奴隶起义,反对代表新兴地主阶级的法家的革新路线,把社会拉向倒退"。"随着批林整风运动的深入发展,必然要批判孔孟之道,批判尊孔反法的思想。""深入批判孔孟之道,批判尊孔反法的思想,对于彻底揭露和批判林彪修正主义路线的极右实质,对于加强思想和政治路线方面的教育,对于巩固和发展无产阶级文化大革命的成果,搞好上层建筑领域的革命,都具有重大的意义。"

2.《人民日报》发表《把批林批孔的斗争进行到底》

2 月 2 日,《人民日报》发表《把批林批孔的斗争进行到底》一文,指出:"一场群众性的深入批林批孔的政治斗争正在各个方面展开","各级领导都要站在斗争的前列,把批林批孔当作头等大事来议,当作头等大事来抓"。

3.《红旗》杂志发表《孔丘其人》

4 月 4 日,《红旗》杂志第 4 期发表北京大学、清华大学大批判组《孔丘其人》一文,批判孔子。该文把孔子描写为"七十一岁、重病在床的时候,听说齐国新兴地主阶级杀了奴隶主头子齐简公,夺取了政权,还拼命挣扎着爬起来,摇摇晃晃地去朝见鲁君,再三请求讨伐"。并影射性地批判孔子是"一个开历史倒车的复辟狂"、"虚伪狡猾的政治骗子"。文中说:"孔丘一上台,就立刻把复辟希望变成复辟行动,疯狂地推行他的反动政治路线,残酷地镇压劳动人民和新兴地主阶级,特别把广大妇女压在社会最底层。"

北京大学、清华大学大批判组的文章借歪曲历史的手段,以批判孔子、林彪为借口,大搞影射史学,在全国掀起了"批林批孔"运动。

4. 钱穆著《孔子与〈论语〉》出版

9月,钱穆著《孔子与〈论语〉》一书由台北联经出版事业公司出版。该书是钱穆阐述孔子学说,教读《论语》方法的结集。书中指出:儒家是一种"人文的宗教",孔子的教义具有"道地十足不折不扣的宗教精神"。钱穆突出强调"情"在儒家思想中的地位:"宋儒说心统性情,毋宁可以说,在全部人生中,中国儒学思想,则更着重此心之情感部分,尤胜于其着重理知的部分。我们只能说,由理知来完成性情,不能说由性情来完成理知。情失于正,则流而为欲。中国儒家,极看中情欲之分异。人生应以情为主,但不能以欲为主。儒家论人生,主张节欲寡欲以至于无欲。但绝不许人寡情、绝情乃至于无情。"

5.《人民日报》发表《继续搞好批林批孔》

11月24日,《人民日报》发表《继续搞好批林批孔》一文,指出:"搞好批林批孔,正是毛主席、党中央历次指示的重要组成部分。只有把批林批孔运动普及、深入、持久地进行下去,才能巩固和发展大好形势,夺取新的胜利。""批林批孔运动,巩固和发展了无产阶级文化大革命的胜利成果,对于我国社会主义事业的深远影响,已经而且将要越来越充分地显示出来。""要发挥工农兵理论队伍在批林批孔运动中的战斗作用,使他们在斗争中得到巩固和提高;同时采取多种方式,使专业理论队伍同工农兵理论队伍更好地结合起来。"

《人民日报》发表此文,使中国大陆本来纯属于学术问题的孔子研究进一步变成了严肃的政治问题,正常的学术研究气氛被进一步恶化和扭曲。

1975 年

1. 林剑鸣等编《从孔丘到曾国藩》出版

林剑鸣(1935—1997),秦汉史专家。曾任西北大学、中国政法大学教授,法律出版社副总编辑、总编辑,中国秦汉史研究会会长,陕西省文物管理委员会副主任等。

1月,林剑鸣等编《从孔丘到曾国藩》一书由陕西人民出版社出版。书中指出:孔子代表没落奴隶主贵族阶级的利益,反对人民革命、反对社会进步,主张复古倒退,是反革命复辟势力的祖师爷;孟子是孔家店的二掌柜,董仲舒是封建社会前期孔孟之道的吹鼓手,朱熹是封建社会后期的卫道士,王阳明是封建社会后期的刽子手和牧师,曾国藩是半殖民地半封建社会里尊孔卖国的黑样板。

2. 杨荣国主编《简明中国哲学史》(修订本)出版

5月,杨荣国主编《简明中国哲学史》[①]修订本由人民出版社出版。该书迎合了当时"评法批儒"的需要,为了突出阶级斗争,在百家争鸣中寻找阶级斗争的事例,达到借古讽今的目的。该书最突出的特点就是夸大"儒法斗争"。

该书序言指出:"两千多年的儒法斗争是历史上整个阶级斗争的一

---

① 杨荣国主编《简明中国哲学史》初版于 1973 年 7 月由人民出版社出版。初版最突出的特点是唯物主义与唯心主义的斗争,而修订本则重点突出"儒法斗争"。

个侧面。在不同的历史时期中,儒法斗争有着不同的阶级基础和政治内容,但总是革新与守旧、前进与倒退两条政治路线的斗争,同时在思想路线上则表现为唯物主义与唯心主义的斗争。法家要求革新和前进,因此在不同程度上都主张打破天命鬼神的迷信,有朴素的唯物主义和朴素的辩证法思想。与此相反,从孔丘起的所有儒家全都拼命鼓吹'畏天命'、'唯上智与下愚不移'和'天不变,道亦不变'等唯心论和形而上学。儒法两条思想路线的斗争,是中国哲学史上两军对战的重要组成部分。"

3. 冯天瑜著《孔丘教育思想批判》出版

冯天瑜(1942—),湖北红安人。武汉大学历史系教授、中国传统文化研究中心主任,湖北省社会科学联合会学术委员会副主任。

6月,冯天瑜著《孔丘教育思想批判》一书由人民出版社出版。书中指出:孔子办教育是为了挽救奴隶主贵族的"先王之教",为了推行"克己复礼"的政治路线,以达到"兴灭国、继绝世、举逸民"的反动目的。认为在教育战线上从来就存在着严重的阶级斗争,教育阵地是阶级斗争的一个极其重要的战场,"没落阶级千方百计抓教育阵地,这倒是一个值得注意的历史现象。它告诉我们,教育领域是革命阶级和反革命阶级生死搏斗的一个重要战场。如果革命阶级不抓包括教育在内的上层建筑,革命果实就有付诸东流的危险"。认为孔子的教育内容和教育方法受其反动政治路线制约,以唯心主义和形而上学为基础,是为培养复辟倒退人才服务的。孔子在治学方法上,反对"学稼"、"为圃"的劳动,提倡闭门读经,修身养性。在考察孔子教育思想对后世的影响以后指出:"在我国历史上,无论是走下坡以后的封建地主阶级、近代的买办资产阶级,还是混入我们党内的修正主义分子,都效法孔丘,把教育作为复古守旧,反对革新的武器,把'学而优则仕'、'闭门修养'、'以礼为教'、'以儒者为师'等儒家教育传统,全盘继承下来,稍加改装,变为他们自己教育体系的基本骨架。"

4. 冯友兰著《论孔丘》出版

9月,冯友兰著《论孔丘》一书由人民出版社出版。该书迎合了"批林批孔"的需要,丑化孔子。书中的主要观点有:第一,孔子是站在奴隶主阶级的立场上，代表的是奴隶主贵族的利益，他的思想在当时所起的作用是反动的。第二，"克己复礼"是孔子的反动的政治纲领。只承认孔子对"周礼"的"因"，不承认对"周礼"的"革"。第三，孔子的"仁"和"忠恕之道"是伪善的道德原则。第四，孔子是传统宗教的拥护者和宣扬者，在对待鬼神上，孔子宣扬的是一种"实用主义"的鬼神论。

后来有论者评述说，该书的观点完全否定了冯友兰以往在对待孔子的态度上的"主见"，是其一生的孔子研究中所走过的一段曲折之路。这一"曲折"的出现，一是由于他自己所无法控制的客观原因，即政治上的高压，只容许对孔子的否定，而压制和打击学术上对孔子有所肯定的观点和主张；二是他主观上的原因，因恐惧被批判而迎合政治潮流，说了一些违心话、极端话。①

5. 毛子水著《论语今注今译》出版

毛子水（1893—1988），名准，字子水，浙江江山人。中国现代历史学家。曾任北京大学、台湾大学等校教授。

10 月，毛子水著《论语今注今译》②一书由台湾商务印书馆出版。该书是毛子水在讲稿《论语校注》的基础上多次修改而成的。

该书"自序"中写道："我对这部书的注释，乃是为对古代经典已略知门径而且有相当的思辨力的人而作的。"毛子水认为，台湾"现在通行的注本，没有把旧时许多的误解匡正，而旧时若干通达的义训，反而废置不用"，因而对《论语》重新注解。其中，今注采用历代论语注本逐句注释。今译用现代汉语翻译。同时，"于文字训诂外，对思想史有关的典故，亦择要引述"。

该书是当今海峡两岸权威的《论语》诠释本之一。

---

① 高康：《冯友兰的孔子研究评述》，《中州学刊》1992 年第 6 期。
② 该书大陆版名为《论语今译》，1990 年 2 月由中国文史出版社出版。

1976 年

1. 林语堂卒

林语堂(1895—1976),原名和乐,后改玉堂,又改语堂,福建龙溪人。中国当代文学家、语言学家。曾任北京大学英文系主任、厦门大学文学院院长、联合国教科文组织艺术文学组组长、国际笔会副会长等职。

林语堂曾著剧本《子见南子》,讽刺孔子,批判尊孔读经活动,轰动一时。林语堂从中西文化的差异中对孔子进行了分析,认为孔子是"现实主义者"、"实验哲学家"和"人文主义者",认为孔子的思想近乎宗教而本身不是宗教。有论者指出,林语堂"强烈批判将孔子神圣化的做法,认为孔子并非是政治思想代言人,而是一个具有民间精神的思想艺术者,主张还原孔子本来面目,艺术化地将孔子书写成幽默、近情的常人;在中西文化交流语境中,孔子则被塑造成为一个既代表中国文化形象又彰显人性价值的中国人。林语堂通过发掘孔子这个儒者的道家气质,给我们塑造了一个活泼泼的、不同于以往的孔子形象,鲜明体现出他对以儒、道为主的中国文化的深刻反思与崭新理解"[①]。

3 月 26 日,林语堂于香港逝世,终年 82 岁。

[①] 赖勤芳:《论林语堂对孔子形象的消解与重建》,《社会科学辑刊》2007 年第 5 期。

2. 芮沃寿卒

芮沃寿(Arthur Frederick Wright,1913—1976),美国汉学家。哈佛大学哲学博士,耶鲁大学教授,与费正清同为美国汉学研究的奠基人。曾任美国中国思想研究会主席,美国历史协会、美国亚洲研究协会会员,并长期担任中华文明研究委员会会长。

芮沃寿是 20 世纪 50 年代美国知名的中国历史、佛教研究学者,在儒学方面也有比较高的造诣。芮沃寿认为,儒家思想在中国两千多年来,一直存在并具有普遍深入的影响,那些创造中华文明并使其永存的人都受到儒家传统的深刻影响;并认为"外在研究理路"最适合于儒家思想的研究。芮沃寿著有《中国历史上的佛教》(*Buddhism in Chinese History*)、《行动中的儒教》(*Confucianism in Action*)、《儒家信念》(*The Confucian Persuasion*)、《儒家人格》(*Confucian Personalities*)、《儒家与中国文明》(*Confucianism and Chinese Civilization*)等。

8 月 11 日,芮沃寿于美国康涅狄格州新伦敦逝世,终年 64 岁。

1977 年

1. 邱镇京著《论语的思想体系》出版

4月,邱镇京著《论语的思想体系》一书由台湾文津出版社出版。该书共分正文十章,附编二章。正文为孔子思想之本论,介绍了孔子的思想渊源、仁学思想、教育思想、政治思想、修为思想、礼乐思想、经济思想、军事思想、外交思想和宗教思想。附编一为孔子的传记,一为《论语》概说,旨在帮助人们认识孔子的伟大人格,并作为《论语》一书的导读。

书中指出:要想正确认识孔子思想的形成,就必须了解其思想的来源。影响孔子思想形成的因素主要有三个:一是历史道统。道统就是古圣先贤之所传述,而为后人所崇法者。孔子平生"信而好古",将自尧、舜、禹、汤、文、武、周公传承下来的一贯道统继承下来,并传于后世。二是时代背景。当时的政治环境是天下无道,诸侯放恣,且僭越犯分,攻伐不息;社会环境是纲纪沦亡,风气败坏;思想环境是异端邪说横行。孔子一生奋斗不息,就是期望能转变这种状况。三是学术基础,主要是《易》、《诗》、《书》及老子的学说。《易》、《诗》、《书》对孔子的影响是显而易见的,老子的"无为哲学"对孔子也有着莫大的影响。这三个因素是孔子思想形成的基础,了解这些,有助于对孔子思想的认识。

2. 方东美卒

方东美(1899—1977),名珣,字东美,曾用笔名东瀛,后以字行世,安徽桐城人。中国哲学家,现代新儒家代表人物之一。①

7 月 13 日,方东美病逝于台北,终年 79 岁。

3. 罗世烈发表《孔丘何尝代理宰相》

罗世烈(1931—   ),四川内江人。四川大学历史系教授,主要从事中国先秦思想文化史研究。

8 月 29 日,罗世烈在《四川大学学报(哲学社会科学版)》第 4 期发表《孔丘何尝代理宰相》一文,反对以"影射史学"的思维方式研究孔子儒学。

文中指出:"四人帮""从《论语》、《左传》、《史记》、《孔子家语》等史料价值不同、记载分歧矛盾的古书中,摘取片段适合他们需要的文字,随心所欲地加以曲解,精心拼凑为他们反动政治目的服务的历史假象。他们根本不管这些材料的相互矛盾冲突,也不问有无可靠依据,更不去分析它是否符合当时社会历史条件。这正是'古为帮用'的影射史学惯用手法,是装腔作势借以吓人的骗术。表面上粗看起来好像无一字无来历,仔细一分析,却完全是想当然的弄虚作假杜撰典故。它不仅在政治上反动透顶,在学术上也是缺乏根据、主观编造、毫无科学价值的瞎说而已"。该文以孔子代理宰相问题为例,从史料的分析中论证了孔子不曾代理宰相的观点,并且指出"'四人帮'根本不是在讲历史。在他们手里,历史人物不过是他们借古讽今、影射攻击现实的道具而已"。

---

① 关于方东美更详细的介绍,参见本书《学案卷》(上)之"方东美儒学学案"条目。

1978 年

1. 唐君毅卒

2 月 2 日,唐君毅病逝于香港,终年 70 岁。[①]

2. 杨承彬著《孔、孟、荀的道德思想》出版

杨承彬(1925——　),吉林永吉人。曾任台湾政治大学教授,台中市教育局局长。

6 月,杨承彬著《孔、孟、荀的道德思想》一书由台湾商务印书馆出版。该书分为"孔子道德思想"、"孟子道德思想"、"荀子道德思想"等部分,认为孔子以"仁"为中心概念,因而"仁"是中国道德思想中最中心、最主要的观念。书中指出:在孔子学说中,其他一切德无不是仁的表现,孝悌为行仁的起点,故称"仁之本";礼为行仁的标准,故称"克己复礼为仁"。仁、礼、孝用于政治,即为德治。孔子教人立身依于仁,行事从乎礼,居家尽乎孝,治国本乎德,此即"身修而后家齐,家齐而后国治,国治而后天下平"。

3. 庞朴发表《孔子思想的再评价》

庞朴(1928——　),字若木,原名声禄,江苏淮阴人。中国当代哲学

---

① 　关于唐君毅更详细的介绍,参见本书《学案卷》(下)之"唐君毅儒学学案"条目。

史家、哲学家。①

8 月 15 日,庞朴在《历史研究》第 8 期发表《孔子思想的再评价》一文。文中首先肯定了孔子思想所起的进步的积极作用,认为孔子是一位博学者、教育家、思想家和政治人物,有着巨大影响,其思想是中国过去文化中的重要成分,应予正确评判。同时指出,由于时代和阶级的局限性,其中存在着许多糟粕,因此必须全面地评价孔子。文中还揭露了"四人帮"批孔的政治阴谋。

该文是粉碎"四人帮"以后第一篇主要的不是从政治而是从学术的角度研究孔子的文章,标志着孔子研究进入了一个新的阶段。

4. 丁伟志发表《儒学的变迁》

丁伟志(1931—),山东潍坊人。曾任《历史研究》杂志社副主编、中国社会科学出版社总编辑、中国社会科学院副院长。

12 月 15 日,丁伟志在《历史研究》第 12 期发表《儒学的变迁》一文。该文概述了儒学发展、变迁的历史,呼吁审慎地鉴别和对待儒学。

文中指出:"像一切源远流长的古老学说一样,儒学在历史的长河中接受着检验,充实着和改变着自己的内容和形态。""长时期内儒学成为保存和传播中国古典文化的主要承担者。同时,儒学的政治主张和伦理观念也成为后世封建统治者采用的重要思想武器,成为中国历史上毒害和禁锢人们头脑的最大的、也是为时最长的传统力量。儒学的历史功罪,随着历史的进程,愈来愈清晰、愈来愈充分地展现出来。""儒学到了战国时期,不仅是分化了,而且有了很大发展,不论荀派还是孟派,都不是'率由旧章'的。""西汉儒学掺杂进那样明显的阴阳五行、神仙怪异的内容,从而形成了一种神学化的儒学。"汉代"被'独尊'的儒学,无论在政治主张上,还是在理论形态上,都大大背离了孔子儒学的原貌"。"儒、佛、道融合的新场面,恰恰在韩愈为主要代表的保卫'道统'、排斥佛教的运动中,奇异地拉开了序幕。""程朱理学的最大特色,就是用一套思辨的唯心哲理修正了孔子学说的那种缺乏哲理抽象的朴素的政论形态,同时便也取代了汉儒那种专讲灾异感应的粗鄙的神学

---

① 关于庞朴更详细的介绍,参见本书《学案卷》(下)之"庞朴儒学学案"条目。

形态。""程朱理学就是儒学的最后一种形态,正因为这样,当五四新文化运动兴起,矛头直指旧文化的老巢'孔家店'的时候,民主战士们着力声讨的就是程朱理学的'吃人的礼教'。当然,思想上的战斗不会像军事上攻城夺隘解决得那样干脆利落,而只能是一个旷日持久的长期斗争过程。"最后提出,"我们要恰如其分地给予封建社会中的传统文化以它实际应有的历史地位,审慎地鉴别和批判地继承包括儒学在内的一切文化遗产中的一切有用的东西"。

该文是一篇以理性的观点来阐释儒学的发展历程的学术文章,在学术界产生了重大影响,奠定了儒学史分期研究的基础。

1979 年

1. 冯契发表《孔子哲学思想分析》

冯契(1915—1995),原名宝麟,浙江诸暨人。中国哲学史家、哲学家。曾任上海哲学学会会长、中国哲学史学会副会长、中国辩证逻辑学会会长、华东师范大学哲学系名誉主任等。

1 月,冯契在《中华文史论丛》第 1 辑发表《孔子哲学思想分析》一文。该文以孔子实践活动的两重性展开论述,进而分析孔子的哲学思想,即仁、知和天命,认为这三点反映了孔子的伦理思想、认识论和天道观。文中指出:"孔子的天道观、认识论和伦理学都是可以一分为二的,虽然各部分中的合理成分所占比例并不一样。而从总体上说,孔子的哲学体系终究是个唯心主义的体系。但唯心主义体系和他的那些合理见解又是互相联系的。孔子尊重理性,有见于人的主观能动作用,从而使他能提出一些合理见解;但也只是由于他把理性原则、精神力量绝对化了,使他能构造出一个唯心主义哲学体系,以适应没落奴隶主阶级的政治需要。""运用辩证唯物主义来对孔子的哲学进行具体分析,就看到它不是没有根基的,它包含有人类认识的辩证运动的一个特征或一个必要环节,即理性的能动作用。孔子对这个环节作了初步的考察,提出了一些可贵的见解,值得我们批判地加以吸取;同时,他把这个环节片面地发展为脱离了物质的神化了的绝对,建立了中国哲学史上第一个重要的唯心主义体系,这也包含着极深刻的理论教训。"

2. 周予同发表《从孔子到孟荀》

5月1日,周予同在《学术月刊》第4期发表《从孔子到孟荀》一文,探讨了孔子到孟荀的儒家派别及其经籍传授的过程。文中指出:"孔子去世以后,他所创立的儒家学派,内部很快起了分化;他所整理的儒家经籍,也跟着出现了不同传本。到战国中、晚期,以孟轲、荀况为代表,儒家学派事实上已分成两派。""对韩非所谓儒家八派,学者解释不同,但也有几点比较一致:第一,孔子死后儒家便起分化,在战国时已形成多种派别;第二,不同的派别,不但都出于孔门,而且都仍属儒家,都在传授孔子之道;第三,派别之多,反映了战国时期儒术盛行,在学术界影响很大;第四,各派的具体主张和活动情形,由于文献不足,研究不够,因而不甚了了。""封建统治阶级由于荀子主张不法先王,不敬天地,否认命运、人性本恶诸说,不合自己愚民的需要,因而将他本人摒于道统之外,遂使荀子在儒学中的地位不及孟子显赫;并因此引起后人对荀子学说的种种误解,可是他实为孔子以后儒家的传经大师,实为战国末儒家学说的集大成者,实为秦汉时期为封建专制主义的统一政权准备了理论基础的儒家学派的先驱人物,则不能否定。"

3. 陈祥耀发表《孔子的历史作用及其对后代文学的影响》

陈祥耀(1922—　　),字喆盦,福建泉州人。中国韵文学会、福建省诗词学会顾问、中华诗词学会理事。

10月1日,陈祥耀在《福建师范大学学报(哲学社会科学版)》第3期发表《孔子的历史作用及其对后代文学的影响》一文,论述孔子的历史作用,孔子和我国古代文学发展的关系。文中指出:"孔子的思想有其保守、落后的一面,但他在政治上也提出一些进步的理论,在文化、教育上又作出巨大的贡献。就当时的历史条件看,他的贡献是不可低估的,他所起的进步作用是主要的。""有人说孔子在政治上维护西周礼制,是要复辟奴隶制。然《中庸》及《汉书·艺文志》说孔子和儒家都是'祖述尧舜,宪章文武'。孔子生平,实极推崇尧、舜之治,那么他所拥护的,就不全是所谓奴隶制了,因为尧、舜时代,还不是奴隶社会。《礼记·礼运》载孔子……'大同'之世,看来是被理想化了的原始共产社会的影子；'小康'之世，看来是阶级社会的写照。由原始社会进入阶级社会，是历史发展的必经过程，只有经过这一过程，才能再进入更高级的共产主义社会。孔子不知道这一社会发展的规律，向往过去的'大同'，或带有复古的倾向，或如康有为等所说的，带有'托古改制'的思想，都有局限性。但'大同'世界，显然不同于奴隶主专政的社会，也不是孔子所'宪章'的'文、武之治'的社会，由此更可以看出孔子思想的复杂性，更不宜简单地说他在政治上就是以复辟奴隶制或维护封建领主制为最高理想。"

同时，"孔子和我国古代文学发展的关系，对文学的影响，亦极其巨大"。"孔子对后代文学的影响，积极方面是主要的，但也有一些消极影响……形成后代儒者贬低描写爱情的文学作品的偏向，这和儒家的重'礼'的道德观念结合起来，又形成禁锢恋爱自由、压抑爱情作品的粗暴的思想行为，阻碍了文学的健康发展和人性的解放。《礼记·经解》载孔子说：'其为人，温柔敦厚，诗教也。'偏于肯定'温柔敦厚'的风格，就不利于那些反抗性、斗争性强，'金刚怒目'式的，敢于大喊大叫地攻讦统治阶级的文学的发展，也不利于真正表'怨'文学的发展。这是有利于统治阶级拿框框来束缚作者的。又孔子过分强调文学的经世致用，影响后代一些儒者形成狭隘的文学观念，看轻不是直接为军国大事服务的戏剧、小说，看轻描写作家个人感情和自然美的作品，削弱对作品的艺术形象的重视。孔子的一些落后、保守的政治、伦理观念，随着时代的前进，也愈来愈成为后代作家思想中的封建性糟粕。这些也是不容忽视的，也应该批判。"

4. 唐华著《中国原儒哲学思想史》出版

是年，唐华著《中国原儒哲学思想史》一书由台湾集文书局出版。该书以"体用如一，本末不二"的本体学说看待孔子思想，认为动而不乱即是静，静而不滞即是动，宋明理学之"灭人欲，存天理"，乃屏动求静，亦即遗现象而求本体，必与孔道不合。遂越过宋明理学，置汉代家法之歧异、今古文之聚讼及汉宋之纷争于不顾，直接考辨六经之窜乱与流变，来探求孔子之真面目，并将孔子以前之文化传统及孔子之后的各家各派，折衷于孔子之道。

5. 刘殿爵译《论语》(英译本)出版

刘殿爵(1921—2010),中国香港语言学家、翻译家、哲学家。曾在伦敦大学、香港中文大学执教中文及中国哲学。其《老子》、《孟子》、《论语》译本,是中国典籍英译典范之作。

是年,刘殿爵译《论语》英译本由香港中文大学出版社出版。该书导言介绍了孔子的生平、思想及其在思想史上的地位。正文 20 篇为中英文对照。刘殿爵认为,后世学者多根据自己的哲学观点阅读、理解《论语》,难免有曲解之处,因此努力按照原文本意译《论语》,力求比传统的解释更准确地把握孔子的思想,为重评孔子学说在中国思想史上的重要地位及其对当今世界的意义开辟道路。书后有附录三篇:《孔子生平中的几件事》、《〈论语〉中的孔子弟子》、《关于〈论语〉》。还附有引用著作书目和索引。

1980 年

1. 任继愈发表《论儒教的形成》

1 月 10 日，任继愈在《中国社会科学》第 1 期发表《论儒教的形成》一文。文中指出：春秋时孔子创立的儒家学说，本来就是直接继承了殷周奴隶制时期的天命神学和祖宗崇拜的宗教思想，并发展而成的。从汉董仲舒开始至宋明理学的建立，经历了千余年的时间，形成了不具宗教之名而有宗教之实的儒教。指出中国有了儒家从而避免了一场像欧洲中世纪宗教神权统治的灾难的观点是不对的。认为儒家就是儒教，儒教本身就是宗教，它给中国历史带来了具有中国封建宗法社会特点的宗教神权统治的灾难。同时，也指出了不可把春秋时期作为教育家、思想家的孔子和尔后被儒教奉为教主的孔子混为一谈，"宋明以后的儒教，提倡忠君孝亲、尊孔读经、复古守旧，都是文化遗产中的糟粕，是民族的精神赘疣"。最后写道："儒教带给我们的是灾难、是桎梏、是毒瘤，而不是优良传统。它是封建宗法专制主义的精神支柱，它是使中国人民长期愚昧落后、思想僵化的总根源。有了儒教的地位，就没有现代化的地位。为了中华民族的生存，就要让儒教早日消亡。"

2. 庞朴发表《"中庸"平议》

1 月 10 日，庞朴在《中国社会科学》第 1 期发表《"中庸"平议》一文，对当时常见的诸如折衷主义、调和主义等针对儒家中庸之道的横加指责进行了深入剖析和反正。文中指出："提起中庸，人们通常总认为，它是一种伦理学说,一种形而上学的发展观。这样的看法是对的,但不够全面。……中庸不仅是儒家学派的伦理学说,更是他们对待整个世界的一种看法,是他们处理事物的基本原则或方法论。……在闪烁着辩证思想的光芒。"并认为"我们需要的是用辩证唯物主义和历史唯物主义的观点和方法,来分析中庸思想,指明它的成就和缺陷,认清它的作用和影响,找出产生它的原因和补正它的方法来"。中庸之道是"儒家学派关于矛盾的一种观点,是他们关于对立的同一性的一种看法","称中庸之道为儒家的矛盾观或发展观,比起称它为伦理学说来,更能抓住问题的实质"。

该文建构了中庸视野下的儒家辩证思维体系,从而对当代哲学史研究作出了突出贡献。

3. 冯友兰发表《从中华民族的形成看儒家思想的历史作用》

3 月 1 日,冯友兰在《哲学研究》第 2 期发表《从中华民族的形成看儒家思想的历史作用》一文。该文评价了孔子和儒家思想在中华民族形成过程中的作用。

文中指出:"中华民族是历史的产物,其形成的过程,经过了数千年的时间,经过了曲折反复的道路。在这个过程中,'中国的'哲学起了一定的积极作用,而且也就是这个发展在思想上的反映。也正是由此它才成为'中国的'哲学。"

"一个民族在一个时期的统治思想,就是其统治阶级的思想。从阶级观点看,这种统治思想是统治阶级所用以维护其阶级统治的工具……但从民族观点看,这种思想也可以巩固本民族的组织,统一本民族的思想,本民族的成员也只能以这种思想统一他们的世界观。久而久之,这种统一的世界观就成为这个民族的'民族精神'。""从民族观点看,孔子后来又成为中国封建社会在思想、文化方面的最高代表,'至圣先师'。他的形象和言论,在中华民族形成的过程中,起了很大的积极作用。这也是不能否认,也不应否定的。"

"在巩固专制主义的中央集权的政权和融合民族方面,宋朝继续了唐朝的事业,并且补做了唐朝所没有做的事。那就是在上层建筑中出现一个包括自然、社会、人生各方面的广泛哲学体系,道学。道学批判而又融合了佛教,继承而且发展了儒家,是中国封建哲学发展的一个顶峰。它的出现和作用,和董仲舒哲学的出现和作用,有许多类似之处。元朝和清朝都是以当时汉族以外的民族入主中原的。但在既得全国性政权以后,都以道学为统治思想,认为是孔子的嫡传,儒家的正统。""中国的封建文化是以儒家思想为中心的,它对于民族问题,不以种族为区别夷狄和中国的标准,它注重'夷狄'和中国的界限,但认为任何'夷狄'只要接受封建文化,即可以成为中国的一部分。这个传统,有利于中华民族的扩大。"

"我们现在团结中华民族,当然用不着孔子和儒家。我们中华民族是靠马克思列宁主义、毛泽东思想团结在一起的,但这是在原有的中华民族的基础上更进一步地团结。孔子和儒家在中国历史上所起的团结中华民族的作用,还是不能否认,也是不应否定的。"

4. 李泽厚发表《孔子再评价》

李泽厚(1930—),湖南长沙人。中国当代哲学家、美学家。中国社会科学院哲学研究所研究员、巴黎国际哲学院院士、美国科罗拉多学院人文学荣誉博士。[①]

3 月 10 日,李泽厚在《中国社会科学》第 2 期发表《孔子再评价》一文。该文首先提出:就孔子思想本身予以分析,科学地把握其心理结构,可能是正确解释孔子的一条途径。然后具体分析了孔子的主要思想:一、"礼"的特征。孔子是竭力保护周礼的。周礼在一定程度上保存了原始的民主性与人民性。孔子维护周礼,反对社会进步,这是反动的;但他反对残暴,向慕相对温和的原始人道,这又具有民主性与人民性。二、"仁"的结构。孔子的思想范畴是"仁"。它构成了一个颇具特色的思维模式和文化心理结构,在塑造汉民族性格上留下了重要痕迹。血缘基础、心理原则、人道主义和个体人格四因素相互作用,进而形成其整体特征——实践理性。孔子的"仁"是建立在血缘基础上,这一模式后来终于成为汉民族的一种民族性的文化—心理结构。三、弱点与长处。孔子思想始终是中国走向工业化、现代化的严重障碍。这是因

---

① 关于李泽厚更详细的介绍,参见本书《学案卷》(下)之"李泽厚儒学学案"条目。

为仁学结构的原型本身也有其弱点和缺陷,如过分偏重实用,相对忽视、轻视甚至反对科学的抽象思辨,对感情展露进行克制和压抑,使民族性格中有一种奴隶性格;艺术上则服从和服务于狭窄的现实统治和政治等。但这一文化—心理结构又有其优点和强处,如那种来源于氏族民主制的人道精神与人格理想,那种重视现实、经世致用的理性态度,那种乐观进取、舍我其谁的实践精神等。

该文具有相当的理论深度和学术价值,打破了以往对孔子思想作唯物、唯心分析的框框,开启了从民族文化心理结构的角度认识孔子思想的研究范式。

5. 周谷城发表《仁的教育思想》

3 月 17 日,周谷城在《教育研究》第 3 期发表《仁的教育思想》一文。文中指出:"孔子及其弟子拿教育贵族奴隶主的东西教育工商奴隶主的子弟",但孔子并没有把学术从贵族手里下移到庶人手里,只不过是"把教贵族奴隶主的东西拿来教工商奴隶主而已"。"孔子的教育思想的基本主张叫'克己复礼',它的理论根据就是仁。""孔子讲道德,也如讲教育一样,其理论根据也是仁,其基本主张叫'忠恕'。""孔子讲政治,也如讲教育和讲道德一样,其理论根据也是仁,它的基本主张叫'正名'。""孔子自始就像一个宗教家。"

6. 蔡尚思发表《孔子教育思想要具体分析》

3 月 17 日,蔡尚思在《教育研究》第 3 期发表《孔子教育思想要具体分析》一文。文中指出:礼是孔子教育思想的基本点;反对认为孔子整个思想都是反动的因而一无可取之处的见解;也反对认为孔子整个思想都是进步的、革新的或基本是伟大的、可贵的见解;主张对孔子思想要具体分析,应把他的教育思想与他的政治、经济、哲学、史学、文艺思想区别开来;在孔子教育思想中,也要把他的教育经验、教育方法与他的教育目的区别开来,认为前者是正确的、后者多是反动的。

7. 杨伯峻发表《试论孔子》

杨伯峻(1909—1992),原名德崇,湖南长沙人。中国当代语言学家。曾任北京大学、兰州大学教授，中华书局编辑，中国语言学会理事等。

4 月 30 日，杨伯峻在《东岳论丛》第 2 期发表《试论孔子》一文。该文对孔子及其思想进行了全方位的论述，如孔子身世，孔子思想体系的渊源，孔子论天、命、鬼神和卜筮，孔子的政治观和人生观，关于忠恕和仁，孔子对后代的贡献等。

文中指出："孔子所处的时代正是奴隶社会衰亡、新兴封建制逐渐兴起的交替时期"，在这样的时代，孔子"既抱有'老者安之，朋友信之，少者怀之'的志向，又有'苟有用我者，期月而可也，三年有成'的信心，自然'席不暇暖'、'三月无君则吊'。《史记·孔子世家》叙述他奔走各国，到处碰壁，这是由于他的思想体系不适应当时形势的必然结果，丝毫不足为奇"。

"孔子思想体系的渊源，自和他的身世、经历、教养等等分不开"，"他少年在下层人物中生活，知道下层社会的生活和思想，这自然也会给孔子的思想带来影响"，"春秋时代，有进步派，有保守派，有改良派，各种各样的议论都有。孔子的思想，自然在有意无意间受他们的影响"。

"孔子认为礼乐不在形式，不在器物，而在于其本质。其本质是仁。没有仁，也就没有真的礼乐，春秋以及春秋以上的时代，没有仁的礼乐，不过徒然有仪节和器物罢了。""孔子给后代的贡献，自以整理和传授古代和当时文献为大。"

该文发表后引起学术界的重视，学术界对于此文中谈到的有关问题展开了深入研究。

8. 山东大学历史系编《孔子及孔子思想再评价》出版

4 月，山东大学历史系编《孔子及孔子思想再评价》一书由吉林人民出版社出版。

1978 年 10 月 21 日至 30 日，山东大学召开了全国文科理论会，该书从此次会议所收到的论文中选取了蔡尚思、孙叔平、张岂之、庞朴等学者的 10 篇论文。此外，书中还有关于孔子及孔子思想再评价的讨论，以及对这次为期 10 天会议的综述。

9. 庞朴著《帛书五行篇研究》出版

7 月,庞朴著《帛书五行篇研究》由齐鲁书社出版。该书是庞朴关于长沙马王堆帛书《五行篇》研究的一组文章,证明子思、孟子的五行说为"仁、义、礼、智、圣",揭开了千古之谜。书中指出:马王堆帛书解开了思孟五行说之谜,其五行是指"仁、义、礼、智、圣",是思孟的思想。帛书以"仁、义、礼、智、圣"为五行,而《孟子·尽心下》有"仁之于父子也,义之于君臣也,礼之于宾主也,智之于贤者也,圣人('人'字衍)之于天道也"。

10. 任继愈发表《儒家与儒教》

8 月,任继愈在《中国哲学》第 3 辑发表《儒家与儒教》一文。文中指出:以孔子为代表的儒学继承了商周时代的天命神学和祖宗崇拜思想,在历史发展中经过汉代和宋代两次大的改造,孔子被作为宗教教主,儒家学说被改造成了儒教。儒教以天地君亲师为崇拜对象,以六经为经典;它有祭天祀孔宗教礼仪,有儒家的道统论的传法世系;它不讲出世,但追求一个精神性的天国;它缺少一般宗教的外在特征,但具有宗教的一切本质属性。儒教的宗教组织即中央的国学及地方的州学、府学、县学,学官即儒教的专职神职人员。儒教没有入教的仪式,没有精确的教徒数目,但在中国社会的各阶层都有大量信徒。儒教把宗教社会化,使宗教生活渗入到每一个家庭。因此,中国古代并非没有宗教神权的统治,因为儒教本身就是宗教。它给中国历史带来了具有中国封建宗法社会的特点的宗教神权统治的灾难。在资本主义以前,人类还不能摆脱宗教思想的全面统治,中国古代也不例外。

11. 曲阜师范学院"孔子讨论会"举行

10 月 28 日至 11 月 3 日,曲阜师范学院主办的"孔子讨论会"在山东曲阜举行,来自全国 13 个省、自治区、直辖市,60 多个单位的史学、哲学、教育工作者 100 多人参加了讨论会。

与会者遵循"双百"方针,本着实事求是的精神,就孔子的政治思想、哲学、教育思想和实践、儒家学派和儒家思想等方面,各抒己见,进行了热烈的讨论,交流了学术研究成果。一致认为,孔子作为一个历史人物,应放到一定历史条件中去考察、研究。孔子的思想在中国历史上影响很大,在世界上也有广泛影响,其中既有糟粕,也有精华,应该加以科学的总结,从正反两方面吸取其有用的东西。会上还对林彪、"四人帮"对山东省第二次孔子讨论会的诬蔑,及其"讨孔"阴谋,进行了揭发、批判。为了进一步开展关于孔子的学术研究问题,在此次会议上,在与会学者们倡议下,成立了孔子学术研究会。

会后,曲阜师范学院孔子研究室编《孔子研究论文集》,于 1983 年 3 月印行。

12. 顾颉刚卒

12 月 25 日,顾颉刚病逝于北京,终年 88 岁。①

13. 严北溟发表《要正确评价孔子》

12 月 26 日,严北溟在《齐鲁学刊》第 6 期发表《要正确评价孔子》一文。文中指出:"孔子基本上属于贵族奴隶主中的改革派。他的思想除保留消极的一面外,还包含有积极进步的一面,并且是主要的一面。它客观上为未来封建上层建筑准备条件,并因其影响的广泛与深远,而逐渐形成为我中华民族一种共同文化心理结构的思想基础,在世界文化史上也有其重要的地位。"孔子的思想学说"实际上适应了奴隶制瓦解、封建制兴起的客观趋势,反映了时代进步的要求。这主要表现在他对待问题的现实态度,人道主义精神和朴素的唯物主义思想倾向。保守和进步的两面性错综交织在孔子的立场、思想中,这正是春秋时期社会激烈矛盾和阶级斗争的反映"。"孔子是我国古代最伟大的哲学家、政治思想家、伦理学家、教育家,他对待自然、社会之现实的态度,在伦理政治观上的人道主义精神和认识论,教育思想上的唯物主义观点,永远是我民族文化精神的瑰宝。"

---

① 关于顾颉刚更详细的介绍,参见本书《学案卷》(上)之"顾颉刚儒学学案"条目。

14. 金隆德发表《试论孔子的哲学思想》

金隆德(1937—1994),中国当代学者。曾任安徽省社会科学院副院长。

是年,金隆德在《中国哲学研究集刊》第 2 辑发表《试论孔子的哲学思想》一文。文中指出:孔子并不是像殷商、西周统治阶级的"天命"思想那样真的相信什么天有意志,能决定人们的吉凶祸福。他搬出来的"命",乃是要别人相信所谓恢复殷周之礼、继承和传播古代文化是一种必然的历史使命;孔子哲学思想的特点,不仅表现出从感性的宗教唯心主义形式向抽象的理性唯心主义形式的转化,而且表现出从客观唯心主义向主观唯心主义的转化,孔子的哲学思想虽然从总的方面来看是唯心主义的,但实际上比较复杂,在某一方面也羼杂有个别的朴素唯物主义的因素。

15. 辛冠洁、李曦编《中国古代著名哲学家评传》(第一卷)出版

是年,辛冠洁、李曦编《中国古代著名哲学家评传》第一卷由齐鲁书社出版,书中收录有张恒寿撰写的《孔丘》一文。

张恒寿(1902—1991),字越如,山西平定人。中国历史学家、哲学史家和孔子、庄子研究专家。

《孔丘》一文对孔子的哲学思想进行了分析。首先详细叙述春秋中叶以来中国社会在经济、政治和文化各方面的显著变化,然后指出这种变化体现在阶级关系上,是"士"阶层从贵族中分化出来。这个阶层掌握了原为贵族独占的文化知识,取得了"学而优则仕"的政治地位。在意识形态上,士阶层"表现为批评现实,提出理想,指导方向的领先势力"。正是由于士阶层的活跃,为百家争鸣的局面铺平了道路,而开创这个局面的正是孔子和他创立的儒家学派。接着分析了孔子哲学思想的来源。认为孔子的社会实践对他的哲学有决定的影响,孔子的哲学"既不同于向往来世的宗教趋向,也不同于观察自然的科学道路,而是着眼于伦理道德和政治社会的实际。它是从鲁国承袭的古代中原历史文化中孕育出来的。这种基本方向,体现了儒家哲学的特点,也是中国

哲学的特点"。

该书除《孔丘》一文外,还为历代著名儒学家作评传,进行详细叙述、评论。

16. 胡勉著《儒家思想与三民主义》出版

是年,胡勉著《儒家思想与三民主义》一书由台湾黎明文化事业公司出版。书中指出:儒家思想并不封建、落伍,也不是道德教条,而是继承尧舜禹汤以来的道统,与三民主义相通。孔子主张以仁为中心,以大一统为原则,以尊王攘夷、以德化民为手段,以求实现世界大同,即同于民族主义;孔子主张以礼治为主、人治为辅,以法天、尚德、正名、定分为方法,以求实现互尊互谅,民权平等的境地,即同于民权主义;孔子以养民、富民为基本,以均富为原则,以求达到均富大同之理想,即同于民生主义。

1981 年

1. 王熙元编著《论语通释》出版

王熙元(1932—1996),字孟远,湖南湘乡人。中国古典文学家。曾任台湾"中央大学"、"中国文化大学"、东海大学中国文学研究所、高雄师范学院国文研究所教授,"古典文学研究会"理事长。

2月,王熙元编著《论语通释》一书由台湾学生书局出版。该书自序写道:书名"涵义有二:一是对《论语》作通盘的诠释,包括每一章节的分合,错简、衍文或脱字之考定等;二是作融会贯通的剖析,务使读者对每一语句皆能透彻理解,每一疑义皆能豁然会通而后已"。全书依原二十篇次,每篇提示篇意、章数,然后逐章诠释。诠释又分提旨、释词、译义、析微四层,分别解说各章的主旨、词句,隐义及深微精义所在。

2. 严北溟发表《孔子要平反,"孔家店"要打倒》

3月2日,严北溟在《社会科学辑刊》第1期发表《孔子要平反,"孔家店"要打倒》一文。该文把评价孔子和打倒"孔家店"区分了开来。

文中指出:"孔家店的老板并不是孔子,而正是那些封建统治者和反动派;孔家店兜销的货色,并不真正是孔子学说中的积极进步的合理部分,而大都是经过封建御用学者涂抹改装、加油添醋的一些冒充孔学正统和僵化教条之类的东西。因此,通常把评价孔子和打倒孔家店看做一回事,是错误的;必须把这两者严格区别开来。""孔子要平反,就是要恢复他被那些真正孔家店老板及其伙计们篡改、歪曲以前的本来思想面貌;'孔家店'要打倒,则是要发扬'五四'光荣传统,把反封建主义的历史任务进行到底。"

该文还肯定了孔子的历史地位,认为"孔子是我国古代伟大的哲学家、政治思想家、伦理学家、教育家;他对待自然、社会之现实的态度,在伦理政治观上的人道主义精神和认识论、教育思想上的唯物主义观点,永远也是我民族文化精神的瑰宝",并且指出了正确评价孔子和打倒"孔家店"的原则,"一是具体分析孔子学说中的积极与消极两面及其对后世的不同影响,避免作单纯的肯定或否定。在研究他对后世的影响时,一方面固要认清其作为正统独尊思想所散布的那些毒素,主要是封建统治者和后儒把孔子偶像化、儒学宗教化所造成的,这笔账不能写在孔子身上;一方面也要承认历代儒家对孔子确也存在着一定的继承与发展的正常关系,在某些方面的祖传衣钵痕迹也是很显然的。其次,也正是从上一见解出发,评价孔子固然要把它同批判和肃清封建主义遗毒在性质上有所区别,但又不能完全视为两回事,这是有区别又有联系的;前者涉及对祖国历史文化遗产的批判继承问题,后者要求认清孔家店的来龙去脉,是必须彻底打倒和肃清其流毒的问题。只有把历史上以孔家店为代表的封建主义流毒清除净尽,才能扫除我们在'四化'前进道路上的一个重要思想障碍"。

3. 陈景磐发表《西方学者孟录、顾立雅等论孔子的教育思想》

3 月 2 日,陈景磐在《北京师范大学学报》第 1 期发表《西方学者孟录、顾立雅等论孔子的教育思想》一文。该文介绍了一些西方学者对孔子和以孔子为代表的中国传统的封建文化教育的看法。在一定程度上推动了中西方孔子儒学研究者之间的交流和对话。

4. 金景芳发表《孔子思想述略》

4 月,金景芳在《中国哲学史研究》第 2 期发表《孔子思想述略》一文。文中指出:"孔子是儒家的创始人。儒和儒家并不是同一的概念。儒的特征是以六艺教人。""儒家则不然。它是一个学术派别的名称。孔子以前没有儒家。儒家当然必须'以六艺为法'。但是光是'以六艺为法'还不够,还必须有立场,有观点,有徒众,在政治思想斗争中形成一个独立的派别。所以,自儒家而言,则是自孔子始,孔子以前没有儒家。""研究孔子思想固然应以《论语》为最重要的材料,但是如果株守一部《论语》,而对于孔子所删述的《诗》、《书》、《礼》、《乐》、《易》、《春秋》毫无了解或不愿意了解,则对孔子思想的研究,只能是挂一漏万,是不能做到全面地如实地评价孔子的。"

该文认为,六艺和六经不是一回事。"六艺是六种科目,六经则是孔子为此六种科目所编定的教科书。""孔子在六经中用力最多的是《易》和《春秋》二书。""谈孔子的哲学思想,第一应和《周易》哲学联系起来看;第二应对孔子所使用的天命和中庸这两个概念有正确的理解。""把天命二字连结在一起,就是指自然发展规律而言。在这里边没有鬼神和上帝存在的余地。""孔子的哲学思想不但有唯物论,还有辩证法。"

5. 中国社会科学院哲学研究所中国哲学史研究室编《中国哲学史论》出版

4 月,中国社会科学院哲学研究所中国哲学史研究室编《中国哲学史论》一书由山西人民出版社出版。该书收录了 1979 年 10 月在太原举行的中国哲学史讨论会的 26 篇专题论文,其中有张岱年《孔子哲学解析》一文。

该书的主要内容有:一、中国哲学思想中的融合现象;二、中国哲学史上"常"、"变"范畴的演变;三、对孔子、墨子、老子、孟子、惠施、公孙龙、韩非及历代重要哲学家的重新评价;四、对过去很少提及的"无能子"哲学思想的研究;五、对佛教经典《大乘起信论》的考证以及对佛学的重要流派禅学思想的研究等等。该书是粉碎"四人帮"以后中国哲学史界一项新的研究成果。它对于中国哲学史的发展和评价提出了一些新的见解,可供中国哲学史专业工作者和业余爱好者参考,对中国历史工作者和中国古典文学工作者也有一定的参考价值。①

---

① 谷方:《〈中国哲学史论〉即将出版》,《哲学动态》1980 年第 6 期。

6. 周予同卒

7 月 15 日,周予同病逝于上海,终年 83 岁。[①]

7. 杜任之发表《探索孔子思想的精华》

杜任之(1905—1988),原名勤职,又名杜力、力夫,山西万荣人。曾任山西大学教授、中国社会科学院哲学研究所研究员等。

8 月 29 日,杜任之在《求索》第 4 期发表《探索孔子思想的精华》一文,对孔子思想的精华作了探索性的研究。文中指出:孔子思想的中心是"仁"。"仁"的实质是"爱人",它是被统治阶级要求人与人平等的观念,也是孔子的新人类观。孔子提出"仁"的思想的社会历史根据是尧舜之世"原始社会的民主自由"和西周社会"裕国强民的治理形式"。孔子提倡的"礼"是为"仁"服务的,是要"寓仁的教化于礼"。"仁"在政治上的要求是"要为大众谋幸福",要做到这一点,就必须施行教育,培养"为仁一以贯之的政治家"。孔子作为教育家是"一代哲人",他创造的许多教与学的方法,都具有普遍的真理性。杜任之认为,以往一些儒家正宗学派对孔子思想多所歪曲,对后人影响很大,现在应该重新思考,恢复孔子思想的本来面貌。

8. 何龄修等著《封建贵族大地主的典型——孔府研究》出版

何龄修(1933—   ),湖南长沙人。中国社会科学院荣誉学部委员,研究员。

9 月,何龄修等著《封建贵族大地主的典型——孔府研究》一书由中国社会科学出版社出版。该书是以明清时期山东曲阜衍圣公府——孔府为研究对象的专著。

何龄修等于 1963 年在孔府选材、校点、逐件拟题并抄录明清孔府档案共 4353 件。1964 年开始写作初稿,后因"四清"、"文化大革命"中断研究达 13 年之久。1977 年重新修改,1981 年出版。该书凡八章,附《明清两代衍圣公世系表》。该书依据孔府档案等史料,对明清之际的

---

① 关于周予同更详细的介绍,参见本书《学案卷》(上)之"周予同儒学学案"条目。

孔府作了全面的介绍和研究,尤以孔府的政治、经济及宗法关系为重点。指出孔府的主人即孔子后裔是封建社会的世袭贵族地主,孔府的存在是中国封建社会一个特殊的历史现象。该书对于人们全面了解孔府颇有价值。

9. 张立文著《朱熹思想研究》出版

张立文(1935—　　),浙江温州人。中国当代哲学家、哲学史家。中国人民大学人文学院哲学系教授、中国人民大学和合文化研究所所长,中国人民大学孔子研究院院长、学术委员会主席,中国周易研究会副会长。

9月,张立文著《朱熹思想研究》一书由中国社会科学出版社出版。该书研究了理学的产生和形成,朱熹的身世和经历,对朱熹的经济思想、政治思想、哲学思想、伦理道德思想、教育思想等作了论述。

该书的一个重要特点是,突破了哲学史研究中习惯于按哲学家的自然观、认识论、方法论、伦理观、历史观等几大块"分门别类"研究的方法,坚持从历史实际出发,按照朱熹思想中固有的哲学范畴和逻辑结构展开分析,解剖朱熹的整个思想体系。作者从朱熹哲学的最高范畴"理"入手,指出朱熹哲学的逻辑结构及其基本范畴间的内在联系,可表述为"理"—"气"—"物"—"理"。它从"理"("太极"、"道")开始,借助于"气"("阴阳"),经过"物",最后回复到自身"理",便构成了一个圆圈。"理"是朱熹哲学的出发点和终结点。

该书的另一重要特点是,作者把研究哲学史是为了锻炼和发展理论思维能力作为自己的任务,而注意总结理论思维的经验和教训。他通过对朱熹哲学逻辑结构的具体剖析,指出了朱熹通向唯心主义的途径:把人们认识的某一个方面片面地发展,脱离了物质,必然倒向唯心主义;寻求物质世界的开端和终极,是走向唯心主义的一条途径;想象没有物质的运动,必然陷入唯心主义。同时,作者从剖析朱熹唯心主义辩证法的过程中,探讨了其陷入形而上学的思维经验和教训,给人以启迪。

书中指出,朱熹哲学的逻辑结构,不是采取直接违反人们生活常识的手法来建立他的唯心主义哲学体系,而是用比较精致的手法歪曲颠倒思维和存在、一般和个别的关系。因此,朱熹哲学比以往的唯心主义哲学具有更多的思辨性和时代的特征,有更多的欺骗性。它合乎中国封建社会后期统治阶级的需要。这就是为什么朱熹理学成为历代官方哲学的原因所在。[①]

10. 中央教育科学研究所教育史研究室编《孔子教育思想论文选》出版

10 月,中央教育科学研究所教育史研究室编《孔子教育思想论文选》一书由教育科学出版社出版。

新中国成立以后,教育界、学术界对孔子的教育思想展开过多次广泛的讨论,报刊、杂志上也陆续刊登了不少文章。这些文章从不同方面反映了作者对孔子教育思想的评价。基于孔子教育思想的重要性,中央教育科学研究所教育史研究室汇集了 1949—1980 年间学术界、教育界评论孔子教育思想的有代表性的 16 篇论文,并辑录新中国成立以后研究孔子教育思想的主要文章目录 130 余篇。

11. 龚乐群著《论语疑考》出版

龚乐群(1917—),湖南安化人。中国当代文学家。曾任台湾"国立中央文学院"中国文学系教授。

是年,龚乐群著《论语疑考》一书由台湾巨浪出版社出版。该书取《论语》何晏集解、皇侃疏、邢昺疏、朱熹注相互参照,遇有经文有异或注疏相互抵牾之处,就旁征博引,力求给出最有说服力的注解。该书主旨是由考据而陶铸辞章,由辞章而发挥义理,由义理而促成内圣之功与外王之效,所以称考据、辞章、义理均为经世致用之学。

---

① 中国社会科学院哲学研究所编:《中国哲学年鉴 1982》,中国大百科全书出版社 1982 年版,第 189 页。

1982 年

1. 冯友兰著《中国哲学史新编》(第一册)(1980 年修订本)出版

1月,冯友兰著《中国哲学史新编》①第一册(1980 年修订本)由人民出版社出版。

冯友兰自 20 世纪 50 年代即开始计划重写中国哲学史,为区别于 1949 年以前所著两卷本《中国哲学史》,故名"新编"。《中国哲学史新编》第一册于 1962 年、1964 年分别出版两个版本,较 60 年代版本,1980 年修订本扩大了篇幅,在观点、内容和形式上都有较大的改动。在新写的"全书绪论"中,冯友兰对哲学与哲学史的关系,研究中国哲学史的方法、任务及哲学史分期等问题作了新的阐述;力图运用马克思主义的立场、观点和方法研究哲学史,除了说明一个哲学家的哲学体系外,还着重分析哲学家所处的政治社会环境,希望将"新编"写成一部"以哲学史为中心而又对于中国文化有所阐述的历史"。

冯友兰在第一册第四章"前期儒家思想的形成——孔丘对于古代

---

① 冯友兰著《中国哲学史新编》,共七册。第一册:殷周至战国初;第二册:战国;第三册:两汉;第四册:魏、晋、隋、唐;第五册:宋、元、明、清;第六册:近代;第七册:现代。第一至六册均由人民出版社出版。其中,1962 年出版第一、二册(试稿);1964 年出版第一册(第 2 版);1982 年又出版第一册(第 3 版);1983 年出版第二册(第 2 版);1985 年出版第三册;1986 年出版第四册;1988 年出版第五册;1989 年出版第六册;第七册于 1990 年 7 月完稿,交人民出版社,未出版,2009 年由三联出版社冠以《中国现代哲学史》出版。中国香港和台湾地区出版了繁体版的《中国哲学史新编》全七册。

精神生活的反思"中,断定孔子"是一个奴隶主阶级的改革派",通过"对于古代精神生活的反思,形成了前期儒家思想",其影响"对于中华民族的形成及中国文化的发展,无论积极或消极,都是深远的"。认为孔子"基本上拥护周礼,但并不是冥顽不化的",是"以周礼为基础而又加损益的"。指出孔子的"为仁"是"复礼"的补充,仁"最突出的是对于'人'的反思",是主张"人必须有真性情","仁这种品质是'己欲立而立人,己欲达而达人',这也是'忠恕之道'"。又提出:"正名"和"中"的理论是"孔丘对于周礼所补充的具有关键性、根本性的理论"。认为孔子关于"中"的理论是儒家道统说的开始,"中"的意思是不可"过",也不可"不及","其实还是折衷主义"。又认为孔子是从"礼"与"仁"统一的角度确立"一个完全的道德品质",称"完全的人格"就是"这个统一的表现"。此外,还分别评述了孔子对天命鬼神的态度及其教育思想,强调孔子"是中国古代的一个重要的学问家和教育家",并指出孔子追求的"孔颜乐处"为后来的道学家所发挥,成为"儒家的一个关键性的问题"。

2. 赵纪彬卒

2 月 17 日,赵纪彬病逝于北京,终年 78 岁。[①]

3. 刘蔚华发表《论仁学的源流》

刘蔚华(1934—),山西天镇人。曾任山东社会科学院院长、中国孔子基金会常务副会长、国际儒学联合会副理事长、山东省儒学学会会长、山东省周易研究会会长等。

3 月 2 日、5 月 1 日,刘蔚华在《齐鲁学刊》第 1、2 期发表《论仁学的源流(上、下)》一文。该文首先提出仁学的重要地位的。"仁学,在中国的学问中,是占有重要地位的。研究中国哲学史、思想史、伦理学史和政治史,都不能不涉及仁学","就其经久性而言,可以说是源远流长,纵贯了我国历史的各个阶段,历时达三千多年之久;已给我国古老的民族精神打上了深深的烙印";进而指出,"仁学的开端,依据现在所接触到的历史材料,定于春秋早期,是比较恰当的。所以,把孔子作为发明仁

---

① 关于赵纪彬更详细的介绍,参见本书《学案卷》(下)之"赵纪彬儒学学案"条目。

学的第一人的说法,是不符合历史实际的。在孔子出生以前,仁学早已产生,并有了相当的发展。它不是作为奴隶制的对立面出现,而是作为礼的补充物问世。仁学的发展,同'礼崩乐坏'的进程,微妙地联系在一起。这是因为一切陈旧的思想武器,如德、礼和天命论已经失灵了,需要有一种能够适应奴隶制崩溃时期复杂阶级关系的观念形态,来缓和尖锐的社会冲突。仁学大力宣传'尊君无私'、'不背本'、'不忘旧'、'殿国邦、同福禄'、'信仁以为亲'、'利国之谓仁',牢牢地抓住了宗族奴隶制最后的一点维系力量,即建立在血缘关系基础上的宗法联系,力图使纷乱的社会获得一点凝聚力"。

文中指出:"在孔子以前,仁学的初步发展已经出现了多义性与综合性的趋势。但仁学的系统化工作,是由孔子完成的……孔子作为奴隶主阶级的大思想家、儒家学派的创始人,完全自觉地承担起总结奴隶制统治经验的使命……他在崇礼的同时,系统地总结了仁学思想的先行材料,形成了一个以'仁'为核心、孝悌为根本、忠恕为方法、复礼为目的的政治、伦理、哲学合一的思想体系。"孔子在仁学的系统化方面所解决的主要问题是:一、处理仁和礼,道德论与政治论的关系。既把仁看成是礼的本质,又用礼来规定仁,互为存在的前提和条件。实质上这是不可解脱的现实矛盾在理论上的再现。二、形成仁学的规范体系。其中比较重要的概念多达三十几种。在这个仁学网中,每个范畴、概念,都是一个纽结,起着互相联结、贯通的作用。三、"成仁"的认识论。归纳来主要有四点:圣人有天生之德,上智有生知之能;见贤思齐,内省自讼;提倡忠恕,推己及人;守死善道,杀身成仁。

该文认为:"孔子将仁学系统化,反映了奴隶主贵族巩固宗法联系以挽救奴隶制度的需要。因而,仁学的发展与演变,也和宗法关系的社会递嬗相联系。离开了中国宗法关系及其演变的历史,仁学的发展与演变,就无从了解仁学的实质及其长期流传的原因。""仁学思想由政治伦理思想上升为世界观,开端于孟子。这是仁学流变中的一个重要情节。孔子的仁学,没有提到天人关系的高度加以论述,所以仍停留在政治伦理范围之内。孟子不仅从政治伦理方面论述了仁学,也从天人关系上进行了论述。""儒法在仁学中对立,在荀子那里达到了初步的平衡。荀子一方面接受了儒学的仁义观念,另一方面又批判了仁学的唯心主义基础;表现了他和孟子在伦理观上一定程度的一致性,和在哲学基础上的对立。""由宗法关系论及仁义,荀孟之间基本上是一致的。但荀子在世界观、人性论、认识论方面对孟子却作了抨击,肯定了天的物质属性和人的自然属性。"

文中还说道:董仲舒"把维护封建社会统治秩序的神权、君权、父权和夫权四条极大绳索,联成了盘根错节的权力体系,并在意识形态中织成了糅合谶纬神学与封建仁学的天罗地网"。"在魏晋时期,汉儒宣扬的一套名教,出现了信仰危机。""仁义是名教的核心",玄学家"把名教维护的封建秩序说成是合乎人的本性情欲的自然秩序",但是,"玄学本身也还不是封建统治思想的成熟的理论形式"。唐代韩愈、李翱等人就大声疾呼儒道"废缺",纲常久沦,必须恢复真正的儒家"道统"。宋儒将仁学推向极致。

4. 徐复观卒

4 月 1 日,徐复观病逝于台北,终年 80 岁。[①]

5. 冯天瑜发表《孔子"轻自然、斥技艺"思想的历史评价》

4 月,冯天瑜在《中国哲学史研究》第 2 期发表《孔子"轻自然、斥技艺"思想的历史评价》一文。文中指出:"儒门多杂,孔、孟、荀以及其他儒家后学,在许多问题上歧见迭出,但在崇尚政治人伦之'道'、贬抑探索天地自然的'物理'及生产技艺这一点上,却是一脉相通的,这就构成了'重政务、轻自然、斥技艺'的儒学传统。正是这一传统,堵塞了儒家通往自然科学的道路。"

6. 王书林著《论语译注及异文校勘》出版

王书林(1902—1983),浙江永嘉人。曾任台湾"中央大学"、东北大学、中山大学教授。

5 月,王书林著《论语译注及异文校勘》一书由台湾商务印书馆出版。该书分上下两卷,上卷为《学而》等 20 篇经文、语译及诠释,供高中

---

① 关于徐复观更详细的介绍,参见本书《学案卷》(下)之"徐复观儒学学案"条目。

及大学之用;下卷是各篇的附加注及异文校勘,为少数学者所用。该书取材广泛,考论颇详,多论前人所未论。其间倡论仁学,尤为突出。

7. 赵光贤发表《先秦儒家思想的几个特点》

6 月 30 日,赵光贤在《天津社会科学》第 3 期发表《先秦儒家思想的几个特点》一文,认为先秦儒家与秦后儒家不同,先秦儒家具有五个特点。文中指出:孔子为首的先秦儒家思想的第一个特点是现实主义,那就是说他们所关心和研究的问题都是和人生密切相关的现实问题。"先秦儒家,除了其支流衍为阴阳五行之学外,可以说基本上都是现实主义者。决不像宋明理学家那样,搞什么明心见性那一套唯心主义的玄学。那是宋明的新儒学,不是孔孟的儒学。"第二个特点是中庸主义。"中"的意义是无过无不及,"庸"字,郑玄注《中庸》,训为常,是对的。常有平常、时常之意,就是人们在日常生活中经常见到的事或言,人人可有的德行。第三个特点是民本主义。"民本主义"不同于"民主主义"。第四个特点是反对封建君主专制主义。"先秦儒家反对绝对君权,反对君主专制,一个重要的理论根据是有德者才能居大位,无德者只能让位于有德者,说这是天命,承认革命(指用武力推翻旧主,建立新朝,不是我们今天所说的革命)是正义的,是合乎天命。"第五个特点是在政治上不是当权派,或虽有一官半职,或时间很短,或地位很低,没有什么权力。儒学"有先秦的儒学,有两汉的儒学,有宋明的儒学,有清代的儒学。各有各的时代特点,都自谓得孔孟的真传,实际上是打着孔孟的招牌,贩卖自己的私货"。

8. 蔡尚思著《孔子思想体系》出版

6 月,蔡尚思著《孔子思想体系》一书由上海人民出版社出版。全书共 11 章,分别论述了孔子的生平事迹、政治、经济、哲学、文艺、史学和教育思想。

书中指出:孔子思想体系的中心是"礼",孔学主要是"礼学",孔子讲"仁"和"孝",实为"礼"的主要内容,"礼"为"仁"的准则、目标。在政治思想上,通过对孔子复周礼、礼治、正名、怀德的研究,认为孔子政治思想是旧制度的挽歌,属于落后、保守的。在经济思想上,认为孔子是旧贵族统治者的代言人。在哲学思想上,指出"仁"以孝悌为本,其实质是奴隶主阶级的道德观。强调"畏天命"、"敬鬼神",以"名教为礼教",与以神为教有异曲同工之妙。在文艺思想上,肯定孔子整理编次了春秋前的《诗》和《乐》,但把诗教当作满足统治者宣传"思无邪"的手段,对后世造成很坏影响;其放郑声,存雅乐,是只要庙堂文艺,扼杀时代音乐。在史学思想上,认为孔子的积极方面是保存了殷周历史文献,开辟了研究近代史的风气,厘定编年史的体例;消极方面表现在凭主观成见任意褒贬历史人物,按主观需要剪裁历史史实,禁锢了史学家的头脑。在教育思想上,认为孔子以培养成大夫以上的贵族官僚的"君子"为目的,其"有教无类"虽在客观上使某些平民出身的青年有可能入学,但实际上是"有类"。其教学内容是围绕教育目的旋转的,教学方法有精华又有糟粕,而精华多于糟粕。其教育事业的成功方面是给统治阶级输送了不少有才干的"君子",但大部分学生做了参与破坏旧制度的"君子"或忍受礼崩乐环的"隐君子",是他办教育之失败。最后,从孔子与封建专制主义、"三纲"关系和孔子学说神学化、教条化论述孔子学说在封建时代的演变;从易白沙、陈独秀、吴虞、鲁迅、李大钊等对孔子的揭露和抨击论述了"五四"时期对孔子思想的批判。

9. 匡亚明发表《对孔子进行再研究和再评价》

匡亚明(1906—1996),原名洁玉,又名匡世,曾用名梦苏、润之,江苏丹阳人。中国现当代教育家、社会活动家。①

9 月 13 日,匡亚明在《光明日报》发表《对孔子进行再研究和再评价》一文。该文提出了剖析孔子思想的"三分法"。文中指出:孔子思想是我们应该继承的一份珍贵遗产,但历史的局限性使它不可能不包含着封建的因素。因此,继承这份遗产,就必须从三个方面即"三分法"进行剖析和清理:凡是孔子思想中直接为维护封建统治者利益服务的东西,必须加以批判、抛弃;凡是在一定程度上带有远见智慧或这种智慧萌芽的东西,要认真加以清理,使之"古为今用";凡是至今仍保有生命力而且具有现实意义的东西,则应积极继承和发扬。对待孔子既不能

---

① 关于匡亚明更详细的介绍,参见本书《学案卷》(下)之"匡亚明儒学学案"条目。

冷淡,也不能表面热闹一番,而要进行冷静的科学研究,作出合理评价。该文的发表引起了学术界的强烈反响。

10. 唐满先译注《论语今译》出版

唐满先(1938—2000),江西永新人。曾任江西师范大学中文系教授。

12 月,唐满先译注《论语今译》一书由江西人民出版社出版。该书先将难懂的字词进行注释,将前人的观点与作者本人的理解融为一体,用现代汉语翻译。认为"《论语》的内容很广泛,记载了孔子关于政治、哲学、教育、伦理、文学、艺术和道德修养等各个方面的言论","是中华民族的一份宝贵文化遗产"。该书是通俗、浅显、简明的《论语》注本。书中见解多有独到之处,如认为"束修"不是指一束干肉,而是指束发修饰。古人习惯,男孩子到了 15 岁就束发为髻。自行束修是孔子规定的入学年龄,即年龄在 15 岁以上可自愿求学。

11. 肖萐父、李锦全主编《中国哲学史》(上卷)出版

肖萐父(1924—   ),四川成都人。武汉大学教授,专于马克思主义哲学研究。

李锦全(1926—   ),广东东莞人。中山大学教授,专于中国古代哲学思想史的研究。

12 月,肖萐父、李锦全主编《中国哲学史》[①]上卷由人民出版社出版。该书是由教育部组织,武汉大学、中山大学等九所高等院校协作编写的中国哲学史教材。

该书上卷包括导言、第一编"夏殷周时期"、第二编"战国时期"和第三编"秦汉至隋唐时期";下卷包括第四编"北宋至明中叶时期"、第五编"明末清初时期"和第六编"鸦片战争至辛亥革命时期",并附录《中国哲学史大事年表》。全书坚持马克思主义的哲学史观,自觉地运用马克思主义的基本原理去分析中国哲学发展的历史,比较注意各个历史时期的经济基础、阶级斗争和自然科学与哲学思想产生、发展的关系,同时

---

① 肖萐父、李锦全主编《中国哲学史》下卷于 1983 年 10 月由人民出版社出版。

也比较注意哲学领域内部唯物主义和唯心主义、辩证法和形而上学之间的矛盾斗争和相互转化的关系,较好地揭示了中国哲学史发展的规律和特点。

该书上卷"孔丘的唯心主义哲学"一章中指出:孔子是"代表奴隶主阶级利益的思想家,政治思想是倾向保守的",作为教育家的孔子,"他的言行和所传授的六艺之学,长期影响到我们民族精神生活的各个方面,值得我们研究和重视";孔子的思想是"尊天的,同时也重视人事",但孔子"不管讲尊天还是从命,在哲学上都是属于客观唯心主义";孔子中庸思想"总的特征,是承认矛盾,却主张调和,在坚持常道不变中,而又强调在必要时,可作一些权变和损益,最后是归宿到形而上学的发展观"。

12. 王邦雄等编撰《论语义理疏解》发行

王邦雄(1941—),笔名高瞻、王泓德,台湾云林人。曾任台湾"中央大学"中文系教授,鹅湖月刊社社长等。

是年,王邦雄、曾昭旭、杨祖汉编撰《论语义理疏解》一书由台湾"中华文化复兴运动推行委员会"及台湾"教育厅"发行。该书分"人生的理想"、"存在的命限"、"德性的实践"等六篇,每篇先论主题要旨,再选《论语》篇章,附以注释和疏解。注释部分由万金川等依朱熹集注,参考王熙元《论语通释》与杨伯峻《论语译注》而成。疏解则发明儒学传统义理体系,吸收后人的研究成果而成。

13. 陈大齐著《孔子言论贯通集》出版

是年,陈大齐著《孔子言论贯通集》一书由台湾商务印书馆出版。该书认为研究孔子思想唯有取材于《论语》。书中指出:孔子所谓仁即爱人,仁的完成有待于与智的融合。义与礼异名同实,义诚诸内,礼形诸外。义、利仅为别异,而非反对,利即"利得"。孔子所谓政是扶持倾邪而使归于正,其目的有正名、安百姓、立信、礼让四种,总为德化。政的目的是德化,方法是感化,感化出自行之熏染者大,出自言词劝戒者小,故须重视身教的作用。

14. 杰柳辛编《中国的儒学》出版

杰柳辛(1923— ?),苏联汉学家。曾任苏联科学院东方学研究所中国室主任,主要研究中国现代史。

是年,杰柳辛编《中国的儒学》一书出版。该书为苏联学者有关儒学研究的论文集,共收录《儒学主要范畴的初始意义》、《〈论语〉的使命》、《〈盐铁论〉中儒家和法家的人性观》、《太平军和儒学》、《新文化运动时期的反儒斗争》等论文13篇。

该书着重研究的问题有:中国传统文化的根本及其伦理学范畴的诠释;儒学文献的分析问题;儒学原则在社会政治实践中的兑现问题;儒家和法家的关系问题;20世纪初在中国独特历史上形成的反孔运动的社会政治意义等。

1983 年

1. 曲阜师范学院孔子研究所成立

2月8日,经山东省教育厅批准,曲阜师范学院成立孔子研究所,属系一级建制。该研究所是当时国内高校中唯一的研究孔子、儒学的专设机构。

曲阜师范学院设立于孔子的故乡,因而十分重视孔子的研究工作。1956年12月,成立曲阜师范学院孔子研究会,下设《论语》研究组、孔子教育思想研究组、曲阜文物研究组,并初步进行了一些研究和资料整理工作。1979年1月24日,成立孔子研究室。孔子研究所即是在孔子研究室基础上扩建而成,是专门研究孔子的学术单位,其目标是成为研究孔子的重要基地,孔子研究成果、资料、信息的交流点,培养研究孔孟人员的课堂和开展国际学术交流的窗口。

2. 周进华著《孔学管锥》出版

周进华(1955—),祖籍河南汝县。"中国文化大学"研究生毕业,曾任小学教师、记者、侍从官。

2月,周进华著《孔学管锥》一书由台湾商务印书馆出版。该书对论者只承认孔子是大教育家、政治家、哲学家,而不承认是大宗教家的说法加以非议,认为孔子首先是儒教的教主,并将孔教与西方宗教相比较。书中指出:西方宗教凭借神道,孔子则重在务民而远鬼神;西方宗教未脱离神权,故与政治、教育、哲学分离,孔子远离鬼神,故能依据教义以施诸教育,措之政治并阐发哲理,以教主而兼为大教育家、大政治家、大哲学家;西方宗教一般独树一帜,孔子之教则兼容九流,备众家之长而避其流弊。并认为,孔门四科当中,德行是后世性理家之源,文学是后世考据家之源,言语为后世辞章家之源,政事为后世经济家之源。

3. 黄俊杰著《儒学传统与文化创新》出版

黄俊杰(1936—　　　),浙江嘉善人。台湾大学人文社会高等研究院院长、台湾大学历史系特聘教授,兼任台湾大学"东亚经典与文化"研究计划总主持人、台湾"通识教育学会"名誉理事长等。

2月,黄俊杰著《儒学传统与文化创新》一书由台湾东大图书公司出版。该书共收录作者论文八篇。其中《从中国文化史立场试论当前文化建设之意义与方向》一文中指出:中国社会为文化取向型而非宗教取向型,而中国自孔子始,均由注释方式来开创思想新局面。这种传统使中国文化在经历哲学突破时,较之同时的希腊、印度文化为温和,并使中国文化发展具有强烈的历史延续性。在这当中,古今、新旧并不截然对立,而是通过辩证方式结合在一起。在新旧两端维持的创造性之稳定与平衡,正是中国文化的伟大成就。今日中国的文化建设必须注意"求变通"与"致中和",文化建设的方向是回归古典儒家人文主义文化传统,开创其时代意义,使之在现代生活中得以落实。

4. 蔡尚思发表《孔子思想问题的百家争鸣》

3月2日,蔡尚思在《哲学研究》第2期发表《孔子思想问题的百家争鸣》一文,总结了学术界对于孔子思想分析和评价的不同意见。文中首先指出,孔子思想在中国思想史上的地位,认为"一部中国思想发展史,与孔子思想的关系是十分密切的。从近现代的历史来看,进步、中间、落后、倒退等类型的思想家,无不同如何对待孔子学说这个问题有关"。文章分九点阐释了学术界的不同见解:一、关于孔子所处时代问题的争论;二、关于孔子阶级性问题的争论;三、关于孔子的中心思想问题的争论;四、关于孔子贡献问题的争论;五、关于二千多年来孔子思想有无变化问题的争论;六、关于道统与反道统问题的争论;七、关于孔子是否是宗教主问题的争论;八、关于古来批孔反孔的几次斗争;九、关于美化孔子的几种论调。该文对于人们了解和深入研究孔子思想在学术界的各种观点具有重要参考价值。

5."孔子学术讨论会"举行

4 月 21 日至 25 日,中国教育学会教育史研究会、曲阜师范学院孔子研究所联合主办的"孔子学术讨论会"在曲阜师范学院举行,来自全国 23 个省、自治区、直辖市的专家学者 196 人应邀出席了这次大会,并提交论文 119 篇。

与会学者重点讨论了孔子的积极作用和消极作用、对孔子思想的批判和继承、对孔子思想的评价以及怎样把孔子研究引向深入等问题。与会学者注意从四化建设和振兴中华的实际需要出发,比较全面地评价了孔子思想的积极方面和消极方面,并从这两个方面对孔子思想在我国历史上所产生的影响进行了分析,体现了中国共产党对待古代思想文化"取其精华、去其糟粕"的批判继承方针。对待批判继承问题,有些学者提出了"三分法"的继承方法,即把孔子思想分为精华、糟粕、精华与糟粕掺杂相间的三个部分加以区别对待。这次会议的特点是把孔子作为一个学术研究的对象进行讨论的,把对孔子评价高的同尊孔区别了开来,把对孔子评价低的同反孔区别开来。许多学者的论文和发言,研究了一些过去较少研究的问题。他们从新的角度提出了新的论点,开拓了新的研究领域。如从社会学、法制史以及孔子的对立面研究孔子思想,运用数学的方法研究《中庸》等。[1]

6. 钟肇鹏著《孔子研究》出版

钟肇鹏(1925—),四川成都人。曾任中国社会科学院世界宗教研究所研究员、中国孔子研究会理事。

4 月,钟肇鹏著《孔子研究》[2]一书由中国社会科学出版社出版,汇集了作者 1957—1981 年间的 9 篇论文,即《如何剖析孔子思想》、《孔子的基本思想》、《略论孔子思想的阶级性》、《从周代的奴隶制谈到孔子思

---

[1] 《一九八三年曲阜孔子学术讨论会简况》,《齐鲁学刊》1983 年第 3 期。

[2] 该书增订版于 1990 年 2 月由中国社会科学出版社出版。

想的阶级性》《孔子的哲学思想》《孔子的教育实践和文献整理工作》、《孔子的伦理教育思想》《孔子的文艺和美学思想》和《孔子系年》。该书认为：孔子是中国历史上最有影响的思想家，其影响及于国外，是公认的对世界文化思想有影响的人物。孔子的基本思想是维护和巩固封建制度，是新兴地主阶级的思想代表。孔子的天命论基本上是继承殷周以来传统的宗教天命观念，在哲学上属于唯心主义。孔子是当时一个较有远见的思想家，由于当时阶级斗争的尖锐，他初步朦胧地察觉到人民是有力量的，因而他很重视人的地位和作用。这一点在孔子学说中是值得大书特书的一个重要部分。但是，孔子学说是一套彻头彻尾的支持封建制度的理论。从儒家学说一产生，两千多年来一直起着帮助封建帝王巩固封建统治的作用。[①]

7. 罗光著《儒家哲学的体系》出版

罗光（1911—2004），别名焯炤，湖南衡阳人。中国神学家。曾任台湾省台南教区首任主教，台北总主教，台湾辅仁大学教授、校长。

6 月，罗光著《儒家哲学的体系》[②]一书由台湾学生书局出版。该书共收录作者论文 25 篇。书中指出：儒家哲学体系由《易经》发端，经汉宋至清历代易学家的扩充、架构化与修改，定型为一种形上学的体系。这体系可用生、仁、诚三字代表，人的生为仁，仁之修养为诚。西方传统形上学由静而研究有，《易经》所代表的儒家哲学则由动而研究有，其元气说等等已不合科学，而形上的生生之理则应继续存在并得到发扬。

8. 陈立夫著《陈立夫儒学研究言论集》出版

7 月，陈立夫著《陈立夫儒学研究言论集》一书由台湾黎明文化事业公司出版。该书共收录陈立夫文章及讲演稿 60 余篇。

书中大旨沿袭儒家传统立场，阐述孔孟学说之"仁"、"中"、"行"、"忠孝"、"仁爱"、"信义和平"、"礼义廉耻"等观念，颂扬儒家道统及其对世界文化的贡献。该书是台湾孔孟学会主编"国学研究丛书"中的一

---

① 徐志祥、李金山主编：《孔子研究四十年》，巴蜀书社 1990 年版，第 178 页。
② 该书续篇于 1989 年由台湾学生书局出版。

种,陈立夫在为该丛书所写的"弁言"中指出:"中华文化之大经大脉,大成于孔孟二圣,绍述于先贤往哲,其内涵则包罗于国学。"又将中国文化的精华归结为孔子提出、孟子阐扬的"仁"、"诚"、"中"三字,称此三字构成"道统的中心",其在政治、教育、经济、军事四方面的展开则为"管"、"教"、"养"、"卫"四种形态。由此阐发儒家传统思想的精神价值和时代意义,将其和三民主义相结合,以推行"中华文化复兴运动"。

9. 杨亮功著《孔学四论》出版

杨亮功(1897—1992),名保铭,字亮功,安徽巢县(今巢湖市)人。曾任上海吴淞中国公学副校长、安徽大学校长、北京大学教育系主任等。后赴台湾,历任"监察院"秘书长、"考试院"副院长、台湾当局资政等。

8月,杨亮功著《孔学四论》一书由台湾联经出版事业公司出版。该书是作者关于孔子"论学"、"论知"、"论时中"、"论正名"4篇论文的结集。该书专从平实近人的一面去探测孔子的真貌,以孔子之言解释孔子。书中指出:孔子的"学",包括读书与修德力行两层意义,修德力行重于读书,孔子教学的目的就是为了读书修德以用世,用世尤以读书为重。"知"有动词、名词及形容词三种用法,其意义亦有三种解释,即智慧、理知和知识,但有时却很难断定它属于哪一种解释。"时中"的运用,是随着时代的要求而变的。所以"中"是动的,不是机械的或"执一"的。但动之中,却有不动之道存焉。不动之道,即是一切之变必须以"中肯"、"恰当"或"适合"为依据。中国与西方都有正名主义的发展与演变,二者也存在着一定的差异,但在"世衰道微"、"处士横议"之时,孔子所提倡的正名主义,实际上就是循名以质实,依然是一个重要的问题。

10. 范寿康著《朱子及其哲学》出版

范寿康(1896—1983),字允臧,浙江上虞人。中国现当代教育家、哲学家。曾任台湾"行政长官公署"教育处处长、台湾大学哲学系教授兼台湾大学图书馆馆长。

9月,范寿康著《朱子及其哲学》一书由中华书局出版。该书大体分三部分:第一部分阐述朱子哲学的渊源;第二部分论述朱子哲学理论的内容;第三部分对朱子的生平、学派、影响等加以概括的叙述。书中指出:朱子的教育思想一方面依据着儒家传统的学说,另一方面则根基于他自己独特的理学。然后对朱子关于教育目的、教学方法、教育制度等方面的主张,特别是关于小学与大学教育的主张作了深入透辟的分析和评价。该书对认识和评价朱子的教育思想很有帮助。

1984 年

1. 谭宇权著《孔子精神建设论》出版

2 月,谭宇权著《孔子精神建设论》一书由台湾商务印书馆出版。该书收入作者 10 篇文章,论述了孔孟所说的性、仁、良知、中庸及法律思想,并论及荀子人性论与《春秋繁露》。其中在《孔子精神建设论》一文中,反对过分否定中国文化的急进派或西化派,亦反对死抱住中国一切文化不放的保守派,认为出路在于由孔子思想中找出真精神,加以发扬。孔子的真精神是以"仁"为内涵,以"礼"为外在表现,对礼俗有反省性、选择性和批判性。孔子对社会不是大否定、大破坏,亦非一味因袭,而是提出新见解,在对古代文化的反省、沉思、选择的基础上进行创新。认为欲重建孔子精神,须学孔子的治学心胸态度,不怕怀疑与批判古代文化。唯其如此,才能建设中国现代哲学与文化。

2. 朱廷献著《论孟研究》出版

2 月,朱廷献著《论孟研究》一书由台湾商务印书馆出版。该书共收录《论语源流考》、《论语疑义考》、《由汉石经残字看今本论语》、《孔孟学术思想与中国古籍》、《孔子与周易》等论文 8 篇。书中反驳了日本学者关于《论语》为琴牢、原宪所撰的观点,认为《论语》成书,在孔子殁后,弟子各有所记,门人辑而论纂。指出《论语》原有七种传本,以《论衡》所说的"数十百篇"本与三十篇本较早。关于今本中"加我数年,五十以学易"一句,校定为"假我数年,卒以学《易》",以证明孔子传《易》乃确有其事。认为孔子政治思想乃继承尧舜禹汤文武周公之王道主张,先求足食足兵,由小康而进大同之世,与孟子政治思想大致相同。

3. 侯外庐等主编《宋明理学史》(上卷)出版

4月,侯外庐、邱汉生、张岂之主编《宋明理学史》上卷由人民出版社出版。该书系统论述了理学产生、发展和演变的历史,是一部具有开拓意义的理学发展史。

该书将宋明理学划分为两个时期、六个阶段,每一阶段都有其发展的特有标志。两宋至元代是前一时期,约历经四百年,分为三个阶段。第一阶段北宋时期,是理学的形成及初步发展阶段,产生了周敦颐、二程、张载等重要理学家,重要的理学范畴、命题和基本观点,都已经提出来了。第二阶段南宋时期,是理学进一步发展以及朱学统治地位逐步确立的阶段。朱熹是程朱理学的集大成者。这一阶段,形成了朱熹为代表的"理学"与陆九渊为代表的"心学",两派对峙,进行激烈辩论。第三阶段元代,是理学的北传阶段,理学由东南半壁向北方发展。明代及清初是理学演进的后一时期,约历经三百年,也可分为三个阶段:第一阶段明初,是朱学统治时期。明成祖时敕修的《四书大全》、《性理大全》等书,均主朱学。第二阶段明中期,是王学崛起及传播阶段。前有陈白沙作为王学先驱,嗣后王阳明以其特殊的政治社会地位,倡"致良知"说,心学即风靡海内。第三阶段明后期及清前期,是对理学的批判总结阶段。明末清初出现的《圣学宗传》、《理学宗传》,尤其是《宋元学案》、《明儒学案》,就是总结理学的著作。与此同时,从陈确、王夫之到戴震,许多进步思想家都对理学进行了批判。早期启蒙思想的出现,表明理学走向穷途末路。尽管清初统治者大力提倡理学,但其颓势已不可挽回,一代学风逐渐转向乾嘉汉学。作者从宏观研究的角度,对于七百年学术史所作的高屋建瓴式的论述,是基于对理学史的丰富内涵作深入分析,加以概括、提炼、升华而得出的。它所具有的开创意义是很明显的。作者在这方面的研究方法,是继承了我国以往学者辨章学术、考镜源流的优良传统,并在现代科学理论指导下加以发展,因而在理学史的全局性研究上有新的突破。①

4. 蒙培元著《理学的演变》出版

蒙培元(1938—　　),甘肃庄浪人。中国哲学史家、哲学家。曾任中国社会科学院中国哲学研究室主任,中国哲学史学会副会长,《中国哲学史》杂志主编。

5月,蒙培元著《理学的演变——从朱熹到王夫之、戴震》一书由福建人民出版社出版。书中指出:朱熹哲学既是对北宋理学思想的一次全面总结,同时又包含着深刻的内在矛盾,这主要表现为理一元论体系同理不离气的唯物主义因素的矛盾,及心理为二的理本体论同心理为一的心本体论的矛盾。这两个最基本的矛盾是朱熹本人无法解决的。正是这一点,成了朱熹理学必然分化和演变的内在根据。加之南宋以后的社会历史状况,使朱熹理学客观唯心主义体系向三个方向发展:一是向客观唯心主义的发展;二是向心学主观唯心主义发展;三是向唯物主义转化,发展为唯物主义哲学。这是朱熹理学分化和演变的基本线索,也是该书提出并阐述的主要观点。围绕这一基本线索和主要观点,书中详细地探讨了理学演化的具体过程和阶段。该书还以较多篇幅分析、探索了朱熹理学向王阳明心学的演变。②

5. 杨景凡、俞荣根著《孔子的法律思想》出版

杨景凡(1916—2001),四川渠县人。中国当代法律史学家。
俞荣根(1943—　　),笔名耘耕,浙江诸暨人。中国当代法律史学家。

6月,杨景凡、俞荣根著《孔子的法律思想》一书由群众出版社出版。该书系统研究了孔子法律思想的理论基础,孔子的法理学思想,孔子的立法、司法和守法思想。书中指出:"仁学"是孔子法律思想的理论基础。作为"仁"的不同角度的展开,孔子的民本思想、宗法思想、君权

---

① 陈其泰:《一部具有开拓意义的理学发展史——读〈宋明理学史〉上卷》,《哲学研究》1986年第11期。

② 中国社会科学院哲学研究所编:《中国哲学年鉴1985》,中国大百科全书出版社1985年版,第255页。

思想、大同思想是其法律学说在立法、司法、守法问题上的指导性原则，是法律思想体系中的四大支柱，而又都是在仁学思想指导下展开的；认为孔子的法律学说是伦理法律学说，其总体特征是"德主刑辅"。该书论述了孔子"正名"的立法思想、先富后教的教育预防理论、"为政在人"的"治人"主张、"中庸"的刑事政策、"原心论罪"的刑罚原则、"父子相隐"的诉讼原则、轻徭薄赋的财政政策等。该书以其对一些史料的重新认识为根据，论证了孔子反对晋铸刑鼎并不是反对法，而且铸刑鼎也并不意味着公布成文法。认为中国古代儒家和法家的主张本质上都是"人治"，而非现代意义上的"法治"。这些观点能成为与普遍所持的观点不同的一家之言。该书还论述孔子法律思想和中国从汉代到唐代等封建社会法律的关系。

该书是当时难得一见的较系统地研究孔子法律思想的著作，具有重要的学术价值。

6. 庞朴著《儒家辩证法研究》出版

6月，庞朴著《儒家辩证法研究》一书由中华书局出版。该书从哲学的高度着眼，对儒家学说的"仁义"、"礼乐"、"忠恕"、"圣智"等若干观念和范畴，进行了详细的阐发和论述，深入发掘其相反相成的对立统一关系，并进一步指出，它们"是儒家观察社会现象、处理社会问题、进行道德修养的总原则"；把儒家哲学的方法论概括为"中庸"与"三分"两个相近而又有不同的连动性范畴，它们旨在探求事物的一种既非过分又非不及的最佳状态，是事物存在和发展的必要条件；儒家哲学以"仁义"、"忠恕"等若干范畴为起始，在划分世界、划分事物中"见对立而尚中，因对立、尚中而有三分法"——一个有自己特色的"儒家辩证法的体系"。

该书把主题放在整个中华民族文化的总体和历史链条中去加以考察。在"引论"中开宗明义写道："由孔丘开创并以他为代表的儒家学派，不仅是中国先秦时期的显学，而且自汉武帝定之为国学之后，直至五四运动打倒孔家店为止，统治了中国思想界整整两千年之久，成为中华文化的传统精神。"既然如此，我们今天对这样一种贯穿通代的思想学说，是没有理由不予以正视并做应有的理解、反思和批判地汲取的。

先秦儒家学派,本身有其产生、演变和发展的一定过程,对此作者有很好的揭示,如言孔子对于儒家学说的"开创"、孟子之于儒家学派的"中兴",又孟、荀后于孔子而又有许多"高于孔子的地方"等,因此该书较充分地注意了先秦其他学派和学说,认为道家辩证法主张用"弱",法家主张用"强",儒家则主张用"中"。

该书在儒家学说的研究上是一种开拓性的探索,而且对整个中国古代思想文化遗产的批判和研究,也具有引领学术研究的意义。

7."孔子法律思想讨论会"举行

8 月 8 日至 13 日,中国法律史学会、山东大学法律学系、山东社会科学院联合主办的"孔子法律思想讨论会"在山东济南举行,来自全国各政法院校、研究机构的 70 余位专家学者出席了会议,收到论文 50 余篇。

与会学者就孔子的思想体系、孔子法律思想有无体系、其思想的内容与实质、有关的历史分期和事件、研究法律思想史应取的世界观及方法论等一系列问题展开了深入的讨论,进行了广泛的交流。此次会议是国内第一次专题讨论孔子法律思想的学术会议,促进了学术界关于孔子法律思想的研究,继之一些关于孔子法律思想的论文、著作面世。

会后,乔伟、杨鹤皋主编《孔子法律思想研究》(论文集),于 1986 年 2 月由山东人民出版社出版。

8."孔子教育思想学术讨论会"举行

9 月 21 日至 26 日,中国教育学会、山东省教育学会、曲阜师范学院孔子研究所联合主办的"孔子教育思想学术讨论会"在曲阜师范学院举行,来自全国 26 个省、自治区、直辖市的 116 名代表出席了会议,并提交学术论文 97 篇。

此次会议重点讨论了孔子的教育思想和教学实践,如孔子的教学论、道德教育、教育心理学、教育对象、教育目的、教育方针、教学内容、教学方法、教师论,孔子对中国教育史的重大贡献,等等。此外,关于孔子思想的时代性和阶级性,孔子哲学思想、政治思想、伦理思想,孔子思想的演变过程,研究孔子的方法,孔子思想在东西方的传播及其世界影响,建设社会主义精神文明与批判继承祖国珍贵文化遗产的关系等问题,会议也进行了深入的讨论。①

此次会议经过酝酿协商,一致同意成立"中国孔子基金会",公推中共中央书记处书记、国务委员谷牧担任名誉会长,南京大学名誉校长、江苏省人大常委会副主任匡亚明为会长,中国教育学研究会理事长张健等任副会长。同时,根据孔子研究发展的需要,成立"中国孔子学术研究会筹备组",推选匡亚明为组长,张健等为副组长。

9. 孔子及弟子和孔子思想继承者等 17 尊塑像复原揭幕仪式举行

9 月 22 日,即夏历八月二十七日孔子诞辰 2535 周年,孔子及弟子和孔子思想继承者等 17 尊塑像复原揭幕仪式在山东曲阜孔庙内举行。

上午 9 点,国家文物局、国家旅游局、山东省的领导,美国、法国、英国等 10 个国家的来宾,全国政协委员、孔子 77 代嫡孙女孔德懋女士、山东省政协副主席、山东大学副教授孔令仁等孔氏族人,正在曲阜参加孔子教育思想学术讨论会的专家学者出席了"孔子诞辰故里游"开幕式暨孔子像复原揭幕仪式。仪式由曲阜县副县长刘祥德主持,山东省、市领导讲话后,曲阜师范学院艺术系演出了仿古乐舞。复原后的孔子及弟子和孔子思想继承者等 17 尊塑像是仿雍正八年塑像用的内脱胎法塑成,孔子塑像高 3.35 米,头戴十二旒冠冕,身穿十二章王服,手捧镇圭,一如古代天子礼制。四配塑像及十二哲塑像均头戴九旒冠,身穿九章公服,手捧躬圭,一如古代上公礼制。塑像都置于木制贴金神龛内,孔子像施十三踩斗拱,弟子像则施九踩斗拱,基本上恢复了"文化大革命"前的原样。

10. 中国孔子基金会成立

9 月 22 日,中国孔子基金会在山东曲阜正式宣告成立,以"发掘和研究与孔子有关的文史资料,保护和维修与孔子有关的文物古迹,建设

---

① 《孔子教育思想学术讨论会在曲阜举行》,《文史哲》1985 年第 1 期。

和管理好孔子故乡,致力振兴中华,实现四化"①为任务。

中国孔子基金会由中共中央书记处书记、国务委员谷牧为名誉会长,南京大学名誉校长、江苏省人大常委会副主任匡亚明为会长,张健、孔德懋、孔令朋、余修、吴富恒、孔令仁、王力生、程汉邦、刘蔚华、翟盛奎、孔祥林任副会长。设理事若干人。理事会下设办公室、研究规划部、联络接待部,办理各项事务。基金会地址设在山东曲阜孔府内。②孔子基金筹集范围不受国籍限制。基金主要用于:建立孔子研究中心;建立孔子故里博物馆,发掘、整理、研究、出版有关孔子的文献资料,进行学术交流;保护和维护与孔子有关的文物古迹;奖励对研究孔子有特殊贡献的学者(不受国籍的限制,奖励办法另定)。③

中国孔子基金会自成立以后,多次举办大型国际学术会议、创办《孔子研究》杂志、出版《中国孔子基金会文库》、组织并参与众多海内外学术交往活动等,在组织和推动孔子、儒学及中国传统思想文化研究方面做了大量的工作。

11. 刘蔚华发表《孔子研究中的方法论问题》

9 月 27 日,刘蔚华在《哲学研究》第 9 期发表《孔子研究中的方法论问题》一文。文中指出:孔子的思想在中国的社会史、哲学史、教育史和文化史上占有特殊地位。研究孔子既不是为了尊崇他,也不是为了贬斥他,而是把他的学说和影响作为科学研究的对象,实事求是地作出科学的评价。孔子研究中的分歧意见很多,探讨孔子研究中的方法论问题是把孔子研究推向前进的可靠途径。对于决定孔子思想面貌的社会因素应当进行多层次的研究。社会形态的转变是一般原因,鲁国的思想文化传统与现实矛盾对孔子的影响是孔子思想形成的特殊原因,孔子的家世对他思想的影响,是形成孔子思想独特风貌的个别原因。具体说,就是以新旧社会的交替为主要线索,通过孔子的生活环境和道路,形成了孔子的思想体系。孔子学说经历三次大的改造逐步成为封建社会的统治思想和封建文化的统治支柱,通过官方的提倡、推行,深

---

① 《中国孔子基金会章程》,《齐鲁学刊》1984 年第 6 期。

② 《中国孔子基金会公告》,《齐鲁学刊》1984 年第 6 期。

③ 《中国孔子基金会章程》,《齐鲁学刊》1984 年第 6 期。

深地融入了民族文化传统之中。孔子和儒家学说中维护剥削压迫、宣扬专制主义、保守倾向、封建礼教和唯心主义思想应当摒弃,而在发展文化教育方面的建树则应适当肯定。

12. "孟子学术讨论会"举行

10 月 26 日至 31 日,山东中国哲学史研究会、山东社会科学院、山东大学、山东师范大学、曲阜师范学院、邹县孟子研究会联合主办的"孟子学术讨论会"在山东邹县举行,来自全国各地的 135 名专家学者参加了会议,共收到论文 60 余篇。

与会学者就孟子的哲学思想、政治思想和伦理思想等问题进行了广泛的讨论。关于孟子的哲学思想,主要有三种见解:一种认为孟子的哲学属于主观唯心主义;一种认为是客观唯心主义;一种认为是唯物主义。关于孟子的阶级属性及其政治思想,有的认为孟子与孔子一样同属于父权家长制奴隶主阶级,是奴隶主阶级的思想家。更多的则认为孟子是新兴地主阶级的思想家。不少学者指出,孟子政治思想中最为宝贵的是他的民本主义思想。孟子的许多言论都贯穿着以"民为贵"的思想。有的学者还指出,孟子的"劳心者治人,劳力者治于人"是对社会分工的肯定,在历史上是有进步意义的,不能全盘否定。会议认为,孟子的伦理思想,有超越前人和同时代人的独到的贡献:第一,孟子提出了人格标准,即"富贵不能淫,贫贱不能移,威武不能屈"。第二,孟子提出了"人人有贵于己者"的学说,从而肯定了人人都有自己的天赋的、不可剥夺的价值。此外,有的学者还指出,孟子用"仁"、"义"来表现人的社会属性,并以此将人与动物区别开来,是有其合理的因素的。此次会议是 1949 年以后第一次较大规模的孟子学术讨论会,对于孟子学术思想的深入研究起到了积极的促进作用。[①]

会后,山东孔孟学研究丛书编辑委员会主编《孟子思想研究》论文集,于 1986 年 12 月由山东大学出版社出版。

[①] 张鸿科:《全国孟子学术讨论会在邹县举行》,《东岳论丛》1985 年第 1 期。

13. 蔡仁厚著《孔孟荀哲学》出版

12 月,蔡仁厚著《孔孟荀哲学》一书由台湾学生书局出版,认为儒家代表中国文化之道统。书中指出:儒家为孔子所开创,从一开始就在民族文化中据有主位性。或说儒家"思想独霸"、"压制学术自由",纯为虚妄之言,在历代受到压迫限制的是儒家而不是诸子。诸子兴起是孔子使学术流布民间的结果,不能与儒家平列。并采纳唐君毅说,认为道家只重视个体精神自由,不重视国家与社会;墨子只重视社会正义等,轻视国家与个体性价值;法家只重视国家权益,对社会伦理教化及个体价值不加注意;唯儒家能对国家、社会、个体兼顾并重;道、墨,法三家不能"以质救文",唯儒家能成就人文价值。儒学不属于知识系统,而属于行为系统,为生命的学问,一方面由主观的纵的实践,要求天道天命通而为一;另一方面由客观的横的实践,要求天下民物通而为一。儒学可分为内圣成德之学与外王功能之学,在外王方面,主张对外王加以充实,开出政道以消除治乱相循等困局,开出知识之学而建立学理。

14. 郑彝元著《儒家思想导论》出版

郑彝元(1924—　　),泰国华裔,祖籍广东普宁。曾从事新闻工作,担任过中学教师,任职于银行、侨团、报社。

是年,郑彝元著《儒家思想导论》一书由泰国曼谷时中出版社出版。该书以儒家经籍为依据,从教育、人性、哲学、道德、伦理、宗教、价值观等方面扼要论述儒家理论原则和实践价值。对儒家关于品德与知识教育、人性善恶、易道与人道、道德与修为、宗教与人文,以及尊德性与道问学、极高明与道中庸、心与物、知与行、道德理性与科学知识作了执两用中的阐释。全书贯彻中庸理论,参酌道家观点,并断言人类未来的命运,最终将取决于能否选择中庸之道。

1985 年

1. 曲阜师范学院孔子研究所编《孔子教育思想论文集》出版

1月，曲阜师范学院孔子研究所编《孔子教育思想论文集》一书由湖南教育出版社出版。该书是会议论文的选编①，共收录研究孔子教育思想的论文 20 篇。

书中主要涉及以下几个问题：如何全面评价孔子的教育思想、德育思想、道德教育思想、教育心理思想、德育心理思想、人才教育、爱的教育、音乐教育以及研究孔子教育思想的方法论问题；对孔子"举一反三"、"有教无类"、"学而优则仕，仕而优则学"等命题的辨析和新解。②

2. 李启谦、黄金山发表《孔子在封建社会前期政治地位的变化》

李启谦（1932—1997），山东章丘人。曾任曲阜师范大学孔子研究所所长、教授，中国孔子基金会理事，中国先秦史学会理事等。

3月2日，李启谦、黄金山在《齐鲁学刊》第1期发表《孔子在封建社会前期政治地位的变化》一文。该文探讨了春秋末至东汉末期间孔子地位的变化及其原因。

---

① 1980 年 10 月、1982 年 4 月，曲阜师范学院先后两次召开了全国规模的孔子学术讨论会，共收到论文近 160 篇，其中教育方面的论文 50 多篇。

② 徐志祥、李金山主编：《孔子研究四十年》，巴蜀书社 1990 年版，第 185 页。

文中指出：春秋战国时期，孔子的影响逐步扩大。孔子活着的时候，他已经成了有重大影响的知名人士。孔子死后，在孟子、荀子等人的宣扬下，他在战国时代的影响日益扩大。孔子赢得社会好评的主要原因是：孔子熟悉历史，了解过去的典章制度；提倡的君臣父子之道，适用于各种社会；提倡的各种道德规范，有些是社会公德；提倡的中庸思想，也是处理人与人之间关系的一种方式；首创私学，得到"士"的拥护；政治思想上新旧兼收，易为各种势力所利用。

文中认为，秦代孔子地位降低。有秦一代，尊法是主流，但孔子的伦理思想，尤其是君臣、父子、夫妇之道，始终未废。汉初，孔学复苏。西汉统治者接受孔子"孝悌"、"爱人"思想，庙号多加以"孝"字。但汉初占主导地位的是黄老思想，儒生在汉初政治舞台上并不太走运。汉武帝时开始独尊孔子。董仲舒对孔子学说进行了一次系统的修正与改造，并对孔子本人大力宣扬，奉为"素王"。汉武帝"罢黜百家，独尊六经"。汉元帝拜孔子后人孔霸为关内侯，号"褒成君"，明令以爵位奉祀孔子。西汉后期和东汉时代，谶纬学把孔子捧上神位。在谶纬学里，孔子成为一个被神化的中心人物。东汉时对孔子的推崇又达到一个高峰。白虎观会议后，儒家学说进一步同阴阳五行和谶纬糅合在一起。

3. 匡亚明著《孔子评传》出版

3 月，匡亚明著《孔子评传》一书由齐鲁书社出版。该书共 10 章，把孔子放在当时的历史条件下，进行了实事求是的研究和评价。

书中指出："孔子思想是两千多年来中国历代封建王朝统治阶级的思想支柱。孔子本人则是封建社会秩序的忠实维护者。但同时他又是一位好学、博学的伟大思想家，在他所处的历史条件下，他能做到比同时代人看得更高更远些。他认为要维护封建秩序，固然必须维护统治阶级的利益，同时也必须照顾到被统治阶级的利益。"前者是封建性、保守性的反映，后者则是带有一定的、明显的人民性、民主性和积极性的因素。这些反映了孔子思想的二重性。

该书认为，孔子建立了人生哲学的思想体系，包含了至今仍不失其光辉的珍贵因素，这是孔子哲学的精髓。"仁"是一切人的共同本性；它是人的伦理道德原则的最终根据，人类社会政治原则的最终根据。

"仁"是高尚的人性目标,是理想的人格。孔子也谈命,这个命不是人格化、有意志的上帝的命令,而是一种不可知的外在必然性。在孔子的思想体系中,"礼"是仅次于"仁"的重要概念,他要求人们以"周礼"为行为准则,但又认为没有"仁"的思想内容就不能称之为"礼"。"礼"是人们的行为准则,体现了社会对人的外在约束;"仁"则是人的本质,是修己、爱人的内在自觉性。孔子思想深刻影响了中国封建时代的政治、经济、文化和中华民族的心理素质,既有消极因素,也有积极因素,这两种因素导致了两种不同后果,前者使中国封建社会长期停滞不前,后者则形成了中华民族某些优良传统和特征。

在继承孔子思想遗产时,必须从二重性出发,从三个方面即"三分法"加以剖析:凡是孔子思想中直接为维护封建社会统治阶级特殊利益服务的东西,必须加以彻底批判,并彻底和它决裂;凡是孔子思想中在一定程度上带有远见的智慧或这种智慧的萌芽的东西,都必须加以认真地批判和清理,做到"古为今用";凡是孔子思想中至今仍保有生命力而具有现实意义的东西,都应予以继承和发展。[①]

该书是一部具有新认识、新概念、新突破的学术著作。

4. 中华孔子研究所成立

6 月 10 日,中华孔子研究所成立大会在北京孔庙召开,来自全国各省、自治区、直辖市的专家学者冯友兰、杨向奎、石峻等 200 多人参加了这次大会。

中华孔子研究所所长张岱年致开幕词说:"孔子是中国历史上影响最大的人物,其影响之大远远超过秦皇、汉武。孔子是春秋战国时期百家争鸣的实际创始人,是封建时代精神文明的主要奠基者。"张岱年认为,"尊孔的时代已经过去了,盲目反孔的时代也已经过去了",我们的任务是对"孔子和儒学进行科学的考察,进行历史的辩证的分析,发扬孔学中的民主性的精华,反对其中的封建性的糟粕"。中华孔子研究所顾问周谷城、名誉所长侯外庐、香港浸会学院教授刘茂华给大会发来了贺信,中华孔子研究所顾问胡绳到会表示祝贺,冯友兰、杨玉清、美籍学

---

① 徐志祥、李金山主编:《孔子研究四十年》,巴蜀书社 1990 年版,第 183—184 页。

者杜维明及孔子的后裔孔德懋、孔令朋等在大会上发表讲话。大会通过了中华孔子研究所《章程》和组织机构名单。①

5. 中华孔子研究所"孔子学术讨论会"举行

6 月 11 日至 14 日,中华孔子研究所主办的"孔子学术讨论会"在北京举行,来自全国各地的专家、学者、教授和有关教学研究人员近 300 人参加了讨论会,并提交论文 120 余篇。

与会代表一致认为:研究孔子和儒学的目的,不是为研究孔子而研究孔子,也不是为了好古,而是为了建设社会主义精神文明而总结历史经验。孔子在中华民族文明史上起了别人不能比拟的作用,其影响之大,远远超过秦皇、汉武。孔子是春秋战国时期"百家争鸣"的实际创始人,是封建时代精神文明的主要奠基者,当前的历史任务是建设有中国特色的社会主义物质文明和精神文明。为了完成这个光荣任务,一方面要发扬创造精神,一方面也要对古代的精神文明进行深入考察,作出科学的分析,对于孔子和儒学进行批判总结。

认为研究孔子和儒学,最根本的就是坚持唯物主义和辩证法。首先,要弄清孔子的本来面目。在中国历史上,有生活在春秋时代的孔子,还有两个被后人打扮、粉饰的孔子,一个是被封建统治阶级美化了的孔子,这个孔子是"神";一个是被一些反对孔子和孔子思想的人所丑化了的孔子,这个孔子是"鬼"。应该鉴别出,后面这两个都是假孔子。其次,要对孔子和孔子思想依据客观条件作实事求是的分析。时势造英雄,而且造就了他们的思想和业绩。肯定这一点,就可以避免把孔子和孔子思想视为超时空的永恒的东西,这就不会把孔子捧上天堂,也不会把他打进地狱,有利于把他放在历史唯物主义的客观基础上。再次,要客观地认识孔子和儒学的历史作用,对本来的和后来被改造过的孔子和孔子思想作具体分析。对按客观规律发展或肯定了的孔子和孔子思想,就要从实际出发继续发展或肯定,对歪曲或篡改过的孔子思想,就要对伪造者进行客观地揭露和批判。总之,一致认为对孔子和孔子

---

① 孙开太:《中华孔子研究所成立大会在北京举行》,《哲学研究》1985 年第 8 期。

思想的研究方法,要联系实际作具体分析,要作前、后、左、右的立体分析。①

会后,中华孔子研究所编《孔子研究论文集》,于 1987 年 11 月由教育科学出版社出版。

6. 刘蔚华发表《孔子思想演变的特点》

6 月 30 日,刘蔚华在《社会科学战线》第 3 期发表《孔子思想演变的特点》一文。文中指出:"关于孔子思想的评价,学术界还有许多不同意见。产生这种状况的原因固然很多,但没有弄清孔子思想的演变过程,也是一个不可忽视的原因。实质上,这是一个具有方法论意义的问题。"孔子"一生的实践活动和思想演变过程,是同当时社会形态的大转变紧密联系着的"。"孔子在春秋末期的社会变革中,属于奴隶主阶级的保守派。他坚持维护旧制度,反对根本性的变革,但又主张对旧制度作某些非本质的修正,这就使他既区别于仇视一切新生事物的顽固派,又不同于用妥协手段谋求社会进步的改良派。孔子维护旧事物是坚定的,反对新事物又是软弱的,使他的学说具有明显的二重性,即既有保守的方面,又有改良的方面,但从整个思想体系来说,保守性是主要的、根本的。从他一生的思想演变过程可以看出,孔子的青年时期,改良主义思想是主要的,中年以后逐步转向保守,直到终年,保守的方面是主要的,但也有某些改良成分,老年时期倡说仁学就是如此。孔子的思想体系,涉及许多领域,也含有保守与改良两个方面。但在政治、哲学、伦理思想中,保守方面是主要的;在文化、教育领域中,改良方面是主要的。这两个方面在孔子学说中,呈现出复杂的状况,我们既要从总体上把握其本质属性,又要在具体问题上作具体分析。"

7. 张蕙慧著《儒家乐教思想研究》出版

6 月,张蕙慧著《儒家乐教思想研究》一书由台湾文史哲出版社出版。该书提出将儒家乐教理论参以现代观念,造成新的现代乐教的主张。

---

① 张慕岑:《中华孔子研究所成立大会暨第一届孔子思想学术讨论会综述》,《历史教学》1985 年第 10 期。

书中指出:中国古代系以乐教为教育之中心,为乐教发达最早的国家之一。孔子曾大力正乐、教乐、论乐,有以乐修身、以乐治国之理想。自秦灭儒学之后,乐教未能复振,遂使音乐沦为娱乐。为拨乱反正并重建人文社会,应重视儒家乐教之莫大价值,将乐教理论参以现代观念,造成新的现代乐教。

8. 杜任之、高树帜发表《孔子"仁"学精华是哲学人类学》

7月2日,杜任之、高树帜在《山西师范大学学报(社会科学版)》第2期发表《孔子"仁"学精华是哲学人类学》一文。文中指出:"仁"的基本范畴和基本概念,贯穿到人类社会的伦理道德、政治、经济、科学技术、文化教育和人才等多门学科,都具有一定的唯物的哲理和客观真理性。孔子哲学的唯物主义成分,是有继承有创新的。孔子唯物论世界观的主要表现是:认为世界的本源是物质的,精神来自物质;认为认识来源于实践;认为人应该有益于社会,不应做社会的寄生虫;"中庸"是孔子哲学的方法论。

文中认为,孔子的"仁"学精华,作为社会科学的哲学人类学,其中的伦理道德思想,在中国甚至世界历史上,首先就具有划时代的意义。孔子的伦理道德远远超出了亲缘关系和阶级关系。孔子伦理道德思想的两大特征是"忠"、"恕",它是孔子的"仁"的两个方面。它的总的高度表现是"己欲立而立人,己欲达而达人"。孔子主张"讲信修睦",反对"争夺相杀",这是孔子立足于人类共同生存和文明进化的鲜明态度。孔子主张男女平等,婚姻自由、自主。孔子伦理道德修养有五项基本情操,即"温、良、恭、俭、让",它适用于人民内部。孔子不仅尊重人的价值和人的尊严,同情贫苦群众,而且有济世安民的宏伟理想,有为理想而奋斗到底的决心和毅力,并且本着"修己以安百姓"的精神,不断充实、培养和砥砺自己的品德,做到了"克己复礼"——这一切都表明孔子在道德境界上达到了他为"仁"所规定的标准,他的思想和行动真正体现了"仁"所包含的种种美德。

9. 张岱年发表《孔子在中国文化史上的地位》

7月19日,张岱年在《北京日报》发表《孔子在中国文化史上的地位》一文。文中指出:"在中华民族的'共同文化'与'共同心理'的形成和发展的过程中起了最巨大的作用的,是春秋时期伟大的思想家和教育家孔子。孔子的学说对于中华民族的共同文化和共同心理的形成起了别人不能比拟的深远影响。"孔子的下列思想观点为中国文化的发展提供了思想基础:第一,积极乐观的有为精神;第二,对于道德价值的高度重视;第三,开创了重视历史经验的优良传统。孔子的积极有为的思想态度,对于中华民族的发展起过重要的作用。中华民族有一个奋发向上、自强不息的传统,同孔子的影响是分不开的。孔子重视道德与精神生活的价值观,对于中国文化的形成和发展也有深远影响,在历代知识分子和劳动人民中存在着一种重视气节、刚正不屈的优良传统。这实际上是在孔子思想的熏陶下形成的。孔子的学说也不是完美无缺的,至少有三方面的缺欠:第一,孔子"述而不作",对于创新重视不够;第二,孔子强调德治,对于军事重视不够;第三,孔子推崇礼乐,对于生产劳动重视不够。

10. 张立文著《宋明理学研究》出版

7月,张立文著《宋明理学研究》一书由中国人民大学出版社出版。该书是一部从宏观与个案相结合,对宋明时期的理学思潮及其主要代表人物的思想进行系统梳理和研究的学术专著。

该书运用历史和分析的方法,不仅从宏观上对宋明理学的概况进行了归纳和总结,阐明宋明理学所面临的挑战,宋明理学的称谓、内涵和分系,宋明理学的发展阶段、范畴结构、特点和时代精神,而且从理学家的主要范畴和基本命题出发,重点对宋明理学思潮中的代表人物如周敦颐、张载、二程、朱熹、陆九渊、王阳明、王夫之等进行了个案性的系统把梳和分析,既阐明理学家各自的学术思想个性及创见,又注意分析理学家纵横之间的学术渊源、历史发展、相关关系,从而勾勒出了宋明理学发展的基本脉络,并从人类理性思维的认识角度,对宋明理学的得失、成败、功过进行了认真地反思和揭示。全书资料翔实,逻辑清晰,内容突出重点,颇多创见,是一部人们了解和认知宋明理学的有益参考书。①

该书是当时我国国内最早出版的研究宋明理学的学术专著之一,在海内外学术界产生了一定的影响。

11. 丁寅生著《孔子演义》出版

9月,丁寅生著《孔子演义》一书由山东人民出版社出版。该书是一部章回体的历史小说,全书共100回。

该书采取演义笔法将孔子一生活动的重大事件作了通俗的叙述、形象的描绘,从不同侧面表现了思想家、教育家孔子的形象。它既是一部叙述孔子一生的史料书,又是一部有文学价值的文学作品。该书据上海大通图书社的底本,加以重新整理、校订,对其中明显的错讹作了改正。

12. 杜任之、高树帜著《孔子学说精华体系》出版

9月,杜任之、高树帜著《孔子学说精华体系》一书由山西人民出版社出版。全书分"孔子新传"、"孔子哲学思想精华"、"孔子思想基本范畴及其概念"、"孔子政治思想精华"、"孔子伦理道德思想精华"、"孔子教育思想精华"等六编,是一部以阐述、论证孔子思想精华为主旨的专著。

书中指出:孔子是中国古代伟大的思想家。孔子的思想寓有一种深邃的哲理,其基本范畴及基本概念,涉及社会政治、伦理道德、思想教育等立身处世、为政治国的一切方面,在中华民族的思想和文化发展史上,时间最久,影响程度最广最深。中华民族历史悠久的灿烂文化,中国在世界上被称为"文明古国"与"礼仪之邦",多与孔子思想分不开。中华民族的讲道德的伦理传统,宽厚宏廓的伟大气魄和扶颠持危、见义勇为、杀身成仁的崇高道德风范,很多渊源于孔子思想的精华。孔子思想是多方面的矛盾综合体,其中有精华也有糟粕,必须做分辨的工作。孔子思想精华的核心是"仁","仁"的涵义是"爱人",是要求奴隶主统治

---

① 方国根:《筚路蓝缕 考镜源流——读〈宋明理学研究〉》,《东方论坛》2003 年第 4 期。

阶级爱护劳动人民,相对地也是维护被统治的奴隶阶级的"人格"和生存的权利。孔子的"仁"是孔子的新人类观,它要求人与人,尤其是贵族与奴隶在"人格"上的平等,这鲜明地反映了孔子的"仁"是人之所以为人的理性精神。它不但在春秋时代是进步思想,在一切阶级社会也为广大劳动人民所企求、所欢迎。在长期的封建社会中,统治者所以越来越崇拜孔子,一是孔子的思想精华具有人民性和科学道理,对广大劳动人民具有相当大的吸引力;二是历代封建统治者鉴于上述原因和孔子思想中有相对维护君权的内容,适合于封建专制主义的需要,所以他们就把孔子作为偶像崇拜,以欺骗、愚弄劳动人民,借以巩固其专制统治。①

13. 中华孔子研究所"纪念孔子诞辰 2536 周年座谈会"举行

10 月 11 日,中华孔子研究所主办的"纪念孔子诞辰 2536 周年座谈会"在中国人民大学举行,中华孔子研究所部分成员和中、青年代表70 多人,梁漱溟、张申府和杨玉清等老一辈学者,孔子后裔孔德懋等参加了座谈会。

中华孔子研究所所长张岱年在发言中提出,要正确地评价孔子,并进一步理解孔子思想的历史意义和社会意义。梁漱溟指出,孔子学问的特点是"反躬修己",并谈到孔孟之不同。杨玉清认为,研究孔子,是要认识孔子,既不是尊孔,也不是反孔;孔子研究,不仅要提高,而且更要普及,以减少对孔子之无知;孔子之学也并非教条。此外,在会上发言的还有张腾霄、董一博、石可、谢韬、方立天和刘桂生等人,他们一致认为,孔子思想在中华民族中影响很大,在新的历史时期要对它进行再研究。②

14. 方延明发表《孔子思想的四个来源和四个组成部分》

方延明(1951—   ),山东莱芜人。历任南京大学新闻传播学院院长,中国高校校报协会常务副理事长,江苏省高校校报研究会会长。

---

① 徐志祥、李金山主编:《孔子研究四十年》,巴蜀书社 1990 年版,第 184—185 页。
② 郭兰芬:《北京举行纪念孔子二千五百三十六周年诞辰座谈会》,《哲学动态》1985 年第12 期。

10 月 28 日,方延明在《求索》第 5 期发表《孔子思想的四个来源和四个组成部分》一文。文中指出:孔子继承了中国奴隶社会以及初期封建社会的民本思想、宗法思想、中庸思想、大同思想,并以此形成了一个以"仁"为中心内容,以"礼"为表现形式,以"中庸"为思想方法,以"大同"为远大理想的思想体系。孔子学说是仁学,源于民本主义,其主要内容是继承西周以来的敬德保民思想。宗法思想的"礼"是孔子礼的思想的直接来源。孔子的礼,大则治理国家之大法,小则为人处事之礼貌。无过无不及的中庸思想是孔子学说的哲学方法,也是孔子的唯物主义思想部分中最核心的内容,是辩证法在孔子思想中的典型运用,中庸贯穿于孔子整个思想体系。孔子一提出中庸,就把它广泛应用到各个方面。中庸的表现形式和内容极为丰富。中庸的实施也是受到社会和其他许多方面限制的。大同思想是孔子思想的重要组成部分,对于形成一个完整的孔子思想体系,它是一个奋斗目标,是纲领,寄托了孔子的远大政治理想,是孔子入仕行道,终生为之奋斗的最终目的。

15. 傅佩荣著《儒道天论发微》出版

傅佩荣(1950—   ),祖籍上海,曾师从哲学家方东美。台湾大学哲学系教授。

10 月,傅佩荣著《儒道天论发微》一书由台湾学生书局出版。该书探讨了先秦时期儒道两家的天道观念。书中指出:商代实行神权政体,信仰作为启示者与审判者的帝或上帝。周代实行德治政体,视"帝"与"天"可以互换,"天"既为启示者与审判者,又为造生者与载行者,"天"之突起引发了一种人文主义的觉醒。春秋时期,"天"概念发生了转变。在儒家,孔子提出关于"仁"的无上要求;对内修德至完美程度,对外助人满足其本性。孟子明确联结人性与天,认为人心反映天之善性,《中庸》更进一步,以诚来联结天道与人道。而在道家,天不再是启示者与审判者,其造生、载行作用则为道所取代。人性与万物合一不再只是理想,而是现实,问题只在于对这现实如何认识。庄子还认为人的理性与天理相应,领悟天理时,人心达到新境界,成为精神。总之,儒道两家都不满足于只作自然人,而要作理想的人,儒家为这理想人加上道德色彩,道家为理想人加上审美色彩。

16. 韩达编《评孔纪年（1911—1949）》出版

11月，韩达编《评孔纪年（1911—1949）》一书由山东教育出版社出版。该书是一部评议孔子思想、活动的史料书。

该书采用编年纪事体例，以1911年至1949年为断限。编者从当时的书籍刊物、杂志、报纸、通讯、讲话、日记等历史资料中，摘录大量有关评论、批评、褒贬孔子及儒学方面的重要论点及活动材料。其中包括这段时间内不同政府、不同统治阶级的"尊孔"、"祀孔"的报道；有康有为、陈焕章等鼓吹建立"孔教会"，宣传"尊孔读经"活动的记录；也有李大钊、陈独秀、蔡元培、鲁迅、吴虞等人反对建立"孔教会"，批判"尊孔读经"活动的资料；更有梁启超、胡适、梁漱溟、冯友兰、顾颉刚、傅斯年、熊十力、蔡尚思等学者研究评价孔子思想的学术著作及观点介绍；有与孔子或儒学有关的出版消息和学术信息。该书材料翔实，内容丰富，对于现代的孔子研究，具有很大的参考价值。①

---

① 　徐志祥、李金山主编：《孔子研究四十年》，巴蜀书社1990年版，第182—183页。

1986 年

1. 杜维明发表《儒学第三期发展的前景问题》

杜维明(1940—　)，祖籍广东南海，生于云南昆明。美籍华人，现代新儒家代表人物之一。[①]

1 月至 3 月，杜维明在香港《明报月刊》1、2、3 期发表《儒学第三期发展的前景问题》一文，对儒学第三期发展的前景问题进行了探讨。

该文阐述了儒学的地位在近代中国的微妙变化：从"文法"降格为"辞汇"。在利玛窦向中国人传教的时代，儒学是"文法"，西学是"辞汇"，传教士们只能用儒家的思维方式演说他们的天主教。"五四"以后，情形就大不同了，这时即使是那些真诚弘扬孔孟的知识分子，其运思的文法也已经"西化"，"儒学变成了一些散离的辞汇，在他们的心目中丧失了有机整体的生命力"。文中把作为文法的儒学同作为辞汇的儒学的不同，认作"两个时代的不同"；以儒学在中国的地位比之基督教在西方的地位，并以基督教在西方文化中的一脉相承印证儒学在当代中国的必然复兴。作者痛惜儒学的国学或"文法"地位的丧失，把这种地位的失而复得寄托于"儒学第三期发展"。

文中有时甚至拒绝使用"科学"和"民主"等来自西方文化的范畴去评价中国的传统文化，而"把中华民族的优秀传统规定为科学和民主同构的因素，正是用西方现代文化的典范来评价中国传统文化"。因为这

[①]　关于杜维明更详细的介绍，参见本书《学案卷》(下)之"杜维明儒学学案"条目。

样做,"结论是可以预期的:值得继承的优秀传统,经过知识社会学的大力发掘之后,还是微乎其微。相反地,必须彻底消除的封建遗毒却比比皆是"。该文根据美国学者列文森的分析,断言中国"主张西化论的知识分子"处在两难中:"一方面在理智上全盘接受西方文化价值,但在感情上却排拒西方;另一方面在感情上和中国的历史文化难分难解,但在理智上又扬弃传统。"

该文还利用 20 世纪 60 年代以后现代新儒家的学者悉心找到的最新依据,把"儒学第三期发展"说的支点确定为"文化认同"。"认同"被赋予了排拒共性的个性原则:"'文化认同'概念的提出,说明了文化的特殊性和具体性",它的意义在于"从一个文化的基本价值取向来掌握其个性",以达到"探索该文化的内在统一性"。文中指出,"在所谓现代化即是西化的历程中,英国、法国、德国和美国都有其特殊而具体的文化认同"。为了使儒学在"文化认同"中取得某种圣洁的形象,文中对它作了"儒家传统"和"儒教中国"的劈分,"'儒教中国'可以理解为以政治化的儒家伦理为主导思想的中国传统封建社会的意识形态,及其在现代文化中各种曲折的表现",而作为中华民族文化认同基础的"儒家传统",则是"使得中华民族'日新、日日新、又日新'的泉源活水",两者"既不属于同一类型的历史现象,又不属于同一层次的价值系统"。

该文的发表又一次宣布了一种文化事实——新儒家思潮——在现今世界的存在。①

2. 山东省社会科学院儒学研究所成立

2 月 19 日,经山东社会科学院和中国孔子基金会提议,山东省人民政府批准,山东社会科学院儒学研究所在济南成立。

山东社会科学院儒学研究所在原山东社会科学院哲学研究所、中国哲学史研究室的基础上组建而成,是一个专门研究儒学的机构。赵宗正任所长,谢祥皓任副所长。该所的研究对象是以儒家思想学说为主干的中国传统思想文化。所内设有先秦儒学研究室、经学研究室、理

---

① 黄克剑:《"文化认同"和儒学的现代命运——评杜维明〈儒学第三期发展的前景问题〉》,《读书》1988 年第 3 期。

学研究室、近代儒学研究室,主要课题有儒家重点人物研究、山东古代思想家研究、中国儒学发展史研究等。该所自成立以来,先后参与组织大中型学术讨论会多次,出版了《山东古代思想家》、《中国儒学大辞典》、《中国儒家学术思想史》、《孟子思想研究》、《管子研究》、《中国儒学》、《庄子导读》、《孔孟荀比较研究》等著作。2009 年,该所并入文化研究所。

3. 乔伟、杨鹤皋主编《孔子法律思想研究》(论文集)出版

乔伟(1932—1997),又名木青,黑龙江人。曾任中国法制史研究会会长、山东省人民政府首席法律顾问等职。

2 月,乔伟、杨鹤皋主编《孔子法律思想研究》(论文集)一书由山东人民出版社出版。该书是会议论文的选编①,收录研究孔子法律思想的论文 20 篇。书中主要涉及以下几个问题:孔子学派法律思想的形成、发展问题;孔子法律思想的核心;"礼"、"德"、"孝"等思想与法、刑的关系;孔子对中华法系的影响及其在历史上的地位;孔子与荀子、董仲舒"礼"、"法"思想的比较与影响;孔子与柏拉图、亚里士多德法律思想的比较等。

4.《孔子研究》创刊

3 月 25 日,由中国孔子基金会主办的学术性刊物《孔子研究》创刊。该刊宗旨为"提倡不同学派不同观点的讨论和交流,以推动孔子、儒家和中国传统文化思想的研究工作"。

谷牧在"发刊词"中指出:"《孔子研究》以历史上的'尊孔'和'反孔'为鉴,既不盲目地推崇孔子和中国传统文化,也不对之采取历史虚无主义态度,而是主张把孔子和中国传统文化作为科学的对象加以深入系统的研究。"该刊"提倡'百家争鸣'的方针","就一些有分歧的重大学术问题展开讨论,在'争鸣'中互相切磋,共同提高"。

该刊为季刊(2000 年改为双月刊),主编为辛冠洁,副主编为马振

---

① 1984 年 8 月 8 日至 13 日,中国法律史学会、山东大学法律系和山东省社会科学院在济南联合召开孔子法律思想学术讨论会,共收到有关孔子法律思想的论文 50 多篇。

铎、周继旨、阎韬。编辑部分设在北京和济南,编辑部办公室设在曲阜。共开辟了孔子研究笔谈、海外论坛、书评、孔子故里文物、学术考辨、研究动态、中国孔子基金会文件七个栏目。该刊注意发表海外学者的研究成果,创刊号"海外论坛"中刊登了中国台湾赵雅博的《孔子的思想》和新加坡国立大学苏新鋈的《经济思想在孔子思想中的地位》两篇文章,读者可以从中窥见海外学者研究孔子和中国传统文化的一些观点和方法。该刊为研究、批判继承孔子、儒家思想乃至中国传统文化开辟了一块新的园地。①

5.《孔子研究》创刊号设立"孔子研究笔谈"栏目

3 月 25 日,《孔子研究》创刊号设立"孔子研究笔谈"栏目,发表了一组我国学术界著名老前辈的文章。

该栏目中有侯外庐的《孔子研究发微》、蔡尚思的《孔子思想体系属于哪种类型》、周谷城的《怎样研究孔子》、任继愈的《已具备了研究孔子的条件》、严北溟的《谈孔子研究的宏观和微观》、张岱年的《仁爱仁学评价》、冯天瑜的《试论儒学的经世传统》等文章。这些文章基本上反映了当代孔子研究方面的几种代表性观点。他们的文章言简意赅,对孔子的评价虽有高有低,但目标却都是为了作好总结批判、继承中国传统文化思想的工作。

6. 王开府著《儒家伦理学析论》出版

3 月,王开府著《儒家伦理学析论》一书由台湾学生书局出版。该书比较西方伦理学与儒家伦理学,剖析儒家伦理学中的伦理判断主体、判断标准、人性、认知及形上问题,认为儒家伦理学肯定道德的主体性,真能建立自律道德,优于西方道德哲学。其于现代隐而不显,乃因社会变迁、西风东渐,亦因汉以后儒家偏重个人修养,详求内圣而略于外王,保守有余而创新不足,在礼法教化上未能损益革新。强调现代儒家应将儒家伦理重道德主体之精神落实于社会生活,使儒家伦理客观化为文化制度,成为指导日常生活之动力,以与西方的民主、科学精神相生相成。

---

① 少岩:《〈孔子研究〉创刊》,《文史哲》1986 年第 3 期。

7. 胡楚生著《儒行研究》出版

胡楚生(1935—   ),贵州黎平人。曾任台湾中兴大学中文系主任、文学院院长,后任明道大学讲座教授。

3 月,胡楚生著《儒行研究》一书由台湾华正书局出版。该书是关于小戴《礼记·儒行篇》的研究专著。全书分二卷,卷一为《儒行考证》,力证《儒行》成书于《孟子》之后,秦统一之前,略与《荀子》相先后,认为该篇中所记契合孔孟刚健自强之旨,颇近孔子狂狷一脉,为后人研究孔子的必备材料。卷二为《儒行集释》,汇集历代重要注释,疏释篇中的文字及义理大要,征引古籍及训解颇详。

8. 蔡尚思发表《对孔学的争鸣是发展中国文化的关键》

4 月 1 日,蔡尚思在《哲学研究》第 3 期发表《对孔学的争鸣是发展中国文化的关键》一文。该文对孔学在各个历史时期的争鸣进行了历史回顾,认为"在中国,孔学作为旧传统思想的主流,影响最大最久,至今在许多方面还有其残余影响。而研究孔学者的意见也最纷歧,至今争论不休。这一难关如果不力图打开,对中国文化史、学术史、思想史、哲学史的研究一切都会感到难以说起。但要打开这一难关……须以马克思主义为思想武器,不断展开争鸣,才能互受教益,使观点逐渐接近,而终有取得较为一致之一日"。"对孔学问题,从清末到此刻,一直在争鸣,只是方式有所不同罢了。互相批评的方式,有的是不指名的,有的是指名的。我觉得指名的批评比不指名的批评好得多,不指名的批评比根本不批评好得多。只要停止批评,就会终古如斯。古人说得好:'知而不以告人者,不仁也;告而不以实者,不信也。'二者对于人、我双方与学术前途,都是不仅无益而又有害的。"

9. "中国孔子基金会学术委员会暨《孔子研究》杂志首次春季学术讨论会"举行

4 月 26 日至 30 日,"中国孔子基金会学术委员会暨《孔子研究》杂志首次春季学术讨论会"在山东曲阜举行,来自全国各地的专家学者、编辑和新闻工作者 70 余人参加了会议。

孔子、儒家、传统文化思想的特点及其评价是会议讨论的中心议题。有的学者认为儒家有"六重",即重王权、重民、重德、重教、重宗法、重均平。这"六重",以重王权为中心。儒家重民是为王权服务的,因而没有引出民主思想,中国古代没有民权思想,也没有人道主义。有的学者认为,孔子提出了独立人格的思想,他强调人格的自我完善,这种思想是对宗法血缘关系的冲击。人道主义不能只属于资产阶级,还应该有社会主义的人道主义,封建社会的人道主义。中国古代的人道主义可以有几种表述,或称古代的人道主义,或称人文主义、民本主义。传统文化有成为包袱的一面,也有好的一面。有的学者认为,所谓传统文化思想,是具有历史延续性的经过几千年演变的思想风尚,乃至宗教信仰。中国传统文化思想有三个特点:一是以汉族文化为主干吸收了各兄弟民族和不同地域的文化,表现了多样性的辩证统一。二是反映宗法制度和宗法观念的政治伦理思想是传统文化的核心内容。三是有较强的生命力并不断表现出创造性。也有的学者认为多样性并不是中国传统文化所独有的现象,几乎任何一个民族的文化都不是单一的。也有的学者认为,中国没有从孔子以来一以贯之的传统。有的学者认为,我国从先秦至明清有一个贯穿始终的"和而不同"的文化观,历史上一些有成就的思想家都主张独立思考,博采众家之长,兼容并包。这种文化观,今天仍有借鉴意义。

会上还就孔子研究的方法论和研究传统文化"古为今用"的问题进行了讨论。对中国孔子基金会学术委员会关于召开国际学术讨论会和创办尼山书院、《东方学》杂志的设想进行了酝酿。会议还确定"儒学的演变和发展"为 1987 年第二次春季学术讨论会的中心议题。①

10. 郭沂发表《孔子的思维结构及其对中国传统思维方式的影响》

郭沂(1962—   ),山东临沂人。中国社会科学院哲学研究所研究员,中国孔子基金会学术委员。

---

① 董泰:《中国孔子基金会学术委员会暨〈孔子研究〉杂志首次春季学术讨论会在曲阜召开》,《文史哲》1986 年第 4 期。

6 月 30 日,郭沂在《齐鲁学刊》第 3 期发表《孔子的思维结构及其对中国传统思维方式的影响》一文。该文认为孔子的思维结构,是中国传统思维方式的思想渊源。

文中指出:"孔子思维结构的基本框架是守成式思维,用孔子自己的话说,就是'述而不作,信而好古'。纵观孔子的一生,他总是对逝去的世界津津乐道,流连忘返,总是沉湎于历史沉积之中而不能自拔;而极少对旧的传统采取批判的态度,以探索未来的世界。这种守成式思维像一根无形的线,贯穿于孔子的整个思想体系之中。"

"孔子思想体系的基石是他的伦理学说,其他部分基本上是其伦理学说的延伸;孔子伦理学说的核心是礼,其他内容基本上是礼的延伸。而孔子的礼就是周礼,属于旧时代的道德规范。孔子把礼视为神圣不可侵犯的法宝,主张'非礼勿视,非礼勿听,非礼勿言,非礼勿动'。""在哲学上,中庸之道既是孔子的世界观,又是孔子的方法论,因此孔子称它为'至德'。诚然,中庸作为一种分析问题的方法,其中包含着合理的成分,这主要体现在质和量的统一'度'上;恰当的度就是适中,这是中庸的一个方面。但是,真理与谬误往往只有一步之遥,如果把它推向极端,视它为衡量事物的至高准则,那就走向谬误了。孔子恰恰是这样做的。他不但把中庸推向他整个思想体系的各个领域,就连自己不懂的问题,他也'叩其两端',求其中庸。中庸的准则是什么呢? 这就是礼。""在孔子思想体系中,旧时代的周礼既是出发点,又是归宿点,是孔子思想的最高原则和最高目的。这就决定了孔子思维结构的基本框架是守成式。"

"从孔子的教学实践中,我们还可发现孔子思维结构中的另一条主干——向心式思维。孔子在他一生的教学过程中,几乎都是以我为中心、以我之是非为是非的。众所周知,颜渊是孔子最得意的学生,甚至被孔子当作自己唯一的同道。为什么呢? 好学固然是一个因素,但主要原因恐怕不在于此。颜渊自己最清楚,他说:'夫子步亦步,夫子趋亦趋,夫子驰亦驰。'可见,他是孔子向心式思维的忠实接受者。这才是他得到孔子欢心的原因。"

"守成式和向心式是孔子思维结构的两个最基本的框架。在本质上,两者是相同的。守成式思维反映了孔子维护旧传统、维护礼的思想倾向;向心式思维则反映了孔子以自己为中心的思想方法,而孔子思想体系的核心就是礼。这样,礼就使孔子思维结构中守成式和向心式这两个基本框架达到了和谐的统一。""虽然由孔子的思维结构形成的中国传统思维方式,在中国历史上曾经起过一点积极作用,但是,它还通过教育、学术等途径,扼杀了中国人的个性。个性的被扼杀,就意味着创造力的被束缚。不仅如此,它还严重阻碍了中国社会的发展。值得注意的是,在经济改革的今天,这个阻力仍然起着顽固的作用。"

该文是当时少有的从民族心理文化的角度研究孔子思想的学术文章。

11. 山西省孔子学术研究会成立

11 月 17 日,山西省孔子学术研究会在山西太原成立,以"团结全省孔子学术研究者,开展对孔子学术的研究和对中国古代优秀文化的研究,繁荣社会文化,推陈出新,古为今用,为建设有中国特色的社会主义精神文明,促进祖国的统一大业作出贡献"为宗旨。

山西省孔子学术研究会是全国第一个省级孔子学会。该会名誉会长为程子华,会长为程人乾。会址设在太原市黄陵山西教育学院内。在成立大会暨首届学术年会上,来自全国各地的专家学者对孔子思想的诸多问题进行了讨论。会后,出版《孔子思想研究文集》(一)。1989年 9 月,创办《传统文化》季刊。1989 年 11 月,举办第二届年会,会后出版《孔子思想研究文集》(二),并出版《山西孔子学术研究会会刊》。此外,该会还多次举办学术会议。

12. 山东孔子学会成立

12 月 25 日,山东孔子学会在山东济南成立,以"团结和组织省内的专业及业余研究者,对孔子、儒学与中国传统文化思想进行系统的研究,结合现实作全面的反思,批判地继承中国古代的优秀文化遗产,为建设有中国特色的社会主义精神文明作出积极贡献"为其宗旨。

山东孔子学会是山东省社会科学联合会所属的群众性研究孔子学说的学术团体。该学会名誉会长为韩喜凯、朱正昌,会长为刘蔚华。会员分布于山东各大专院校、党政机关等企事业单位。下设孔子教育思想研究会、孔子文艺思想研究会、孟荀思想研究会、经学研究会、宋明理学研究会。该学会成立以后先后召开多次大中型学术讨论会,编辑出版了《孔孟荀比较研究》、《孟子思想研究》、《管子与齐文化》、《儒家伦理与社会主义精神文明》、《鲁文化与儒学》、《儒学与全球化》等著作。

1987 年

1. 中国社会科学院哲学研究所资料室编《孔子研究论文著作目录(1949—1986)》出版

5 月,中国社会科学院哲学研究所资料室编《孔子研究论文著作目录(1949—1986)》一书由齐鲁书社出版。

该书收录自 1949 年至 1986 年国内报刊发表的孔子研究论文、资料 2600 余篇,以及同一时期出版的孔子研究专著、论文集、资料书籍。全书分大陆、港台两部分,内分类为:总论,哲学思想,社会、政治思想,经济、法律、史学、军事思想,伦理思想,教育思想,美学、文艺、体育思想,《论语》《六经》,学术动态,书评、书讯等。附"文化大革命"期间少数论文资料索引。书末附录著者索引和《引用报刊一览表》。

2. 石可著《孔子事迹图·论语箴言印》出版

石可(1924—),字无可,号未了公,又名之琦,山东诸城人。画家。

7 月,石可著《孔子事迹图·论语箴言印》一书由齐鲁书社出版。该书分为《孔子事迹图》和《论语箴言印》两部分,前者继承山东武梁祠汉画像石刻的艺术风格,参照有关资料中孔子生平事迹,归纳成 24 个画面;后者摩挲古玺和汉印,选取《论语》箴言,刻印于石料。

3. 中国孔子基金会学术委员会编《近四十年来孔子研究论文选编》出版

7月，中国孔子基金会学术委员会编《近四十年来孔子研究论文选编》一书由齐鲁书社出版。该书是为了全面反映 1949 年以后近四十年间孔子研究的发展规律和面貌，并配合 1987 年"儒学国际学术讨论会"的召开而选编的。文章选择的范围，从年限上说，自中华人民共和国成立到 1985 年；从地域上说，选择的对象是中国学者所发表在各种报刊上的研究成果，其中以大陆学者的研究成果为主，也选收了部分台湾学者的研究成果。全书共选收关于孔子的全面评价、政治思想、哲学思想、道德思想、教育思想、历史作用以及有关孔子研究方法论等文章 37 篇。这些文章，足以体现国内在这一时期中孔子研究的最高水平，给读者一定的启示。①

4. 杨焕英编著《孔子思想在国外的传播和影响》出版

杨焕英，河北人。中央教育科学研究所研究员，中国孔子基金会理事、学术委员。

7月，杨焕英编著《孔子思想在国外的传播和影响》一书由教育科学出版社出版。书中指出："孔子是中国历史上伟大的教育家、思想家和政治家，也是世界文化名人之一。孔子思想对东西方许多国家的历史发展及文明发展，产生过程度不同的影响。"研究孔子思想在国外的影响，"这对于我们运用历史遗产进行爱国主义教育，探讨和评价中华民族的历史文化对世界的影响和贡献，以及加强中外文化交流等，都是很有意义的"。该书分别介绍了孔子思想在朝鲜、越南、日本、意大利、法国、德国、英国、美国、苏联等东西方国家的传播及发展变化，及其在政治、经济、文化等方面的影响和作用。书末选录日、美、英、苏等国百科全书中有关孔子、儒学条目的论述。

---

① 徐志祥、李金山主编：《孔子研究四十年》，巴蜀书社 1990 年版，第 187 页。

5. 李启谦著《孔门弟子研究》出版

8月,李启谦著《孔门弟子研究》一书由齐鲁书社出版。该书用唯物主义的理论和方法,对孔门弟子的活动和思想进行了客观的、实事求是的系统研究,开辟了孔子研究的新领域。

该书对孔门弟子的生卒年代、国别、家世、履历、性格脾气、思想特点以及对后世的影响等,进行了逐项的讨论。其对孔门弟子生卒年代的研究,解决了以往在孔子研究中许多难以解决的问题;对孔门弟子家世履历的研究,不仅对深入理解孔子的教育思想有大的帮助,而且对探讨春秋战国时代社会各阶层的状况,了解当时野人、贱人身份的提高也有意义;对孔门弟子性格脾气的研究,对于注释《论语》大有益处;对孔门弟子思想特点的研究,对于了解孔子思想的全貌及后来儒家分派的原因有重要意义;对孔门弟子在后世影响的研究,也有助于探求整个儒家学说对后世的影响和儒学的发展史。[①]

6. 钱穆著《孔子传》出版

8月,钱穆著《孔子传》一书由台湾东大图书公司出版。书中指出:司马迁《孔子世家》真伪混杂、次序颠倒,后人之孔子新传或失之贪多无厌,或失之审核不精,故综合各家考订所得,对孔子世系、生年、父母、志学、初仕、设教、适齐、适卫、过匡、过宋、仕鲁、至陈、至蔡及晚年居鲁等事加以考证论述,关于孔子著述与政治活动考证尤精。取材以《论语》为主,对后代传说不予轻信,如说孔子著述可征者唯作《春秋》一书,订礼乐、删诗书等说均无实据。书后附《孔子年表》与《旧作孔子传略》。

7. "儒学国际学术讨论会"举行

8月31日至9月4日,中国孔子基金会、新加坡东亚哲学研究所联合主办的"儒学国际学术讨论会"在山东曲阜举行,来自亚洲、欧洲、美洲、大洋洲12个国家和地区的130余位专家、学者出席了这次会议。

此次会议以"儒学及其演变和影响"为主题,探讨的问题可归为四

---

① 徐平:《孔子研究的又一重要成果——〈孔门弟子研究〉评介》,《齐鲁学刊》1988年第2期。

大部分：一是儒学的内容及评价；二是关于儒学的演变及各个历史阶段儒家学派和代表人物的研究；三是儒学对东亚各国的影响及在西方的传播；四是儒学与现代化。由于与会者对儒学与现代化问题尤感兴趣，大会还专门组织了以"儒学与现代化"和"儒学的两重性"为题的三次学术座谈会。此次会议几乎涉及儒学研究中的所有问题，对大部分问题讨论得比较充分深入，尽管所得出的结论不一、评价不一，但这一切都是在严格的科学分析基础上形成的。与会者的研究方法各异，有训诂考据法、义理分析法、中西文化比较法，等等。①

会后，中国孔子基金会、新加坡东亚哲学研究所编《儒学国际学术讨论会论文集》，于 1989 年 4 月由齐鲁书社出版。

8."现代新儒家思潮学术讨论会"举行

9 月 10 日至 12 日，"现代新儒家思潮研究"课题组主办的"现代新儒家思潮学术讨论会"在安徽宣州举行，来自全国 17 所高校和社科院所的 17 名代表参加了会议。

"现代新儒家思潮研究"系国家"七五"规划重点项目，由天津南开大学方克立教授和广州中山大学李锦全教授主持，此次会议是该项目课题组成立后的第一次会议，除必要的工作协调外，主要目的是想在总体上对现代新儒家有一个基本的把握。② 会议对现代新儒家的学派界定、阶级属性、形成原因、思想特征、学术成就、历史作用、发展阶段、代表人物以及关于现代新儒家研究的方法和工作安排等问题进行了讨论，达成了一些基本共识。课题组成员比较一致地同意以梁漱溟、熊十力、张君劢、冯友兰、钱穆、贺麟、方东美、牟宗三、唐君毅、徐复观作为现代新儒家的代表人物，亦即作为主要研究对象。研究的指导思想确定为马克思主义的阶级分析方法、社会存在决定社会意识的历史唯物主义基本原则以及辩证法精神。③ 此次会议拉开了中国大陆现代新儒家

---

① 羌骥：《儒学国际学术讨论会纪要》，《孔子研究》1987 年第 4 期。

② 顾伟康：《深入开展对现代新儒家的研究——"现代新儒家思潮研究"学术讨论会记要》，《社会科学》1987 年第 11 期。

③ 参见方克立《关于现代新儒家研究的几个问题》、李宗桂《"现代新儒家思潮研究"的由来和宣州会议的争鸣》，均载《现代新儒学研究论集（一）》，中国社会科学出版社 1989 年版。

研究工作的帷幕。

9. 侯外庐卒

9 月 14 日,侯外庐病逝于北京,终年 85 岁。[①]

10. 曲阜师范大学孔子研究所编《孔子思想研究论集》出版

9 月,曲阜师范大学孔子研究所编《孔子思想研究论集》一书由齐鲁书社出版。该书收录金景芳、刘蔚华、庞朴、高赞非、王煦华、尹豪湘等人从 1962 年到 1985 年在全国各地报刊发表的孔子研究论文共 36篇,分别论述了孔子与《周易》、"中庸"、"仁"、礼治、法律、伦理、政治等方面思想以及等级观、举贤才、"三纲"等内容。

11. 中华孔子研究所第二届年会及学术讨论会举行

10 月 15 日至 19 日,中华孔子研究所第二届年会及学术讨论会在山东济宁举行,全国各地会员 150 余人出席了会议。

会议以"传统文化的综合与创新"为主题,确定张岱年所长提出的"批判继承,综合创新"为研究孔子和传统文化的基本方针,与会学者围绕关于儒家思想的评价、传统文化与现代化的关系等问题展开了讨论,同时还探讨了孔子的政治思想、伦理思想、教育思想及管理思想等问题。[②]

12. "国际孔学会议"举行

11 月 12 日至 17 日,台湾"孔孟学会"、"哲学会"、"中华文化复兴运动推行委员会"联合主办的"国际孔学会议"在台北"中央图书馆"举行。与会学者 159 人,其中包括来自英国、美国、联邦德国、日本、新加坡、中国香港等 14 个国家和地区的 48 位学者,并提交会议论文 96 篇。

此次"国际孔学会议"由严家淦担任筹备会议荣誉主任委员,孔孟学会理事长陈立夫担任主任委员。与会学者分为"孔学组"、"经学组"、

---

① 关于侯外庐更详细的介绍,参见本书"学案卷(下)"之"侯外庐儒学学案"条目。
② 柯远扬:《我国十来年孔子研究评述》,《华侨大学学报(哲学社会科学版)》1988 年第 2 期。

"孔子思想与现代世界组"三个组,进行了四天的研讨。该会议是中国台湾方面继 1986 年 8 月中旬召开的"儒家与现代化"学术讨论会后,又一次较大规模的国际性学术会议。台湾各界对这次会议极为重视,台湾的一些报纸还发表了社论。[①]

13. 中华孔子研究所编《孔子研究论文集》出版

11 月,中华孔子研究所编《孔子研究论文集》一书由教育科学出版社出版。该书是会议论文的选编[②],收录梁漱溟、冯友兰、张岱年、金景芳、杜任之、毛礼锐等人的论文 31 篇。

该书主要涉及以下几个问题:儒家的形成及其历史地位;孔子的政治思想;孔子的无神论和哲学思想;孔子与中国文化的关系;孔子在中国历史上的地位;儒学对世界的影响;儒学的研究方法等。

14. 王叔岷著《先秦道法与儒家的关系》出版

王叔岷(1914—2008),号慕庐,四川简阳人。曾任职于"中央研究院"历史语言研究所,任教于台湾大学、新加坡大学、马来西亚大学、新加坡南洋大学等。

是年,王叔岷著《先秦道法与儒家的关系》一书由新加坡东亚研究所出版。该书是讲座文集,共分两部分:第一部分,论庄子所了解的孔子;第二部分,论战国法家三派兼论三派与儒家之关系。文中指出:庄子的言论是超乎立场的。孔子由立场之内再超乎立场之外,来观察一切,来了解一切,所以庄子所了解的孔子可以在各家之上。

---

① 刘兆义:《台北举行"国际孔学会议"》,《孔子研究》1988 年第 1 期。
② 1985 年 6 月 11 日至 14 日,中华孔子研究所在北京举行孔子学术讨论会,该书由收到论文中选出编辑而成。

1988 年

1. 梁漱溟卒

6 月 23 日,梁漱溟病逝于北京,终年 96 岁。[①]

2. 林复生著《孔子新传》出版

林复生(1907—),福建闽侯人。1949 年去台湾,专心于中国传统文化研究。

6 月,林复生著《孔子新传》一书由台湾新潮文化事业公司出版。该书认为孔子主张实行王道,意在维持国际秩序与和平。

书中新见颇多,如说孔子之母可能是盲乐师的女儿,孔子可能在盲乐师群中长大,由此对孔子年轻时即通达礼乐作出新解。又说孔子压抑贵族,尊崇国君,并非盲目忠于任何的国君,而是要从专横的世袭贵族手中索回政权,还于故国君,再由国君委于仁者贤人。孔子周游列国,绝无"不事二君"或"誓与祖国共生死"等观念,而主张实行王道,意在维持国际秩序与和平。全书采用带有文学色彩的叙述手法,生动流畅。

3. 舞剧《孔子畅想曲》上演

8 月 31 日,舞剧《孔子畅想曲》在山东曲阜上演,该剧是反映孔子

[①] 关于梁漱溟更详细的介绍,参见本书《学案卷》(上)之"梁漱溟儒学学案"条目。

生平事迹的文艺作品,由青岛市歌舞团创作。

该剧共两篇六章,以公元前 500 年的一段历史时间先后为序,从孔子 52 岁开始,一直写到 70 岁。

开篇"夹谷会盟",写齐国大夫黎锄,欲乘齐鲁夹谷会盟之际挟持鲁侯以侵吞鲁国国土。孔子文事武备,挫败了齐国假盟的阴谋。上篇"去鲁歌",分"兰台言志"、"忠刚谏军"、"嫁女惜别"三章,表现了孔子为拯民于水火,保社稷之久安,于兰台撰《大道篇》。孔子弟子公冶长敬献《大道篇》,正逢黎锄献美进宫。公冶长揭露黎锄阴谋,被季桓子拘禁。孔子闻讯闯宫进谏,鲁侯沉溺酒色,不听忠言。孔子入狱探视公冶长,并将爱女启嫁之。为传播自己的政见,孔子悲吟《去鲁歌》,辞官远游诸国。

下篇"大道幻曲",分"风雨游国"、"大道幻曲"、"幽兰寄情"三章,表现了孔子携弟子周游列国,宣扬"信睦"之道,但知音寥寥。身处逆境的孔子大志不泯,以《大道篇》鼓舞弟子,乐章里,孔子幻想:列国诸侯握手言欢,讲信修睦,百姓欢歌共舞,八方诸侯与民同乐……幻觉消失,无情的现实更令孔子凄楚、孤独。归鲁途中,孔子吟哦《猗兰操》,抒发忧伤情怀。尾篇"源远流水",则歌颂孔子归鲁后,于杏坛广播六艺,使他的"大同"思想在中华民族浩瀚的历史文化长河中流传不息。

《孔子畅想曲》演出的成功,开创了我国用舞蹈塑造孔子形象的先河,引起了社会各界的瞩目。

4. 吴乃恭著《儒家思想研究》出版

吴乃恭(1925—   ),吉林扶余人。东北师范大学历史文化学院教授。曾任中国哲学史学会常务理事等。

8 月,吴乃恭著《儒家思想研究》一书由东北师范大学出版社出版。该书共八章,分别论述了孔子、儒家八派、孟子、荀子、董仲舒、朱熹、王阳明和王夫之等人的思想。书中指出:仁是孔子思想主要范畴。仁是新造,礼是因循。仁者首先是以礼克己行仁,而后推己及人"爱人"。此即修己及人治天下的思想。体现仁的爱人、爱众思想,顺应了解放奴隶的时代潮流。孔子主张言而后教的政治思想,提倡"立人"、"达人"的道德风尚,有教无类的教育思想,在中国传统文化中产生了积极影响。重视政治和伦理道德实践,学习与政治道德的统一,是孔子主要特征。该书既反对尊新儒,也不赞同简单否定儒家,主张以马克思主义作出分析批判和总结。

5."儒学与当今世界国际学术讨论会"举行

10 月 31 日至 11 月 2 日,中国孔子基金会、联邦德国阿登纳基金会联合主办的"儒学与当今世界国际学术讨论会"在德国波恩圣·奥古斯廷市政大厅举行,来自联邦德国、中国大陆、中国台湾、英国、法国、美国、苏联、新加坡等国家和地区的 50 余名代表出席了大会。

此次会议的主题是"儒学与当今世界",包括儒家思想的价值和发展、儒家思想与中国现代化、儒家思想与国际关系等内容。会议表明,中国的儒家学说已进一步引起国际学术界的注意。

6. 曹尧德、杨佐仁著《孔子传》出版

曹尧德(1937—),山东龙口人。中国作家协会会员。曾任龙口市文联副主席,中学高级教师。

杨佐仁(1954—),山东招远人。曾任教于曲阜师范学院历史系,后调入孔子研究室。

12 月,曹尧德、杨佐仁著《孔子传》一书由花山文艺出版社出版。该书基本忠于史实,注意掌握孔子思想的精神实质,吸收学术界孔子研究的新成果、新观点。记叙和描述了孔子出身、家教、求学的过程及聚徒讲学、删《诗》定《礼》作《春秋》、周游列国、参与政事、宣扬政治理想和思想主张的活动事迹,阐述孔子参与粉碎阳虎政变、夹谷会盟斩杀乐师、堕三都等故事。全书文字流畅,人物形象鲜明,可读性较强。附录有《孔子年谱》。

7. 严灵峰编著《论语章句新编》出版

严灵峰(1903—1999),福建福州人。曾任上海艺术大学文学院教授。1949 年去台湾,专心于整理、注疏中国古代哲学典籍。

是年,严灵峰编著《论语章句新编》一书由台湾水牛出版公司出版。该书由作者于 1962 年出版的《论语讲义》修订改纂而成。

该书以何晏《论语集解》日本正平刊本为底本,参校日本元治元年根逊志校正的皇侃《义疏》本及朱熹《集注》本等,依《论语》各章内容加以分类,重编为 20 篇,篇名依次为《劝学》、《立身》、《孝悌》、《交友》、《处世》、《为政》、《礼乐》、《艺能》、《论道》、《崇德》、《安仁》、《信义》、《观人》、《品评》、《隐逸》、《施教》及《自述》等。每章之后有"注释"及"参考资料提示","注释"杂采汉晋以来各家胜义,择善而从,单字、词语则尽量根据先秦著述及《尔雅》、《说文》等书,唯日本原本之俗书或简写,不辨自明,径予改正。至若皇疏中俗字,则一仍其旧。《提示》则依刘宝楠《正义》、杨树达《古义》及《疏证》等所引书目,斟酌增删。校、注颇多新见、如"七十而从心所欲不逾矩"之"从",校改为"纵";"子在,回何敢死"之"死",校改为"先"。20 篇之后有《残篇》一篇,辑书中可疑文字,不属《论语》原书,系古逸之《尚书》、《礼记》之残篇断简。书前有《孔子略传》,正文简洁而注释颇详。书后附有《论语成书年代及其传授考略》。

1989 年

1. 高专诚著《孔子·孔子弟子》出版

高专诚（1963—　），山西省社会科学院社会学所所长、研究员。

4月，高专诚著《孔子·孔子弟子》一书由山西人民出版社出版。该书据前人的研究成果，对孔子弟子的事迹作了进一步的考辨。张岱年所作序称此书"取材详博，论证审慎，力求对中国历史上第一个学派的早期传授情况做出科学的叙述"。

该书把思想冲突放到了社会变革的大环境中分析其原因与意义。儒学繁衍于奴隶社会向封建社会转变的时代。但孔子一生，博学笃行而无所成。孔子的弟子冉求在鲁国从政不久而战功显赫，政绩出色，不是因为他推行了孔子的主张，而是因为他执行了季氏的政治意图。书中认为冉求在鲁国实行田赋制度是当时社会经济生活中的一件大事。但此事不为孔子所理解，孔子怒斥之曰"非吾徒也，小子鸣鼓攻之，可也"。冉求之所为固然是为季氏掠夺财富，进而巩固其政治地位的一种强硬措施，但客观上却推动了当时社会的变革，显然与孔子坚持的传统礼法大异其趣，致使师生几乎反目成仇。该书把孔子思想及师生关系的矛盾放到社会和历史发展的全景中来观察，更清楚地显现了道德与政治的对立，反映了新社会制度以锐不可挡之势向腐朽的奴隶制进行猛烈的冲击，但新统治者的贪得无厌又是应当谴责的。因此，孔子思想在当时既有愚腐的一面，又有进步的一面，不能全盘肯定，也不能全盘否定。

该书对孔子的某些思想进行了实事求是的新的评价。譬如对"樊迟请学稼"一段,历来学者误解最多,偏见最深,成了反孔者诟病孔子之德,指斥孔子之行的重要口实。即使是一些尊孔的鸿儒名贤也有口莫辩,无可奈何地承认这段话是轻视劳动和劳动人民的谬见,是孔子思想的糟粕。书中不以这种结论为然,不为这种偏见所囿,认为对孔子的这一论述应当重新进行分析。孔子要求弟子以天下为己任,学道以救世,而樊迟却斜睨稼圃之事,降低了儒士的责任与抱负,因而是不可容忍的。孔子根据自己的经历和观察,认为要推动社会进步,除了官、农、工、商、兵之外,还需要一个"士"的独立社会阶层专门去传授知识,传播道义,以提高人们的精神素质。从人类社会发展的历史看,每一次社会分工的出现都标志着人类文明的新的进步。因而认为孔子对这一社会分工重要意义的认识和肯定,是人类文明史上的一个了不起的进步。这一新看法,发人深思,把孔子研究推进了一步。

该书对孔子思想的瑕疵和败绩挥笔如刀,横析纵剖,毫不留情。书中引用司马迁的话指出,孔子思想"博而寡要,劳而少功"。孔子思想有许多闪光的东西,对当政者不能正其身的种种恶行的抨击毫不客气。赞扬了孔子对政治权势刚直不阿的态度和知其不可为而为之的积极进取精神。同时指出这也是造成他政治命运的原因之一。慨叹孔子目睹"周室微,礼乐坏,天下无道"的现实,立志学以求道,汲汲于救世,却不去探讨造成这种危机的深刻的社会和历史的原因。而且他把克服这种危机的希望寄托在国君一人身上,想用道德教化去提高在位者的道德修养和政治素质。但拥有权势的统治者对孔子的道德说教或政治讽谏根本不理睬,从而使孔子为之智穷而失败。该书认为孔子思想的这种理想主义色彩正是孔子的悲剧性结局的主要原因。[①]

该书的出版引起了学术界的高度重视,为学界研究孔子学说提供了新的视域,具有重要的学术价值。

2. 方克立、李锦全主编《现代新儒学研究论集(一)》出版

方克立(1938—),湖南湘潭人。中国当代哲学家。曾任中国社

---

① 李荣绪:《儒学研究的可喜收获——〈孔子·孔子弟子〉读后》,《晋阳学刊》1990 年第 4 期。

会科学院研究生院院长。

4 月,方克立、李锦全主编《现代新儒学研究论集(一)》一书由中国社会科学出版社出版。该书是中国国内第一本对"现代新儒学"研究的论文集,收录论文 18 篇,附录 2 篇。

该书对现代新儒家的文化、哲学和政治思想进行了深入具体的研究,对它在融会中西、谋求中国哲学和中国文化现代化方面所做的努力及其理论局限,也给予了客观的评价。书中指出:现代新儒学是在传统中国走向现代过程中出现的一种重要的文化和哲学思潮,它对传统文化和现代化的关系、中西文化的关系等问题所作出的回答,对中国社会、政治、文化发展的现实道路所作出的抉择,在今天仍有重新进行批判地审视和清理、总结、借鉴的必要。尤其是这一思潮还不是完全过去了的历史,它今天仍然活跃在香港、台湾地区和海外,在国内也有一定的影响,因此,我们对它的研究,不仅具有思想史的价值,而且具有不可忽视的重要的现实意义。

3. 周谷城发表《儒学别解》

5 月 1 日,周谷城在《复旦学报(社会科学版)》第 4 期发表《儒学别解》一文。文中首先对"仁"的基本意义进行了解释,认为"仁"这个字,是由"人"、"人"合成的,而不是由"二"、"人"合成的,即象人或把人当人:对自己讲,要争取做人;对别人讲,要把人当人。其次,指出实现"仁"的规范的有两个字:"忠"和"恕"。再次,指出实现"仁"的过程是由礼到乐的生活过程,即是由了解情况、分析问题、解决矛盾、克服困难,到情况了解、问题清楚、矛盾解决、困难克服的过程。也可以说是由紧张、努力、奋进的有差别的相对境界,到松弛、清闲、自在的无差别的绝对境界的过程。

该文最后谈到儒学对当前的影响,"认儒学中有可以让我们照着做的道理;所谓去粗取精,去伪存真,即是说儒学在我们今日,还有可取之处。不过即使无可取处,而去粗取精,去伪存真的研究过程,却能活跃我们的思想,提高我们的判断能力,对我们的今天是有益而无害的。如果进一步把儒学放在古今中外的各种思想中,比较研究,将更是无害而有益。所可怕者为简单化。例如整理祖国思想,把重要的思想删削太多;引进外国思想,把引进的范围限得太小;则是有损而无益的。这不足以活跃我们今日的思想,不足以提高我们判断的能力,从而自己也不能独立解决问题"。

4. 首届"孔子文化节"举行

9 月 26 日至 10 月 10 日,为纪念孔子诞辰 2540 周年,首届"孔子文化节"在孔子故里山东曲阜举行。此次文化节在曲阜孔庙大成殿前拉开了序幕,共历时 15 天。期间上演了大型歌舞诗《大同梦》、话剧《布衣孔子》及大型仿古祭孔乐舞等一批以纪念孔子为主题的艺术剧目。曲阜市还举办了孔府珍贵文物、孔子生平事迹等各具特色的纪念展览,孔府的展室也全部开放。由中国孔子基金会、联合国教科文组织联合主办的孔子国际学术讨论会也于 10 月 9 日、10 日在曲阜举行。

"孔子文化节"交流了研究孔子的学术成果,弘扬了中华传统文化,促进了中外友好交往。

5. 冯友兰发表《对于孔子所讲的仁的进一步理解和体会》

10 月 1 日,冯友兰在《孔子研究》第 3 期发表《对于孔子所讲的仁的进一步理解和体会》一文。文中指出:"作为四德之一的仁,是一种道德范畴的伦理概念;对于它的讨论,是伦理学范围之内的事。作为全德之名的仁,是人生的一种精神境界;对于它的讨论,是哲学范围之内的事。""被称为全德之名的仁,不是泛指任何一种精神境界,而是确指最高的境界——天地境界。《论语》记载孔子的话说:'若圣与仁,则吾岂敢?'这是孔子的自谦之词,但可见他所说的仁是最高的精神境界。《论语》又记载孔子的话说:'有德者必有言,有言者不必有德。仁者必有勇,勇者不必有仁。'这是说,有最高精神境界的人,虽然有诸德;但有诸德的人,不一定就有最高精神境界。如果说,仁是全德之名,全德自然包括诸德;那个包括就仅只是一种名词上的定义,没有说出仁和诸德的实质上的联系。《论语》又记载孔子的话说:'志士仁人,无求生以害人,有杀身以成仁。'这是说,有最高精神境界的人('仁人')只顺着自己的志而行('志士'),该怎么做就怎么做,连死都不怕,这当然是勇了;但是有勇的人,不一定就有最高的精神境界。有许多不怕死的人,也可以说是有勇;

但其中可能是出于一时的冲动,不是从他的精神境界自然生出来的。所以'仁者必有勇,勇者不必有仁'。"

6. 蔡尚思发表《孔子的礼学体系》

10 月 1 日,蔡尚思在《孔子研究》第 3 期发表《孔子的礼学体系》一文。文中列举了 32 条例证来说明孔子以礼为核心的思想体系,认为"孔子的礼学,从大到细,面面俱到。他打下礼教理论的基础,成为礼教系统的祖师。礼教虽经董仲舒的神化,朱熹的理学化,也仍然是礼教而不是宗教,只具有宗教的作用而不含有宗教的性质。如仿蔡元培'以美学代宗教'的话来说,也就是'以礼教代宗教'。在中国,任何宗教,都敌不过孔子的礼教。康有为、陈焕章等硬把孔教等同于各大宗教,穿凿附会,并未得到世界的公认。这就是中国汉族地区的礼教空气最浓厚,而宗教空气较淡薄的一个特点"。

7. 金景芳发表《孔子所讲的仁义有没有超时代意义?》

10 月 1 日,金景芳在《孔子研究》第 3 期发表《孔子所讲的仁义有没有超时代意义?》一文。文中指出:"仁者人也",这个"人"字,有两层意思。第一层是说仁是在人类自身的生产即种的繁衍中产生的,第二层是说仁的适用范围只限于人类。"亲亲为大",也有两层意思。第一层是说亲亲是仁,第二层是说"亲亲"是仁之中最大的、最首要的。它意味着仁不以"亲亲"为限,要把"亲亲"这个仁推广于全人类。"义者宜也"的"宜"是恰当、合理。这个恰当、合理表明它应该被看作是一个标准,但不是固定不变的,而是要因时制宜,因地制宜,因人制宜,因物制宜。"尊贤为大",也有两层意思。第一层说"尊贤"是义。同时表明"义"不同于"亲亲",主要适用于"亲亲"而外的人们。第二层说"尊贤"是"义"中之大者。"义"的范围很广,不以尊贤为限。孔子所讲的仁,实质上是反映当时存在的血族关系;孔子所讲的义,实质上是反映当时存在的阶级关系。仁的亲亲为大,义的尊贤为大,就是它们在实质上反映当时存在的这种关系的确凿证据。不仅如此,《左传》隐公四年说:"大义灭亲",《公羊传》哀公三年说:"不以家事辞王事,以王事辞家事",证明在当时社会生活和政治生活中居主导地位的确实是阶级关系,而不是血族关系。

孔子的仁义具有超时代性,现代社会中的相亲相爱就是仁,遵纪守法就是义。没有仁,人类将不能存在和发展。没有义,社会想存在和发展,恐怕也不可能。因为,即便到了共产主义社会,阶级消灭了,等级还要存在的。孔子所讲的仁义,在战争年代,固然多"见以为迂远而阔于事情",然而从积极意义来说,它不仅有时代性,并且有超时代性。

8. "孔子诞辰 2540 周年纪念与学术讨论会"举行

10 月 7 日至 10 日,中国孔子基金会、联合国教科文组织联合主办"孔子诞辰 2540 周年纪念与学术讨论会"在北京和曲阜举行,以纪念中国古代伟大的思想家、教育家、政治家孔子诞辰 2540 周年,来自五大洲 20 多个国家和地区的 300 余位学者出席了会议。

此次会议的主题是"孔子儒家思想的历史地位和对现代社会的影响"。与会学者提交大会的论文有 180 余篇之多。讨论会采取大会学术报告和分组学术报告相结合的形式进行,共有 150 余位学者在大会和分组会上作了学术报告和口头发言。与会学者对三个问题进行了重点讨论:一是孔子的思想及评价,包括孔子的"人学"思想,孔子的"仁学",仁与礼、智,孔子的中庸思想;二是儒家思想及评价,包括儒学总论及其基本特征、儒家政治学说、儒家道德论、儒家教育思想;三是儒学与现代化,包括当代社会面临的问题、儒学是促进还是阻碍现代化、儒学自身现代化问题。此次学术纪念活动出席学者之多,他们所代表的国家和地区之广以及提交和发表的论文质量之高,使这次学术会议成为国际儒学研究中的一座丰碑。[①]

会后,中国孔子基金会编《孔子诞辰 2540 周年纪念与学术讨论会论文集》,于 1992 年 5 月由生活·读书·新知三联书店上海分店出版。

9. "儒家思想与未来社会国际学术讨论会"举行

12 月 18 日至 21 日,复旦大学文博学院历史系和美国研究中心共同主办的"儒家思想与未来社会国际学术讨论会"在上海复旦大学举

---

① 刘振和:《孔子诞辰 2540 周年纪念与学术讨论会纪要》,《孔子研究》1989 年第 4 期。

行,来自国内和北美、西欧的 70 余名专家、学者进行了为期四天的学术讨论。

此次会议以"儒家思想与未来社会"为主题,分总体反思、孔子是非、儒家透视、个案探索、现代意义和未来估计六个专题展开。① 有学者指出,孔子和其他儒家所提出的重义轻利、个人私利应服从社会公利的基本原则,是合理和符合社会发展要求的,是至今也还需要提倡的道德原则。也有学者指出,如"过犹不及"、"物极必反"、"以柔克刚"之类命题,曾为人类历史作出贡献,它作为中国文化的重要组成部分,将继续为世界文化发展作出贡献。还有学者认为,在 20 世纪的中国,儒学的重构曾出现五个高潮,它作为百家之一,在新型文化的创建中自有它存在的特殊价值与地位。另一种意见则认为,儒家思想是某一特定历史时期的产物,它只能作用于它所产生的那个时代,和未来社会没有任何关系,更谈不上影响和价值。②

会后,复旦大学历史系、复旦大学国际交流办公室编《儒家思想与未来社会》论文集,于 1994 年 4 月由上海人民出版社出版。

10.《孔子文化大全》出版

是年,山东省出版总社孔子文化大全编辑部编辑的《孔子文化大全》由山东友谊出版社开始正式出版,这是一套综合性大型系列图书,与之配套的还有音像系列、工艺系列和孔膳系列等。

该图书系列内容包括孔子和历代儒家代表人物的经典著作及古籍资料;古今学者论著及研究成果;未曾面世的珍贵文献等。共分六类:经典类,包括儒学书及历代儒家代表人物著作;述闻类,包括孔孟颜曾四圣后裔、门人、历代贤儒转述四圣思想、言论、事迹的典籍和解释典籍的著述;史志类,包括孔孟颜曾四府珍藏的档案、志书以及有关记载和评述四圣及其家族、弟子、历代儒家代表人物生平事迹的史料;艺文类,包括圣府珍藏、圣地遗存的有关文学艺术方面的文物、古籍;杂纂类,包

---

① 杨志刚:《儒家思想和未来社会相关度的探索——复旦大学"儒家思想与未来社会"国际学术讨论会综述》,《复旦学报(社会科学版)》1990 年第 1 期。

② 《儒家思想与未来社会》,《文艺理论研究》1990 年第 2 期。参见苏勇:《中国传统文化研究的新进展》,载《文汇报》1990 年 2 月 3 日。

括圣府园林、建筑、医药、膳食和考古发掘等方面的资料、著作;论著类,包括古今中外有关解说、考证儒学经典和研究儒家学说的著述。此外,还有三个与之配套的系列图书:音像系列,分专题介绍历史上孔府礼乐、歌舞、祭祀盛况和圣府珍藏、圣地今貌,以及孔子及其学说在国外的影响。工艺系列,为反映孔子文化的古今工艺品。孔膳系列,介绍孔府的美食文化,包括孔府家宴、喜宴、寿宴之菜谱、制作艺术和营养分析。

该套丛书的出版为研究和探讨孔子文化提供了便利。

1990 年

1. "国际孔孟思想与中国文化前途研讨会"举行

6 月 15 日至 17 日,由美国孔孟学会提议,并与其他六个团体与机构联合主办的"国际孔孟思想与中国文化前途研讨会"在美国加州大学洛杉矶分校举行。来自美国、英国、日本、新加坡、韩国、澳大利亚、中国大陆及台湾、香港等地的专家学者百余人出席了会议。会议共收到论文 50 多篇。

此次会议以"孔孟思想与中国文化前途"为主题,着重研讨了儒家思想与民主政治、儒家的思维模式、儒家与中国历史、儒家与现代社会、儒学中部分基本问题、儒家思想与东亚经济发展、儒家价值之重估、儒家与当代社会等问题。著名学者杜维明、黎东方、汤一介、梁元生等在大会上发表了演讲。在闭幕式上,吴剑雄代表陈立夫宣读了《孔子何以被称为圣之时者》的论文。

2. 方克立发表《现代新儒学的发展历程》

7 月 20 日至 11 月 20 日,方克立在《南开学报(哲学社会科学版)》第 4、5、6 期发表《现代新儒学的发展历程》一文。文中指出:"现代新儒学是适应时代的需要而产生的,作为中国现代文化保守主义的主流派,它和中国的马克思主义派、自由主义的西化派大致同时产生,并在错综复杂的对立统一关系中发展。中国现代化进程的长期性和艰巨性决定了现代新儒学在今天还有一定的生命力,它还会与上述两个派别并存发展,不断斗争较量,直到中国的社会主义现代化实现之日。现代新儒家所提倡的'儒家资本主义'的发展道路,在中国没有现实的可能性,因此作为一个学派它在社会上产生的回响是很小的。"

"现代新儒学如果不改变其'中体西用'、'内圣外王'、'道德优先'的思想格局,把基础('体'、'本')、重点从心性体验转换到现代化建设方面来,那么它就很难得到现代中国人的认同;如果真的实现了这一转换,那么它就不成其为现代新儒学了。现代新儒家所设想的儒家思想'文艺复兴'的时代,让纽约、巴黎、东京、北京的居民都以儒家思想为走向未来的'唯一的定盘针'的时代大概不会到来。儒家思想作为人类多元文化中之一'元'或一'家'的地位和历史价值则将是永存的。"

"在中国的社会主义新文明以及未来的世界文明中,以儒学为代表的传统精神文明将作为一个部分、一种因素被继承、保留下来,不过这要清除糟粕,对精华也要经过'创造性的转化'。恐怕它扮演的只能是'词汇'的角色,而不可能是'文法'。我们所企盼的未来新文明将是东西方文化之精华的辩证综合,科学文明与道德文明、工具理性与价值理性的有机统一。"

3. 钱穆卒

8 月 30 日,钱穆病逝于台北杭州南路寓所,终年 96 岁。①

4. 冯友兰卒

11 月 26 日,冯友兰病逝于北京友谊医院,终年 96 岁。②

5. 徐志祥、李金山主编《孔子研究四十年》出版

11 月,徐志祥、李金山主编《孔子研究四十年》一书由巴蜀书社出版。该书共五章,近 30 万字。该书运用国内大量有价值的资料,吸收了孔子研究的成果,用马克思主义的立场、观点和方法,回顾了 1949 年至 1989 年四十年间国内孔子研究发展、变化的历史;探讨了各个时期

---

① 关于钱穆更详细的介绍,参见本书《学案卷》(上)之"钱穆儒学学案"条目。
② 关于冯友兰更详细的介绍,参见本书《学案卷》(上)之"冯友兰儒学学案"条目。

孔子研究的特点、取得的成绩和存在的问题;归纳分析了研究和讨论的重要问题;总结了四十年孔子研究的经验教训,并对未来的研究进行了预测,提出了一些建设性的意见。该书内容丰富、材料翔实、观点鲜明、形式新颖,集学术性、资料性、工具性于一身。研究孔子的著名专家张岱年教授为该书作序时,称该书是"对于 1949 年至 1989 年四十年间孔子研究的历史进行了系统而又具体的总结,既为专家提供了信息、资料,又为青年学者提供了入门的阶梯,这是孔子研究取得的一项新成就,是值得赞许的"。

6."儒学国际研讨会"举行

12 月 18 日至 20 日,中国哲学史学会、辅仁大学哲学系、哈佛儒学研讨会、澳门中国哲学会联合主办的"儒学国际研讨会"在澳门总统大酒店举行,来自海峡两岸、港澳和欧美的近 30 余名专家、学者参加了会议。

此次会议研讨的主要问题有四个方面:一是关于儒学思想的含义与本质问题;二是关于儒学现代化问题;三是儒家在现代化进程中的作用;四是关于新儒家的问题。与会者共提交论文 26 篇,其中阐述儒家学说的 10 篇、探讨儒学与现代化关系的 7 篇、研究新儒家的 5 篇、调查报告与其他 4 篇。这次会议表明儒家思想与现代化的关系问题引起学者高度重视。①

7. 郭沂发表《〈论语〉源流再考察》

12 月 31 日,郭沂在《孔子研究》第 4 期发表《〈论语〉源流再考察》一文。文中认为《论语》的原始形态"是许多种不同的笔记本子,或者说是许多种不同的书,而不是一部书,也不是同一部书有许多不同的版本"。关于汉代出现的三《论》,认为"它们有两个源头,出于先秦时期的两个《论语》本子——《齐论》出于一个《论语》祖本,《古论》和《鲁论》出于另一个《论语》祖本"。对于三《论》篇名一致的问题,认为"《齐论》本来也没有篇名,由于它比《古论》晚出,人们又不知道它与《古论》出于两

---

① 方安:《儒学国际研讨会在澳门召开》,《哲学动态》1991 年第 3 期。

个来源,所以也沿袭了《古论》的二十个篇名;又由于《齐论》二十二篇,二十个篇名不够用,所以就把另外两篇命名为《问王》、《知道》(当时很可能有人根据《古论》的篇名对《齐论》的内容作了重新编排)"。对于《论语》的流传方式和编撰者,认为"《论语》的流传方式大致有两种:一是增益,即增加新的内容;二是混合,即一种《论语》混合进别种《论语》的内容。先秦时期各种《论语》形成后,在流传过程中,它们就在为各自的编撰者及其后学们所不断补遗、不断增益。今本《论语》记曾子之死的资料,正是曾子后学对曾子编撰或曾子参加编撰的《论语》的增益"。"今本《论语》是以曾子一派的《论语》(即《古论》和《鲁论》)为底本,混合别派的《论语》而成的。"对于《论语》的命名,认为"与《战国策》一样,《论语》也是汉人命名的;具体言之,是孔安国"。

8. 吕绍纲发表《关于孔子思想的几个问题》

吕绍纲(1933—2008),祖籍安徽旌德,生于辽宁盖县。中国易学家、儒学研究专家。曾任教于吉林大学历史系,任中国孔子基金会副会长等。

12 月 31 日,吕绍纲在《孔子研究》第 4 期发表《关于孔子思想的几个问题》一文。文中指出:"孔子'仁'概念最主要的一个层次是回答人的本质的问题"。"孔子已经从社会关系的角度来观察人了。社会关系纷纭繁复,但不外乎血缘关系与政治关系(经济关系、阶级关系由政治关系表现出来)两类。""人的规律则是仁与义的对立统一。这等于说人就是血缘关系和政治关系的总和,而且两种关系如同阴与阳、柔与刚,互为存在的前提,是不可或缺的。""孔子的仁是个内涵丰富的体系。它的主干和基点是关于人的本质的规定。仁反映血缘关系,义反映政治关系,礼是两种关系的外部体现。仁义礼三者的统一构成人的本质。人是两种社会关系的总和。人必然是具体的、现实的,不存在超社会的抽象的人。这一深刻的思想是孔子人生论的理论基石。孔子的人生理论以反身修己为特征。反身修己的直接目标是追求仁义礼统一的完美人生。"

对于孔子思想的核心问题,认为"孔子用仁义礼三者界定人的本质,仁义是人的本质内容即两种社会关系的总合,礼是人的本质内容的表现形式。仁义的内容和礼的形式的统一,这就是人"。说孔子思想的核心是仁义也可以,但说是仁义礼三者的统一,更为妥当。

对于孔子思想的现代意义,认为"孔子思想中哪些有现代意义,应该继承,哪些没有,应该摒弃;历史家和理论家的鉴别是重要的,但是归根结底要受亿万人民革命实践的检验"。"在分析孔子思想现代意义时还应注意划清界限。研究孔子就是研究孔子,不把别的人同他混淆。尤其不可将董仲舒及其以后儒家的东西扣到孔子的头上。后世人的思想不应该由孔子负责。研究先秦的儒家就是研究先秦的儒家,不可将宋明新儒家等等与之混为一谈。"

9. 林存光发表《孔子本体论"人学"论纲》

林存光(1966—),山东济宁人。中国政法大学教授。

12 月 31 日,林存光在《孔子研究》第 4 期发表《孔子本体论"人学"论纲》一文。该文首先考察了孔子"人学"的整个时代文化背景,由"德"对于春秋文化构架的意义来把握孔子"人学"的性质。其次,研究孔子关于人的存在状态和生存结构的设计或理想,这也就是孔子的"人道"的价值取向。最后,讨论孔子的政治思维特质,这在孔子的"人学"框架中关系着人的价值归宿的问题,力图按照孔子思想本身的思维逻辑,来追寻其"人学"的基本意义构架;同时,也关注孔子自身的人生实践对于其"人学"思想的理论意义,并用以理解其"人学"内涵。

10. 钱逊发表《孔子仁礼关系新释》

钱逊(1933—),江苏无锡人。曾任教于清华大学。

12 月 31 日,钱逊在《孔子研究》第 4 期发表《孔子仁礼关系新释》一文。文中指出:"仁与礼是统一的。仁是内心的道德情感;礼是外在的行为规范。仁是礼的基础、灵魂;礼是仁的体现、落实。没有仁,礼就徒具形式;没有礼,仁就无所依托。道之以德是要人们'非礼勿视,非礼勿听,非礼勿言,非礼勿动',是齐之以礼的手段;齐之以礼,又是要使'民德归厚',又是道之以德的手段。仁和礼互为表里,相得益彰;道之以德和齐之以礼,互为手段,相互促进。这就构成了孔子德治思想的基础,同时也是孔子整个思想体系的基础和出发点。所以,实在是很难说仁与礼何者是核心。从孔子要恢复礼的尊严来看,他是保守的;从他强调把礼的实施建立在仁的基础上,赋予礼以道德的品格,把外在的强制转化为内在的自我约束来说,又是一个很大的进步和革新。实在也很难简单地用一个保守或革新来概括。孔子关于仁礼统一的思想,表现出在对社会的认识和治国之道方面的很高的智慧。道之以德,齐之以礼,把外在的强制性的规范与内心的自觉的道德约束相结合,为社会秩序的稳定、巩固提供了一个合理的途径。"

11. 韩国儒教事典编纂委员会编《儒教大事典》出版

是年,韩国儒教事典编纂委员会编《儒教大事典》上下两册由博英社出版。该书记录了经文、人物、仪礼、历史、遗迹和遗物等 2500 年的儒教历史,是当时韩国儒教界的最大收获。

2007 年,《儒教大事典》增补版出版发行。增补版分为《天》、《地》、《人》三卷,增补了 1920 个目录,共 5296 页,页数约增加三分之一。《天》和《地》为学术篇,由 7591 个目录和附录组成。《人》为现状篇,记录了韩国 234 所乡校、儒林(Confucian Scholars)以及书院的现状。该增补版最大的特点是添加了很多有关仪礼、性理学、现代儒学以及女性学的内容。

1991 年

1. 金景芳发表《孔子的这一份珍贵的遗产:六经》

1月31日至3月2日,金景芳在《吉林大学社会科学学报》第1、2期发表《孔子的这一份珍贵的遗产:六经》一文。该文认为六经是孔子之作,是孔子竭毕生之力学习先代历史文化,经选择整理并加进自己的见解而著成的。文中指出:"六经原名六艺。六经之名是后起的。""六艺都是为当时的政治服务的,而每一艺又各有特点。""先秦和汉初一些学者认为在六经中,《诗》与《书》,《礼》与《乐》,《易》与《春秋》性质相近而又各有特点。""孔子编著六经的方法是不一样的,他对《诗》、《书》是'论次',对《礼》、《乐》是'修起',对《春秋》是'作',对《易》则是诠释。"然后对诸经的有关问题进行了论述。

2. 电视连续剧《孔子》摄成

1月,由山东电视台和济南电视台联合摄制的16集电视连续剧《孔子》在山东摄成。

该剧于1990年4月开机,历时8个月。该剧是一部传记体电视连续剧,历史地、客观地描述了孔子自少年时代到73岁去世的坎坷一生,是一部带有浓重悲剧色彩的电视剧。孔子的主要思想观点和复杂的感情世界,得到展现。张新建、刘予云担任导演,青岛话剧团的王惠春扮演从青年到老年的孔子。

3. 杨向奎发表《孔子思想与中国传统文明》

3 月 2 日,杨向奎在《齐鲁学刊》第 1 期发表《孔子思想与中国传统文明》一文。文中指出:"孔子是中国传统文化之集大成者,他继承了中国传统文化,又发展了中国传统文化。在发展中国传统文化这方面,我们以为他主要是从过去的'天人之际',转向'人人之际'……自孔子起,遂以'人人之际'为他的哲学思想核心,而提出'仁'。""后来儒家于'仁'的哲学外,又加上'诚'的概念,'仁'与'诚'结合起来,遂完成儒家之哲学思想体系。"

4. 司马孺发表《"马克思主义和孔子教义"》

3 月 11 日,司马孺在《真理的追求》第 3 期发表《"马克思主义和孔子教义"》一文,认为马克思主义和孔子教义,无论如何是两个对立的体系,而不是可以调和的体系。文中指出:"对于调和孔子及其学说和马克思主义哲学体系及世界观的对立,对于有意或无意地把传统文化看做是超阶级、超时代的某些观点,甚至把孔孟之道看做永恒真理的观点,却还没引起人们足够的注意……在思想理论战线上,我们既要反对盲目的或自觉的对西方资本主义的崇拜,也要注意防止有意或无意宣扬复古主义和国粹主义的倾向。"

5. 蔡尚思发表《孔子论"仁"的重点和范围:析孔子宗法名分性的仁学》

4 月 2 日,蔡尚思在《孔子研究》第 1 期发表《孔子论"仁"的重点和范围:析孔子宗法名分性的仁学》一文,阐述了孔子的仁学。文中指出:儒家言"仁",先私后公,先亲后疏;为尊者讳,为亲者讳;父子相隐,以曲为直;君父并重,忠孝双全。所以,儒家的"仁"是最具宗法性名分性的"仁"。墨家言仁义即兼爱,坚守"杀人者死"的信条,而不惜以父杀子,大公无私,损己利人,可以"杀己以利天下"。文中称墨子为"仁人"。所以,墨家的"仁"是中国独一无二的反宗法性名分性的"仁"。道家主张"绝仁弃义",认为"至仁无亲","有亲非仁",不孝父,不忠君,不要礼,是最消极性的反对"仁"。法家尤其是集大成的韩非,对儒、墨的仁说均大加反对,公开主张必须爱君而不必爱父,必须爱国而不必爱家;也就是把爱父的爱集中去爱君,把爱家的爱集中去爱国,是最积极性的反对"仁"。后人研究孔子儒家,必须对儒、墨、道、法四大家划清各自的界限,尤其是千万不要把孔墨二家的论"仁"混淆起来,笼统地抽象地说孔子也是普遍性的爱人,是爱一切的人。荀子说的尧舜"汜利兼爱",贾谊说的"心兼爱人谓之仁",扬雄说的"兼爱之谓仁也",韩愈说的"博爱之谓仁",都是挂儒家的仁义招牌而卖墨家的"兼爱"膏药的。

6. 汤一介发表《儒学的现代化问题》

汤一介(1927—),湖北黄梅人。中国当代哲学家。北京大学哲学系资深教授、中国哲学与文化研究所所长、中央文史研究馆馆员。

5 月 1 日,汤一介在《天津社会科学》第 2 期发表《儒学的现代化问题》一文,认为"儒学现代化"就是说对儒学作现代的解释。文中指出:"儒学既不能成为现代社会的主流,又不能离开儒学所固有的内容而任意解释,那么我们所能做的就是对儒学所固有的内容作现代的解释,从而使它在现代社会中的某些方面发挥作用,或者说从其能发挥现代作用的方面加入现时代的世界学术文化之中。""儒学在现代的伦理道德方面或者可以起一定的积极作用。""从儒学之外吸取引进某些思想来充实和改造儒学,以便使它适应现代的要求","这样做也许更为重要、更有意义"。"使儒家思想现代化将是一项十分艰巨的工程,它需要长期的研究和讨论,这样或许才可以为儒家思想现代化找出一可行的出路,从而使中国传统哲学走向现代,对世界哲学作出贡献。"

7. 申正发表《孟子对孔子哲学思想的发展》

5 月 15 日,申正在《北方论丛》第 3 期发表《孟子对孔子哲学思想的发展》一文。文中指出:孟子系统阐述了孔子学说,继承发展了孔子人道主义哲学精神,把人道主义精神理论化与系统化。孟子的人心说,为中国古代理性发展奠定了基础,有利于中华民族理性的千古长流。孟子继承发展了孔子的德政思想,并第一次明确提出"仁政"学说。孟子从心学思想出发,集中阐述了孔子所开创的知识论基础,使古代知识论更加哲理化与系统化。

8. 赵吉惠等主编《中国儒学史》出版

赵吉惠(1934—2005),黑龙江宁安人。陕西师范大学历史系教授。

6 月,赵吉惠、郭厚安、赵馥洁、潘策主编《中国儒学史》一书由中州古籍出版社出版。该书是国内外第一部全面、系统论述儒学发生、发展和演变史的专著。

该书第二章"春秋时期的学术下移与儒学的形成"中指出:儒在殷代便产生了,最初主要是进行宗教活动的教士(术士)。春秋时期,由于"王室衰微"和"礼崩乐坏",导致了学术下移,出现了"私学",由"学在官府"走向"学在民间",在民间兴起了私人讲学之风,孔子就是春秋末年第一批开私人讲学之风的学者,从而为儒家学派的创立准备了条件。以孔子为代表的早期儒家思想包括:"敬鬼神而远之"的天命观,听天命、尽人事的人生哲学;"仁者爱人"的早期人道主义伦理学说。伦理学说是孔子或儒家学说的主体和基础,而仁学则是孔子或儒家学说的实质和核心;"为政以德"的政治思想与"克己复礼"的历史观念;"有教无类"和"学而优则仕"的教育主张。儒学发展的全过程划分为五个时期:先秦为儒学的形成和初步发展时期,两汉为儒学经学化的时期,魏晋南北朝至隋唐为儒学的玄学化和儒释道三教融合时期,宋明为儒学的理学化时期,清代为儒学的衰落时期。儒学衰落和解体的原因是多方面的,主要有三点:第一,农业自然经济的解体是儒学衰落最深刻的原因。因为儒家文化是一种以家族为本位的小农自然经济文化。国内商品经济的复苏和西方殖民主义的入侵,促使农业自然经济解体,从而使儒家文化失去了它得以存在的经济基础。第二,封建专制主义崩溃是儒学衰落的直接原因。第三,西方资本主义文化的冲击,也是儒学文化衰落的重要条件。在近代,新兴的西方资本主义文化向儒学文化发出了冲击和挑战,积久必弊的儒家文化相形见绌,受到了致命的打击。这样,儒学的衰落便不可避免。

9. 宋仲福等著《儒学在现代中国》出版

宋仲福(1931—   ),四川乐山人。西北师范大学历史系教授。

6 月,宋仲福、赵吉惠、裴大洋著《儒学在现代中国》一书由中州古籍出版社出版。该书上限起自辛亥革命,下限至 1989 年底,以科学的方法,客观的态度评述各派社会力量和有代表性的学者对儒学的研究、利用、改造;评介五四运动时期的批孔问题;分析十年动乱时期的评法批儒问题;特别是概述中华人民共和国成立之后各个不同历史时期在研究孔子与儒学问题上所取得的成就与存在的问题;阐明儒学与中国社会主义现代化的关系等问题,旨在说明儒学在现代社会的历史命运以及正确对待传统文化的态度。

10. 马振铎发表《孔子天命观新论》

8 月 29 日,马振铎在《齐鲁学刊》第 4 期发表《孔子天命观新论》一文,认为孔子的天命观是其人生哲学的有机组成部分,应纳入人学体系中进行讨论。

文中指出:天道、天命两个概念涵义根本不同,其不同在于天道是一个纯客观范畴,天命则是一个天人关系范畴。"天道远","天行有常,不为尧存,不为桀亡",这些都说明天道自然,与人事无关。但天命必须与人事有关,必须是天对人的"命"。"命,犹令也。"天不"命"于人、与人事无关就不能称之为天命。不懂得天道是一个纯客观范畴,天命是一个天人关系范畴,把二者混淆,甚至认为孔子的天命观是唯物主义的天道观,在理论上是错误的。一切概念都是变化的,一切概念的内涵都随历史的前进和人类认识水平的提高而发展。天命概念亦如此。不同时代"天"的内涵、天"命"于人的方式和内容都有所不同,时间跨度越大,差别也越大。孔子的天命观也呈过渡形态,它上承殷、周天命观,下启《中庸》的天命观,是宗教神学和唯心主义哲学的过渡环节。当孔子把天视作赏善罚恶的正义主宰者时,天对人的"命",不是一种绝对的前定命令,它会随人改恶从善,变原来的惩罚为奖赏;随人弃善为恶,变原来的奖赏为惩罚。天对人的这种"命"可借用后来儒家概念,称为"随命"。对天命的这种理解,后来发展为董仲舒的天人感应说。

孔子的"知天命"有两种涵义。当他把天命视作定命时,所谓知天命,就是要人们认识到生死寿夭、吉凶祸福、富贵贫贱是命里注定的,不可更改的。通过知天命,达到安命,对于人生遭际,福也罢,祸也罢;富也罢,贫也罢,总之对于一切都处之泰然。孔子知天命的另一涵义是对

"随命"的认识。这种意义的知天命要求人们认识到天是有善必赏,有恶必罚的,从而使人们"畏天命"。其社会意义是造成人们害怕因作恶而遭到天谴的畏惧心理,使人们向善、行善和改恶从善。孔子天命观中值得重视的不是他对殷、周时期天命观的继承,而是他为天命概念注入了新的内涵。首先他把殷、周时期人们观念中虽无人身但却具有人的品格(包括知、情、意)的天,向非人格化的道路上推进了一步。二是天赋予某些人以某种使命。

孔子天命观的真正矛盾在天命的两个义项——主宰义天命与赋予义天命之间。按主宰义天命,人的一切都是由天安排的,在天命面前人没有任何自由,没有任何发挥主观能动性的可能。按赋予义天命,人却有极大的发挥主观能动性的余地。天只是赋予了人某些德性和使命,而进德修业全凭自己,所以孔子非常强调"君子求诸己"、"为仁由己"。孔子赋予义天命大体包括天赋之德和天赋使命两个相关而又有区别的内容,因此"知"赋予义"天命"也可以分为对天赋之德的自我意识和对天赋使命的自我意识。孟子正是在赋予义天命观念基础上提出性善说的,又把赋予义天命同主宰义天命严格区别开来。

11. 黎子耀著《论语秘义》出版

黎子耀(1908—　　　),湖南汉寿人。曾任浙江大学历史系教授,兼任中国先秦史学会顾问,浙江省历史学会顾问。

12 月,黎子耀著《论语秘义》由三秦出版社出版。书中指出:《论语》以《易》卦作为基础,显示辩证法的运用,从而正确解决人间社会的种种矛盾和问题。《论语》中的孔子,成为日之化身,他的弟子成了月之化身。颜渊曾以日月比喻孔子,言其"仰之弥高,钻之弥坚,瞻之在前,忽焉在后"。子贡更明言"仲尼日月也,无得而逾焉"。《论语》和《老子》都以《易》卦作为基础成书,两家的思想彼此是同是异,抑或同中有异,值得加以探讨。该书以《易》学整理《论语》的方法是一种新的尝试。

12. 金景芳等著《孔子新传》出版

12 月,金景芳、吕绍纲、吕文郁著《孔子新传》一书由湖南出版社出版。该书突出特点是重在阐述孔子的学术思想,运用历史唯物主义观点,分析孔子这一历史人物,指出孔子在两千余年的封建社会里时而被推崇为圣人,时而被抨击批判,乃是历史的必然,这是由孔子学说的特点和社会的治乱规律决定的。在阐述孔子的思想和孔学流传过程中,严格区分孔子和儒学,指出不能把汉儒和宋儒歪曲了的学说当作孔子的学说。

书中指出:"孔子是世界文明史上最伟大的文化巨人之一。他的思想和学说对中华民族乃至全人类有极其深远的影响。从孔子生活的春秋晚期直到近现代,两千五百年来风云变幻,治乱频仍,孔子及其学说也历尽沧桑。由于社会政治条件不同,人们对孔子及其学说的毁誉褒贬也极不相同。一般说来,当国家统一、社会安定的时候,孔子及其学说往往备受推崇和赞扬;而当国家分裂、社会动荡或面临重大变革的时候,孔子及其学说则往往受到猛烈的抨击和诋毁。这就是孔子及其学说的历史命运。孟子曾经说过:'天下之生久矣,一治一乱。'孟子详列上古史实,认为自尧迄战国,已经发生了多次治与乱。从战国再到近现代,中国又发生了许多次治与乱。历史的发展已经证明,孟子所说的'一治一乱'是符合历史发展的辩证法的。实际上所谓'治'就是历史发展的量变过程,所谓'乱'就是历史发展的质变过程。一治一乱,则是历史发展由量变到质变的过程。这正是历史发展的客观规律。不同的历史时代需要不同的思想和理论,如冬衣裘、夏衣葛一样。所以适用于治世的思想理论到了乱世就不再适用了。韩非说:'夫古今异俗,新故异备,如欲以宽缓之政治急世之民,犹无辔策而御骏马,此不知之患也。'这种说法是对的。所以孔子及其学说在不同的历史时代有不同的遭遇,这并不奇怪。应当说,自孔子学说产生以来,中国的一部治乱史也就是一部尊孔和反孔相互交替的历史。"

13. 陈来著《宋明理学》出版

陈来(1952—),祖籍浙江温州。中国当代哲学史家。清华大学哲学系教授、清华大学国学研究院院长、中央文史研究馆馆员。

12 月,陈来著《宋明理学》一书由辽宁教育出版社出版。该书通过对宋明时代有代表性的 20 余位理学思想家的介绍,叙述了宋明理学产生、发展、演变的过程,展示了宋明理学的基本人物、学术派别、概念命题与思想特色等内容。如认为王守仁的思想整体上是对朱熹哲学的一个反动,他倡导的心学复兴运动不仅继承了宋代陆九渊心学的方向,而且针对着明中期政治极度腐败、程朱理学逐渐僵化的现实,具有时代的意义。书中还指出了宋明理学的弊端在于以圣贤都未必能达到的最高道德标准来要求一般民众。

14. 向世陵、冯禹著《儒家的天论》出版

向世陵(1955—　　),四川仁寿人。中国人民大学哲学院教授,主要从事中国儒家哲学和儒释道关系研究。

冯禹(1954—　　),北京人。曾任教于中国人民大学,后任教于哈佛大学,主要从事中国哲学史研究。

12月,向世陵、冯禹著《儒家的天论》一书由齐鲁书社出版。该书是一部以儒家天论为研究对象的专著,以先秦、汉代、唐代、宋明儒家的天论为线索,全方位地论述了儒家天论的特点、具体内容及天论与其他各学科的关系。其中,在儒家天论与儒家哲学体系的关系中,认为就天作为自然之天而论,天作为实体的自然界,其意义主要在于为人们准备认识世界的前提和条件,提供认识的对象与源泉;另一方面,天作为属性的存在,则表现为自然的客观必然性,对人的意义更为直接。就天作为本体之天而论,它是儒家全部哲学理论的基础和根据,这一点是无可置疑的;就天作为至善的理想境界而论,天主要是为人们的道德修养提供终极目标和典范。①

---

① 李超杰、边立新主编:《20世纪中国哲学著作大辞典》,警官教育出版社1994年版,第540页。

1992 年

1. 杨向奎著《宗周社会与礼乐文明》出版

5 月，杨向奎著《宗周社会与礼乐文明》一书由人民出版社出版，阐述周公和孔子对礼的加工改造等问题。书中指出：在原始社会中，"礼尚往来"中的礼品交换实质上是一种商业即货物交易行为，这种交易行为是用礼品赠与和酬报的方式进行的。"礼"带有浓厚的原始商业交换性质。周公对原始礼作了第一次加工改造。周公曾以德代礼，丰富了礼的内容，提高了礼的境界。孔子是周公思想的继承和发扬者，他在传统文化积累中选中了诗、书、礼，对礼作了第二次加工改造，使传统礼乐文明达到一个新的境界。在孔子的思想里，所谓"兴于诗，立于礼，成于乐"，礼是核心，诗、乐都服从于礼，都要符合礼的要求，始兴于诗，复守之以礼，最后完成于乐。但诗、礼、乐三者不可分，礼而无诗如礼何，礼而无乐如礼何！这样，孔子对"礼"加工改造的同时，也完成了经学之儒家化，此即所谓"六经注我"，而不是"我注六经"。孔子重视"礼"，但不以"礼"作为最本质的东西：他在前人的基础上，提出了"仁"的新命题，作为最高道德准则。"仁"即人，其内涵乃"德"与"礼"的综合，"规规矩矩的做人，以有礼貌的态度待人"，总之是要处理好"人人之际"的关系。这样孔子的"礼"不仅去掉了原始商业交换性质，而且赋予"礼"以全新的涵义。仁与礼乐的关系，仁是人的本质，而礼乐是本质上的彩绘，仁第一，而礼乐第二，即所谓"绘事后素"。至此，孔子继周公之后进一步丰富了社会中的礼乐内容，"礼"不再是苦涩的行为标准，它富丽堂皇而文采斐然,它是人的文饰,也是导引人生走向理想境界的桥梁。①

2. 杜维明著《儒家传统的现代转化》出版

5 月,杜维明著《儒家传统的现代转化》一书由中国广播电视出版社出版,收录作者不同时期的 29 篇文章。

该书共分四个部分:一、作者全部学术工作的精神方向;二、阐发儒家传统的现代化转化及其第三期发展的前景问题;三、对传统儒学精神的体、认、把握;四、对"五四"以后的现代新儒家思想的评介、阐论。书中指出:儒学第三期发展的前景问题,乃是"针对列文森在《儒教中国及其现代命运》一书中断定儒家传统业已死亡一结论而发"。儒学有"封建意识形态"和中华民族的自我认同的两个层面,因此,"儒学基本的精神方向,是以人为主的,它所代表的是一种涵盖性很强的人文主义。这种人文主义,和西方那种反自然、反神学的人文主义有很大不同,它提倡天人合一、万物一体"。这种人文主义"有着相当深刻的批判精神,即力图通过道德理想来转化现实政治,这就是所谓'圣王'的思想。从圣到王是儒学的真精神"。此外,儒家还具有强烈的宗教情怀,"不仅孔子,包括孟子、荀子,都有相当强烈的宗教情操。儒家基本上是一种哲学的人类学,是一种人文主义,但是,这种人文主义既不排斥超越的层面'天',也不排斥自然。所以,它是一种涵盖性比较大的人文主义"。"儒家的性命天道虽不代表一种特定的宗教信仰,却含有浓厚的宗教意义。不过儒家的宗教性并不建立在人格上帝的神秘气氛中,而表现在个人人格发展的庄严性、超越性与无限性上。"该书认为,儒家传统具有历久常新的恒常价值,它不会伴随着儒教中国的解体而消亡。

3. "儒学及其现代意义国际学术研讨会"举行

6 月 27 日至 30 日,中华孔子学会、四川省孔子研究会、德阳市对外文化交流学会联合主办的"儒学及其现代意义国际学术研讨会"在四川德阳举行,来自中国大陆和香港、澳门、台湾地区以及澳大利亚、新加

---

① 侯样祥:《发微探真,不囿成说——读杨向奎著〈宗周社会与礼乐文明〉》,《文史哲》1992 年第 3 期。

坡、日本、美国、马来西亚等国家的 214 名学者参加了会议。

此次会议以"儒学及其现代意义"为主题,与会学者对儒学与精神
文明建设,儒学与东亚经济的发展,儒学的现代意义及其展望,儒家伦
理、教育思想的现代意义四个方面,进行了全方位、多层次的研讨。这
次会议在儒学及其在现代政治、经济生活中的应用及其意义方面,取得
了重要的研究成果。[①]

4. 傅举有、陈松长编著《马王堆汉墓文物》出版

是年,傅举有、陈松长编著《马王堆汉墓文物》一书由湖南人民出版
社出版。该书第一次公布了 1973 年出土的帛书《系辞》。

书中共收录 122 组图版,包括了马王堆汉墓文物的大部分精品。
对于研究中国古代思想而言,意义最为重大的应为首次发表的帛书材
料,这些帛书新材料共有三种:一是《周易》六十四卦的全部照片;二是
《周易·系辞》;三是《刑德》。其中《系辞》是首次公布,引起学者的有关
讨论。有学者认为《系辞》属于道家学派的作品[②],有学者认为《系辞》
属于儒家学派的作品[③]。

① 古今:《儒学及其现代意义国际学术研讨会在德阳召开》,《四川文物》1992 年第 4 期。
② 陈鼓应:《也谈帛书〈系辞〉的学派性质》,《哲学研究》1993 年第 9 期。
③ 廖名春:《论帛书〈系辞〉的学派性质》,《哲学研究》1993 年第 7 期。

1993 年

1. "宋代哲学与中华文化国际学术研讨会"举行

4月12日至14日,河南省中原文化经济发展研究中心、河南省社联、河南省社科院、郑州大学、河南大学、河南师范大学以及开封市人民政府等单位联合主办的"宋代哲学与中华文化国际学术研讨会"在北宋都城开封举行,来自国内各地、港台地区和国外的专家学者近百人出席了会议。

此次会议以"宋代哲学与中华文化"为主题,与会学者就宋代哲学形态的多样性、宋代哲学在中华文化中的地位和作用、宋代哲学与西方哲学的比较、研究宋代哲学的现实意义等问题展开了讨论。会议期间,成立了中原宋学研究会,这对于推进宋代思想文化的研究,弘扬中华民族的优秀传统文化,具有重要的意义。①

会后,李书增等主编《宋代哲学与中华文化》论文集,于1996年4月由河南大学出版社出版。

2. 谢祥皓、刘宗贤著《中国儒学》出版

5月,谢祥皓、刘宗贤著《中国儒学》一书由四川人民出版社出版,描述了中国儒学产生、发展的基本脉络。根据《汉书·艺文志》对儒家的定义,作者判定中国儒学发展的基本线索有两条:一是以孔子为宗师

---

① 高秀昌:《"宋代哲学与中华文化国际学术研讨会"综述》,《中州学刊》1993年第4期。

的思想学说的发展,二是以《六经》为法典的传注训释学的发展。据此作者进一步界定儒学所表述的对象就是"中国历史上既存的儒学人物、思想与典籍",从而确定了以两条基本线索为经,以儒学人物、思想、典籍为纬的写作思路。在纵向上,围绕两条基本线索各依其在历史时序中所固有的面貌给予叙说。在思想学说的发展方面,依时序着重说明每一时代,每位思想家所作出的贡献;在经籍演变线索中,亦依时序着重于理清其传承演变的基本脉络。在横向上,则紧扣儒学的基本内涵,不惟具有重大影响的重点人物、重要典籍是瞻,对"虽无重大影响,但在儒学发展的某种关键时刻,对某些环节,某些领域或某些典籍,凡有其特定贡献者,均尽可能给一席之地,以志其功";即使对那些失传的重要注疏或不同版本"亦尽量说明它们的地位与影响"。其次,该书在叙述中不以主观好恶为标准去对儒学发展史上的人物、思想和典籍妄加评判,而是根据在儒学发展史中的贡献、地位给予实事求是的历史的评价,增强了该书的真实性和准确性。[1]

3. "第八届国际中国哲学会议"举行

8 月 9 日至 13 日,北京大学、国际中国哲学会联合主办的"第八届国际中国哲学会议"在北京举行,来自中国大陆和香港、台湾地区以及美国、日本、韩国、新加坡、澳大利亚等国家的 150 余名学者出席了会议,共收到论文 120 余篇。

此次会议的主题是"中国传统哲学的现代意义与未来展望",围绕主题的子题有:中国传统哲学在 20 世纪的命运、道家文化与现代文明、中国当代马克思主义与中国传统哲学的关系等。与会学者对儒家思想与其现代意义提出了不少有价值的观点。[2]

4. "孔孟荀学术思想国际研讨会"举行

8 月 27 日至 31 日,中国孔子基金会主办、威海市社科联和威海市历史学会协办的中、日、韩、越"孔孟荀学术思想国际研讨会"在山东威

---

① 宫云维:《全面·系统·真实·准确——评〈中国儒学〉》,《管子学刊》1994 年第 4 期。

② 王博:《第 8 届国际中国哲学会议综述》,《国际学术动态》1994 年第 4 期。

海举行。出席此次会议的中国大陆学者 40 人,中国台湾学者 7 人,韩国学者 9 人,日本学者 5 人,越南学者 2 人。这是一次完全由属于"儒学文化圈"的国家和地区的学者参加的会议,特别是越南学者的出席,给会议带来了越南儒学和儒学研究的信息,这在中国还是第一次。

此次会议的主题是"孔孟荀学术思想"的比较研究,同时也对先秦儒学思想的特征、孟子和荀子的儒学思想作了论述。60 多位学者提交论文并在会上作学术报告。此外,还辟有"儒学和东亚经济论坛"。此次会议取得了促进国际间学术交流,加强中、日、韩、越学者间的友谊的积极成果。①

会后,中国孔子基金会编《孔、孟、荀之比较:中、日、韩、越学者论儒学》论文集,于 1994 年 9 月由社会科学文献出版社出版。

5. "宋明思想文化和华夏文明国际学术讨论会"举行

10 月 22 日至 25 日,上海大学、上海社会科学院、上海哲学社会科学联合会联合主办的"宋明思想文化和华夏文明国际学术讨论会"在上海大学举行,来自全国各地及美国、加拿大、日本等国的近百位专家、学者参加了此次会议。

此次会议以"宋明思想文化和华夏文明"为主题,重点研讨了如何认识宋明哲学—理学以及它对我国民族文化的构成所起的作用。有的学者提出,宋明哲学—理学不是浊流,而是清流,它是我国古代哲学史上又一个光辉高峰。宋代哲学家继承并发展了儒家思想的重视现实人生、求真务实、积极进取、自强不息的精神,进一步弘扬以"人"为本的人定胜天和具有一定"公平"色彩的"仁爱"思想,发展了有无、动静、始终等朴素辩证思维。同时,在少数民族入侵中原后,宋代哲学家强调汉族的"君臣"、"父子"的人伦纲常,抵制父系家长制的落后现象,对维护社会文明、安定、进步起到了积极作用。这一观点得到大多数与会者的赞同。②

---

① 傅云龙:《中、韩、日、越"93 年孔、孟、荀学术思想国际研讨会"综述》,《孔子研究》1993 年第 4 期。

② 黄江平:《宋明思想文化和华夏文明——国际学术讨论会综述》,《社会科学》1994 年第 1 期。

会后,祝瑞开主编《宋明思想和中华文明》论文集,于 1995 年 10 月由学林出版社出版。

6."郭店楚墓竹简"出土

10 月,湖北省荆门市郭店一号楚墓出土 804 枚竹简,学术界称之为"郭店楚墓竹简"。

经过专家们长达五年的艰辛整理,1998 年 5 月,文物出版社以《郭店楚墓竹简》为名正式出版。确定为 16 篇先秦时期的文献,其中儒家典籍 14 篇,分别为《缁衣》、《鲁穆公问子思》、《穷达以时》、《五行》、《唐虞之道》、《忠性之道》、《成之闻之》、《尊德义》、《性自命出》、《六德》、《语丛一》、《语丛二》、《语丛三》、《语丛四》。郭店楚墓竹简的 14 篇儒家典籍,学者们一般认为绝大部分属于子思学派作品,或者是与思孟学派有重要关系的作品。郭店楚墓竹简的面世,为儒学中的思孟学派的形成及其发展提供了有力的证据。[①]

7. 张岱年主编《孔子大辞典》出版

12 月,张岱年主编《孔子大辞典》由上海辞书出版社出版。该辞典是孔子及评孔的知识总汇。

该书大致可分为两大部分。前半部分为:孔子的生平事迹、称谓封号、祖先亲属、文物遗迹;与孔子有关的古国地名、礼仪制度、职官等级、典章器物、历史人物;孔子的思想体系(包括政治法律思想、哲学思想、伦理教育思想和史学、经济、美学、逻辑、军事及箴言名句等);典籍文献(包括论语注本、四书注本、儒学典籍、言行辑录、年谱传记);孔门弟子;诸子争鸣等。后半部分为:从先秦至近代以来的历代评孔,当代评孔,台湾、香港地区和海外评孔等。另外,还有《孔子年谱》、《孔子周游列国示意图》、《孔子世系表》、《评孔大事年表》四个附录。[②]

8. 黄克剑等编《当代新儒家八大家集》出版

黄克剑(1946—   ),陕西虢镇人。曾任教于华中理工大学哲学研

---

① 关于"郭店楚墓竹简"更详细的介绍,参见本书《纪事卷》之"出土文献与儒学"条目。

② 陈增辉:《孔子及评孔的知识总汇——介绍〈孔子大辞典〉》,《哲学研究》1994 年第 12 期。

究所、福建社会科学院哲学研究所,后为中国人民大学中文系教授。

12月,黄克剑等编《当代新儒家八大家集》一书由群言出版社出版。书中八大家包括熊十力、梁漱溟、冯友兰、张君劢、牟宗三、唐君毅、徐复观、方东美,人各一集,分集出版。每集包括三部分:一是生平、思趣、人格、境界;二是撰述原委与措思线索;三是论著选粹。这是一种新的编集体例的尝试,涵寓了编者对编集对象所取的略异俗常的观察和省思方式。

1994 年

1. 吴乃恭著《宋明理学》出版

1月,吴乃恭著《宋明理学》一书由吉林文史出版社出版。该书分别论述了理学开创者周敦颐的濂溪学,邵雍的象数学,张载的关学,程颢、程颐的洛学,朱熹的闽学,陆九渊的心学,王守仁的阳明学及王夫之对中国理学和各种虚妄邪说的批判等。

2. 李学勤著《走出疑古时代》出版

李学勤(1933—),北京人。中国当代历史学家、古文字学家。清华大学文科高等研究中心主任,夏商周断代工程专家组组长、首席科学家,中国文字博物馆馆长。

3月,李学勤著《走出疑古时代》一书由辽宁大学出版社出版。该书是探索中国古代文明的一部高质量学术著作。全书共分五篇:第一篇"论古代文明";第二篇"神秘的古玉";第三篇"新近考古发现";第四篇"中原以外的古文化";第五篇"海外文物拾珍"。[①] 书中主要涉及中国上古时期的历史文化、中原与边远地区的文化交流、早期的中外关系等主题。该书从大处着眼,从小处着手,对众多的具体学术问题进行了研究探索,对于认识中国古代文明,对于正确估价中国古代文明的发展程度,认识了解自宋代以来形成的疑古思潮尤其古史辨派的消极影响,

---

① 该书修订本于1997年12月由辽宁大学出版社出版。修订本增加第六篇"续见新知"。

都有重大意义。

3. "邹城孟子学术思想国际研讨会"举行

5 月 16 日至 18 日,山东邹城市孟子学术研究会主办的"邹城孟子学术思想国际研讨会"在孟子故里山东邹城举行,来自中国大陆、韩国、日本、美国、德国以及中国台湾的专家学者共 30 余人出席了会议。

此次会议以"孟子学术思想"为主题,与会学者围绕这一主题展开了热烈的讨论。具体可分为三个方面:一是孟子思想的历史价值和国际影响;二是孟子及其思想在儒学中的地位;三是孟子思想与现代经济文化建设。会议期间,与会者参观考察了孟庙、孟府,部分海外学者拜谒了孟子林墓。①

会后,丁冠之主编《孟子研究论文集》,于 1997 年由山东大学出版社出版。

4. 徐远和著《儒学与东方文化》出版

5 月,徐远和著《儒学与东方文化》一书由人民出版社出版。该书力图对儒家文化的发展线索、理论特征、精神方面及其在海外的传播与影响作宏观的说明。主要内容有儒学的反思与吸收西方文化、儒学的创始与中国文化的传承、儒学的嬗变与中国文化的发展、儒学的特质与中国文化的精神、儒学与朝鲜文化、儒学与日本文化、儒家文化在现代社会生活中的定位等。

5. 葛荣晋主编《中国实学思想史》出版

葛荣晋(1935—   ),河南济源人。中国人民大学哲学院教授、中国实学研究会会长。

9 月,葛荣晋主编《中国实学思想史》一书由首都师范大学出版社出版。该书共四编,分上、中、下三卷,论述了中国史学思想的发展和有关各时期的不同特点。

该书将"实学"定义为"实体达用之学",进而认为,"中国实学实际

---

① 刘培桂:《"94 邹城孟子学术思想国际研讨会"综述》,《孔子研究》1994 年第 4 期。

上就是从北宋开始的'实体达用之学'";"中国实学的基本特点是'崇实黜虚',处处突出一个'实'字,其主流和核心是经世实学"。书中指出,先秦、汉、唐学术思想虽已具备了实学思想的某些特征,但都不能作为中国实学的起点;北宋实学思想才是中国实学的起点。因为从北宋开始,传统儒学的"内圣外王之学"才被升华为"实体达用之学","实学"才具有了自己的基本理论模式和框架,开始独立地迈进中国学术思想的大道;中国实学终于晚清同光年间,而不是清乾嘉时期或鸦片战争时期。因为清代乾嘉考据学的鼎盛,只是表明中国经世实学的淡化,而非泯灭;鸦片战争后的地主阶级洋务派有着强烈的经世意识和丰富的实学思想,从他们的思想深层结构和"中体西用"的理论模式看,他们的实学思想仍属古典实学范围。

该书将北宋至晚清同光期间 800 余年的中国实学思想史划分为三个历史发展阶段,即从北宋至明前期为产生和发展阶段;从明中叶至清乾嘉时期为鼎盛时期;从清道咸至同光年间为高涨时期,也是古典实学通往近代新学的转型时期。书中指出:从北宋至明前期,这个时期实学思想尚不完备、不成熟,实学家未能真正地将"实体"与"达用"结合成系统的具备严密逻辑的实学思想体系;在明中叶至清乾嘉这段时间内,实学形成了较系统的思想体系,其理论在广度上大为拓展,在深度上出现了前期所无的新质的东西——启蒙实学;清道咸至同光年间,晚清实学在中西文化的冲撞与融合中,既继承了既往实学的成分,又大量吸收了西政与西学,企图以西学之实补中学之虚,但囿于"中体西用"的理论模式而在高涨中走向古典实学的终点。

书中还揭示了中国实学总的发展规律。认为实学中的"实体"与"达用"密不可分,随着社会历史的变迁和忧患意识的隐显,实学总是或侧重于"实体",或侧重于"达用",并不断地在转换中向前发展;实学侧重点的不断转换,都是由不同的社会历史和文化背景决定的,往往呈现出否定之否定的辩证形式。①

---

① 《中国实学研究的里程碑——评〈中国实学思想史〉》,《中国文化研究》1997 年第 1 期。

6. "孔子诞辰 2545 周年纪念与国际学术讨论会"举行

10 月 5 日至 8 日,中国孔子基金会主办的"孔子诞辰 2545 周年纪念与国际学术讨论会"在北京举行,来自中国、日本、韩国、新加坡、越南、印度尼西亚、马来西亚、美国、德国、法国、英国、俄罗斯、澳大利亚、荷兰、瑞士等 20 多个国家和地区的近 300 位学者出席了会议。

此次会议的主题是"历史的回顾与 21 世纪儒学的瞻望",分 15 个专题进行了深入的研讨:20 世纪儒学研究状况的回顾;儒学的发展方向和未来命运;儒学与中国的发展;儒学与 21 世纪的教育;儒学价值观与 21 世纪新人;儒学与 21 世纪东亚经济;儒学与 21 世纪国际关系;儒学与 21 世纪科学技术;儒学与 21 世纪社会管理;儒学与 21 世纪地球生存环境;儒学与 21 世公共道德;儒学与 21 世纪家庭伦理;儒学同西方文化的交流与融合;儒学与世界三大宗教;儒学在未来世界文化构成中的位置。[①]

在对儒学的历史回顾中,与会学者研讨了儒学的演变及其在世界各地的传播和影响,议论的重点则是 20 世纪 70 年代起"孔子文化圈"内经济迅速崛起的事实。在寻找其文化背景时,一致认为孔子、儒家学说对经济的发展起了重大影响和作用。在瞻望 21 世纪儒学的发展时,取得了两个共识:一是在 21 世纪面临的一系列新问题面前,无论是东方文化还是西方文化,都不能由单一的模式提供有效的解决方法,而只能相互吸收、取长补短、综合创新,这样问题才能得到较好解决;二是面对工业化带来的道德衰退和生态环境恶化这两大全球性的挑战,必须弘扬儒学集体主义的价值取向,以遏制在西方已普遍流行、在某些发展中国家也开始流行的极端个人主义价值观。必须扬弃儒家"天人合一"思想,正确处理好人类与自然的关系,治理环境污染,优化生态环境。在讨论 21 世纪道德重建问题时,不少学者研讨了 21 世纪的家庭伦理问题。经过讨论,对孔子儒学相关问题的作用等方面,形成了渐趋一致

---

① 孔子诞辰 2545 周年纪念与国际学术研讨会学术组:《孔子诞辰 2545 周年纪念与国际学术讨论会述评》,《孔子研究》1995 年第 1 期。

的看法,把对孔子和儒学的研究推到了一个新的高度。①

会议期间,国际儒学联合会宣告成立。这表明儒学越来越得到世界范围内学者的共识,其作用倍加受到重视,其研究的深度和广度更加被拓展。

会后,中国孔子基金会编《儒学与二十一世纪:纪念孔子诞辰 2545 周年暨国际儒学讨论会会议文集》,于 1995 年 11 月由华夏出版社出版。

7. 国际儒学联合会成立

10 月 5 日,国际儒学联合会在北京人民大会堂正式成立。该联合会由中国、韩国、日本、美国、德国、新加坡、越南等国家和中国香港、台湾地区与儒学研究有关的学术团体共同发起,以"研究儒学思想,继承儒学精华,发扬儒学精神,以促进人类之自由平等、和平发展与繁荣"为宗旨。②

8. 廖名春发表《思孟五行说新解》

廖名春(1956—   ),湖南武冈人。清华大学历史系暨思想文化研究所教授。

11 月 25 日,廖名春在《哲学研究》第 11 期发表《思孟五行说新解》一文。文中指出:"所谓思孟五行说,既非荀子传闻有误,错把邹衍当成了孟轲;也非指的是水火木金土相克相生;也非单纯地指仁义礼智圣五种德行;而是指仁义礼智圣这五种德行出于人性的性善论。荀子从其'性恶则与圣王,贵礼义'的理论出发,认为'性善则去圣王,息礼义',危害最大。所以视其为'子思、孟轲之罪',予以了空前激烈的批评。"

9. 邹昌林发表《儒学与宗教的关系》

邹昌林(1948—   ),中国社会科学院世界宗教研究所研究员,主要从事宗教思想研究。

---

① 陈增辉:《历史的回顾与 21 世纪儒学的瞻望——纪念孔子诞辰 2545 周年国际儒学研讨会综述》,《学术月刊》1995 年第 2 期。

② 关于"国际儒学联合会"更详细的介绍,参见本书《纪事卷》之"国际儒学联合会"条目。

12 月 30 日,邹昌林在《世界宗教资料》第 4 期发表《儒学与宗教的关系》一文。文中指出:"儒学是对古礼的全面继承和发展,因此,古礼及其各个方面,制约着儒学整体及其各个部分的发展方向,而儒学,则使中国文化的发展,完成了从粗糙向精致发展的伦理化过程。所以,儒学与古礼,有着大致相同的涵盖范围。"

"古礼或儒学与宗教的关系,不仅是统属关系,而且是水乳交融的关系。古礼中,代表宗教信仰的,主要是祭祀,祭祀贯穿在人们的所有活动中,但又不等同于这些活动本身。例如,人们吃饭,这不是宗教,但吃饭要'祭食',则有宗教色彩。人们住房,这也不是宗教,但住房要'祭中雷',也包括了宗教色彩。同样,开门户要'祭户',立灶做饭要'祭灶',出行要'祭道',种地要祭一切有农事的神祇、动物、水利设施,打仗要载社主和祖先之主随行,以便随时行祭,保佑胜利……所有这些都说明,宗教色彩渗透在人们的所有活动中。然而,所有这些活动,又不能用宗教来概括,而只能用古礼或儒学来概括。这就是古礼或儒学与宗教的关系。"

"由于儒学是对古礼的全面继承与发展,从而决定了儒学在中国文化中的主流地位。而它所含属的中国原生宗教,也就成了中国宗教的主流。历史上的儒、释、道三教,以儒教为主,就是证明。"

10. 钟肇鹏主编《春秋繁露校释》出版

12 月,钟肇鹏主编《春秋繁露校释》①一书由山东友谊出版社出版。该书以武英殿聚珍本为底本,进行汇校;校订后,正文用校正本,分段标点。该书为读者提供了一个比较完善的读本。

---

① 该书校补本于 2005 年 5 月由河北人民出版社出版。校补本订正了百余处错误,并加入了一些颇为重要的考证资料。

1995 年

1. 朱伯崑著《易学哲学史》出版

朱伯崑(1923—2007),河北宁河人。中国当代哲学史家、易学家。曾任北京大学哲学系教授,兼任国际易学联合会会长、东方国际易学研究院院长、冯友兰学术研究会会长等。

1月,朱伯崑著《易学哲学史》四卷本由华夏出版社出版。该书系统阐述了历代易学家的象数义理,尤其对义理学派和象数学派的哲学研究进行了深入阐释。

书中指出:象数与义理,是构成《周易》的两大要素,也是研究《周易》的两大学派。历代易学家对《周易》的研究态度和注释方法上各有特色,总的来说可分为象数与义理两派。《四库全书总目》将易学分为两派六宗,两派指象数派、义理派,六宗指占卜宗、禨祥宗、造化宗、老庄宗、儒理宗、史事宗。六宗实际上可归属于两派,占卜、禨祥、造化三宗归属于象数派,老庄、儒理、史事三宗归属于义理派。学术界一般把以抽象、概括的意义解释《周易》的易学流派称为义理学派,把以具体物象解释《周易》的易学流派称为象数学派。从整个易学史发展过程看,两派的互相攻讦一直没有停止。当代学术界对义理学派的研究比较深入,也比较公允;对象数学派的研究则不够深入,也有失公允。

该书认为,因象数学派在解《易》的同时,涉及天文、历法、音律、伦理、哲学、医学、占测等内容,致使象数学体系十分庞杂,也造成人们对它的认识难度大大增加。久之,象数学被罩上了一层神秘的面纱,并遭到了不公正的待遇。就近现代学术界而言,可以说对象数学的态度仍然是不够公允的。有人认为象数就是术数,是算命打卦的同义语,应打入"封建迷信"的行列;有人认为象数学根本不是易学正宗,与哲学更是风马牛不相及。围绕"象数"的内涵、属性、演变过程以及地位、作用等的问题,学术界所论纷纭,错见时出。

在讲到《易传》的特征时,书中指出:"《易传》有两套语言:一是关于占筮的语言,一是哲学语言。""从易学史上看,对《易传》的解释也存在两种倾向。一种倾向是偏重从筮法的角度解释其中的哲学问题……后来被称为象数学派。另一种倾向是偏重从哲理的角度解释其中的筮法问题。"西汉时期,形成了象数解易学派,"以孟喜和京房为代表的官方易学。此派易学,宋人称之为象数之学。其特点有三:其一,以奇偶之数和八卦所象征的物象解说《周易》经传文;其二,以卦气说解释《周易》原理;其三,利用《周易》,讲阴阳灾变"。魏晋时期,形成了义理解易学派,"转向以老庄玄学解易的道路,成为易学史的一大流派。王弼就是这一流派的创始人"。从王弼开始的义理学派,继承古文经学派解易的传统,其解易以义理为主,以《易传》的观点解释《易经》,排斥今文经学派解易的学风,不讲互体、卦气、卦变、纳甲等。象数学派和义理学派并非截然对立,只是解易的倾向不同。象数学派以象数为第一位,以象数解《易》,以象数论义理;义理学派以义理为第一位,以义理解《易》,以义理论象数。

2. 牟钟鉴发表《孔子与 21 世纪》

牟钟鉴(1939—　),山东烟台人。中央民族大学哲学与宗教学系教授,兼任国家社会科学基金项目学科评审组专家、中国宗教学会副会长、中国孔子基金会副会长、国际儒学联合会理事、中国人民大学孔子研究院学术委员会委员、山东师范大学齐鲁文化研究中心学术委员。

3 月 25 日,牟钟鉴在《21 世纪》第 3 期发表《孔子与 21 世纪》一文。该文认为孔子思想内涵极为丰富,有许多是社会人生的常道,具有普遍意义。

文中指出:"世人关心孔子,并不是发思古之幽情,而是出于改善当今社会病态的深切忧虑,有着强烈的现实感和未来关怀。可以说在当今世界范围内,没有任何一个其他历史人物及学派有如孔子和儒学那样引起如此普遍的兴趣和如此认真的研究。""孔子的思想虽然是古代家族社会和农业文明的产物,但它的内涵极为丰富,有许多是社会人生的常道,具有普遍意义。孔学阐述了中华民族和平、人道的精神发展方向,给人一种崇高的文化价值理想,表现出具有高度预见性的东方智慧,所以有永久的魅力。时代的变迁只能冲刷掉它的若干暂时性的有局限的东西,但其'真理的内核'是不会被人们抛弃的。其常道的部分已经渗透到中国人的血液之中,许多人只是'日用而不知'罢了,即使是反孔的人物,只要他真心为国为民,无形中亦接受了孔子的经世精神。以儒学为主导的优秀思想文化传统,其生命根系一直是活着的,只是枝叶枯萎,花果飘零而已,遇有适宜的气候和环境,便会重新萌芽生长,这是不奇怪的。"

"政治与经济制度的变革是可以通过革命的激烈手段来完成,而文化的革新只能走改良的道路,逐步推陈出新。用政治革命的方式处理文化问题,只能导致玉石俱焚,断裂优秀文化传统,从根基上破坏道德风尚的稳定性连续性,使民族精神低落,到头来达不到民族复兴的目的,反而招来诸多民族灾难。所以'文革'以后,多数中国人抛弃了民族虚无主义,认识到振兴中华,除了建设经济和改革政治,还要复兴中华的文化。民族是文化的共同体,没有自己特有的文化,民族便名存而实亡。这些年中国人的民族文化意识大为觉醒,长期被压抑的民族文化情结得到舒展,在情感上心理上急剧向传统文化靠拢,这是一种正常的健康的现象。在这种气氛里,孔子作为中国传统文化的主要代表,越来越受到重视和尊敬,是情理自然,这不是少数人宣传能做得到的。"

"儒学作为一种人生哲学,它将受到极大重视,重新成为中国和东亚人的重要信仰,并向西方发展,在基督教、佛教、伊斯兰教等宗教体系之外,另立一个没有'彼岸'的人生价值体系。儒家的人生哲学是一种积极入世而又有崇高追求的哲学,其终极目的是完美人生、世界大同,与各大教的目标原本相通。但儒学强调人性本善,主张尽性修道,赞化参天,对人类的自救抱有信心,不赞成依赖上帝佛仙鬼神,故是自力之世教,有别于他力之宗教,既具有信仰之神圣性,可以使人安身立命,又能避免一般宗教引发的狂热、迷误和争斗。这种入世又不混世,超俗又不出世的人生态度,颇符合东亚人的传统与心理,同时也符合国际上淡化宗教、重视今生的潮流。"

"孔子与儒学在 21 世纪国内与国际社会生活中的作用,不单单取决于儒学本身的现代价值,而且取决于人们对它的理解和运用,这是不能准确预测的,我们只能预知孔子和儒学的影响会越来越大。作为中国人应该有一种健康的民族心理,即对于自己民族的圣哲要爱护,对于自己民族的优秀文化传统要关切,同时以开放心态去迎接一切外来的文明,并有选择地容纳吸收。我们不能再重复'国人之宝,国人鄙弃而外人宝之'的错误。中国必须有既现代又具有民族性的文化,并用这种文化促进世界和平和进步,中国才能光荣地立于世界民族之林。"

3. 牟宗三卒

4 月 12 日,牟宗三病逝于台北,终年 87 岁。[①]

4. 杨泽波著《孟子性善论研究》出版

杨泽波(1953—   ),河北石家庄人。复旦大学哲学系教授。

5 月,杨泽波著《孟子性善论研究》[②]一书由中国社会科学出版社出版,运用三分方法对孟子的性善论进行了新的诠释。书中指出:所谓"性善"实际上是说成人以及受过教育的儿童内心有一种由社会生活和理性思维结晶而成的"伦理心境"。人人都有伦理心境,所以人人都有诚善性之性。以伦理心境为基石的性善论,与西方的实践理性和道德情感并不相同,不能以康德理性伦理的思路研究以性善论为代表的仁性伦理。孟子建构性善论并非通过形式逻辑,而主要是通过"生命体验"体悟自己"先在的"伦理心境,所以只靠形式逻辑是读不懂性善论的。从性善论研究出发,作者向孔孟一体的传统定论提出了挑战,认为孔孟心性之学存在重大分歧,这种分歧对两千年来儒学的发展有严重影响。

---

① 关于牟宗三更详细的介绍,参见本书《学案卷》(下)之"牟宗三儒学学案"条目。
② 该书修订版于 2010 年 6 月由中国人民大学出版社出版。

5. 杨朝明发表《鲁国礼乐传统研究》

杨朝明（1963—　），山东梁山人。中国孔子研究院院长、山东孔子学会副会长兼秘书长、山东周易研究会副会长、中国孔子基金会学术委员和《孔子研究》编委。

6 月 15 日，杨朝明在《历史研究》第 3 期发表《鲁国礼乐传统研究》一文，对作为鲁国文化主要特征的礼乐传统进行了系统全面的研究。作者认为，孔子生活在春秋末年的鲁国，他既属于那个时代，更属于他所在的地域鲁国。剖析孕育了孔子与儒学的鲁国，是研究孔子与儒家思想较为切实的途径。文中指出：在周代众多的邦国中，作为周公之子伯禽的封国，鲁国本是姬姓"宗邦"、诸侯"望国"，所以"周之最亲莫如鲁，而鲁所宜翼戴者莫如周"，鲁文化与周文化乃一脉相承。因此，周初开始完善起来的宗法礼乐制度，其影响所及，铸就了鲁国根深蒂固的礼乐传统。这一传统深深影响了鲁国社会的方方面面，而其中最为重要、影响后世既深且广的，当然要数培育了以孔子为代表的儒家礼乐之学。文章分为四个部分：第一部分叙述周朝礼乐文化与鲁国的礼乐传统之间的关系。在这一部分中，分别从周代礼乐文化的内容及其特点、鲁国礼乐传统的形成、鲁国礼乐传统的特点进行分析。第二部分研究礼乐传统与鲁国社会的关系，从礼乐传统与鲁国政治、外交、风俗等方面入手，考察了礼乐传统对鲁国社会方方面面的深刻影响。第三部分考察春秋以来尤其春秋末年"礼崩乐坏"在鲁国的表现。第四部分探讨孔子礼乐之学的创立与影响。

6. 蒋庆著《公羊学引论》出版

蒋庆（1953—　），江苏徐州人。曾先后任教于西南政法大学、深圳行政学院，退休后在贵阳龙场建阳明精舍。

6 月，蒋庆著《公羊学引论》一书由辽宁教育出版社出版。该书论述了公羊学的性质、创立与传承、基本思想等，倡导重视以公羊学为代表的政治儒学的当代价值。

书中指出：公羊学是区别于心性儒学的政治儒学，是区别于政治化儒学的批判儒学，是区别于内圣儒学的外王儒学、是在黑暗时代提供希望的实践儒学。"中国儒学按其所关注的对象不同,可分为心性儒学和政治儒学。心性儒学是以曾思学派以及宋明儒学为代表的儒学,政治儒学则是以公羊学为代表的儒学。这两种儒学虽然都归宗于孔子,但在性质上却有很大的不同。这种不同表明了公羊学是一种区别于心性儒学的政治儒学。"认为"现在的问题是心性儒学偏盛,政治儒学受抑,儒家传统不清,儒学资源不广,所以需要划清儒学的两大传统,全面正确地理解儒学,并需要重新讲明以公羊学为代表的政治儒学,还儒学传统的本来面目"。① "所谓政治化的儒学,是指儒学完全丧失了社会批判的功能,不再具有评判与反抗现存制度的能力,对现实政治无原则地完全接受,自甘沦为维护君主专制权利的工具,完全变质为统治者利益服务的意识形态。"政治化的儒学将君主制度绝对化、永恒化、神圣化。相反,公羊学反对把君主制度绝对化、永恒化与神圣化,主张用制度批判人性,用新制度批判旧制度。该书将公羊学与现代制度尤其是政治制度连接起来,表达出一种新型制度建构的愿望。

7. 庞朴著《一分为三——中国传统思想考释》出版

6 月,庞朴著《一分为三——中国传统思想考释》一书由海天出版社出版。该书收录了关于中国辩证思想的论文 17 篇,涉及范围为先秦时代的华夏地区。

该书自序中指出:"中国的辩证思想,并非像人们常说的那样是什么朴素的,也就是说幼稚的、粗糙的;而是相当深刻的且深藏着的。只是由于它同西方的辩证法有所不同,从西方的视角看来,仿佛没有成熟而已。"在论述中西辩证法的差异时,指出:"西方哲学习惯以二分方法说世界,世界被二分为理念和现实、灵魂和肉体、原因和结果、必然和偶然,等等。西方的辩证法,便建筑在这样两极的基础上……中国哲学则相信宇宙本系一体,两分只是认识的一种方便法门,一个剖析手段和中间过程,即,将事物包含的不同因素和变化可能推至极端,极而言之以显同中之异,并反证着事物本为合异之同。于是,西方文化所见的无不

---

① 关于政治儒学,蒋庆在《政治儒学——当代儒学的转向、特质与发展》(生活·读书·新知三联书店 2003 年 5 月出版)一书中有深入展开。

是一分为二和两极对立;而中国文化所见的则是含二之一,而这个一,既经分析而知其包含二端而不落二端,那末它就不是二,也已不是未经理解的一,而成了超乎二端也容有二端的第三者,或者叫已经理解了的一。简单点说,西方辩证法是一分为二的,中国辩证法是一分为三的。"

8. "儒家思想与市场经济国际学术研讨会"举行

8月3日至7日,中华孔子学会、北京市平谷县政府联合主办的"儒家思想与市场经济国际学术研讨会"在北京举行,来自中国、美国、日本、韩国、马来西亚、越南、菲律宾、新加坡等国家的150多名学者和企业家参加了此次会议。

此次会议以"儒家思想与市场经济"为主题,与会代表紧紧围绕儒家伦理道德与市场经济的关系、儒家思想与现代企业管理、儒家天人合一思想与环境保护、儒家人格修养理论与当代儒商的塑造、儒家思想与东亚地区经济增长的关系等问题展开了热烈的讨论。[①]

会后,中华孔子学会编、张岱年主编《儒学与市场经济——儒家思想与市场经济国际学术研讨会论文选》,于1998年10月由人民教育出版社出版。

9. "第二届唐君毅学术思想国际研讨会"举行

8月21日至25日,四川省社会科学院、香港法住文化书院、宜宾地区行政公署联合主办的"第二届唐君毅学术思想国际研讨会"在唐君毅的故乡四川宜宾举行,来自国内外近百名专家学者出席了会议。

唐君毅是现代新儒家的重要代表人物,在国际学术界享有很高的声望。此次研讨会收到的30余篇论文和大会发言中,其最重要的论点都是围绕唐君毅的人文理想和道德实践展开的。另外,唐君毅的超越情怀与宗教思想也是专家们聚焦的另一关切点。许多专家还对唐君毅的学术思想、道德践行从不同角度进行了专题研讨。整个会议研讨内容丰富,学术空气浓厚,是一次具有较高水平的国际学术会议。[②]

---

① 中华孔子学会编、张岱年主编:《儒学与市场经济——儒家思想与市场经济国际学术研讨会论文选》,人民教育出版社1998年版,前言,第1—2页。

② 赵建伟:《"第二届唐君毅学术思想国际研讨会"综述》,《社会科学研究》1996年第1期。

10. "徐复观思想与现代新儒学发展学术讨论会"举行

8 月 29 日至 9 月 2 日,武汉大学、台湾东海大学联合举办的"徐复观思想与现代新儒学发展学术讨论会"在武汉大学举行,来自海内外的 50 多位学者参加了此次会议。

徐复观是 20 世纪中国现代新儒学的重要代表人物,此次会议是在中国大陆首次举行的研究徐复观思想的专题学术讨论会。与会学者对徐复观的哲学思想、美学理论、文化思想、政治哲学、思想史研究方法论,对徐复观学术成就的文化地理环境与时代意义,作了相当深入的探讨。其中,关于徐复观作为思想家的历史定位、如何评价徐复观的哲学思想,是这次会议探讨的重点。另外,徐复观的中国思想史研究方法,受到不少与会学者的关注,也引起了广泛的探讨。这些探讨集中代表了徐复观思想研究的新成果、新水平。讨论会期间,徐复观先生长子、东海大学总务长徐武军教授,将徐复观先生的部分手稿及收藏字画捐赠武汉大学,并与武汉大学签订了捐资设立"徐复观奖学金"的协议。①

会后,李维武编《徐复观与中国文化》论文集,于 1997 年 7 月由湖北人民出版社出版。

11. 方克立、李锦全主编《现代新儒家学案》出版

9 月,方克立、李锦全主编《现代新儒家学案》(上、中、下)由中国社会科学出版社出版。该书立案的 11 位代表人物,基本上属于现代新儒家的第一代和第二代,均在中国现代新儒学思潮发展史上起过重大作用。人自一案,师承、家学、交游(学侣)、门人等随案记述。每个学案的内容均包括评传、资料选辑、论著编年三个部分。

该书为了解和研究现代新儒学的产生和发展,其主要代表人物的生平和学术思想,提供了较完整而系统的资料,起到了学术思想史和学术思想史料选编的双重作用。

---

① 韦维:《"徐复观思想与现代新儒学发展学术讨论会"纪要》,《武汉大学学报》1996 年第 2 期。

12. "纪念黄宗羲逝世三百周年暨国际学术研讨会"举行

10 月 8 日至 10 日,余姚市政协、浙江省社会科学院、宁波师范学院联合主办"纪念黄宗羲逝世三百周年暨国际学术研讨会"在黄宗羲故里——宁波余姚举行,来自海内外 40 余名专家学者出席了会议。

1995 年是明清之际的文化巨匠、著名民主主义启蒙思想家黄宗羲逝世三百周年。与会学者就黄宗羲的政治思想、学术渊源、学术思想、学术成就等问题展开深入讨论,并一致认为,黄宗羲确是中国文化巨匠,在明、清之际,达到了他所能够达到的最高点。[①]

会后,吴光等主编《梨洲三百年祭——祭文·笔谈·论述·佚著》,于 1997 年 12 月由当代中国出版社出版。

13. "海峡两岸纪念朱熹诞辰 865 周年暨朱熹对中国文化贡献学术会议"举行

10 月 19 日至 21 日,武夷山朱熹研究中心、厦门大学、福建省社会科学院、福建省社会科学联合会和国际文化经济交流中心联合主办的"海峡两岸纪念朱熹诞辰 865 周年暨朱熹对中国文化贡献学术会议"在福建武夷山举行,来自海峡两岸的 80 多位学术文化界人士出席了会议。

此次会议以"朱熹对中国文化贡献"为主题,大会收到论文 35 篇,论文提要 12 篇,专著 3 部,有 10 位学者在大会上作了专题学术报告,大部分学者在分组学术交流中介绍了各自的研究成果。与会学者的发言,从哲学体系、政治伦理、自然科学、书院文化、美学价值、社会功能、海外影响等各个方面对朱熹在中国文化史上的贡献作了具体分析和阐述。此外,还对朱熹思想产生的背景和渊源,他的学术活动和生平事迹,以及朱子门人和朱子崇祀等方面进行了探讨。[②] 此次会议兼具纪念先贤和学术研究双重性质,为海峡两岸朱子学研究翻开新的一页。

[①]　诸焕灿:《纪念黄宗羲逝世三百周年暨国际学术研讨会综述》,《浙江学刊》1996 年第 1 期。

[②]　张品端、方彦寿:《海峡两岸纪念朱熹诞辰 865 周年暨朱熹对中国文化的贡献学术会议综述》,载《海峡两岸论朱熹——纪念朱熹诞辰 865 周年暨朱熹对中国文化贡献学术会议论文集》,厦门大学出版社 1998 年版。

会后,武夷山朱熹研究中心编《海峡两岸论朱熹——纪念朱熹诞辰865 周年暨朱熹对中国文化贡献学术会议论文集》,于 1998 年由厦门大学出版社出版。

14. "第 14 届国际退溪学会议"举行

10 月 30 日至 11 月 1 日,韩国国际退溪学会和中国北京大学哲学系联合主办、韩国退溪学研究院协办的"第 14 届国际退溪学会议"在北京大学举行,来自中国大陆和台湾地区以及韩国、日本等国家的 50 多位专家学者出席了会议。

此次会议以"儒学·退溪学与未来社会"为主题。北京大学哲学系主任叶朗在题为"回答新世纪的呼唤"的基调讲演中指出:"面对新世纪的呼唤,儒学和退溪学的思想体系中以下三个方面的思想就突出地显现了出来:第一,对人的精神生活和精神需求的高度重视;第二,强调人际关系和谐,强调个体与群体的和谐;第三,强调人和自然的关系的和谐。儒学和退溪学上述三个方面的思想,是儒学和退溪学的基本思想。过去人们都知道这些思想,并且也经常谈论这些思想,但是并没有从时代的要求来看待这些思想,因此没有把它们放到突出的位置来加以阐发。"[①]

15. "纪念冯友兰先生诞辰 100 周年国际学术讨论会"举行

12 月 17 日至 19 日,清华大学思想文化研究所、北京大学哲学系、中国社会科学院哲学研究所、中国文化书院、河南省社会科学院、冯友兰学术研究会筹委会联合发起的"中西哲学与文化的融合与创新——纪念冯友兰先生诞辰 100 周年国际学术讨论会"在清华大学举行,海内外约 150 名知名学者参加了会议。

会议高度评价了冯友兰在当代中国哲学及中国哲学史研究工作中的造诣和地位,特别是对他在 19 世纪以来对中西文化的融合所作的贡献作了充分的肯定。会议研讨的重点和热点问题有:冯友兰对中国哲学的继承和发展、对冯友兰及其治学精神的评价、关于"实现自我——

---

① 　郑成宏:《第 14 届国际退溪学会议在北京召开》,《当代韩国》1995 年第 4 期。

失落自我——回归自我"的冯友兰现象问题。此外,与会学者还提出了一些新的问题,如关于冯友兰哲学与中国哲学、与西方哲学、与马克思主义哲学的关系问题;关于以理性主义的态度作为研究冯友兰思想的新起点问题;关于在冯友兰现象中应该怎样吸取文化方面和哲学方面的教训问题;关于境界和存在、天和人、理想与现实的矛盾问题;关于文化交流、转型和回归的问题,等等。这些问题的提出,进一步推动了冯友兰哲学思想的研究。[①]

会后,蔡仲德编《冯友兰研究(第1辑)——纪念冯友兰先生诞辰一百周年国际学术讨论会论文选》,于1997年6月由国际文化出版公司出版。

16."综合创新文化观研讨会"举行

12月28日至30日,澳门中国哲学会主办、中国社会科学院哲学研究所协办的"综合创新文化观研讨会"在澳门举行,来自中国大陆、澳门和香港地区的30多位学者专家出席了会议。

此次会议的主题是围绕张岱年"综合创新"文化观的发展脉络展开的,主要探讨了以下几个宏观方面的问题:关于综合创新文化观的内涵和意义;综合创新所涉及的几个理论问题;重要的在于具体而实际地综合创新;需要进一步研究的问题。

张岱年在20世纪80年代后期明确提出了"综合创新"的文化观,主张抛弃中西对立、体用二元的僵化思维模式,排除盲目的华夏中心论与欧洲中心论的干扰,根据中国社会主义现代化建设的实际需要,发扬民族的主体意识,以开放的胸襟、兼容的态度,对古今中外的文化系统的组成要素和结构形式进行科学的分析和辩证的综合,创造出既有民族特色,又充分体现时代精神的社会主义新文化。这个文化观的提出,在海内外学者中产生了广泛的共鸣和共识。与会者充分肯定了综合创新文化观的学术价值和现实意义。

综合创新所涉及的理论问题有:关于综合创新的主体;文化的民族

---

① 武才娃:《一代文化托命人——纪念冯友兰先生诞辰100周年国际学术讨论会综述》,《哲学动态》1996年第3期。

性与马克思主义的关联;文化创新的方法论问题。对于这些问题,与会学者虽未取得完全一致的共识,但在深度和广度方面都大大地前进了一步,拓宽了视野。

与会学者认为,讨论综合创新论,不仅要注意从理论上切磋,更重要的是实际地进行综合和创新。讨论会结合张岱年先生在这方面所做的开拓和尝试进行了总结。其一,不以西方模式套用中国哲学,努力探究中国哲学发展的规律和特点;其二,综合创新既要有所本、有所从,更要注重建立新见解;其三,立足于中国文化,充分利用中国哲学的思想资料和中国文化所固有的概念、语言形式来阐述哲学原理,使综合创新在内容和形式上都体现出中国化的特点。

本次会议也留下了需要深入研究的问题。例如,文化上的综合创新与改革开放实践的关系就是一个值得进一步展开研讨的重大课题。综合创新是否仅仅是一个观念的过程,它要不要以解决现实的时代性课题为出发点和归宿,等等诸如此类的问题,对于真正实现文化的综合创新来说,可能是无法回避的,也是需要进一步研究的问题。①

---

① 泾丰:《95 年"综合创新文化观研讨会"在澳门举行》,《甘肃社会科学》1996 年第 3 期。

1996 年

1. 陈来著《古代宗教与伦理——儒家思想的根源》出版

3月,陈来著《古代宗教与伦理——儒家思想的根源》一书由生活·读书·新知三联书店出版。该书首先提出从黑格尔到雅斯贝斯再到帕森斯发展起来的轴心时代理论,认为在公元前一千年内,希腊、以色列、印度和中国都曾经历了一个"哲学的突破"。所谓"哲学的突破",即对构成人类处境之宇宙的本质发生了一种理性的认识,从而对人类处境及其基本意义获得了新的解释。该书所要探讨的就是中国在超越的突破之前人文的转向,即夏商周三代之间文化的关联转变,以此寻找儒家思想的根源。在具体分析三代的精神状态过程中,运用人类学的文化模式与精神气质概念来理解先人的价值态度。运用人类学的方法,把巫术的研究作为考察原始文化的主要途径。

书中指出:巫所承担的职能已经是祭祀宗教的一部分,而使其自身成为祭司之一种。三皇五帝时代的巫觋与一般蒙昧社会的巫术和巫师不同,比较接近沟通天地的萨满。商周的古巫虽带有上古巫觋的余迹,却已转变为祭祀文化体系中的祭司阶层,其职能也主要为祝祷祀祭神灵。在这一发展过程,神灵的观念已经出现。占卜是中国上古巫术的主要内容之一,商代的甲骨卜辞,到周代的史卜手中,更形成《周易》的体系,在巫史文化内部演现了某种理性化的行程。当时中国人已经超越了只知道具体性思想的原始阶段,不应从原始思想的意义上来理解,而应当把它当作周文化"祛除巫魅"过程的一部分。一切宗教现象的起源都不仅仅基于认识的原因,而更多基于生活世界实践的需要和人的存在的焦虑,只要人对自己的行为后果和命运际会没有把握,宗教、巫术和卜筮就永远因此需要而存在。殷人的多神教信仰主要反映了他们对自然力的依赖。但是周人的宗教信仰就发生了变化,周人信仰的最高代表是"天"甚至是"天命",更表现了宇宙秩序和宇宙命运的色彩。在周代,对天地大神的祭祀通过礼制的等级规定而为统治集团所垄断,使得祖先祭祀成为最普遍的民间宗教性行为。这使得中国的信仰借助"天命"的观念,透过自然法则和历史命运的观念意识,向着后来的"圣哲宗教"慢慢前进着。周人的理解中,"天"与"天命"已经有了确定的道德内涵,这种道德内涵是以"敬德"和"保民"为主要特征的。天的神性的渐趋淡化和"人"与"民"的相对于"神"的地位的上升,是周代思想发展的方向。周公在这一过程起着极其重要的作用。在较为可靠的文献三诰中周公对周代商的理解,体现出周公强烈的历史感和现实感,他把历史现象上升到宗教和哲学的高度,探求着天命与历史人事的关系。他认识到,人不能把世事的一切都归于天命的必然性,人的行为的主动性实际参与着历史过程。儒家思想中所发展的那些内容,在周公及西周思想中早已开始生长,甚至可以说,西周思想已经为儒家思想提供了若干重要母题,造就了若干基础,提供了若干有规范力的导向,周代的文化与周公的思想已经型塑了中国文化的精神气质。

该书开辟了运用西方的宗教学理论来探讨中国宗教的起源的新的学术研究角度,对于学术研究具有重要的意义。

2. "中国宋学与东方文明国际学术研讨会"举行

5 月 7 日至 9 日,河南行政学院、河南省哲学社会科学联合会、中原宋学研究会、濮阳行政学院、开封大学、中国人民大学东方文化研究所、中国社会科学院东方哲学研究室联合主办的"中国宋学与东方文明国际学术研讨会"在河南濮阳举行,来自中国大陆及台湾、香港地区和韩国的 90 多位专家学者参加了研讨会。

此次会议以"中国宋学与东方文明"为主题,就以下问题进行了研讨:宋学的历史地位;宋学的内涵和外延;宋学与实学和气学;宋学与经学和理学;宋学与易学;宋学与科学技术思维、审美、文学艺术、史学和教育等;宋学对中国近代文明的影响;宋学与东方文明的关系;宋学的现代价值和意义——辩证地看待宋学。[①]

会议共收到论文 60 多篇,在全体会和分组会上,有 46 位中外学者宣读了学术论文。与会学者一致认为,河南是宋学的发祥地。宋学是中国古代文化的一个重要组成部分,是中国学术思想发展史上继先秦之后的第二个黄金时代,曾经在中国历史、甚至东方文明史上处于巅峰,影响极为深远,充分展现了中华民族的聪明睿智和对人类文化的巨大贡献,有些思想至今仍然具有重大的理论价值和现实意义。[②]

3. "儒家伦理与公民道德国际学术研讨会"举行

6 月 15 日,北京东方道德研究所、首都师范大学中华伦理研究室、南京大学东方道德研究中心联合主办的"儒家伦理与公民道德国际学术研讨会"在北京举行,来自中国大陆、香港地区和日本、新加坡、韩国等国家的约 90 位学者出席了会议。

此次会议以"儒家伦理与公民道德"为主题,在以下几个方面进行了研讨与交流:儒家的思想与现代社会;儒家伦理在现代公民道德教育中的价值;当代公民道德教育的目标、内容、途径与方法;对近、现代儒家伦理历史命运的反思及其未来历史价值的展望。与会学者认为,文明的核心是道德伦理。儒家伦理提出了一套做人的准则和行为规范,这些对铸造民族精神起了不可估量的作用。同时,在论定儒家思想对现代社会所产生的负面影响不容低估时,指出,儒家伦理中有很多超阶级的、超时代的公共生活规则,在今天和将来仍需加以提倡,其中就包括"孝"中的"养"与"敬"等。[③]

会后,北京东方道德研究所编《儒家伦理与公民道德——国际学术研讨会论文集》,于 1996 年 8 月由中华工商联合出版社出版。

---

① 杨翰卿:《中国宋学及其与东方文明的关系——96"中国宋学与东方文明国际学术研讨会"述评》,《学习论坛》1996 年第 6 期。

② 《中国宋学与东方文明国际学术研讨会在濮阳举行》,《中州学刊》1996 年第 4 期。

③ 北京东方道德研究所编:《儒家伦理与公民道德——国际学术研讨会论文集》,中华工商联合出版社 1996 年版,前言,第 3—5 页。

4. 陈寒鸣、王建国发表《儒学的内在生命与儒学的现代化》

陈寒鸣(1960—),江苏镇江人。天津市工会管理干部学院教授。

6 月 30 日,陈寒鸣、王建国在《理论与现代化》第 6 期发表《儒学的内在生命与儒学的现代化》一文。文中指出:"一部儒学发生发展的历史生动而又有力地表明,儒学具有能够随着社会的不断发展变化而及时作出自身调节,适应社会现实需要的内在生命力。在中国历史上,孔子开创的儒学久居思想文化领域的宗主地位,支配着两千年来中国社会的精神再生产,并成为绝大多数中国人日常生活中自觉或不自觉的思想与行为的准则,其根本奥秘即在于此。""实现儒学现代化,并使之在当代中国文化建构以至当代中国现代化建设过程中发挥其应有作用的关键,在于切实体认儒学固有的内在精神,依据当代中国的社会生产、生活实践,调整、转换儒学的生长基点和思想内容,开出儒学发展新路,逐渐形成发展与当代中国社会生产、生活实践方式相适应的新儒学。当代中国社会的生产、生活实践方式已经决定了当代中国文化应该并且必须以现代、当代的工业社会为其存在与发展的土壤。"

5. 金景芳、吕绍纲著《〈尚书·虞夏书〉新解》出版

6 月,金景芳、吕绍纲著《〈尚书·虞夏书〉新解》一书由辽宁古籍出版社出版。该书对《虞夏书》各篇存在的诸多历史学问题进行了论证和阐释。全书包括《尧典》、《皋陶谟》、《禹贡》、《甘誓》四篇。今本《尚书》中的《舜典》和《益稷》分别并入《尧典》和《皋陶谟》中,所以此书其实是六篇。

该书摆脱了古人经学研究的老路,代之以现代历史学的新方法,从解决问题的角度出发,通贯连系文字训诂与义理分析,采取二者并重而以后者为依归的立场,同时特别注意汲取《尚书》研究的新成果。该书的写作思想和结构安排别具一格,它不做注释,更不作白话翻译。作者认为简单的字词注释,只能让人认字,不能让人解义,意义不大。翻译则往往有害无益,诘屈聱牙的《尚书》,达到翻译准确几乎不可能。而一旦弄错,翻译不如根本不翻译。基于这种认识,该书把功夫用在分析解说上。解一字一词都旁征博引,左右对比,搞清它的音与义,直到弄准

它在本篇本句中的具体含义。而最终的目标是把一句一段乃至一篇的历史学内涵连贯起来，发掘出来。该书的结构安排：每篇开头是"序说"，提出本篇的重要问题及作者的基本观点。每篇最后有"总论"，对正文说解中涉及的重要问题而在"序说"中未曾提及的，作总结性的说明。

关于"九德"问题，书中指出："九德"都蕴含着中道的思想，例如"直而温"，直是正人之曲，温是蕴藉包容。解决别人的问题必须直，但直过了头，达到不能容人的地步，便走向反面。其余八德无不如此。"九德"皆美，然必须有所节制方成完足。任何好事做过了头，即成坏事。"九德"里面充满着辩证法精神。《皋陶谟》"九德咸事"一语一般讲成"使九德之人皆用事"。该书换另一种讲法，说这是对尧舜禹等最高领导人的要求，别人能够"日宣三德"，"日严祗敬六德"即可，尧舜禹一类领导者则必须"九德咸事"。这样讲，符合当时的历史实际。尧舜禹是部落联盟首长，不同于后世的天子，他们既是知人、官人的主体，也是知人、官人的对象。

《甘誓》有扈氏"威侮五行，怠弃三正"二语之"五行"、"三正"是什么，说者莫衷一是。该书论定《甘誓》之"五行"是《洪范》九畴之第一项，即水火木金土五种物质，不是天上的水火木金土五星。"三正"，马融说是建子建丑建寅之三正，今人也有释作三个大臣的。该书则认为正与政古通用，三正就是三政，三方面的政治，也就是反映天之道、人之道、地之道的政治。古人一提天地人，就意味着全面、彻底，一切都包括在内。何以知道"三"是天地人？《尚书大传》云："以齐七政，七政谓春秋冬夏天文地理人道，所以为政也。"《国语·楚语下》云："天地民及四时之务为七事。""七政"、"七事"义同，讲的都是政治。该书认为，《甘誓》的"三正"，就是这里讲的"七政"省去春秋冬夏四时。春秋冬夏与天地人本非同类同等的概念，不应合称"七政"或"七事"。这是今人的逻辑，可是古人的逻辑习惯就是这样。人事称政治，天地怎么可以称政治？这又是古今人观念不同之处。古人认为天地人相通，好的政治必须处理好天地人三方面的问题。否则就是"怠弃三正"。①

---

① 郭守信：《一部难得的好书——〈尚书·虞夏书新解〉评介》，《史学集刊》1997 年第 1 期。

6.“王阳明国际学术讨论会”举行

7 月 20 日至 25 日，贵州省政协主办，与中国孔子基金会、浙江余姚市人民政府、贵阳市人民政府、贵州大学、贵州师范大学、贵州省社会科学院等 20 余家单位协办的“王阳明国际学术讨论会”在贵州贵阳举行，来自美国、加拿大、日本、韩国和中国台湾、香港地区以及国内的 110 余名专家学者出席了会议，提交了 80 余篇论文和 5 部专著，从不同侧面对这位中国著名思想家进行了讨论。

有的学者认为，阳明心学作为中国儒学最后一个高峰和近世启蒙思想的先导，虽在清初已基本终结，但它的影响力却是超时空的。有的学者指出，阳明心学自诞生即享誉全国，成为一代显学。有的学者从儒学理论的逻辑发展进程的角度，指出阳明心学在本质上是时代精神的反映，是传统儒学中心性学说发展到极致的结果。有的学者提出，王阳明是中国早期启蒙思想家，认为启蒙思潮出现的社会条件，是商品经济的繁荣与资本主义生产关系的产生，而这些条件在王阳明活动的明代中叶已经存在，在大体相近的条件下，佛罗伦萨孕育出文艺复兴运动，中国则发展出阳明心学所引发的思想解放运动。此外，学者们还分别就王阳明与中国传统文化，阳明学与学案史，阳明心学与晚明科技，阳明学在日本、韩国等专题进行了交流和切磋。此次会议对于推进王学研究的深入开展，对于发掘阳明心学固有的精神资源，对于弘扬中华优秀的民族文化，产生了积极的作用和深远的影响。[1]

会后，蒋希文、吴雁南主编《王阳明国际学术讨论会论文集》，于 1997 年 12 月由贵州教育出版社出版。

7.“第二次中韩儒学研讨会”举行

8 月 12 日至 13 日，山东社会科学院主办的“第二次中韩儒学研讨会”在山东济南举行，来自中、韩两国的 50 多位专家学者参加了研讨会。

---

[1] 王路平：《发掘阳明心学资源 弘扬中华民族文化——“中国贵州王阳明国际学术讨论会”综述》，《孔子研究》1997 年第 2 期。

此次会议以"中韩儒学与现代化问题"为主题,与会学者围绕这一主题进行了多方研讨,提交论文 20 余篇。

关于儒学对于现代文明的特殊价值,有学者指出,儒学的价值不在于如何引导东亚儒学文化圈的民族走上现代化的道路,而在于针对现代化进程中出现的人类社会的病态现象,它可能是一剂解毒药方,它是面向未来的。儒学与东亚社会现代化的关系可从显结构和隐结构两个层面上加以理解和思考。在新世纪到来之际,东亚儒学文化圈应当充分意识到自己对整个人类文明的责任和义务。有的学者具体阐述了儒家正心诚意思想的现代价值,认为儒家的正心诚意虽然指向于仁义礼智,已不能完全适应现代社会的要求,但是蕴含于其中的对于人性向善取善的肯定,对于人的存在意义的揭示,却依旧具有指导人类如何生存和完善的现代价值。有的学者探讨了儒学"天人合一"思想与可持续发展战略的相通之处和内在契合点。

关于儒学理论的现代化问题,与会学者们认为,在理念与现实、应然与实然之间,仍有许多工作要做,当务之急就是儒学理论自身的现代化问题。有的学者提出,现代儒学为了存在要积极受容时变潮流,要转换儒学理论体系,才能再诞生为全人类所共鸣的思想。儒学要受容的变化具体包括两个方面:第一,现代为大众本位社会,而传统儒学是以知识人为主的思想体系,它在大众本位社会无法复活,因此,它需要再建立为现代社会主体的大众能参与、实践的体系;第二,现代人追求"个性",而传统儒学一直在追求者个人和他人一体交感、和合的普遍的人类意识,这种思想结构与现代社会的生活实际有着深刻的乖离。应积极摸索清儒以后中断的"欲望肯定理论"的体系化以及现实化。有的学者详察了儒学的历史化形式及其意义,提出民主与法制是儒学在当代的必然选择。在古代君主专制制度的历史条件下,以治国平天下为己任的儒学获得了一个带有时代特质的历史化形式,在理论上表现为政治观念上的民本主义及伦理观上的"正心"论。然而,在今天,儒学历史化形式所赖以形成和发挥作用的社会基础已不复存在,它需要在与时代精神的结合中,推陈出新,转化出新的形式。相应于儒学的历史化形式,儒学的现代化应包括两点重要内容,即民主与法制,以民主代替民本、以法制辅助正心。这是儒学在现代社会赖以发挥积极作用的基础和保证。民主和法制能否在观念中树立起来并在现实中落实下来,直接关系到儒学的前途和命运,关系到儒学现代价值的作用的发挥。①

8.“儒家教育理念与人类文明国际研讨会”举行

8 月 25 日至 29 日,为庆祝和纪念岳麓书院创建 1020 周年,国际儒学联合会、香港孔教学院、中国孔子基金会、中华孔子学会、湖南大学等单位主办,湖南大学岳麓书院文化研究所承办的“儒家教育理念与人类文明国际研讨会”在湖南长沙举行,来自中国大陆和香港、台湾地区以及美国、日本、韩国等国家的专家学者 150 余人参加学术讨论,并提交论文 80 多篇。

此次会议以“儒家教育理念与人类文明”为主题,具体探讨了儒家教育理念的意义、儒家教育理念的基本特征与重要价值、儒家教育理念的现代价值和意义。

关于儒家教育理念的意义,一些学者回顾,近一百多年时间内,中国及东亚各国为了从西方列强的殖民化统治下求得独立、生存和发展的机会,开始引进欧美的近代教育。当时的知识界、教育界的精英人物,均将引进西方的科技文化、教育体制乃至政治制度,视为救亡图存的根本出路。到了 20 世纪末,整个人类社会发生了巨大的变化。民族国家的独立发展、“冷战”局面的结束,尤其是东亚国家的崛起及其所取得的瞩目成就,已经完全改变了世界的政治、经济、文化的格局。越来越多的人认识到,民族国家的发展不是简单地引进西方的文化教育,现代化并不等于西化。这样的时代背景下,中外学者共同探讨儒家理念与人类文明的课题,不仅仅是要进一步深入理解儒家教育在中国及东亚的历史地位和作用,更是要瞻望 21 世纪儒家教育对我国社会主义现代化建设、精神文明建设及人类文明的新的贡献。中外学者看到,西方教育理念具有科技工具主义的偏颇,教育仅仅是社会经济发展和个人谋生的手段,忽略了教育的根本目的在于教人做人,从而使得教育变得非常专门,变得支离破碎,完全没有教导学生如何将自己整合到他所生活的社会、所存在的世界里去。因此,这次会议讨论儒家教育理念,也

---

① 梁宗华:《第二次中韩儒学研讨会在济南召开》,《孔子研究》1997 年第 1 期。

是希望从这一具有悠久历史的教育传统,寻找为现代教育改革的文化资源。

关于儒家教育理念,许多学者认为,它的基本特征是人文主义精神。儒家学者主张,教育必须依附在人的社会群体生活的基础上,教育的根本任务就是要建立起合乎"人道"的和谐秩序,形成一个"父子有亲,君臣有义,夫妇有别,长幼有序,朋友有信"的理想社会。所以历代儒家学者反对将教育作为传授具体知识、培养生存能力的手段,认为这是偏离儒家人文教育精神的。儒家将教育价值定位于"人道"化的社会群体,但要建设一个合乎道德理想的和谐群体,必须使每一个社会成员成为具有善良品格、道德素质的个人。

关于儒家教育理念的现代意义和价值,有的学者从培养现代意义的知识分子来分析,认为儒家具有人文教育传统,注重培养能够关切政治、参与社会、热心人文精神的儒者。现代教育在大力培养各种专门人才的同时,还应重视和发扬儒家人文教育传统。因为典型现代意义的知识分子,决不仅仅是只有专业化知识的脑力劳动者,而应该是那些既有专业知识,而又能参与社会、热心文化并能汲取人文学智慧的人。有的学者认为,儒家的人文教育主要是道德教育,也就是要将人培养成具有高尚的道德品格、强烈的社会责任感、坚贞不屈的精神情操、以天下为己任的气概、先忧后乐的胸怀、崇高道德境界的士君子。儒家对道德教育的重视,以及千百年积累起来的经验、原则和方法,均给现代教育留下了宝贵的精神财富,能够补现代教育的缺失。有的学者从文化素质教育的角度,肯定儒家教育理念的现代意义。认为近代以来教育制度倾向于分门别类的知识技能的培养,忽视文化素质教育和通才培养。而儒家人文教育传统中,"成人之教"包括智、仁、勇的全面发展;"六艺之教"尤具综合性,如"礼教"就包括政治教育、道德教育,"乐教"包括音乐、舞蹈、诗歌的艺术教育;"书数之教"包括语文、算学等各种知识教育;"射御之教"则包括各种军事、体育技能的教育。儒家重视文化素质和通才培养的教育传统,对现代教育具有重要启发意义。①

---

① 朱汉民:《儒家教育理念与人类文明国际研讨会简介》,《孔子研究》1996 年第 4 期。

9."东方思想与社会发展国际学术会议"举行

8 月 26 日至 27 日,中国《人民日报》与韩国《东亚日报》联合举办的"东方思想与社会发展国际学术会议"在韩国汉城(今首尔)举行。会上,中国、韩国、美国、日本、越南的学者发表了 9 篇论文,有 9 位评论员分别对论文进行现场评论。

此次会议以"东方思想与社会发展"为主题,内容涉及儒学、佛学和道教,涉及东方古代、近代和现代历史。学者们大都从亚洲乃至世界的视角探讨东方文化的历史价值和现实意义。

《东亚日报》社社长吴明和《人民日报》副总编辑兼《人民日报》"海外版"总编辑武春河从宏观上对东方思想文化的内涵、地位、作用作了阐述。吴明指出,东方思想并不是指单纯的历史遗产和遗留态的思想,而是指经过重新整理后可以得到世界公认的发展了的伟大思想。武春河说,被西方认为充满神秘色彩的东方文化,对我们来说就像周围的空气一样,无时不有,无处不在。那是汇成东方社会生活之海的重要源泉。在社会演进的长河中,东方文化之树总是不断更生出新的绿叶。文化哺育了人民,人民创造了文化。勤劳智慧的东方人民创造的东方文化,以其博大精深的内涵及其不断吸纳外来文化并加以创新的特质,为世界文化的进步作出了贡献。与会的美国学者、日本学者、越南学者则分别论证了儒家学说对当今社会发展的促进作用。会议取得的共识是:东方传统思想文化十分丰富,需要大力挖掘和弘扬。[①]

会后,高福源主编《东方思想与社会发展——96 国际学术会议论文集》,于 1997 年 6 月由人民日报出版社出版。

10. 中国孔子基金会转回山东并推出"中国孔子基金会文库"

中国孔子基金会于 1984 年在曲阜成立,1987 年迁往北京,在曲阜设办事处。是年 8 月,根据中央和国务院的指示精神,中国孔子基金会由北京转回山东,会址设在济南,归属中共山东省委领导,并列入国家编制。其性质依然是全国性学术团体,兼有学术团体和经济组织两重

---

① 《"东方思想与社会发展"国际学术会议在汉城举行》,《当代韩国》1996 年第 3 期。

性质。该会由北京转回山东后,领导成员和组织结构均作了调整。调整后的领导成员是:名誉会长仍为谷牧,会长赵志浩,专职副会长刘蔚华,秘书长刘示范。其他常务副会长和副会长也作了相应调整。经过调整,该会由理事会制改为委员会制,设秘书处、办公室、学术委员会、基金委员会和曲阜办事处、北京联络处及《孔子研究》编辑部,取消了孔子与儒家文物研究委员会。转回山东后的中国孔子基金会确定编辑出版"中国孔子基金会文库"。

11. "儒学与中国文化现代化学术研讨会"举行

11 月 11 日至 13 日,中国人民大学、美国黄兴基金会联合主办的"儒学与中国文化现代化学术研讨会"在中国人民大学举行,来自北京大学、清华大学、中国社会科学院、北京师范大学、中共中央党校、中国人民大学等单位的近 30 位专家学者,围绕着"儒学与中国文化现代化"的中心议题,就什么是现代化、儒学的现代价值以及当代中国的文化建设与未来世界的文化走向等问题,展开了热烈的学术讨论。

有学者从整个人类社会生产发展的角度立论,认为现代化即是工业化,现代社会即是所谓的工业社会。也有些学者总结中国近现代历史的发展,认为现代化即是"五四"以来所提倡的科学化、民主化,"民主"与"科学"乃是现代化的根本标志。还有一些学者从世界历史发展的角度,强调现代化是第一次工业革命以来世界变革与发展的特殊历史进程,其本质是适应现代世界发展趋势而进行不断的革新,这种革新不仅包括器物层面的革新、体制层面的革新,而且还包括观念层面即思想文化的革新与现代化。

有些学者根据社会性质的不同,把现代化划分为社会主义现代化与资本主义现代化,指出这两种现代化由于其指导思想的根本对立,实现现代化的途径、手段和目的也必然存在着极大的差异。有的学者注意到,即使是在资本主义的现代化中,东亚的日本、韩国、新加坡等国家和地区的现代化模式与西方欧美国家的现代化模式也存在着显著的差异,因而主张依照地域和文化传统的不同,把现代化区分为东方现代化与西方现代化,并特别提出现代化的东亚模式问题。另有一些学者则认为,现代化的模式应当是多元的,不同的民族、不同的国家由于其社会状况、文化背景等方面的差异,所走的现代化道路不可能也不应当强求一致,各个民族、各个国家都应当根据自己的实际情况,探索自己的现代化道路,创立出适宜自己发展的现代化模式。

学者们认为,儒学是在中国特定的社会历史条件和思想文化背景下产生并发展起来的儒家学派的学说,经过两千多年的历史演变,儒学成为中国封建社会文化的主流和主体,从这个意义上来讲,儒学不仅有着鲜明的民族性,而且还具有明显的历史时代性。在另一方面,儒学作为人类文化的一个重要理论形态和思想学说,它探讨了人类所共同关心的某些问题,在一定程度上揭示了人类的共同精神,对人类的自我认识和自身发展作出了有益的贡献,因此,儒学中的某些理论和思想又具有世界意义和超时代价值。与会的专家学者经过讨论,基本上达成了一致意见,即:儒学既具有鲜明的民族性,又具有一定的世界性,既存在着时代的局限性,又有着某种超时代性。从儒学的民族性来看,儒学作为中国传统文化的核心和主体,是适合中华民族自身的文化形态和精神显现,它对于中华民族的亲和认同和中国文化的连续发展,具有不同寻常的重要意义,只要中华民族存在,这种文化形态就不会完全失去价值。儒学的世界性和超时代性则进一步表明,儒学不仅具有重要的现代意义,而且还具有一定的永恒价值。

对于儒学的现代价值表现问题,与会的专家学者一致认为,要以慎重的态度作出科学的具体分析。张岱年指出,儒学讲变化,讲和谐,强调人格尊严、自强不息,这些思想在现代还有重要的价值,还要继承与发挥。有些学者还把儒学的"和合"的观念、"通"的观念特别提出来加以讨论,认为儒学强调"和合"、崇尚"通"的文化精神,塑造了中华文明的独特风格,成就了中华文化的博大胸怀,这种文化精神对于处理现代社会所面临的种种矛盾和冲突,具有独特的价值和意义。还有些学者提出,儒家所讲的"己所不欲,勿施于人",与现代精神有相通之处,可以成为普遍适用的伦理原则。也有的学者认为,儒学以"仁德"为内核的"克己复礼谓仁"的思想、"以修身为本"的"修齐治平"的思想以及"正名"的思想等,可以为我们加强社会公德建设提供有益的借鉴。有的学者还对儒学的理论特点作了总体分析,认为中国文化特别是儒家文化是情感型文化,与西方的理智型文化适成对照,也不同于西方现代哲学中的情感主义,而是强调情理统一、情性合一,提倡高尚的道德情操、审美情趣和宗教情怀,儒学对人的情感尤其是对人的道德情感的重视,在现代社会工具理性支配一切的情况下,有着独特的思想意义,提供了丰富的精神资源。还有的学者着重分析了儒家伦理道德学说的总体建构,指出:儒家的伦理道德学说对伦理道德思想作出了一些基本规定,提出了一整套伦理道德范畴,既从整体的社会秩序层面规范了人际伦理关系,又确立了个体道德生活的根本原则,解决了伦理学的基本理论问题,提供了构建伦理学理论体系的基本样式,同时也提供了一整套道德实践的具体方法,这对于现代伦理道德学说的构建和现实的社会道德建设,具有十分重要的借鉴意义和参考价值。①

会后,方立天、薛君度主编《儒学与中国文化现代化》论文集,于1998 年 10 月由中国人民大学出版社出版。

12. 李学勤著《古文献丛论》出版

11 月,李学勤著《古文献丛论》一书由上海远东出版社出版。该书是利用考古学包括古文字学的成果来论证与六经等古代有关文献的论文集,对于孔子及儒学研究具有重要的价值。

文中指出:"孔子与《周易》关系如何,是中国学术文化史上的一个重大问题。如果确如古代史籍所说,孔子长期研习过《周易》,并亲自撰作了《易传》,那么《易传》便是有关孔子哲学思想的重要依据,同时探讨《周易》这部举世重视的古书的性质,必须与孔子和儒家联系起来。这会使孔子思想和《周易》的研究大为改观。因此,孔子到底和《周易》有怎样的关系,影响到大家对中国传统文化的看法,实非浅鲜。"认为:"《论语·述而》和《史记·孔子世家》都说明孔子非常重视《周易》一书。到了晚年,尤其喜好,从而撰作《易传》,他的实际行为,印证了他说过的话。《论语》和《史记》文字虽有出入,彼此并没有什么矛盾。"又认为:"《述而》'加我数年'章原作'五十以学《易》',是孔子与《周易》关系的重要证据。这一章孔子所说的'大过',也是用《周易》卦名成语,和马王堆

① 张风雷:《"儒学与中国文化现代化"学术研讨会综述》,《中国人民大学学报》1997 年第 2 期。

帛书《要》篇孔子引用《巽》卦'史巫'一语相同,正是此章讲学《易》的有力旁证。我们在探讨孔子和《周易》的关系问题时,可以放心地引用《论语·述而》这一章,不必顾虑种种异说的牵扰。"

13. 匡亚明卒

12 月 16 日,匡亚明病逝于南京,终年 91 岁。①

14. 刘蔚华、赵宗正主编《中国儒家学术思想史》出版

12 月,刘蔚华、赵宗正主编《中国儒家学术思想史》一书由山东教育出版社出版。该书共分五编 50 章,上起先秦,下至清末,从学术的层面对儒学的隆替和嬗变进行全景式论述。

该书将儒学的发展总体上分为三个时期。第一为儒学的兴起,主要是先秦与百家之学并立时期,孔子的思想及其经过孟、荀的改造和发展,具备了以后儒家各派发展的基础。第二为两汉儒学独尊时期,经学蔚为大宗,其中郑玄泯家法、齐古今,功不可没。由于魏晋至隋唐中国学术思想最呈纷乱,儒学受到佛、道的冲击,门庭冷落,退处于次要地位,因此该书认为这一时期是儒学的变异时期。儒学最重要的时期在宋元明清,其中宋代是其真正大发展的阶段。宋初,儒、释、道迭经消长,渐趋合流,理学应运而生,中经南宋朱熹集其成而大行于世。迨至明末,王阳明心学兴起,逐步走向极端。清前期和中期,经学盛行,宋学不敌汉学。到清末,中国封建社会大限将至,传统儒学最终趋于终结。

该书将中国通史、学术史、思想史、文化史熔于一炉,史论部分观点明确,有历史整体感;学术部分见解独到、有论有据,注意展示中国传统学术思想的多元化和多元性,展示儒家学术在不同时期演变时的守常与变异。②

---

① 关于匡亚明更详细的介绍,参见本书《学案卷》(下)之"匡亚明儒学学案"条目。
② 黄伟中:《探考儒家历史的本真——评〈中国儒家学术思想史〉》,《孔子研究》1997 年第 4 期。

15. 张立文著《和合学概论——21 世纪文化战略的构想》出版

12 月,张立文著《和合学概论——21 世纪文化战略的构想》一书由首都师范大学出版社出版,该书提出了和合学理论。书中认为,和合学的首要价值,在于其现实意义。现代中国文化面临着三方面的挑战:一是人类共同的五大冲突(人与自然、人与社会、人与人、人的心灵、不同文明间)的挑战;二是西方文化的挑战;三是现代化的挑战。回应此三大挑战的最佳、最优化的文化选择,便是和合学。和合学的和合思维与西方神创思维不同:西方文化中有一种被普遍认同和强化了的上帝"创世"说,解释了天地万物的根由问题。上帝作为唯一的、绝对的存有,一直延续着;中国文化中没有像西方那样被普遍认同的上帝造万物说,也没有唯一的绝对产生万物说,而是认为诸多差分或异质的要素融突和合产生万物。这种和合思维,开出了有异于西方神创思维的独特思维方式、价值观念、心理结构、审美情趣以及处理人与自然、社会、人际、心灵、文明间关系的独特的方式方法。文中强调,和合学绝不否认矛盾和冲突,它本身即是矛盾存在的形式和解决冲突的最佳途径。和合学揭示了天地万物生生的本质和生命力之所在,以及天地万物相互之间关系的融突和合联系。和合学的范畴系统、逻辑结构、关系网络和转换中介,是高度差分的,具有自组织系统的目的性,这与现代科学技术强调复杂性的发展态势是一致的。①

---

① 黄德昌:《21 世纪文化战略的抉择——评〈和合学概论〉》,《科学·经济·社会》1998 年第 3 期。

1997 年

1. 李景林发表《思孟五行说与思孟学派》

李景林(1954—　　),河南南阳人。北京师范大学哲学与社会学学院教授。

1 月 24 日,李景林在《吉林大学社会科学学报》第 1 期发表《思孟五行说与思孟学派》一文。文中指出:思孟学派是否存在,是一个长期争论不休的问题。荀子第一个将思孟联系起来看作一个思想传承系统。荀子既批评思孟"五行"的内容,又肯定思孟五行(仁义礼智圣)诸德的意义,其深层的理论结构是一个天人关系或性与天道的问题。恰在此点上思孟与荀学存在着尖锐对立。《庸》、《孟》从本体论意义上言天人合一,赋天道以价值本原的意义。荀子则言"圣人不求知天",圣知人道(礼义之统)。荀子批评思孟五行说,实即以天人之分反对思孟的天人合一。这样,在思孟的著作中,荀子所批评的思孟五行说,不仅可找到其德目内容,而且可寻绎出其内在理论结构及其涵义的逻辑线索。这证明荀子的批评是有事实根据的,思孟学派的存在是于史有征的。

2. 庞朴主编《中国儒学》出版

1 月,庞朴主编《中国儒学》四卷本由东方出版中心出版。该书是一套百科全书式的著述,着眼于对儒学这一中国历史上影响最大的思想流派作较全面、系统的介绍。其中第一卷主要介绍中国儒学自春秋末诞生以后至现代两千多年的发展史略。共分十三部分,按历史发展顺序叙述,客观如实地介绍了中国儒学发展史上的重要历程或嬗变。同时,全方位、多层次地展现了整个中国儒学发展演变的轨迹。第二卷主要包含两个方面的内容:一是人物传略。收录中国儒学发展史上的代表人物 200 多位,介绍了他们的生平、思想、著作及其学术贡献。二是学派书院。辑有重要的学派和书院 40 多个,列述了它们各自的学术特色及主要人物的活动和兴衰概况。第三卷主要介绍先秦至现代的儒学重要的典籍著述和典故事件。典籍著述又分总类和子集杂类,均按时间先后编排,重点介绍有关著作的作者、体例、内容及历史学术价值。重要典故与事件则按朝代先后介绍了周游列国、封禅大典、鹅湖之会等儒学发展史上的重大举措与活动。第四卷主要包括儒学的一般术语、哲学概念、伦理概念、政治概念四个方面的内容。书中除对有关术语、概念基本含义作解释外,还相应介绍了相关的学理探讨或论争,从而较全面、完整地展现了中国儒学的思想内涵及学说风貌。

3. 中国孔子基金会编《中国儒学百科全书》出版

3 月,中国孔子基金会编《中国儒学百科全书》由中国大百科全书出版社出版。该书约 220 万字、1866 个条目,是一部全面、系统、客观介绍儒学知识的大型学术工具书。

该书分为两部分:第一部分是儒学通论,系统介绍了儒学思想体系的方方面面及其传播,包括释儒、儒学经典、儒家哲学思想、儒家宗教观、儒家伦理思想、儒家政治思想、儒家经济思想、儒家军事思想、儒家科技思想、儒学与其他学派、儒学在海外的传播,便于读者从整体上把握儒学思想。第二部分为历代儒学,主要介绍了自春秋末期以来,先秦儒学、秦汉儒学、魏晋南北朝儒学、隋唐儒学、宋代儒学、元明儒学、清代儒学、近现代儒学等历史上不同时期儒家学派的代表人物、代表著作及其使用的概念和提出的命题,便于读者纵观了解儒家思想发展的清晰脉络。

该书按条目分类目录顺序排列,供读者了解儒学的全貌,同时也反映出条目的层次关系。一个条目的内容涉及其他条目并需由其他条目的释文补充的采用"参见"的方式。另外,为方便快速查阅,附有儒学大事年表和全部条目的汉字笔画索引及内容索引。[①]

4."儒学与世界文明国际学术会议"举行

6 月 16 日至 19 日,新加坡国立大学中文系汉学研究中心主办、国际儒学联合会协办的"儒学与世界文明国际学术会议"在新加坡举行,来自新加坡、中国大陆和香港、台湾地区以及美国、法国、俄罗斯、日本、韩国、越南、澳大利亚、新西兰等 14 个国家和地区的近 200 名专家学者参加了会议。

新加坡新闻及艺术部长兼贸工部第二部长杨荣文在会议开幕式上说:"东亚正进入一个非常有创意的历史发展阶段。这不仅是指经济的发展,同时也是指亿万人民文化和精神素养的提高。我们今天所见证的,是亚洲文艺复兴的曙光,它将改变亚洲和整个世界。"国际儒学联合会常务副会长宫达非在讲话中指出:当今儒学研究,一定要有世界意识,要有时代感、迫切感,所谓世界意识,就是要了解当今世界。不能离开现实去研究儒学。他认为,在医治人类社会的弊病,使人类社会和平发展,建立公平、正义的世界新秩序方面,借鉴儒家文化的精华是有积极的现实意义的。国际儒学联合会会长谷牧在贺函中指出:孔子所创立的儒学是中国传统文化的重要组成部分,也是世界人类文化的瑰宝,儒学中不少思想并不因为时代的变迁而失去理论价值。他强调,随着东亚经济的崛起,儒学受到世界上许多学者的关注,因此加强儒学的研究和宣传很有必要。

会后,陈荣照主编《儒学与世界文明:国际学术会议论文选集》,于 2003 年 1 月由新加坡国立大学中文系、八方文化企业公司出版。

5."第三届海峡两岸周易学术研讨会"举行

7 月 19 日至 22 日,中国周易学会、山东大学周易研究中心联合主办,台湾大学哲学系、台湾"中华易经学会"协办的"第三届海峡两岸周易学术研讨会"在北京梅地亚新闻中心举行,来自海峡两岸的 106 位学

[①] 马汝军:《全面阐释儒家学说 大力弘扬传统文化——推荐〈中国儒学百科全书〉》,《出版发行研究》1997 年第 5 期。

者参加了会议,会议共收到学术论文 67 篇,专著 30 部。

此次会议以"大易文化"为主题,着重就《周易》经传、象数易与义理易、易学发展的独特路数与易学研究的方法论、易学与中国文化及文化中国、易学与现代及后现代、易学与自然科学等六个方面展开讨论。

在《周易》经传问题上,有的学者认为,《周易》的体系是一种"极数定象,见象明理"的体系,其中包含有天人合一、忧患意识、仁智之道、诚敬之教、时中之用、进修之效一类的精粹思想观念,凸显出人文精神的光辉。有的学者认为《周易》有两种,一为秘府之周易,用于演德;一为方术之周易,用于占筮。前者略相当于今本易之大象,后者略相当于今本易之卦爻辞。有的学者指出,卦气说非汉人所创,《易传》中即有明确的卦气思想。有的学者主张,易的三才之道具有不可轻估的现代价值,调整、理顺、协调好人与自然、人与社会、人心与人身的生态、世态与心态的三态平衡,乃三才之道的现代价值与意义所在。有的学者主张,《易传》的成书经历了一个相当长的历史过程,早期易传成书于孔子之前,《易传》中的子曰确为孔子语。有的学者进一步论证了大衍之数即天地之数 55。有的学者还对《周易》卦爻的变化特点,易经的符号系统、周易的观象系辞等问题作了专门探讨,提出了不少新的见解。

在象数易与义理易问题上,部分学者对象数学的源流作了考辨,认为《周易》之前象为兆象,数为筮数;在《周易》古经那里,象为卦象,数为爻数;在《易传》那里,象为卦象、取象,数为易数、运数;而在《周易》经传之后,象数之学则经历了复杂的发展与演变。象数是易学的本体与原点,历代解易者,不论是象数学派还是义理学派,都无法绕开象数。有的学者探讨了易学的源流迁变,认为三坟易不伪;部分学者则对汉末郑玄、宋衷、宋代周敦颐、张载、朱熹,明末孙奇逢,清代焦循,现代熊十力、牟宗三等多位易学家、思想家的易学思想,分别进行了深入独到的探讨,充分显示出易学研究功力的加深。

在易学发展的独特路数与易学研究的方法论问题上,部分学者主张象数义理合一是易学独特的理论模式,以述为作、融旧铸新是易学发展的独特进路,易学研究应基于此一模式与进路,依衬着中国文化的高大天幕,从易学发展长河的宏大视野上,以哲学史家、思想史家的眼光进行。有的学者认为,易学与中国哲学的发展息息相关,在易学研究中要认清以下事实:易学哲学中的宇宙论与本体论的哲学建构之别异,并不是两种哲学观点主张之争,而是基本哲学问题意识的转向。其中,图书派、数学派、象数派,主要是宇宙论的问题意识,而理本论与气本论主要是本体论问题意识的进程,心本论则是功夫境界论的问题进程。

在易学与中国文化及文化中国问题上,多数学者认为,易学深深地影响了传统中国文化的形成发展,对中国文化精神品格的塑造作出了独到的贡献。人文化成理念是易的核心观念之一,这一理念对于中华礼仪之邦的形成与发展,影响至巨。两岸同仁皆应确立文化中国之共识,开创中国文化的美好未来。

在易学与现代及后现代间题上,与会多数学者主张,在世纪之交的关键时刻,我们皆应站在新的高度,重新审视天人之间的关系;人与人、民族与民族、国家与国家之间的关系,大力发掘和弘扬易的和合文化精神。

在易学与自然科学间题上,部分学者探讨了传统文化发展过程中易与中医、气功,易与天文、历法,易与算术的关系;部分学者则探讨了易对现代自然科学所能发挥的影响,成绩亦相当可观。[①]

会后,刘大钧主编《大易集述:第三届海峡两岸周易学术研讨会论文集》,于 1998 年 10 月由巴蜀书社出版。

6. 冯达文著《宋明新儒学略论》出版

冯达文(1941—),广东罗定人。中山大学哲学系教授,曾任中山大学中国哲学研究所、中山大学比较宗教研究所所长。

7 月,冯达文著《宋明新儒学略论》一书由广东人民出版社出版。该书运用史学的方法论述了传统儒学特别是新儒学及其当代价值。书中指出:孔孟儒学皆缘"情"而起的"仁学",他们"都是从人心所认取处、从应然处论道","道"亦仅指人道,人的主观认定之道,人内心以为应该如此之道。而"天道"或"天命",在孔孟那里"主要是指的外在客观时势对人——主体的一种限定",对此人是无法把握和控制的,人只能"畏天

---

① 华周:《第三届海峡两岸周易学术研讨会在北京召开》,《中国哲学史》1998 年第 1 期。又见刘大钧主编:《大易集述:第三届海峡两岸周易学术研讨会论文集》,巴蜀书社 1998 年版,前言,第 1—3 页。

命"、"敬天命"和"顺天命"。一句话,人应当"尽人事而待天命"。因此,在孔孟思想中,人、人之"道"与天、天之"命"被认作是分立且背离的,"人道"与"天命"并不贯通。虽然孟子曾说过"尽其心者,知其性也,知其性则知天矣"、"万物皆备于我也,反身而诚,乐莫大焉",这似乎表明孟子贯通了天人、混淆了知识与价值,但其实不然,孟子这段话"只涉及境界论,而无涉于存在论",此"天"究其实只为良知主体内心的一种化境。孔孟既未贯通天道与人道,就意味着他们并未混淆从必然处讲的知识(天道)与从应然处讲的道德(人道),从而亦意味着他们没有将个人认取的道德外推为人人必须服从的外在规范。

该书进而指出:《中庸》、《易传》与《荀子》、《大学》一样都力图使孔孟的仁学——人道走出主观而走向客观,借给出外在客观之"天道"而使之获得普遍有效性。这种普遍性追求有两条进路:在《荀子》、《大学》特别是《荀子》那里,主要强调"天道"作为外在、客观法则对人的行为的规范意义;而《中庸》、《易传》,特别是《易传》,却更加重视"天道"作为终极本源对人与万物生成长养的价值认同及由之引发的信仰意义。前者开出的是规范性道德,作为外在、客观法则的道德人人必须遵守;后者开出的则是信仰性道德,作为本源之天对人的价值靠个体体认。前一理路为程朱(程颢、程颐与朱熹)发展;后一理路则由周张(周敦颐、张载)承接。

7. 韩国《孟子研究》创刊

7月,韩国《孟子研究》创刊,该刊是韩国孟子学会主办的第一本专门研究孟子的学术刊物。儒学是韩国传统文化的核心,孟子思想在韩国精神文化中所占的地位很高。韩国《孟子研究》的创刊,为世界特别是东亚各国的孟子研究及学术交流提供了园地,对推动整个东亚文化的发展具有重要意义。

该刊第1辑(创刊号)由韩国孟子学会会长、同德女子大学校长赵骏河教授作发刊词,韩国儒教泰斗、成均馆馆长崔根德作祝刊词,北京大学教授张岱年作贺序。他们都对孟子思想的主旨、影响及创办《孟子研究》的意义进行了阐发和说明。第1辑共发表论文40篇,其中收录了第一次中韩孟子思想研讨会论文11篇。该辑有中国学者的论文28

篇,韩国学者论文 12 篇,两国学者都以本国语言撰写论文。中方的学者有赵光贤、衷尔钜、刘鄂培、蒙培元、葛荣晋、牟钟鉴、石训、姜国柱等;韩国的学者有赵骏河、刘明钟、金益洙等。论文的选题相当广泛,涉及孟子的历史观、人性论、民主思想、伦理思想、独立人格精神以及孟子思想与后世文化现象的关系和在现代社会中的意义等。论文还阐发弘扬孔孟儒学,广交国际朋友的精神。论文之后,附有山东邹城亚圣孟子墓前祭祀孟子的各种礼仪、牌位及供品的陈设及祭文。另附有孟子学会中韩两方的全体会员的名单和地址,及韩国孟子学会委员名单。最后还对该刊征集稿件的要求进行了说明。

8."东亚儒学暨思想文化国际交流会议"举行

8 月 1 日至 2 日,由庞朴、沟口雄三、李佑成发起,国际儒学联合会承办的"东亚儒学暨思想文化国际交流会议"在北京举行,来自中国、日本、韩国三国的专家学者 40 余人参加了会议。

韩国学术院会员、民族文化推进会理事长高柄翊先生对儒家"忠义"思想的精神内涵进行分析,认为对君主的忠节往往意味着包括死在内的绝对服从。但是,在东亚历史上,自从儒教思想作为支配性理念出现后,君臣关系与其说是封建的绝对服从,不如说是立足于儒教化的正统性、合理性及道德性政治观的义理关系,而且自产生于科举制度的官僚体制形成之后,这种义理关系就更加深化了。对君主的忠义逐渐发展成为对王朝、民族、国家以及正统性文化的忠诚。

中国华东师范大学杨国荣教授讨论了"儒学的形上意义",提出当代新儒家所谓"内圣开出新外王"之说,似乎未能完全超越对科技文化的外在迎合。从更内的层面看,儒学的历史价值不在于通过自身的坎陷而开出科学等"外王"。以现代化过程中哲学、文化的发展为背景,我们应当注意的是儒家以仁道为核心的价值体系、以日用即道为进路的形上向度、以理性精神和意义世界为内容的境界追求。仁道原则可以时时告诫我们在走向现代的过程中始终关注人的内在存在价值,并在主体间交往与天人的互动中抑制过度的功利冲动;在日用常行中追问终极之道的形上进路,为存在与"在"的统一提供了一种传统的思维模式,它可以提醒我们在存在的终极关切中避免超验的玄思;人格境界所展示的理性精神与意义关怀,则可以不断引发我们致力于理性尊严的维护与意义世界的守护。正是在这些方面,儒学蕴涵了其内在的生命力。

中国武汉大学郭齐勇教授追溯了本世纪中国学人坚持传统人文理想的精神特征及现代新儒家的思想历程,进而指出,面对物化的世界观与人生观的普遍流行和人的生存意义的严重危机,面对世俗化、商业化、功利浪潮,重新呼唤崇高,体认神性、神圣、经典的意义,提倡敬畏之心,重建终极信念和安身立命之道,诠解儒家传统的仁、义、礼、智、信、忠恕、孝悌、恭敬、宽容、廉正等深度价值,使之以扬弃的方式回归,是教育者的责任。人文学可以帮助人们在各种价值目标中作出权衡、选择和鉴别,并对人类所追求的根本价值目标作批判性的反思,开拓人类生活的价值世界,为未来的文化发展作导向。

中国人民大学张立文教授提交了题为《中国文化现状和未来的思考》的论文,指出:在此千年更替之际,世界充满着机遇与危机、希望与危险、繁荣与衰退错综交织的局面。中国文化面对 21 世纪应如何建设自我?自主精神、自立精神、自强精神、自省精神、自律精神,此五种精神是中国文化在现阶段应做和可能做到的,只有这样建设自我,才能在现代世界文化之林中争得独立和平等地位。

9. "中韩儒释道三教关系学术研讨会"举行

8 月 6 日至 7 日,中国社会科学院哲学研究所、中国社会科学院东方文化研究中心、陕西省社会科学院、铁道部咸阳基建管理干部学院、韩国成均馆大学校儒学大学联合主办的"中韩儒释道三教关系学术研讨会"在陕西咸阳召开,来自中、韩、日三国 60 余位专家学者出席了这次会议,共收到论文 36 篇。

此次会议以"儒释道三教关系"为主题。儒、释、道三教由碰撞、冲突走向融合与合一,是中、韩、日三国传统文化发展过程中共同存在的现象,出席会议的专家、学者对这一现象作了较为深入的研讨,强调应该大力弘扬中华传统文化中的融合精神。与会学者考察了魏晋南北朝以来儒、释、道三教之间错综复杂的关系,指出儒、释、道三大文化形态的冲突与融合是中国传统文化必然经历的整体系统化过程,它们之间的相互交融强化了中国古代社会所必需的人的身心内外和谐的价值取向。宋明新儒学的发展历程,从一个角度说,是一个辟佛与融佛、看似对立而实为统一的历程。这个历程同时也充分体现了中华文化的融合精神。在中华传统文化的这一融合精神中,又以"和而不同"为根本特色,即这种融合精神以相互取长补短、共同发展为宗旨,而不以消灭对方为目的。因此,自东晋以后开始形成的中国文化儒、释、道三家鼎立的格局,始终共存并进。儒、释、道三家在长期的冲突交涉中,早已是你中有我、我中有你了,但同时又始终保持着各自的根本特质和立场,儒还是儒,佛还是佛,道还是道。面对今天世界文化发展全球化和多元化并进的格局,中华文化的这一"和而不同"的融合传统,当有极大的启发和借鉴意义。①

10. "儒释道交融与中国传统文化学术研讨会"举行

8月17日至21日,首都师范大学东方文化研究所、山西省民族宗教事务局、山西省忻州行署、山西省乡镇企业局联合主办的"儒释道交融与中国传统文化学术研讨会"在山西五台山举行,与会60余位学者围绕着儒、释、道三教关系、儒释道交融与中国传统文化、儒释道关系研究的现状及趋势等问题展开了热烈的讨论。

关于儒释道关系研究的意义。孙长江、牟钟鉴等认为,从儒释道任何哪一家看中国传统文化都不可能是全面的,中国传统文化是以儒释道互融互补为主体内容的文化整体,只有从儒、释、道三家的相互关系看中国传统文化才能真正把握传统文化的整体。与会学者一致认为,对儒、释、道三家内涵进行清理是必要的和迫切的。儒、释、道三家思想各有特点,在中国传统文化中各有价值。针对"以佛治心,以道治身,以儒治世"的传统说法,与会学者提出不同看法。有学者认为,如果从三教各自的宗旨来看,这种说法确有道理。有学者认为,这种说法失之笼统,从某种意义上说,三家都是以治心为本。有学者则认为,三教都讲治心、治身,儒道又讲治世,只是在各自的思想文化系统中各有侧重、各有地位而已。方立天认为,三教在处理三种矛盾关系中分别发挥自己

---

① 《人民日报》(第六版),1997 年 10 月 25 日。

的特长,儒教着重处理人与人之间的矛盾,佛教着重处理人与自身的矛盾,道教着重处理人与自然的矛盾。关于"主干"问题,方立天认为,三教在各自的领域内成为主干,从伦理学上看,儒家是主干;从宇宙论上看,道家是主干;从死亡哲学上看,佛教是主干。

与会学者从不同角度讨论了三教关系的发展历程。方立天认为,三教关系的发展过程就是三教在相互碰撞中寻求契合点的矛盾统一运动,是各家思想多向演化进而达到多元融汇的辩证过程。牟钟鉴认为,三教关系在不同的历史时期有不同的表现,可以相对划分为六个阶段,它们分别是:前三教关系阶段(从春秋末年到东汉)、三教关系发生阶段(汉末、三国)、三教功能求同阶段(魏晋南北朝)、三教政策统一阶段(隋唐)、三教理论融合阶段(宋元明)和三教思想扩散阶段(明清)。在三教关系史中,三教合流推动中国哲学形成三次理论高峰:一是禅宗,二是宋明理学,三是全真道教的内丹学。李书有把三教互融的历史过程作为整个中国文化发展的一个大的阶段,认为中国文化有三期发展,第一期是自身文化独立发展时期;第二期是佛教文化进入并与传统文化相融合的时期;第三期是西方文化进入并与传统文化相融合的时期。儒、释、道三家鼎立互融是中国文化第二期发展的基本特征,在这一过程中,三家难分主次,各有价值,各领风骚。在第三期文化发展中,儒、释、道三家的格局让位于传统文化、西方文化、马克思主义文化的新格局,儒、释、道三家文化则作为传统文化的整体面临新文化的挑战。牟钟鉴称当前这种新的文化格局为"新三教"时期,他强调,我们应从"旧三教"关系史中吸取经验和智慧,正确地解决好"新三教"的互动互融,创造出新的中国文化。[①]

11.“孔子思想与 21 世纪国际学术研讨会”举行

9 月 25 日至 28 日,香港孔教学院、香港中文大学新亚书院联合主办,国际儒学联合会、中华孔子学会、韩国成均馆、广东三水市孔子学会协办的"孔子思想与 21 世纪国际学术研讨会"在香港中文大学举行,来自 15 个国家和地区近 200 名专家学者参加了会议,并提交论文

---

① 陈鹏:《"儒释道交融与中国传统文化"学术研讨会综述》,《哲学动态》1997 年第 11 期。

170 篇。

此次会议以"孔子与 21 世纪"为主题。关于儒学与儒教的问题,孔教学院院长汤恩佳认为,宗教是个生命伦理的概念。基督教代表西方文化,孔教代表中国文化,当西方的基督教进入中国时我们也该有个宗教的回应,这个回应就是孔教。有所不同的是中国人在伦理中发扬宗教,西方人在宗教中发扬伦理。中文大学新亚书院院长梁秉中认为,用宗教的方法去推动孔子的优秀思想是有强大生命力的。有些学者对此持否定态度,认为儒学没有宗教的基础,它只是一门学术,与宗教无关。还有一派主张儒学与儒教不能截然分开。台湾学者唐亦男认为,如果把宗教当作一种信仰的态度来看,就不会有很多的矛盾。与会学者还探讨了信仰与学术的关系,现代化建设中是否需要宗教伦理进行调整等问题。

关于孔学与儒学的问题,一种观点认为孔学不等于儒学,另一种观点认为孔学即儒学。新加坡学者李诗锦认为,道与传统的分疏是儒学系统名实的确立。儒学系统的建构是孔学的价值理性与中庸理性的建构和传承。儒学系统就是孔孟儒学、程朱理学和陆王心学的道统。台湾学者林安梧认为,"儒学"一词,现在常有被扩大化的解释。最常见的是将整个中国文化的弊病都归之于儒家,而儒家又以孔子为代表,最终落罪于孔夫子;从"五四"的彻底反传统到"文化大革命"的批孔扬秦,都是在这个调子下进行的。它之所以被扩大,与两千年的帝皇专制文化有关,于是许多学者就将两者混淆在一起,以为儒学是用来维护帝皇专制的。林安梧强调还原儒学本身,正视儒学原典。儒学的原典就是孔学。与会学者在讨论该问题时,又引出对儒学自身的看法。

关于孔子儒学的现代价值问题,有些学者从总体上强调孔子儒学的现代意义。宫达非在大会发言时说,我们今天对以孔子为代表的儒学研究要有世界意识。儒学是"常道",故能担负起当前时代的使命。俄罗斯学者嵇辽拉通过对近两百年间孔子学说与俄罗斯文化的相互关系,进而阐述孔学对俄政治文化的影响和意义。韩国学者吴钟逸提出"儒学对 21 世纪文化创造应做些什么?"引起很大反响。吴钟逸认为,21 世纪的文化要冲破霸权主义时代的桎梏,创造追求人类和平的新文化;要摆脱物质万能的西方文化的束缚,发展西方所仰慕的东方智慧,形成为人所推崇的"以人为本"的东方价值观。儒家思想是实现人性之善的完美智慧，这是任何其他思想所不能替代的。香港学者叶国洪认为，若探索儒家思想与中华现代化关系，则须对西方文化冲击儒家思想的历史作出纵深式的回顾。

与会代表在会上还提出了儒家思想与中国现代法文化、孔子思想与 21 世纪人类心理健康、儒家伦理与社会生物学、生态伦理学与未来学等问题。这些问题的提出，对启迪人们从一种全新的视角去思考和研究儒学现代价值问题具有重大的意义。[①]

会后，香港孔教学院、香港中文大学编《孔子与廿一世纪国际学术研讨会论文集》，于 1997 年出版。

12."冯友兰与中国传统文化国际学术研讨会"举行

10 月 26 日至 28 日，中国哲学史学会、国际儒学联合会、河南大学、河南省社会科学院、大象出版社等单位联合主办的"冯友兰与中国传统文化国际学术研讨会"在郑州、开封两地举行，来自香港、台湾地区和韩国、日本、美国、法国、瑞典、比利时等国及中国大陆的学者 70 多人参加了研讨会。

此次会议以"冯友兰与中国传统文化"为主题。方克立批评了国内外一些学者对冯氏及其哲学的过激看法，提出应该肯定冯氏在促进中西哲学融合、推动中国哲学现代化的过程中的巨大贡献。周继旨认为冯氏哲学的新理学本体论是吸纳了西方思想的中国传统哲学，据此批评了以二元对立的方式来批评冯氏"天人合一"、"物我相与"的中国传统特色的本体论哲学观的错误做法，充分肯定了冯氏新理学本体论在社会转型时期自觉地承担充实完善民族精神的巨大深远意义。崔大华肯定了新理学的思想及其方法，认为新理学有三个品格。郭齐勇则批评了新理学是一种不成功的尝试，对冯氏的《新原人》、《新原道》则给予了充分的肯定。洪晓楠探讨了冯氏元哲学产生发展的历程，认为冯氏继承和发扬了中国古典哲学传统，又合理吸纳了西方哲学逻辑分析的方法，从始于正终于负的方法的角度来规定哲学，明确了哲学以人生为

---

① 武才娃：《"孔子思想与 21 世纪"研讨会述评》，《哲学动态》1998 年第 1 期。

对象,强调哲学即人学,是内圣外王之学,是求好之学。

孔繁则回顾了抽象继承法提出的背景、经过,述说了在批古弃古的时代,继承古代哲学遗产的艰难,指出了抽象继承法在非常时期婉曲地挽救古代哲学遗产的重大意义。李宗桂对抽象继承法的应用进一步作了延伸,认为抽象继承法不仅对哲学遗产的创造性继承有积极意义,而就方法论言,对于今天的哲学研究,对于中国哲学史体系的重建,都有十分重要的价值。还有些学者给冯氏及其哲学以定位。范鹏认为冯氏在以新方法正确"释古"的基础上,看到了中西哲学观的不足,在吸收西方哲学以补中国哲学不足的过程中,冯氏成为第一个成功地在中国哲学的研究与创造中运用逻辑分析法的哲学家,是新时代哲学的奠基者,是继其所言"子学时代"与"经学时代"之后的创新时代的预言家。[①]

---

① 鲁庆中:《冯友兰与中国传统文化国际学术研讨会综述》,《中州学刊》1998 年第 1 期。

1998 年

1. 张学智发表《儒家文化的精神与价值观》

张学智(1952—)，北京大学哲学系教授，主要从事中国哲学史研究。

1 月 20 日，张学智在《北京大学学报(哲学社会科学版)》第 1 期发表《儒家文化的精神与价值观》一文。文中指出："儒家文化的精神可以概括为道德理想主义、普遍和谐、自律和内在超越几个方面。儒家文化的价值观以'三不朽'为集中体现。道德理想主义以道德完美为人生最高追求，建立功业以道德修养为基础。这是贯穿整个儒学发展的基本原则。它对工具理性发达、人文价值失落的现实文化偏向有匡正作用。普遍和谐包括自然界本身的和谐、人与自然的和谐、人与人的和谐、人的肉体生命与精神生命的和谐。这对人的健康发展、人与环境的谐调、建立合理的人际关系有现实意义。自律原则把人的道德选择的主动权、培养理想人格的精神动力提到突出地位，重视精神境界的提高，主张内在超越。儒家的价值次序是立德、立功、立言，从中衍生出一系列中国文化的特点。"

2.《文史哲》发表"儒学是否是宗教"笔谈

5 月 29 日，《文史哲》第 3 期发表"儒学是否是宗教"笔谈，张岱年、季羡林、蔡尚思、郭齐勇、张立文、李申等人就此问题撰文参与了讨论。

张岱年指出：假如对于宗教作广义的理解，虽不信鬼神、不讲来世，而对于人生有一定理解,提供了对于人生的一定信念,能起指导生活的作用,也可称为宗教。则以儒学为宗教,也是可以的。孔子不语怪力乱神,言生而不言死,在这一意义上,孔子学说与其他宗教不同。然而孔子提出了人生必须遵循的为人之道,使人民有坚定的生活信仰。在这一意义上,孔子学说又具有宗教的功用。可以说孔学是一种以人道为主要内容、以人为终极关怀的宗教。儒学确有指导生活的作用,提供了"安身立命"之道。如果能安身立命,则得到一种快乐,即所谓"仁者不忧"。这种境界与有神论的宗教不同,在一定意义上可以说超越了有神论的宗教。

季羡林指出:"学"只是一种学说,"教"则是一种宗教。《辞源》"宗教"这一条:"以神道设教,而设立戒约,使人崇拜信仰者也。"语虽简短,然而虽不中,不远矣。仔细分析一下,这里面包括着宗教的四个条件:一要有神;二要有戒约;三要有机构或组织;四要信徒崇拜信仰。拿这四个条件来衡量一下孔子和他开创的儒学,则必然会发现,在孔子还活着的时候以及他死后相当长的一段期间,只能称之为"儒学",没有任何宗教色彩。到了唐代,儒、释、道三家就并称三教。到了建圣庙,举行祭祀,则儒家已完全成为一个宗教。因此,从"儒学"到"儒教"是一个历史演变的过程。

蔡尚思指出:原始的儒学,第一,是学而不是教。第二,这种教也是教育、教化而不是宗教、神教。第三,儒学主要是宗法、礼教、礼治,其次才是礼仪,礼仪也是与宗法礼教有密切的关系。第四,儒学本身不是宗教。如果硬要把它宗教化,当然也有些先例可援:这已有学者认为儒学到了董仲舒等汉儒就变成神学化,到了宋明儒学就在一定程度上变成了佛教化道教化。这是一种看法。宗教最大特点是有他界与未来世等等,孔学却根本没有。儒学不是宗教,却起了比某些宗教还要大的作用。

郭齐勇指出:要弄清楚儒学是否具有宗教性,首先要弄清楚中国传统人文精神与西方近代人文主义的区别。前者是涵融性的,后者是排斥性的。诚如钱穆先生所说,中国人文精神可以代替宗教的功能,并且不与宗教敌对。佛教传入中国后,逐步中国化,被中国人文精神所涵盖。中国人文又不与自然为对,而求能与自然合一。中国人文要求尽己、尽人、尽物之性，使天、地、人、物各安其位，因此能容纳天地万物，使之雍容洽化、各遂其性。它不主张对自然的宰制。中华人文植根于对天与上帝、天帝的信仰，对天命、天道、天性虔敬至诚，说人不离天，说道不离性。人文本是表现于外的，但中华人文又是内发的、内在的。中国人最高的信仰是天地人神的合一。我们不必偏执于"科学"或"知性"的傲慢，也不必偏执于"宗教"的傲慢。了解其具有宗教性意蕴，可以帮助我们深化对儒学的认识，但它不能归结为宗教。

张立文指出：儒学的生命智慧，首要是对人的生命关怀。儒学如果摒弃了对生命的关怀，也就失去了生命力和存在的必要性。在现实社会中，儒学需要恢复其原有的贴近人、贴近生活，即关怀百姓日用之学的性格与功能，才能复活其生命，实现对人的生命的关怀。现代新儒家的道德的形上学把人抽象化而失落了人，把人的现实世界的冲突抽象化而瓦解了人的现实世界。这是因为作为哲学形上学本体论所蕴涵的直觉本体思维方式，是一种从抽象原则出发而走向空虚玄想的思维方式，是缺乏真实生活而尊崇异己外在权威的思维方式。这样儒学便成为漠视人和不关怀社会的玄虚之学。宗教大体上说有两种形态：一是体制化的宗教；二是精神化的宗教。如果我们超越体制化宗教的标准来看精神化宗教，换言之，超越西方基督教为衡量一切宗教的标准，那么，中国古代就存在着宗教的传统，并且营造了一个多元宗教共存、共处的格局。儒学既然有很深厚的天命的宗教根基，又具有终极关切和灵魂救济的内在超越的品格和功能，儒学自身已具备精神化宗教的性质（或称其为智慧型宗教）。只要对儒学或儒教极度地尊敬和崇拜，作为精神化宗教的儒教，便是教，如香港的"孔教学院"、新加坡的"孔教学会"，便以儒教为教。其实，所谓"教化"之"教"与"宗教"之"教"的区别是人为的，因为任何体制化或精神化的宗教都具有教化的功能，并一直发挥着教化的作用。我们之所以把儒教看成是"学"，而不是"教"，究其思想障碍：一是以体制化的宗教如基督教、佛教等为标准来衡量儒教；二是受西方宗教与哲学二分思维方式、价值判断的影响，以为哲学与宗教总是相互排斥的；三是对精神化宗教缺乏深刻的探索和研究；四是对宗教的巨大的教化作用估计不足。

李申指出：说儒教是教化之教，不是宗教之教，是把教化看做今天的教育。其实教育也有两种,世俗的教育是教育,宗教的教育也是教育。教化作为一个特定的概念,是儒教所大力主张的。在孔孟的著作中,一般的只是讲"教"。到董仲舒,不仅明确提出了教化的概念,而且有着重的论述。董仲舒思想的宗教性质,是不少人都承认的。《天人三策》的思想统治汉代数百年,此后也没有断绝。甚至宋明程朱陆王等人,虽然重心不在此,却并未否认《天人三策》对天人关系的基本主张。孔子既没,儒者仍存。儒者之行政治,行教化,乃是承天之命,遵伏羲、神农等先王之道,继孔子未竟之业。这样的教化,就是作为宗教的儒教的教育,而不是普通的世俗教育。所以,儒教是教化之教,这教化之教就是宗教之教。

这组笔谈加深了对以下问题的认识:儒学是"学",还是"教"? 如果是"教",那么,它是"教化"之"教",还是"宗教"之"教"? 如果是宗教,那么,它是汤因比的"是指一种人生态度"的宗教呢,还是蒂利希的"就最基本的意义而论""是终极的关切"的神学信仰体系呢?

3. 姜林祥主编《中国儒学史》出版

姜林祥(1940—),山东东平人。曲阜师范大学哲学系教授,曾任曲阜师范大学孔子文化学院院长。

6 月,姜林祥主编《中国儒学史》一书广东教育出版社出版。该书是一部大型中国儒学通史,上自儒学的起源,下迄 1949 年,将 2500 余年的中国儒学史,划分为七个大时段(先秦、秦汉、魏晋南北朝、隋唐、宋元、明清、近代),阐述了儒学在不同历史时期的不同发展和表现形态,着重揭示了儒学发展的内在规律、本质特征等。

该书将儒学置于一个广阔的背景,尤其重视以下三个层次的考察:一是儒学内部各派之间的关系;二是儒与墨、法、道等各家之学特别是与佛、道两教之间的关系;三是儒学与社会政治、教育、文化、学术、风俗等之间的关系。书中有不少新的突破和新的见解,比如在先秦卷,关于儒家的起源,即提出了一个新的解释模式,认为"儒"在孔子以前即已有之,但孔子赋予"儒"以"谋道"的使命,使其担当起承传"斯文"的重任,亦即"仁以为己任",从而使"儒"发生了一个根本性的转变,从以前单纯以助丧相礼为职业谋食的儒,一改而为以谋道兼谋食——就谋道言是事业、就谋食言是职业、事业与职业合而为一的儒,成为一个以斯文自任、卓然而立的学派。在秦汉卷,关于秦代儒学的钩沉,针对以前学术界的一些秦代轻儒、坑儒进而无儒的成见,搜集大量史实说明,儒学在秦代并未中断。在魏晋南北朝卷,关于多元化社会思潮的兴起对儒学的冲击和挑战,从积极的方面指出,这种冲击和挑战,作为一种激活力量和相反相成的互补作用,为儒学的进一步发展提供了机遇。在隋唐卷,关于儒学的复兴、统一与变化,指出隋唐是儒、释、道三教并立的时代,儒学的复兴不可能无视佛、道的存在,向两汉经学回归,而只能在维持其基本精神面貌的同时,吸取佛、道两教的思想成果,创立一种新的儒学体系;另一方面,隋唐是一个善于总结继承、兼收并蓄的时代,为儒学的复兴提供了必要的外部条件。在宋元卷,关于儒学内部的"百家争鸣",指出宋元是儒学史上大师辈出、学派林立的时代,各大儒、各学派之间的自由争鸣,不但推进了儒学的发展与繁荣,使之登上了一个新的高峰,而且也锻炼和增强了儒学自身的思辨能力,使儒学在与佛、道两教的论争中处于明显占优势的地位,并影响到此后中国文化发展的方向。在明清卷,关于明初儒学的基本特征,不同意以前称之为"述朱期"的成说,指出明初儒学不完全是程朱之学的复述,而是有所改铸和发挥。在近代卷,关于儒学坎坷的历史命运,指出自近代以来,传统儒学遭受到太平天国、辛亥革命、五四运动三次巨大的冲击,最终导致了其独尊地位的终结。但儒学并未从此一蹶不振,新儒学的兴起,从一个方面说明了儒学仍有其适应时代的内容、价值和顽强的生命力。①

4. 庞朴发表《竹帛〈五行〉篇比较》

8月3日,庞朴在《人民政协报》发表《竹帛〈五行〉篇比较》一文,认为《五行》篇早先没有解说的部分,帛书中所见的"说"的部分是后来缀上去的。

文中指出:"1973年冬,湖南长沙马王堆第三号汉墓出土的众多帛书中,有一本被名为《五行》篇。整整20年后,1993年冬,湖北荆门郭

---

① 贾艳红:《儒学史研究的重大收获——读七卷本〈中国儒学史〉》,《孔子研究》1999年第1期。

店村第一号楚墓出土的众多竹书中,有一本自名为《五行》篇。两篇《五行》的最大不同是:帛书有《经》有《说》,竹书有《经》无《说》。《经》的部分,除几个章节次序互换外,内容方面基本相同。20 年前的研究已经证明,这个《五行》篇,正是荀子在《非十二子》中作为子思、孟轲学派代表作来批判的那个'五行';20 年后它与子思的其他著作相伴再次出土,并且自名曰《五行》,遂使此前的断案永毋庸议。"

文中认为,从文理和逻辑来分析,帛书本的次序较为合理,因而可能是本来面目。竹书本先仁、义、礼而谈圣、智,于文理、于逻辑,未尝不可;但它接着圣、智连带谈了五行、四行,把一个总结性的论断提到了不前不后的中间位置,便未免进退失据,露出马脚了。文章分为"经、说"、"经、解"或者"经、传",本是古人立言的一种体裁。《春秋》及其三传,墨经的《经上》、《经下》和《经说上》、《经说下》,便是最有名的例子;此外在《管子》、《吕氏春秋》、《韩非子》等书中,也不乏这种篇章。甚至短短的一篇《大学》,经过朱熹整理,竟然也能看出经传之别来。但是同为"经"、"说",有著者自说与他人补说之分,不能不分辨清楚。例如墨经的那些"经",经文多半是些难以捉摸的论题或定义,其解释和说明,被有计划地留给了"说"文去说;而且有时还干脆注明"说在某某"字样。这样的经与说,当然是一人一时之作。《韩非子》的《内、外储说》言明"其说在某某",《吕氏春秋》的一些篇章临终有"解在某某"句,都是著者自分经说之例。而《春秋》三传与《春秋》、韩非《解老》与《老子》、《管子》里《管子解》与所解,很明显,都是后人在解说前人之作。帛书《五行》篇的"经"和"说",看起来,不像是一个计划下的两个部分。这一来由于"经"文说理清楚,自我圆满,无须多加解说,也没有为"说"文有意留下什么;二来也由于"说"文虽然逐句解说,并没有说出什么新思想来,相反倒表现得十分拘谨,乏善可陈。因此设想,《五行》篇早先并没有"说"或"解",帛书所见的"说",是某个时候弟子们奉命缀上去的。

5. 庞朴发表《孔孟之间——郭店楚简的思想史地位》

9 月 10 日,庞朴在《中国社会科学》第 5 期发表《孔孟之间——郭店楚简的思想史地位》一文,认为郭店楚简中一批竹书属思孟学派著作,是早期儒家心性学说的重要文献。它的出土,补足了孔孟之间思想链条上所曾经缺失的一环。

文中指出：孔子学说主要是强调仁和礼两个方面，仁者是内部性情的流露，礼者是外部行为的规范。仁不能离开礼，所谓"克己复礼为仁"；礼不能离开仁，所谓"人而不仁如礼何"。仁和礼的相互为体、相互作用，是孔子思想的最大特色和贡献。二者之中，礼是传统既有的，仁是孔子的发明；为什么人间需要礼，早已为大家所熟知，至于为什么人性会是仁，这样一个新问题，孔子自己也没有来得及做出完满的回答。孔子以后，弟子中致力于夫子之业而润色之者，在解释为什么人的性情会是仁的这样一个根本性问题上，大体上分为向内求索与向外探寻两种致思的路数。向内求索的，抓住"人之所以异于禽兽者几希"处，明心见性；向外探寻的，则从宇宙本体到社会功利，推天及人。向内求索的，由子思而孟子而《中庸》；向外探寻的，由《易传》而荀子而《大学》；后来则兼容并包于《礼记》，并消失在儒术独尊的光环中而不知所终。郭店楚简十四篇儒家经典，正是由孔子向孟子过渡时期的学术史料，儒家早期心性说的轮廓，便隐约显现其中。这些见于竹帛的儒家经典，属于同一思孟体系，以文体互有差异，故非一人一时之作；其成书年代，应与子思（约公元前 483—前 402 年）、孟子（约公元前 380—前 300 年）的年代相当，至少也在《孟子》成书之前。《汉书·艺文志》儒家者流有"子思子二十三篇"，《孔丛子》又说子思"撰中庸之书四十九篇"，这些书籍虽已失传，我们仍可想象得出，它们当像与之同时的《庄子》那样，也是一部论文集，由孔子向孟子过渡学派的论文集。现在郭店楚简儒家部分的一些篇章，很有可能便曾厕身其中。

文中认为，郭店楚简代表的是另一路向。它也谈天，甚至很有可能也是从天开始构筑自己体系的。但它着眼之点不是天道，而是天命；不是天以其外在于人的姿态为人立则，向人示范，而是天进入人心形成人性，直接给人以命令和命运。所以它一则说"有天有命，有地有形"，再则说"有天有命，有物有名"。在它看来，天之有命，正如地之有形、物之有名那样正常和简单，而且，仿佛是，天之主要的（唯一的？）属性、作用，就在于这个"有命"。命者命令，命令固化了，便是命运；听令受命的，当然是人，只能是人。天命是人性得以形成的直接原因。

1999 年

1. 杜维明发表《儒学的理论体系与发展前景》

1 月 5 日,杜维明在《中华文化论坛》第 1 期发表《儒学的理论体系与发展前景》一文,用一个"开放的同心圆"来表示儒学的理论体系与发展前景。

文中指出:"儒学系统是立体性的,它有若干课题,展现出若干层面。第一是个人与群体之间的关系,儒家希望二者是一种健康的互动关系。第二是人与自然的关系,儒家希望二者保持一种和谐,就是提出人定胜天观点的荀子,也强调天人和谐,达到天人合一的最高境界。此外,人格的内涵至少有四个层面,即身心灵神。"面对自"五四"以来对儒家的批评既不深入也不全面,对儒家的潜势考虑较少,情绪化较重,甚至把传统当成包袱的状况,认为在以后的学术研究中,不能回避以下两个课题:"第一,重新发掘、阐释儒学传统的各种思想资源,其中一个重要方面就是开发宋明儒学的思想资源;第二,面对西方特别是启蒙以来西方的挑战,对启蒙心态进行儒学反思,把握整个西方现代精神的复杂面向。"

2. 陈劲松发表《儒学社会的治乱兴衰:一种精神的限制》

陈劲松(1967—),中国人民大学社会与人口学院副教授。

1 月 25 日,陈劲松在《浙江学刊》第 1 期发表《儒学社会的治乱兴衰:一种精神的限制》一文。文中指出:中国传统社会的发展经历了前儒学社会和儒学社会两个发展阶段。儒学社会的主导精神是儒学精神。儒学精神可以表述为：以爱为原则、以君主秩序为目的、以伦理控制为手段等三个社会学式命题。儒学精神的内在规定性是伦理理性。儒学社会是伦理控制型社会。儒学社会的治乱兴衰一定意义上即是中国传统社会的治乱兴衰。该文试图考察儒学社会的治乱兴衰和这个社会的控制类型即伦理控制之间的相关性。

3.《中国哲学》编辑部、国际儒联学术委员会编《郭店楚简研究》出版

1 月,《中国哲学》编辑部、国际儒联学术委员会编《郭店楚简研究》一书由辽宁教育出版社出版。该书作为《中国哲学》第 20 辑出版,收录了杜维明、庞朴、李学勤、廖名春、姜广辉、许抗生、王中江、郭沂、邢文、李存山、周桂钿、张立文、陈明、陈来、彭林、钱逊、李家浩、刘乐贤、王葆玹、刘宗汉等学者关于郭店楚简相关问题的论文。

4. 张腾霄发表《马克思主义与儒学》

张腾霄(1937—　　),河南孟县人。中国当代教育家。曾任中国人民大学哲学系主任、党委书记、副校长,北京市哲学学会会长,中国高等教育学会、中国教育学会的常务理事等。

3 月 16 日,张腾霄在《中国人民大学学报》第 2 期发表《马克思主义与儒学》一文,认为儒学与马克思主义必须正确地结合起来。文中指出:"从思想体系或逻辑体系来讲,马克思主义和儒学有不相同的方面,不仅如此,在社会变革时期,例如,在中国五四运动时期等,两者还有冲突的方面。但是,社会在正常运行过程中,如果要想很好地治理国家,马克思主义与儒学不仅不相冲突,而且还必须正确地结合起来,社会才有可能很好地运行或前进。这已经是被社会主义实践证明了的真理。"

5. 张岱年发表《儒家的人生理想与现代文明》

9 月 1 日,张岱年在《文史知识》第 9 期发表《儒家的人生理想与现代文明》一文。文中指出:"儒学的创立到现在已二千五百多年了。儒家所提出的学术观点是针对当时的社会生活情况而倡导的,具有一定

的时代局限性。但是,儒学思想中也有一些具有普遍意义的内容,到今天仍具有重要的价值。孔子的学说主要是关于人生的理想、行为的准则的理论观点。孔子肯定人人都有独立的意志,又强调人只能在社会中生活而应有一定的社会责任心。""儒家高度赞扬和谐。……儒家认为,人与人之间、人与自然之间,都应该坚持'和'的原则。一方面要'和而不同',另一方面以和的精神解决矛盾斗争的问题。""儒家强调意志的独立、人格的尊严,同时又强调社会责任心,又宣扬和谐的价值,这些思想观点在现在仍是有价值的,是现代文明必须肯定的。"

6. "张载关学与实学国际学术研讨会"举行

9 月 16 日至 19 日,陕西省眉县人民政府、中国实学研究会、中国社会科学院哲学研究所、陕西省哲学学会、陕西省社会科学院联合主办的"张载关学与实学国际学术研讨会"在陕西眉县举行,来自中国大陆和香港、台湾地区以及日本、韩国等国家的 126 位学者出席了会议,共收到论文 62 篇、论文提要 56 篇。

此次会议以"张载关学与实学"为主题,与会学者就张载关学与明清实学的关系、实学与理学的关系、张载关学的实体达用特征、张载"太虚即体"本体的价值义蕴、张载哲学本体与价值相融通等问题进行了深入的讨论。① 与会学者各抒己见,百家争鸣,进一步深化了对张载关学及实学的研究。会议期间还成立了陕西张载关学与实学研究会。与会学者还参观了张载祠,谒拜了张载墓,对为理学和中国学术思想的发展作出重要贡献的一代学者宗师张载深表景仰。②

会后,葛荣晋、赵馥洁、赵吉惠主编《张载关学与实学》论文集,于2000 年 11 月由西安地图出版社出版。

7.《文史哲》发表"儒学的研究、普及与大众化"笔谈

9 月 29 日,《文史哲》第 5 期发表"儒学的研究、普及与大众化"笔谈,孔繁、刘蔚华、楼宇烈、宋志明、赵吉惠、汤恩佳、刘示范等撰文发表看法。

---

① 葛荣晋、赵馥洁、赵吉惠主编:《张载关学与实学》,西安地图出版社 2000 年版,编者的话。
② 蔡方鹿:《"张载关学与实学国际学术研讨会"在陕西省眉县召开》,《中华文化论坛》1999年第 4 期。

孔繁指出:1994 年举行孔子诞辰 2545 周年纪念大会,中国孔子基金会名誉会长谷牧先生在大会开幕时的致词包含三层意思:第一,强调研究儒家思想要提高与普及相结合,而且特别强调了它在普及问题上的现实意义。第二,强调儒家思想的研究要与解决社会前进中的现实问题有机地结合起来。第三,强调将传播儒家思想中的精华落到实处。普及儒家思想的可能性,也可以说有三层意思:第一,孔子儒家思想在中国传统文化中所占比重最大。要继承发扬传统文化,必须注意研究儒家思想,无法回避儒家思想。第二,儒家思想是在封建社会历史上形成的,受历史的局限,它曾长期起到维护封建制度的作用。因此,必须注意它的二重性,但是不能因为它具有二重性而否定其可继承性,而是在继承时对它要进行扬弃和改造。第三,儒家思想中合理的积极的内容,应当引起特别的重视。

刘蔚华指出:21 世纪,是文化多元化竞相发展的时代。在今后相当长的时间里,仍然应当把儒学研究作为长期任务突出出来,不仅对儒学中的精华与糟粕要加以准确鉴别,还应当结合现代社会发展的需要,不断对儒学加以改铸和创新。在这些准备工作没有做好之前,提出"儒学的大众化"目标,人们不禁要问:你要大众化儒学的什么? 以什么样的理论与行为标准实现儒学的大众化? 思想文化的非儒领域是不是也要大众化? 根据"百花齐放,百家争鸣"的方针,一些人不愿接受儒学,能不能容许置身于这种"大众化"之外? 当前应当提出和能够提出的任务,只能是继续加强儒学研究,适当开展儒学普及,促进多元文化格局的形成和健康发展,以利于建设有中国特色社会主义的新文化。

楼宇烈指出:在现代中国提复兴儒学或儒家伦理,乃至于笼统地提复兴传统文化都是不适宜的。科学与民主是今天这个时代所要求的,儒学也必须适应科学与民主的要求才有可能在当今社会存在下去和得以发展。然而这并不是说要从传统儒学中去开出科学与民主来。儒家学说本来只是一般的学术思想,是百家中的一家,只是在汉代以后才成为与"政统"联系在一起的、具有特殊身份的官方学术。唐宋以后,理学家们又为儒家学说编造出了一个"道统",并进一步与"政统"捆绑在一起。正因为如此,它也就成了近代社会变革时期思想观念上首当其冲的批判对象。因此,剥去其"独尊"的特殊身份,扬弃其为特定历史时期

"政统"服务的层面,回复其一般学术思想的普通身份,是使儒家思想与伦理在现时代得以正确发挥其应有社会作用的先决条件。

宋志明指出:要使儒学走出困境,首先必须改变那种全盘否定传统文化的偏激心态,对儒学有一个全面的、正确的评判。在封建社会里,统治者大力扶植的儒学其实是贵族化或工具化的儒学,而对平民化的儒学则漠不关心。经过批判地继承,平民化的儒学完全可以实现现代转换,适应现代人的精神需要,对于中国现代社会的发展起到积极的作用。它的积极作用至少有以下几点:第一,具有凝聚作用。第二,具有激励作用。第三,具有制衡作用。

赵吉惠指出:第一,儒学本来是大众文化。第二,儒学被改造成为道德宗教已经成为历史事实,问题在于我们的宗教观念应当改变。第三,普及儒学,不是神化孔子,不是普及对孔子的神化和非理性崇拜,而是普及儒学具有的有现代价值的伦理道德和人文精神。关于儒学的普及与大众化,应当提倡和坚持以下五项工作和活动:一是对儒家典籍作现代语文的诠释和翻译(以中学文化程度为主要对象);二是为青少年、中小学生编写通俗简明的儒学知识和儒家故事;三是在中小学以至高等学校普遍开设传统文化与人生哲理必修课,由浅入深、循序渐进地进行传统文化教育,自儿童时期即开始普及儒家伦理;四是支持与提倡民间团体建立传统文化书院或传统文化讲习班、传统文化夜校等,以推动向民间普及传统文化、儒家伦理;五是建议各级政府和各行各业制定明确具体的规则、条例推动儒学的生活化、大众化。

汤恩佳指出:儒道是人之道德行为上践履之道,宜普及于庶民。当人践履至极,则道是已具备于人心之中,道、人心以及行为,皆融合无间而成为一主体。儒学是将此道视为一套思想系统之学问,此套学问于授受之间乃成为一所授所学之客体。儒家之道在于能对人性、人伦、人格、人道加以肯定,使有别于人以外之自然物。为成全此人性、人伦、人格、人道之全幅意义,乃有必要作相应之道德行为之实践。此完全是人之所以为人之道,当无所谓新与旧、封建不封建。欲达至儒教普及之目的亦有多途:例如孔教团体之唱和;师友乡里间之切磋互勉;志士仁人之设教讲学;有余者赞助开设儒学奖励课程,或私人开班教授;选《论》《孟》为基本教材,序其先生,以为学生修习之阶。凡此都不失为可行之办法。

刘示范指出:孔子创立的儒学,有许多内容在一定程度上属于人类社会的普遍理念,只要是人类社会存在,这些理念就会发生作用。这就是孔子思想,亦即儒学的生命力之所在。我们应当科学地认识和正确对待孔子思想,同时有些内容已经过时,必须剔除。

此次笔谈有利于加深对以下问题的认识:儒学研究如何与现实结合、儒学怎样普及以及要不要提出儒学的大众化。

8. 孔德懋发表《孔子属于中国,也属于全世界》

孔德懋(1917—   ),孔子第七十七代嫡孙女,第七十七代衍圣公(1935 年改称奉祀官)孔德成胞姐。全国唯一一位终身制全国政协委员,中国孔子基金会副会长、中国和平统一促进会理事。

9 月,孔德懋在《今日中国》(中文版)发表《孔子属于中国,也属于全世界——纪念孔子诞辰 2550 周年》一文。文中指出:孔子是国人的骄傲:作为中国古代伟大的思想家、教育家、政治家,孔子首创的儒家思想,受到历代帝王的推崇,影响中华民族两千多年,是中华文化的主流,他的教育思想,至今仍闪耀着哲理的光辉。同时孔子的思想也得到了世界的认同:孔子的儒学思想在公元前 3 世纪传入朝鲜半岛,公元 3 世纪传入日本,在韩国和日本备受推崇,影响深远。在英国、德国、越南、新加坡、印度尼西亚、美国等国家都建有孔庙、孔子像,在一些国家还举行祭孔仪式等。最后,孔德懋指出:"我希望通过纪念孔子,把儒学与现代社会、儒学与儒商的研究推上新台阶,为推动社会主义经济建设和精神文明作贡献。我希望通过纪念孔子,开辟古为今用新途径,弘扬中华优秀传统文化,振奋民族精神,为振兴中华而努力。我也希望通过纪念孔子,架起世界各国人民的友谊桥梁,让世界充满仁爱、正义与和平。"

9."纪念孔子诞辰 2550 周年国际学术讨论会"举行

10 月 7 日至 12 日,中国孔子基金会、国际儒学联合会、联合国教科文组织、山东孔子文化节筹委会等联合主办的"纪念孔子诞辰 2550 周年国际学术讨论会"在北京和山东两地举行,来自韩国、日本、新加坡、印度尼西亚、泰国、澳大利亚、英国、德国、法国、比利时、瑞典、荷兰、俄罗斯、美国、以色列以及中国大陆和香港、澳门、台湾地区的专家学者共 400 余人参加了会议,收到论文 160 多篇。

此次会议以"儒学与二十一世纪人类社会的和平与发展"为主题,与会者不仅有学术界的专家学者,也有来自商界和农村的代表。他们都以世界眼光来思考和探索儒学与人类社会和平与发展的关系问题,认为儒学超越了中国和东方的地域与时代,而具有世界性的意义,由此在不同文化背景下来研究儒学,主张多元文化的互补、融合。并强调儒学研究鲜明的时代性,从不同角度探讨儒学的现实意义,主张立足时代的发展,促使儒学的现代转型,为 21 世纪人类社会的和平与发展,作出更大的贡献。与会期间,中共中央政治局常委、全国政协主席李瑞环会见了部分中外专家学者。他对中外学者研究儒学的热情表示敬意,对研究取得的成果给予充分肯定,希望大家携手合作,加强交流,把儒学研究提高到一个新的水平。对于李瑞环的讲话,与会学者深有同感,表示热烈的欢迎。① 10 月 11 日,与会学者到达孔子故里——山东曲阜市,中国孔子基金会主持举行欢迎大会,中共山东省委常委、宣传部部长陈光林、济宁市市长周齐、曲阜市市长谷传祥到会欢迎中外学者,陈光林致欢迎词。在曲阜期间,组织举办了学术沙龙,参观了孔庙、孔府、孔林和新建的孔子研究院、论语碑苑,以及邹城市的孟庙、孟府等。②

会后,国际儒学联合会编《纪念孔子诞辰 2550 周年国际学术讨论会论文集》,于 2000 年 6 月由国际文化出版公司出版。

10.《北京日报》发表《李瑞环谈孔子与儒学》

10 月 20 日,《北京日报》发表《李瑞环谈孔子与儒学》一文,认为孔子为人类文明的进步和发展作出了极其伟大的贡献,有超越时代、超国界的深远影响。

时任中共中央政治局常委、全国政协主席李瑞环,在会见参加"纪念孔子诞辰 2550 周年大会暨国际儒学联合会第二届会员大会"中外专家学者时,谈到了孔子与儒学。李瑞环指出,孔子是中国古代伟大的思想家、教育家,他所创建的儒家学说博大精深,包括了政治、经济、哲学、

① 万本根、单元:《纪念孔子诞辰 弘扬儒学精华——神州大地大规模开展纪念孔子诞辰 2550 周年活动综述与断想》,《中华文化论坛》2000 年第 1 期。

② 伏耕:《纪念孔子诞辰 2550 周年国际学术讨论会综述》,《孔子研究》2000 年第 1 期。

伦理、教育、艺术等方面的思想和主张,构成了中华民族传统文化的基础,对于中华民族的形成、繁衍、统一、稳定和自立于世界民族之林都起了不可替代的作用,对于人类文明的进步和发展作出了极其伟大的贡献,有超越时代、超国界的深远影响。儒学的许多重要论著,特别是做人、处事、立国的至理名言,至今还被人们广为引用。当前,人类社会正处在世纪之交,面临着许许多多的矛盾和问题。解决这些问题,固然首先要依靠当代人的聪明才智,但也可以从古代哲人那里寻找智慧。两千多年来的历史充分证明,儒家学说可以为我们解决人类社会面临的问题提供有益的启示。我们要采取科学的态度,运用科学的方法,对儒家学说进行挖掘、整理、总结、研究,取其精华,剔其糟粕,既不抱残守旧、照搬照抄,也不数典忘祖、全盘否定。要结合新的时代情况赋予其新的意义,并使之有机地渗透到政治、经济、文化以及社会生活的方方面面,更好地为现实服务,真正做到古为今用。中国作为儒家学说的发源地,我们既感到自豪,也感到责任重大,我们应该为儒学研究做更多的工作。

11. 景海峰发表《儒学定位的历史脉络与当代意涵》

景海峰(1957—   ),宁夏贺兰人。深圳大学文学院院长、国学研究所所长、哲学系教授,武汉大学哲学学院、山东大学易学与中国古代哲学研究中心兼职教授,香港中文大学中国哲学与文化研究中心通讯研究员。

11 月 25 日,景海峰在《中国哲学史》第 4 期发表《儒学定位的历史脉络与当代意涵》一文,阐述了儒学自我认知、反省、调适与定位的发展史,并对儒学的未来进行展望。文中指出:"和时间坐标的前瞻性相呼应,当代儒学定位的空间尺度也亟需放大。虽说本世纪的儒学批判大多在中西参比的情况下进行,但儒学定位却是极端本土化的,完全被民族主义的观念所狭限。应该意识到,儒学是中国的,也是世界的,只有放在世界文明的大视野、大格局中,才能真正认识到儒学的重要性,其现实意义也才能够充分地凸现出来。早在七百年前,儒学就已渐次成为东亚文明的主流形式,它不仅是中国文化的象征,也是日本文化、韩国文化、越南文化的重要组成部分。一直到今天,'儒教文化圈'还是一个世界地缘政治的摹状词,不管亨廷顿'文明的冲突'如何荒谬,他的用语还是道出了西方人心中的一个隐秘。随着全球化进程的加快,儒学话语越来越多地冲越了民族和地域的藩篱而走向世界,成为全球多元文化中的一种声音。离开全球化来谈本土化,离开世界的普世价值观念来谈民族区域的文化意义,几乎成为不可能。在这样一种前所未有的普遍关联的场景之中,要想对儒学的价值和意义有所说明,要想对儒学的当代身份作出验定,那就必须要有新的空间观念和全球化的意识。方兴未艾的文明对话预示着西方思想的文化普遍性开始遭遇挑战,而儒学对话者身份的浮现和逐步确立,使原有的反思和定位的参照系正在发生改变。本土化的语境已不能描述全球化情景中所出现的新情况,我们必须要打破某些惯常的程式,尝试创造新的定位框架和语汇,以使儒学的现代转换工作与全球化的潮流相应接,去面对即将到来的二十一世纪的挑战。"